아동복지론

공계순 · 박현선 · 오승환 · 이상균 · 이현주 · 정선욱 공저

CHILD WELFARE

학지사

머리말

『아동복지론』을 처음 세상에 내놓은 이후 여러 차례의 부분 개정에도 불구하고, 책의 구성과 내용 면에서 아쉬움을 느껴 오던 저자들은 드디어 이번에 책을 전면적으로 개정하게 되었다. 개정 과정에서 전체적인 구성을 재정비하여 새로운 주제를 다룬 장들이 추가되었고, 기존 장들 또한 내용을 전면적으로 수정 · 보완하였다.

이번 전면개정판에서는 아동을 둘러싼 사회적 변화와 더불어 아동복지 정책, 서비스, 실천방법 등의 변화 양상을 최대한 충실히 반영하고자 하였다. 또한 우리 사회가 지향해야 할 아동복지의 방향에 대한 집필진의 고민과 연구 성과를 담기 위해 노력하였다. 독자 여러분께서 보내 주신 소중한 조언과 저자들이 대학 강의 현장에서 직접 교재를 활용하면서 느낀 점들을 바탕으로, 주요 개념을 보다 명확히 전달하고자 표와 그림을 대폭 보완하였고, 핵심 용어에는 강조 표기를 적용하였다.

이번 개정판은 총 15장으로 구성되어 있다.

제1장 '아동복지의 기초'에서는 아동의 개념, 아동복지의 개념과 의의, 전제 조건, 그리고 주요 원칙을 다루었다.

제2장 '아동의 권리'에서는 아동권리의 기초 개념, 유엔아동권리협약의 주요 내용, 한국의 아동권리, 그리고 아동복지실천에서 아동참여 증진 방안을 살펴보았다.

제3장 '아동의 발달'에서는 아동발달이론의 흐름과 함께 아동의 신체적 · 언어적 · 인지적 · 사회적 발달단계와 각 영역의 주요 특성 및 이상 발달 조짐을 알아

보았다.

제4장 '아동복지의 변천과정'에서는 외국의 아동복지 변천과정 및 한국의 아동복지 역사와 주요 제도 형성과정을 고찰하고 향후 방향성을 제시하였다.

제5장 '아동복지 대상과 서비스 분류'에서는 아동복지의 대상, 보호대상 아동의 유형과 특성, 서비스 분류 기준 및 현황을 살펴보았다.

제6장 '아동복지 정책과 관련법'에서는 아동복지 정책의 개념과 원리, 정책 현황과 아동복지 근거법, 집행체계를 살펴보았다.

제7장 '아동복지 실천과정과 기술'에서는 개입과정별 사회복지사의 역할과 실천기술, 개인 · 집단 · 가족대상 실천에서의 주요 과업을 제시하였다.

제8장 '빈곤아동'에서는 빈곤 및 아동 빈곤의 개념, 아동 빈곤의 원인, 실태, 관련 정책을 살펴보았다.

제9장 '장애아동'에서는 장애아동의 정의, 현황, 욕구, 제도 및 향후 과제를 다루었다.

제10장 '위기아동'에서는 위기아동의 유형과 함께 가정 밖 아동 · 청소년, 가족돌봄 청소년, 비행 · 범죄 아동 · 청소년을 살펴보았다.

제11장 '아동 안전 및 건강'에서는 아동의 안전사고, 재난, 실종과 건강, 결식, 디지털 환경 및 중독에 대해 살펴보았다.

제12장 '아동돌봄'에서는 돌봄서비스의 개념, 유형, 현황과 과제 및 사회복지사의 역할을 소개하였다.

제13장 '아동학대와 아동보호서비스'에서는 아동학대의 개념, 원인, 결과, 실태와 관련 법 · 제도 및 예방 대책을 살펴보았다.

제14장 '아동시설보호'에서는 아동보호체계와 시설보호의 현황, 자립준비청년 관련 서비스와 과제를 다루었다.

제15장 '가정위탁과 입양'에서는 두 제도의 역사, 정의, 대상, 유형, 제공절차와 함께 주요 쟁점과 개선방안을 제시하였다.

이번 개정 작업은 1년이 넘는 기간 동안 이루어졌다. 매달 저녁 늦게까지 이어진 줌 회의를 통해 여러 단계에 걸쳐 한 장 한 장 함께 검토하고 토론하면서 더 나은 책을 만들기 위한 노력이 이어졌다. 때론 지치기도 했지만, 함께 웃고 격려하며 나아간 그 시간은 우리 모두에게 매우 뜻깊고 소중한 기억으로 남았다. 특히 이번에 새롭게 집필에 참여한 정선욱 교수의 열정은 집필진 모두에게 큰 자극과 힘이 되어 주었다.

아동을 위한 복지의 중요성에 대한 사회적 인식이 높아지면서 아동복지 제도와 서비스는 빠르게 변화하고 있다. 개정 작업이 진행되는 과정에서도 그 변화를 체감하였고, 아동복지를 다루는 교재는 끊임없이 새로워져야 함을 다시금 느낀다. 이 책이 그런 변화의 흐름 속에서 아동복지를 공부하고 실천하는 이들에게 따뜻한 길잡이가 될 수 있기를 소망한다.

끝으로, 이 책의 출간이 이루어질 수 있도록 아낌없이 지원해 주신 학지사의 김진환 사장님, 김순호 이사님, 유가현 과장님을 비롯한 모든 관계자 여러분께 깊이 감사드린다.

2025년 8월

저자 일동

차례

제1장 아동복지의 기초

1. 아동에 대한 이해
2. 아동복지의 개념과 의의
3. 아동복지의 전제 조건
4. 아동복지의 주요 원칙

… 연구문제

제1장

아동복지의 기초

아동복지를 이해하기 위한 첫 출발은 아동을 이해하며 아동복지의 기본 개념을 파악하는 것이다. 역사적으로 아동에 대한 인식은 다양하게 변화해 왔는데, 오늘날 아동은 발달하는 존재이며 독립된 인격을 가진 권리의 주체로 여겨지고 있다. 아동복지는 아동의 지위가 향상되고 복지사회에 대한 관심이 증가하면서 사회가 아동의 기본적인 욕구와 권리를 보장하고 아동이 건전하게 성장하고 발달할 수 있도록 제반 노력을 기울이면서 등장하게 되었다. 아동복지를 실현하기 위해서는 갖추어야 할 전제 조건과 주요한 원칙이 있다. 이 장에서는 아동복지에 대한 기초적인 이해를 위해서 아동의 개념, 아동복지의 개념, 아동복지의 필요성, 아동복지를 이루기 위한 전제 조건과 아동복지의 주요 원칙에 대해서 살펴보기로 한다.

1. 아동에 대한 이해

아동복지를 이해하기 위해서는 우선 아동을 이해할 필요가 있다. 아동의 의미를 고려할 때는 일반적으로 아동의 연령적 범주가 어디까지인가라는 문제와 아동을 어떤 존재로 개념화해야 하는가라는 문제가 부각된다. 또한 아동은 그를 둘러싼 환경 속에서 이해되어야만 한다.

1) 아동의 연령

아동의 연령은 발달심리학적인 면과 사회제도적인 면에서 범주화할 수 있다. 인간발달에 관한 연구에서는 아동을 유아기, 학령전기, 아동기, 청소년기 등으로 구분하지만, 발달연구의 내용과 학자에 따라서 연령을 다르게 구분하는 경우도 많다. 사회제도적인 면으로 살펴보면, 우리나라의 경우 법의 종류에 따라서 규정하는 연령과 대상 아동의 명칭도 다르다. 법률의 특성에 따라서 아동의 분별력, 판단력, 신체적 능력 등을 고려하여 연령의 구분을 더욱 세분화하고 있으며, 미성년, 청소년, 영유아, 어린이 등 다양한 용어가 사용되고 있다(〈표 1-1〉 참조).

표 1-1 아동 관련 법률의 연령 기준

명칭	연령	법률
아동	18세 미만	「아동복지법」「한부모가족지원법」「입양특례법」「국민기초생활 보장법」「실종아동등의 보호 및 지원에 관한 법률」「가정폭력방지 및 피해자보호 등에 관한 법률」「가정폭력범죄의 처벌 등에 관한 특례법」
청소년	9~24세 이하	「청소년 기본법」
	19세 미만	「청소년 보호법」
아동 · 청소년	19세 미만	「아동 · 청소년의 성보호에 관한 법률」
	24세 이하	「다문화가족지원법」
미성년자	19세 미만	「민법」
형사미성년자	14세 미만	「형법」
아이	12세 이하	「아이돌봄 지원법」
소년	소년: 19세 미만 촉법소년: 10~14세 미만 우범소년: 10세 이상	「소년법」

영유아	영유아: 출생 후 6년 미만 신생아: 출생 후 28일 이내	「모자보건법」
	7세 이하의 취학 전 아동	「영유아보육법」
유아	3세~초등학교 취학 전	「유아교육법」
어린이	13세 미만	「도로교통법」
	13세 이하	「어린이제품 안전 특별법」

이 책에서는 **아동**을 18세 미만인 사람으로 정의하기로 한다. 우리나라 「아동복지법」 제3조에 아동은 18세 미만인 사람으로 되어 있으며, 세계 대부분의 나라가 비준한 유엔아동권리협약 제1조에서도 아동은 18세 미만인 사람으로 되어 있다. 우리의 언어 습관에 따르면 일반적으로 아동은 영유아나 초등학교에 다니는 어린이를 의미하며, 10대의 아동은 청소년이라고 부르고 있어서 18세 미만인 사람을 아동으로 선뜻 받아들이기 어려울 수 있다. 그러나 청소년 역시 신체적, 정신적, 사회적으로 건전한 성장과 발달을 위하여 사회적인 보호와 지원이 여전히 필요하다는 점에서 따로 구분하지 않고 아동의 범주에 포함하기로 한다.

2) 아동의 현대적 개념

아동에 대한 견해는 시대적 · 사회적 배경에 따라 다르게 발전해 왔다. 고대사회에서는 아동을 대를 잇기 위한 수단이나 경제적 가치로 인식하였으며, 중세에는 원죄의 개념에 따라 아동을 엄격한 훈육과 체벌의 대상으로 여겼다. 이후 르네상스기를 거치면서 아동에 대한 관심이 증가하기 시작하였고, 17세기에 로크(Locke)는 아동이 기본적으로 악하지 않으며 학습이나 경험의 영향에 따라 각기 다른 인간으로 자란다는 견해를 주장하였다. 18세기에 루소(Rousseau)는 아동을 자연 그 자체 또는 자연의 일부로 보고, 아동은 옳고 그름의 감각이 자연적으로 길러지고 선천적으로 타고난 순서에 따라 성장 및 발달한다고 보았다. 근대에 들어서 프뢰벨(Froebel)은 아동이 성인과 다르며, 독자적인 심리적 세계를 가지고 있다고 보았다. 현대에 이르러서는 아동을 타고난 잠재성을 가진 존재이자 독립된 인격체로서 권리를 가진 존재로 간주하고 있다.

현대사회에서 이해하는 아동을 개념화하면 다음과 같다(강문희 외, 2003; 김춘경 외, 2002).

(1) 발달하는 존재로서의 아동

아동은 살아 있는 유기체로서 계속하여 변화, 성장 및 발달해 가는 존재이다. 아동은 성인의 축소판이 아니며, 연령이 증가함에 따라 신체적 · 인지적 · 정서적 · 사회적 측면에서 양적 · 질적으로 변화해 가며, 각 발달단계의 특성이 있다. 아동발달의 다양한 영역은 상호 의존적이며, 발달은 이전 단계에서 획득한 성숙에 연이은 과정이다. 아동에게 성장 및 발달의 힘이 잠재되어 있다고 하더라도 그 잠재력이 최대한 발휘되기 위해서는 성장을 보장할 수 있는 환경이 시기적절하게 조성되어야 한다.

(2) 유능하고 능동적인 존재로서의 아동

아동은 무능력하고 환경에 수동적으로 적응하는 존재가 아니라 아동 나름의 능력과 소질을 갖고 있으며, 주변 환경과의 상호작용을 통하여 성장하고 발전하는 잠재력을 가지고 있다. 아동은 어른의 사고방식이나 문제해결력을 따라가지 못하는 미숙한 존재가 아니라 어른들과 다른 역량을 가지고 있으며, 자기의 관심과 욕구를 충족하기 위해 능동적이며 주체적으로 부단히 노력하는 존재이다. 아동은 가치 있는 의사결정을 할 수 있으므로 자신의 삶과 관련된 결정에 참여하며 의견을 적극적으로 표현할 수 있게 해야 한다.

(3) 독립된 인격체로서 권리의 주체인 아동

아동은 어른이나 부모에게 예속된 존재가 아니라 독립된 인격을 가진 권리의 주체이다. 이제까지 아동을 보호의 대상으로만 여겨 오다가 20세기에 이르러 아동의 권리에 관한 국제적인 선언이나 협약을 통하여 아동에게 생존, 발달, 보호,

참여 등의 권리를 조건 없이 부여하고 있다. 따라서 국가와 사회는 아동의 구체적인 권리가 실현될 수 있도록 관련 정책, 제도 및 환경을 마련하기 위해 노력해야 한다.

(4) 독자성이 있는 존재로서의 아동

모든 아동은 발달하는 속도, 능력, 성격 등이 각기 다른 독자성이 있는 존재이다. 아동은 그의 발달 수준과 능력에 비추어서 이해되어야 하며, 또한 아동에 대한 기대는 그 아동의 수준에 적절한 것이어야 한다. 아동의 독자성은 아동의 자기다움을 나타내는 것으로, 다른 아동과 비교하여 우열을 따져서는 안 되며, 아동에게 도움을 제공할 때에도 아동이 처한 상황과 문제에 맞는 원리와 방법으로 도움을 제공하는 개별화가 이루어져야 한다.

3) 아동의 환경

아동을 이해하기 위해서는 아동을 둘러싸고 있는 다양한 환경을 살펴볼 필요가 있다. 아동은 여러 환경체계와 직간접적으로 관계를 맺고 역동적으로 상호작용하면서 환경으로부터 영향을 받으며 또한 영향을 주기도 한다. 아동이 성장함에 따라 아동의 환경은 가족에서 또래, 학교, 지역사회로 확대되며, 국가의 법과 정책, 문화 등도 거시적인 환경으로 작용한다. 여기서는 가족, 또래, 학교, 지역사회를 중심으로 살펴본다(권영례, 이재연, 2006; 김춘경 외, 2002; 문혁준 외, 2022; 황혜정 외, 2003).

(1) 가족

가족은 아동이 처음 마주하는 환경이자 가장 가까운 환경이다. 아동에게 영향을 미치는 가족 요소는 다양하지만, 특히 가족의 구조, 사회경제적 지위, 부부관계, 부모의 자녀 양육방식과 양육행동 등은 아동에게 중요하게 영향을 미친다.

오늘날 가족의 형태는 이전보다 더 다양해지고 있는데, 한부모가족, 조손가족,

재혼가족, 입양가족 등에서 아동이 경험하는 삶의 특성과 어려움은 친생부모와 함께 사는 아동과 다른 면이 있을 수 있다. 가족의 사회경제적 지위는 아동의 의식주 생활뿐만 아니라 교육 기회와 문화·여가 활동 등에도 영향을 미친다. 가족이 빈곤한 경우 부모는 많은 스트레스를 겪을 수 있으며, 이는 또한 부모로서의 바람직한 역할 수행에 부정적인 영향을 미치기도 하여 아동의 발달에 부정적인 결과를 초래할 수 있다.

부모 서로 간의 관계도 아동에게 중요한 환경으로 작용한다. 부부가 서로 존중하며 원활하게 소통하고 갈등을 건설적으로 다루면 아동은 정서적으로 안정된다. 반면, 부부 갈등이 지속되거나 폭력적일 경우 아동은 불안감을 느끼며 사회적 어려움이나 문제행동을 보일 가능성이 높아진다. 부모의 양육방식 및 양육행동은 아동의 인성 특성과 발달에 매우 중요하다. 부모가 자녀에게 애정을 적극적으로 표현하고, 개방적인 의사소통을 하며, 명확한 규칙과 기대를 설정하되 융통성이 있으며, 자율성을 발휘할 수 있는 기회를 제공하는 방식으로 아동을 양육할 때 아동의 자존감, 정서적 안정성, 문제해결력, 사회적 기술 등이 높아진다.

(2) 또래

아동은 성장하면서 가족을 넘어 연령과 행동 수준이 비슷한 또래와의 접촉이 증가하며 또래 관계의 질도 변화한다. 생후 첫해부터 쳐다보고 만지고 하는 형태로 또래에 관심을 보이며, 유아기에는 놀이를 통해 점차 또래 지향적이게 되며, 초등학교 시기에는 또래의 범위가 더 넓어지고, 청소년기에 이르러서는 또래집단이 아동의 삶에서 가장 영향이 큰 중요한 위치를 차지하게 된다.

또래 간의 상호작용은 가족 안에서의 상호작용과 달리 상당히 동등한 관계에서 이루어지므로 아동은 또래 속에서 자신의 생각, 행동, 역할 등을 자유롭게 표현하고 시도해 보게 된다. 이러한 또래 관계 속에서 아동은 친밀감과 지지를 경험할 수 있으며, 자신의 관심사와 성향을 발견하여 자아개념을 발전시키고, 또래와 의사소통하고 갈등을 해결하며 서로 협동하여 문제를 해결하는 경험을 통해 사회적 기술을 향상하게 된다.

또래로부터의 수용 여부는 아동의 심리적 상태나 발달에 영향을 미친다. 또래로부터 수용도가 높고 인기가 있는 아동은 긍정적인 자아개념을 가지며 친사회적인 행동을 하고 문제해결력이 높아진다. 반면, 거부되는 아동은 소외되는 느낌을 가지며 자존감이 낮아지고 학업성취도가 낮아질 가능성이 있다. 특히 지속적 및 반복적인 또래 괴롭힘 및 집단따돌림은 아동에게 신체적 피해와 심한 정서적 고통을 초래하여 사회적 문제로도 여겨지고 있다.

(3) 학교

학교는 아동이 하루 중 상당한 시간을 보내는 삶의 공간이자 배움의 공간이며, 교사 및 교우들과의 사회적 상호작용이 일어나는 공간이다. 학교의 문화 및 분위기는 아동에게 영향을 미치는데, 우리나라의 경우 학업성취에 대한 기대가 높고 학생들 간의 경쟁이 치열한 것으로 알려져 있다. 이로 인해 학생들이 스트레스를 많이 받으며, 이는 학교폭력 발생의 주요 원인이 될 수 있다. 교사는 아동에게 교육내용의 전달자로서만이 아니라 아동과 인격적인 관계를 맺고, 정서적 안정과 지지를 제공하며, 아동이 다양한 사회적 기술을 배우고 연습할 수 있는 환경을 제공하는 데 있어 매우 중요한 사람이다. 교우들과의 관계 역시 아동에게 중요하여 긍정적인 교우관계는 학교생활을 더 즐겁게 만들어 학교에 대한 만족도를 높이고, 이는 또한 학업성취도를 비롯하여 아동의 심리적 및 사회적 발달에 긍정적인 영향을 미친다.

어떤 아동들은 학교 안에서 어려움을 더 많이 경험할 수 있다. 이주 배경을 가진 아동은 문화적 또는 언어적 차별을 경험할 수 있으며, 가정환경으로 인해 부모의 관심이나 지지가 부족한 아동은 학교생활에서도 어려움을 겪을 가능성이 있다. 학습 능력이 낮으나 적절한 지원을 받지 못하는 아동은 반복된 좌절로 인해 우울, 불안과 같은 심리적·정서적 문제를 경험할 수 있으며, 폭력적인 성향의 아동은 교우관계 형성이 어렵거나 학업 중단의 위기에 놓이기도 한다. 이렇게 학교생활 적응에 어려움을 겪는 아동에게는 학교사회복지사의 적극적인 도움이 필요하다. 학생이 경험하는 어려움은 아동과 가정, 학교, 지역사회와의 역기능적인 상호작용에서 발생하기도 하므로 학교사회복지사는 아동뿐만 아니라 부모, 학교, 지역사회를 활동의 대상으로 포함하고 있다.

(4) 지역사회

아동이 살고 있는 지역사회의 물리적 · 제도적 환경 및 사회적 관계망은 아동의 안전, 건강, 교육, 놀이와 여가, 사회적 지지 등 다양한 영역에 걸쳐 아동의 삶의 질과 발달에 영향을 미친다. 아동에게 좋은 지역사회란 아동이 범죄, 폭력, 사고로부터 안전하며, 자유롭게 놀고 다양한 배움의 기회를 가질 수 있는 적절한 놀이 · 여가 · 문화 · 교육 시설이 있어야 한다. 또 건강하게 성장할 수 있도록 깨끗한 물, 적절한 위생 시설, 접근이 쉬운 보건 · 의료 서비스가 있어야 하고, 아동과 가족이 필요로 할 때 도움을 받을 수 있는 사회복지 기관 및 서비스를 갖추고 있어야 한다. 이 뿐만 아니라 이웃이나 친구와의 따뜻하고 긍정적인 상호작용으로 소속감과 공동체의식을 가질 수 있으며, 다양한 배경의 아동들이 존중받고 서로 소통할 수 있는 포용성이 있어야 하고, 건강한 사회적 태도와 행동을 형성하는 데 모범적인 역할 모델이 되는 성인이 있어야 한다.

반면, 빈곤율이 높고 공공 인프라가 열악한 지역사회는 아동의 건강과 학업성취에 부정적인 영향을 줄 수 있다. 또한 범죄율이 높고 반사회적인 행동을 하는 성인이 많은 경우, 아동에게 스트레스, 불안감, 신체적 위험, 반사회적인 행동의 모방을 초래할 수도 있다. 지역사회의 부정적인 영향을 완화하기 위해서는 개별 가정의 노력을 넘어서 사회적 투자와 정책적 개입이 필요하다.

2. 아동복지의 개념과 의의

1) 아동복지의 개념

아동복지의 개념을 이해하기 위해서는 아동복지가 사회복지의 한 분야로서 그

대상이 아동에게 초점을 둔다는 점에서 출발해야 한다. **사회복지**는 사회의 변화와 더불어 나타나는 여러 사회적 위험에 대처하기 위해 만들어진 사회제도로, 개인과 사회의 안녕을 증진하기 위해 공공과 민간 차원에서 이루어지는 모든 사회적 노력을 말하며, 법률, 정책, 서비스 프로그램 등을 포함한다(김상균 외, 2001; 이봉주 외, 2023). 아동복지는 아동을 둘러싼 환경의 변화와 더불어 아동의 사회적 · 법적 지위의 향상 및 복지사회에 대한 관심의 증가로 나타났다. 20세기에 이르러 사회는 아동의 기본적인 욕구를 충족하며 마땅히 누려야 할 권리를 보장하고 그들의 잠재력을 실현하면서 건전한 성장과 발달을 이룰 수 있도록 체계적인 노력을 기울이기 시작하였다.

아동복지에 대한 개념적 정의는 국가나 사회의 상황 및 이념에 따라 조금씩 다르다. 우리나라 「아동복지법」 제3조에 "아동복지란 아동이 행복한 삶을 누릴 수 있는 기본적인 여건을 조성하고 조화롭게 성장 · 발달할 수 있도록 하기 위한 경제적 · 사회적 · 정서적 지원을 말한다."라고 명시되어 있다. 미국의 아동복지국에서는 "아동복지는 아동의 안전을 보장하고 가족이 아동을 성공적으로 돌보는 데 필요한 지원을 받도록 설계된 일련의 서비스"라고 소개하고 있다(Child Welfare Information Gateway, 2018, p. 1). 미국에서 아동복지라는 용어는 아동의 안전을 위협하는 대표적인 문제인 아동학대와 방임으로부터 아동을 보호하는 아동보호서비스(Child Protective Services: CPS)에 거의 한정되어 사용되고 있다(Popple & Vecchiolla, 2007, p. 4).

한편, 아동복지의 개념은 좁은 의미와 넓은 의미로 구분되기도 한다. 카두신과 마틴(Kadushin & Martin, 1988)에 의하면, 아동복지의 **좁은 의미**는 특수한 욕구를 가진 아동과 그 가족을 대상으로 사회복지기관을 비롯한 특정 기관에서 제공하는 서비스를 말하며, **넓은 의미**는 모든 아동의 행복을 위해서 그들의 신체적 · 사회적 · 심리적 발달을 보호하고 촉진하기 위한 모든 대책을 말한다. 과거 우리나라의 아동복지는 좁은 의미로 접근되었으나 현재는 모든 아동의 건전한 성장과 발달을 보장하기 위한 사회제도로서 인식되고 있다. 아동복지의 초점이나 범위가 특수한 욕구를 가진 취약한 아동의 복지 증진을 위한 활동이라는 차원을 넘어서 모든 아동이 건강하고 행복하게 성장하며 아동의 권리가 잘 실현될 수 있도록 하는 정책 및 서비스로 확장되었다.

2) 아동복지의 의의

아동복지는 아동을 위해서뿐만 아니라 가족, 국가 및 사회 전체의 안녕과 발전을 위한다는 점에서 의의가 있다.

(1) 아동의 안전과 건강한 발달을 위한 권리의 보장

아동은 신체적 · 정서적 · 인지적 · 사회적 발달의 과정 중에 있으므로 이 시기에 적절한 영양, 건강관리, 정서적 지지, 교육, 문화 · 여가 활동 등이 매우 중요하다. 아동은 스스로를 보호할 수 있는 능력이 제한적이므로 가족해체, 빈곤, 학대와 방임 등의 위기 상황에서 생존과 안전이 위협을 받으며, 건강한 성장과 발달에 부정적인 영향을 받을 수 있다. 따라서 아동보호와 양육의 책임을 가족에게만 맡겨 둘 것이 아니라 국가와 사회가 함께 그 책임을 져야 한다. 모든 아동은 생존, 보호, 발달, 참여의 권리를 가지고 있으며, 이런 권리를 보호하고 실현하기 위해서는 아동복지가 필요하다. 아동복지는 모든 아동이 안전하고 건강하며 행복하게 성장하는 데 필요한 요소들이 잘 제공될 수 있도록 하는 사회적 노력이다.

(2) 가족의 아동양육 지원과 가족 기능의 강화

아동복지는 부모에게 양육 부담을 감소시키며 더 나은 양육환경을 제공하기 위해 필요하다. 맞벌이로 인해 아동을 돌보는 데 어려움이 있는 부모는 돌봄서비스를 이용할 수 있으며, 경제적인 어려움에 처하거나 가정 내 폭력이 발생한 경우 물질적 및 심리적인 지원을 통해 아동에게 더 안정적인 양육환경이 되도록 할 수 있다. 또한 아동복지는 부모의 자녀 양육 역량을 증진하고, 가족 구성원 간의 관계를 개선하여 전반적으로 가족의 기능을 강화하는 데 도움이 된다. 예를 들어, 부모교육 프로그램은 부모가 아동을 양육하는 데 필요한 지식과 기술을 배워 긍정적인 부모-자녀 관계를 형성하도록 도우며, 아동의 문제행동이나 장애로 인해 가족 내 어려움이 우려되는 경우에는 가족에 대한 상담 및 지원을 통해 가족의 기능이 안정적으로 유지되는 데 도움이 될 수 있다.

(3) 국가의 미래 인적자원의 육성

아동은 미래 사회의 주역으로, 이들을 어떻게 보호하고 양육하는가는 우리 사회의 장래와 밀접한 관련이 있다. 아동을 심신이 건강하고 지식과 인격을 갖춘 성인으로 성장하게 하는 것은 미래 사회를 이끌어 갈 훌륭한 인적자원을 확보하는 것이다(성영혜, 김연진, 1997). 아동기는 전 생애에 걸쳐서 기초가 되는 매우 중요한 시기로서 이 시기를 놓치면 성인기에 회복할 수 없는 부분이 있다. 예를 들어, 아동기에 영양결핍으로 체격이 빈약한 경우 성인이 되어 영양이 충분해도 키가 더 크기 힘들며, 아동기에 주 양육자와 애착이 형성되지 못한 경우 성인기의 대인관계에서도 어려움을 겪을 수 있다. 따라서 국가 인력의 양성은 아동기부터 시작되어야 한다. 우수한 인적자원의 육성은 국가의 경쟁력을 높이는 데 있어서 중요하다.

(4) 사회의 통합과 안정성

아동복지는 아동의 출신 배경이나 환경에 관계없이 모든 아동이 동등한 권리와 기회를 가질 수 있도록 함으로써 사회적 통합을 촉진할 수 있게 한다. 사회적 및 경제적 배경에 따라 아동이 경험하는 교육, 건강, 주거 환경의 격차가 크다면 이는 사회적 불평등을 심화시키는데, 아동복지서비스는 취약계층의 아동이 양질의 교육과 복지 서비스를 받을 수 있도록 지원하여 사회적 불평등을 완화하는 데 도움이 된다. 또한 아동복지는 사회문제를 예방하는 데 도움이 되어 사회의 안정성을 유지하도록 기여할 수 있다(성영혜, 김연진, 1997). 성장하는 과정에서 환경의 결함 때문에 아동의 욕구가 제대로 충족되지 못하면 정서적으로 불안정하게 되어 가출과 같은 행동상의 문제가 나타날 수 있다. 아동기의 이러한 경험은 성인기의 정신건강에도 영향을 줄 뿐만 아니라, 욕구 좌절로 인한 부정적인 행동의 반복은 성인으로서 사회에 적응할 수 있는 기회를 제한하고, 이는 또 다른 문제를 발생시킨다. 따라서 아동의 욕구를 충족시키려는 사회적 노력인 아동복지는 아동이 일으킬지 모르는 사회문제를 미연에 방지하기 위해서도 필요하다.

3. 아동복지의 전제 조건

아동복지가 실현되기 위해서는 아동의 건전한 성장과 발달에 필요한 욕구가 충족되어 아동이 가지고 있는 잠재 능력을 최대한 발휘할 수 있도록 하는 기본 요소가 갖추어져야 한다. 아동복지의 실현을 위해서 필요한 기본 요소는 여러 학자가 제시하기도 하였으며, 아동의 권리에 관한 선언이나 법에서도 제시되고 있다(〈표 1-2〉 참조). 이들을 종합하여 이 책에서는 아동복지의 기본 전제 조건으로서 안정된 가정과 부모, 경제적 안정, 교육, 보건과 의료, 놀이와 여가, 폭력으로부터의 보호, 유해노동으로부터의 보호, 특별보호를 중심으로 알아보기로 한다.

표 1-2 아동복지의 전제 조건

Key(1909)	사회사업백과사전 (NASW, 1965)	Fredericksen & Mulligan(1972)	유엔 아동권리협약(1989)	장인협, 오정수 (2001)
• 튼튼하게 태어날 권리 • 건전하게 양육 받을 권리 • 정상적인 가정 생활을 누릴 권리 • 교육받을 권리 • 도덕적 · 정신적 훈련을 받을 권리 • 유희나 오락을 즐길 권리	• 가족생활 • 부모의 보호 • 적절한 가정경제와 주거 • 건강과 의료보호 • 교육 • 유희나 교우 • 윤리적 표준 • 이념과 가치 • 교육적 · 직업적 지도 • 법적 보호 등	• 부모 역할이 준비된 부모 • 경제적 안정 • 보건 • 교육 • 종교 • 놀이 • 유해한 노동으로부터의 보호 • 특수한 욕구를 가진 아동에 대한 서비스	• 시민권과 자유권 • 가정환경 및 대리 보호의 권리 • 폭력으로부터의 보호 권리 • 기초 보건 및 복지의 권리 • 교육, 여가, 문화활동의 권리 • 특별보호 조치 권리	• 안정된 가정 생활 • 경제적 안정 • 보건 및 의료 보호 • 교육 • 노동 • 오락 • 특별보호

1) 안정된 가정과 부모

안정된 가정생활과 바람직한 부모 역할은 아동발달에 가장 기본이 되는 요소이다. 아동은 일차적으로 부모와 가족으로부터 생존에 필요한 생리적 욕구를 충족하며, 정서적인 인간관계를 경험하고, 사회화의 기초를 형성한다. 오늘날 가족은 과거에 비해서 구조와 기능 면에서 많은 변화를 겪고 있으며, 가족 내 아동양육의 체계가 약해지고 있다. 가족해체의 증가로 가족의 안정성이 상당한 위협을 받고 있으며, 부모들은 적은 수의 자녀를 양육하는 데 정성과 열의를 보이고 있으나 그 양육방식이 잘못되어 부모와 자녀 간에 정서적 긴장관계가 발생하거나 아동이 바람직하지 못한 행동을 하기도 한다. 이와 같은 현대 가족의 특징은 아동복지의 전제 조건으로서 안정된 가정의 중요성을 더욱 강조하게 한다.

아동복지가 이루어지기 위해서는 아동이 살고 있는 가정의 생활을 보호 및 강화하고, 가족 구성원의 사회적 기능 수행이 원활하도록 지지하는 가족정책과 가족복지서비스가 제공되어야 한다. 부모가 부모로서의 역할을 잘 수행하기 위해서는 먼저 부모 자신의 욕구를 충족하여 자녀의 욕구에 효과적이고 긍정적으로 반응하여야 하며, 좋은 부모가 되기 위해서는 양육의 어려움에 대한 심리적인 준비를 하고 양육방식에 대한 지식과 기술을 배워야 한다. 가족문제에 대해 사후적이기보다는 예방적 차원에서 일과 가정의 양립을 위한 지원 등 제도적 및 환경적 차원의 대책이 있어야 하며, 특수한 욕구를 가진 가족 구성원의 특별한 문제를 다룰 수 있는 가족상담이나 치료 서비스 등이 제공되어야 한다.

2) 경제적 안정

아동의 성장과 발달은 가정생활의 경제적 여건에 상당히 좌우된다. 경제적 불안정으로 인해 가족이 해체되기도 하고, 부모의 양육행동이 부정적일 수 있으며, 아동의 기본적인 욕구인 의식주조차도 해결하기 어려울 수 있다. 빈곤한 가정의 아동은 영양실조에 걸리거나 비위생적 환경으로 질병에 걸리기 쉬우며, 질병에 걸리더라도 제대로 치료를 받지 못할 수도 있다. 부모의 교육에 대한 관심의 부족과 교육 기회의 박탈로 지능발달이나 학업성취도가 저조할 수 있고, 욕구 충족의 좌절로 우울한 증상이나 비규범적인 행동이 나타나기도 한다. 빈곤가정의 아동에 대해 국가는 공공부조 등을 통해 경제적 안정에 도움이 되도록 하여야 하며, 부모에게는 취업훈련과 취업알선을 통하여 고용의 기회를 확대해야 한다.

3) 교육

모든 아동은 타고난 잠재력을 최대한 계발하여 능력을 발휘할 수 있도록 사회적 기회가 주어져야 한다. 교육은 아동의 성장과 발달을 돕는 다양한 지식과 자원을 제공하며 올바르게 성장하도록 이끌어 준다. 아동의 발달에 맞는 교육의 기회가 박탈될 경우, 아동 자신의 욕구 충족이 이루어지지 않을 뿐만 아니라 사회적으로도 능력이 있고 자질을 갖춘 인적자원이 부족해진다.

우리나라 교육은 입시 위주의 교육으로 사교육의 의존도가 높고 전인교육에 실패했다는 우려의 목소리가 높다. 최근 유아에 대한 조기교육의 중요성이 강조되면서 사회적인 관심도 높아지고 있으나 한편에서는 과도한 교육열로 발달에 맞지 않는 학습을 강요하여 유아들이 스트레스를 받고 있다. 교육은 아동의 전인적인 교육을 목표로 하며, 성장 과정과 능력에 적합하게 일관성과 다양성을 유지하면서 아동 개개인의 고유한 인격과 개성을 형성해 가도록 도와주어야 한다.

특수한 장애를 지닌 아동은 조기에 특수교육을 받을 수 있도록 교육제도가 마련되어 있어야 한다. 발달장애, 지체장애, 청각장애, 시각장애 등을 가진 아동에게 교육적 재활을 비롯한 각종 재활서비스를 조기에 제공하여 자신의 능력을 최대한 향상하고 발휘할 수 있도록 해야 한다.

4) 보건과 의료

아동복지의 기반은 아동의 건강에 있으며, 아동의 건강은 어머니의 건강과 밀접하게 관련되어 있다. 아동의 건강은 어머니의 영양, 질병, 심리적 상태에 따라 영향을 받으므로 건강한 아동의 출생을 위해서는 태아기부터 모자보건을 위한 대책이 마련되어 있어야 한다. 특히 경제적 어려움이나 산모의 고연령 등으로 건강이 우려되는 임산부와 아동에 대해서는 특별한 대책이 필요하다. 아동이 자라는 동안 성장 및 발육의 증진과 질병의 조기 발견 및 치료를 위해서 정기적인 건강검진과 예방접종이 이루어지도록 해야 한다.

아동의 건강은 신체적 건강뿐만 아니라 정신적 건강도 매우 중요하다. 아동이 자신과 타인을 있는 그대로 수용하고 사고, 정서, 행동 면에서 자율성과 통합성을 갖고 삶을 살아갈 수 있도록 도와주어야 한다. 오늘날 아동은 부모의 과잉 기대와 지나치게 경쟁적인 학교 분위기 속에서 상당한 스트레스를 받고 있으며, 이로 인해 분노, 과잉행동, 파괴적인 행동, 우울증 등 정신건강의 어려움을 겪는 아동이 증가하고 있다. 아동기의 정신건강 문제는 아동 자신뿐만 아니라 그들을 돌보는 사람에게도 어려움을 주며, 그대로 방치할 경우 청소년 비행이 늘어나거나 성인기에도 지속되어 다음 세대의 건강과 행복도 해치게 된다. 따라서 아동의 정신건강 문제를 조기에 발견하고 최적의 시기에 전문적인 도움을 받을 수 있도록 해야 한다.

5) 놀이와 여가

아동은 놀이를 통해서 여러 가지 발달을 이루어 간다. 아동은 즐겁게 뛰어노는 가운데 건강해지며, 각 신체 기관이 조화롭게 발달하고, 놀이를 통해서 실제 사물에서 벗어나 추상적이고 자유롭게 사고해 나갈 수 있다. 놀이는 협상하기, 협동하기, 타인의 생각과 감정을 이해하기와 같은 중요한 사회적 기술을 습득할 수 있는 맥락을 제공해 주며, 아동이 지닌 정서적 관심이나 문제를 탐색하고 극복하도록 해 준다.

오늘날 우리나라의 아동들은 놀이, 운동, 여가와 문화 활동을 위한 시간이 절대적으로 부족하고, 또한 안전하게 무료로 이용할 수 있는 시설이나 공간도 충분하지 않은 편이다. 따라서 모든 아동이 운동을 포함한 휴식과 여가를 누릴 뿐만 아니라 놀이와 오락활동을 할 수 있도록 충분한 시간과 시설이 보장되어야 한다.

6) 폭력으로부터의 보호

아동은 모든 유형의 폭력과 학대의 위험으로부터 자유롭게 자라야 한다. 아동은 신체적 · 정서적 · 성적 학대 및 방임으로부터 보호되어야 하며, 고문 및 비인간적이거나 굴욕적인 대우 또는 처벌로부터도 보호되어야 한다. 아동에 대한 폭력이나 학대는 아동에게 치명적인 신체적 손상을 초래할 수 있을 뿐만 아니라 인지발달의 저하, 트라우마, 우울, 불안과 같은 정신건강의 문제, 공격성 및 반사회적 행동, 대인관계의 어려움 등 전반적인 아동발달에 부정적인 영향을 미치며, 이러한 영향은 성인기까지 지속될 수 있다.

아동에 대한 폭력이나 학대는 다양한 환경과 상황 속에서 이루어질 수 있다. 가정, 학교, 아동보호시설, 아동이 소속되어 있는 단체뿐만 아니라 대중매체에서의 폭력, 정보통신기술을 통한 폭력 등도 발생한다. 가해자 또한 부모를 비롯한 성인뿐만 아니라 또래 집단따돌림의 경우처럼 아동이 가해자일 수도 있다. 아동을 폭력과 학대로부터 보호하기 위해서는 예방 교육과 학대 발생의 위험이 높은 가정을 대상으로 한 예방 차원의 지원이 필요하며, 폭력과 학대를 조기에 발견하고 개입할 수 있는 신고체계가 잘 구축되어야 한다. 폭력과 학대를 겪은 아동에게는 회복을 위한 전문적인 치료와 서비스가 제공되어야 하며, 가해자에게는 처벌뿐만 아니라 재발 방지를 위한 프로그램도 필요하다.

7) 유해노동으로부터의 보호

모든 아동은 연소노동과 유해노동으로부터 보호되어야 한다. 국제노동기구(ILO)에서는 의무교육을 받아야 하는 15세 미만인 사람에게 노동을 시키는 것을 금지하고 있으며, 우리나라 「근로기준법」 제64조에서도 "15세 미만인 사람은 근로자로 사용하지 못한다."라고 명시되어 있다. 연소노동은 아동의 건강과 신체적 · 정신적 · 도덕적 발달에 나쁜 영향을 끼치기 때문이다. 어른에 맞춘 작업환경과 작업과정에 대한 지식 부족 등으로 인해 아동은 어른보다 더 많은 사고와 질병을 겪으며, 신체의 일부가 기형적으로 자라게 되고, 매춘업에 종사하는 경우 에이즈(AIDS)로 목숨까지도 위태롭게 된다(ILO, 2017).

2020년을 기준으로 전 세계적으로 5~17세 아동 1억 6,000만 명이 노동자로 살고 있으며(전 세계 해당 연령 인구의 1/10), 이 중 절반에 해당하는 7,900만 명이 안전, 정신적 · 육체적 건강 및 도덕적 발달을 위협하는 고강도 · 장시간 노동을 강요받고 있는 것으로 추산되고 있다(ILO & UNICEF, 2021). 노동을 하고 있는 5~11세 아동의 1/4, 12~14세 아동의 1/3이 학교를 다니지 않는 것으로 나타나 장래에 보다 안전하고 수입이 보장되는 직업에 종사할 기회를 잃게 될 것으로 우려되고 있다.

아동을 노동착취로부터 보호하기 위해서는 일하는 아동, 아동의 가족, 지역사회뿐만 아니라 국가적인 차원, 더 나아가 국제적인 차원에서 경제적 · 사회적 · 문화적 접근이 필요하다. 아동노동을 근절하기 위해서는 경제적 발전이 이루어져야 하며, 아동노동의 유해성에 대한 대중의 인식이 필요하다. 직접적으로는 아동노동에 대한 규제와 보호를 법적으로 규정하고 이를 반드시 준수하도록 해야 한다.

8) 특별보호

아동복지가 모든 아동의 복지를 실현하기 위한 것이나 특수한 욕구를 가진 아동에 대해서는 사회적으로 특별한 보호가 필요하다. 예를 들어, 이주배경을 가진 소수집단인 난민아동, 외국인노동자 아동, 북한이탈주민 아동 등은 법적 · 경제적 · 문화적 · 심리적 · 언어적 측면에서 많은 어려움을 겪을 수 있으므로 특별 보호가 필요하다. 국적 및 체류 신분에 상관없이 교육 및 보건 · 의료 서비스에 대한 기본적인 권리가 보장되고 해당 아동의 욕구에 맞는 맞춤형 지원과 서비스가 제공되어야 한다.

4. 아동복지의 주요 원칙

아동을 대상으로 한 정책과 복지서비스를 펼칠 때는 아동복지에서 강조되는 중요한 관점이나 원칙을 반영하도록 노력해야 한다. 유엔아동권리협약 및 우리나라 「아동복지법」에서 제시하는 원칙을 포함하여 아동복지 관련 문헌들(노혜련 외, 2021; 이혜원, 2006; 장인협, 오정수, 2001; Petr, 2003)에서 강조하는 내용을 참고하여

표 1-3 아동복지의 주요 원칙

원칙	내용
비차별	모든 아동에게 동등한 권리를 보장하여 어떤 이유로도 차별하지 않는다.
아동 최선의 이익	아동과 관련된 모든 활동은 아동 최선의 이익을 가장 우선으로 고려하여 평가되고 채택되도록 한다.
아동의 생명 존중 및 발달 보장	모든 아동의 생명을 존중하고 보호하며, 전인적인 성장과 발달에 필요한 최적의 환경을 마련한다.
아동 의사존중	아동이 자기에게 영향을 미치는 모든 문제에 대해 의견을 자유롭게 표현하게 하며, 그 의견이 적절히 반영되도록 한다.
권리와 책임	아동, 부모, 국가는 각각의 권리와 책임을 확립하고 서로의 권리와 책임에 대한 인정과 상호작용을 통하여 균형이 유지되도록 한다.
예방과 조기개입	아동이 겪을 수 있는 잠재적인 위험을 미리 파악하여 예방적 조치를 하며, 문제의 초기 신호를 조기에 발견하여 신속하게 개입한다.
통합성	아동과 가족의 복합적인 욕구에 대응하는 데 필요한 아동복지 정책과 서비스(경제, 교육, 건강, 보건, 주택 등)가 포괄적이면서 유기적으로 결합되도록 한다.
가족중심실천	개입의 초점을 아동 개인이 아니라 가족 전체에 두며, 가족과 협력적인 관계 속에서 가족의 강점과 자원을 적극 활용한다.
최소제한 대안	아동에 대한 제도나 서비스는 아동의 권리 및 발달에 미치는 부정적인 영향을 가장 최소화할 수 있는 방안으로 접근한다.
전문성	아동복지실천가는 아동 및 가족과 함께 일하는 데 필요한 전문 지식과 기술을 갖춘다.

〈표 1−3〉과 같은 10개의 원칙을 제시하고자 한다.

1) 비차별의 원칙

비차별의 원칙은 유엔아동권리협약 및 우리나라 「아동복지법」에서 제시하고 있는 주요 원칙으로서 아동복지 정책과 서비스 제공에 있어서 기본적인 방침을 제공한다. 유엔아동권리협약 제2조에 의하면, ① 국가는 아동과 부모 또는 법적 후견인의 인종, 피부색, 성별, 언어, 종교, 정치적 견해, 국적, 민족, 사회적 출신, 재산, 장애, 출생 또는 기타의 지위에 관계없이 아동의 권리를 존중하고 보장해야 하며, ② 국가는 지위, 활동, 표현된 의견, 부모 및 가족 구성원의 신념에 기초한 모든 형태의 차별과 처벌로부터 아동을 보호하는 적절한 조치를 취해야 한다고 명시하고 있다. 우리나라 「아동복지법」 제2조 제1항에서도 아동은 자신 또는 부모의 성별, 연령, 종교, 사회적 신분, 재산, 장애유무, 출생지역, 인종 등에 따른 어떠한 종류의 차별도 받지 아니하고 자라나야 한다고 명시하고 있다.

비차별의 원칙은 모든 아동이 동등한 권리를 가지며, 어떠한 이유로도 차별을 받지 않아야 함을 강조하고 있다. 이는 우리 사회에서 차별과 불평등을 더 경험할 것으로 우려되는 취약하거나 소외된 아동들에게 보다 더 적극적인 관심과 특별한 보호를 통해 아동들에게 보장된 권리가 이들에게도 동등하게 실현될 수 있도록 해야 함을 시사한다.

2) 아동 최선의 이익 원칙

아동 최선의 이익 원칙은 아동과 관련된 모든 활동은 아동의 최선의 이익을 가장 우선적으로 고려하여 평가되고 채택되어야 한다는 개념으로, 아동복지와 관련하여 궁극적으로 추구하는 가치이자 원칙이다. 유엔아동권리협약 제3조에 공공 또는 민간 사회복지기관, 법원, 행정당국 또는 입법기관 등에서 실시하는 아동에 관한 모든 활동에서 아동의 최상의 이익을 최우선적으로 고려해야 한다고 명시하고 있다. 또한 우리나라 「아동복지법」 제2조 제3항에서도 아동에 관한 모든 활동에 있어서 아동의 이익이 최우선적으로 고려되어야 한다고 명시하고 있다.

모든 활동에는 아동에게 영향을 미칠 수 있는 사법적 및 행정적인 결정과 절차뿐만 아니라 민간단체나 사회복지기관의 규정 및 서비스 등도 포함된다. 따라서 아동에 관한 결정을 내리는 공공 당국과 민간단체는 아동에게 영향을 미치는 결정을 내리기 전에 아동의 최선의 이익을 평가하고 결정하기 위한 투명하고 객관적인 공식적 과정을 개발해야 한다.

아동에게 최선의 이익이 무엇인지에 대해서는 일관된 기준이 있기보다는 아동의 구체적인 상황에 비추어 사례별로 평가되고 결정되어야 한다. 최선의 이익을 평가할 때는 무엇보다도 아동의 의견을 가장 우선적으로 고려해야 하고, 아동의 정체성, 돌봄과 보호, 안전, 취약한 상황, 건강권, 교육권, 장기적인 영향 등 다양한 요소를 고려해야 한다.

3) 아동의 생명 존중 및 발달 보장의 원칙

유엔아동권리협약 제6조에 의하면, ① 국가는 모든 아동이 고유의 생명권을 가지고 있음을 인정하고, ② 아동의 생존과 발달을 최대한 보장하여야 한다고 명시하고 있다. 이 조항은 모든 아동의 생명이 존중받고 보호받을 수 있어야 하며, 생존을 넘어 아동의 전인적인 성장과 발달에 필요한 최적의 환경을 적극적으로 마련해야 함을 나타낸다. 세계적으로 보면 일부 아동들은 굶주림, 질병, 학대, 전쟁 등으로 인해 생존 자체가 상당히 위협을 받고 있다. 기아 상태에 있거나 빈곤한 가정의 아동에게는 식량과 영양을 공급하고, 질병을 예방하기 위해 예방접종 프로그램과 같은 보건 · 의료 서비스의 제공을 통해 아동의 생명이 보호받을 수 있도록 해야 한다. 아동의 발달은 단순히 신체적 발달만을 말하는 것이 아니라 인지적 · 정서적 · 사회적 발달 등을 모두 포괄하는 것으로 이해되어야 하며, 아동의 발달을 위해 사회경제적 조건에 상관없이 모든 아동이 양질의 교육을 받을 수 있고, 심리정서적 발달을 위해 필요한 경우 상담서비스나 정신건강서비스에 대한 이용도 쉽게 이루어질 수 있어야 한다.

4) 아동 의사존중의 원칙

아동 의사존중의 원칙은 아동이 자신의 삶과 관련된 모든 문제에서 자신의 의견을 표현하고 그 의견이 충분히 고려되어야 하는 것을 말한다. 유엔아동권리협약 제12조에서는, ① 국가는 자신의 견해를 형성할 능력이 있는 아동 본인에게 영향을 미치는 모든 문제에서 자신의 의사를 자유스럽게 표현할 권리를 보장하며, 아동의 의견은 나이와 성숙도에 따라 정당한 비중이 부여되어야 하고, ② 아동에게 영향을 미치는 어떤 사법적 · 행정적 절차에서도 아동이 직접 또는 대표자나 적절한 기관을 통하여 자신의 의사를 표현할 기회가 주어져야 한다고 명시하고 있다.

아동 의사존중의 원칙은 아동을 단순히 보호의 대상이 아니라 스스로 생각하고 결정할 수 있는 능동적이고 독립적인 주체로 대우하는 것이다. 아동의 의사존중은 가정, 학교, 지역사회, 국가 및 정부 차원에서도 이루어져야 하는 것으로, 아동에게 보장된 권리 중의 하나인 참여권을 실현하는 데 핵심적인 요소이다. 아동복지에서 아동 의사존중의 원칙이 실현되기 위해서는 아동에 관한 정책 수립이나 서비스 제공 과정에서 아동이 편안하게 의견을 표현할 수 있으며, 또 그 의견들이 최종적인 의사결정과 행동에 반영될 수 있게 하는 실질적인 구조와 절차를 마련하는 것이 중요하다. 예를 들어, 아동양육시설에서 물리적인 환경을 개선하고자 할 때 시설에서 근무하는 성인을 중심으로 판단하는 것이 아니라 아동회의를 통해 아동들의 의견을 수렴하고 이를 반영하는 과정을 거쳐야 한다.

5) 권리와 책임의 원칙

아동은 아동, 부모, 사회의 조화 속에서 건전하게 육성될 수 있다. 이 세 가지는 각각의 권리와 책임을 확립하고 상호의 권리와 책임에 대한 인정과 상호작용을 통하여 균형을 유지하도록 해야 한다(장인협, 오정수, 2001). 이 중 어느 한 부분의 권리나 책임에서 야기되는 갈등 혹은 지나친 요구는 아동에게 어려움을 가져다줄 수 있다.

아동은 부모와 상관없이 한 인간으로서 독자적인 권리를 가지고 태어났다. 아동은 생존하고 발달하기 위해서 의식주를 제공받고, 건강하고 위생적인 삶을 누리며, 교육적이고 문화적인 생활을 할 권리를 가지고 있다. 아동의 권리는 아동의 권리에 관한 선언이나 법률에 나타나 있는데, 아동복지의 이념적 기반이 되므로 아동복지사업을 전개하는 데 가장 중요시되어야 한다. 또한 아동은 권리를 가지고 있는 동시에 책임도 가지고 있다. 아동은 스스로 자기 자신의 발달을 촉진하고자 능동적으로 노력해야 하며, 그들을 양육하는 성인들의 합리적인 요구와 기대를 받아들여야 한다.

아동양육의 일차적인 권리와 책임은 부모에게 있다. 부모는 아동이 생활하는 제반 환경을 마련하고 일상적인 상호작용을 통해 아동의 발달에 지대한 영향을 미친다. 부모는 아동의 생활방식과 행동 기준을 결정할 권리를 가지며, 동시에 아동을 사회에 필요한 올바른 인간으로 양육할 의무와 아동의 사회적 행동에 대해 책임을 진다. 부모가 아동의 권리를 보호하고 노력하는 것은 당연하나, 부모가 양육의 의무를 다하지 못했을 때는 양육 자체만 부모의 권리라고 할 수 없으며, 아동의 최상의 이익을 위해서 부모의 권리가 제한당할 수 있다.

사회와 국가는 아동의 복지를 증진시키기 위한 권리와 책임을 가지고 있다. 국가는 아동복지 정책의 개발을 위한 입법 권한과 실제적인 대책을 수행할 권리와 책임을 갖는다. 의무교육을 통해서 아동의 교육권을 보장하고, 통제력을 행사하여 아동에게 술과 담배를 파는 행위를 금지하는 등 유해한 환경으로부터 아동을 보호한다. 또한 부모가 양육의 의무를 제대로 수행하지 못했을 때는 아동이 위탁가정이나 아동생활시설의 보호를 받도록 한다.

6) 예방과 조기개입의 원칙

예방의 원칙은 아동이 겪을 수 있는 잠재적인 위험을 미리 파악하여 이를 예방하기 위한 조치를 하는 것을 말한다. 아동이 생활하는 가족 · 학교 · 지역사회 환경 등에서 일어날 수 있는 학대 및 폭력, 빈곤이나 사회적 소외 등 아동의 안전과 건강한 발달을 위협하는 상황의 발생을 미리 방지하는 노력은 매우 중요하다. 예를 들어, 아동학대가 발생한 경우 아동의 고통이 클 뿐만 아니라 학대로 인한 후유증을 해결하려면 많은 시간과 자원이 필요하다. 따라서 예방은 아동의 안전과 건강한 전인적 발달을 위해 필수적이며, 장기적으로는 사회적 비용을 줄이는 데에도 도움이 된다.

조기개입은 예방적 접근의 하나로, 아동의 발달 과정 중에서 경험할 수 있는 문제의 초기 신호를 조기에 발견해서 신속하게 개입하여 적절한 도움을 제공하는 것을 말한다. 예를 들어, 언어발달의 지연을 겪는 아동을 조기에 발견하여 적절한 치료와 교육 프로그램을 통해 언어발달을 촉진할 수 있으며, 가족 내에서 발생하는 갈등을 조기에 인식하여 가족상담이나 복지서비스를 통해 갈등을 해결하는 데 도움이 될 수 있다. 조기개입은 문제가 발생하더라도 신속하게 개입함으로써 문제가 심화되거나 장기적으로 겪을 수 있는 부정적인 영향을 줄여 준다.

7) 통합성의 원칙

통합성의 원칙이란 아동과 가족의 복합적인 욕구에 대응하기 위해 필요로 하는 아동복지 정책과 서비스(경제, 교육, 건강, 보건, 주택 등)가 포괄적이면서 서비스 제공이 유기적으로 결합되어야 함을 말한다. 아동의 발달이 분리된 것이 아니라 역동적으로 상호 관련되어 있으므로 아동의 욕구에 대해서 통합적인 관점으로 접근하여야 하며, 필요한 경우 다양한 분야의 전문가(사회복지사, 교사, 의사, 발달심리전문가 등)가 협력하여 종합적으로 평가하고 지원을 해야 한다. 아동에 관한 정책이나 제도를 담당하는 정부 조직이 아동에 관한 일부 영역만을 소관사항으로 여겨 각기 문제를 중점적으로 처리하거나 다른 곳으로 전가하게 되면 아동의 중요한 욕구가 제대로 다루어지지 않거나 중복되어 처리될 수 있으므로 관련 부서의 유기적인 협조체계가 이루어져야 한다. 여러 아동복지기관에서 제공하는 서비스가 분절적인 경우, 아동과 가족이 혼란을 겪고 필요한 서비스에 대한 접근성이 떨어질 수 있다. 따라서 지역사회 내 관련 기관 간의 연계망을 구축하여 통합적 서비스 제공이 이루어질 수 있도록 협력해야 하며, 여러 기관이 함께 사례관리에 참여하여 아동과 가족에게 맞춤형 서비스가 제공되도록 하는 통합사례관리가 필요하다.

8) 가족중심실천의 원칙

아동복지 분야에서 **가족중심실천**의 원칙은 개입의 초점이 아동 개인이 아니라 가족 전체에 있으며, 가족의 강점과 자원을 적극 활용하고 가족과 협력적인 관계 속에서 서비스를 제공하는 것을 말한다. 가족중심실천은 가족이 아동에게 일차적으로 가장 중요한 환경이자 자원이므로 부모의 역량과 가족의 기능을 강화하는 것이 아동을 가장 효과적으로 도울 수 있다는 전제를 가지고 있다. 가족중심실천에서 실천가는 가족과 협력적인 관계를 형성해야 하며, 각 가족이 가진 강점과 자원을 존중하는 강점 관점을 토대로 실천해야 한다. 가족이 문제해결과정에 적극적으로 참여하도록 하며, 의사결정자로서 가족의 역할을 격려하고, 자신에게 적합한 서비스를 선택할 수 있도록 가족에게 충분한 정보를 제공해야 한다. 모든 가족은 각기 다른 상황과 욕구가 있으므로 개별적으로 맞춤형 서비스가 제공되도록 해야 하며, 다양한 욕구를 통합적으로 고려한 포괄적인 서비스가 제공되도록 해야 한다. 가족중심실천은 아동이 가족과 함께 사는 경우에만 적용이 되는 것이 아니라 가족을 떠나 공동생활가정이나 아동양육시설 등에서 보호를 받고 있는 아동의 원가족 복귀를 촉진하기 위해서도 필요한 방법으로 여겨지고 있다(김주연, 문영주, 2015; 정선욱, 김은영, 2020).

9) 최소제한 대안의 원칙

최소제한 대안의 원칙은 어떤 조치가 목적을 달성하는 데 있어서 개인의 권리와 자유를 가장 적게 제한하는 방법을 선택해야 한다는 원칙을 말한다. 최소제한 대안의 원칙은 아동복지뿐만 아니라 정신건강, 교육, 교정 분야 등 인간서비스 전반에서 강조되는 철학이자 법적 및 실천적 원리이다. 이 원칙은 아동에 대한 보호 및 지원에 관한 정책이나 제도를 설계하거나 직접적으로 아동에게 서비스를 제공할 때, 여러 대안 중 아동의 권리 및 발달에 미치는 부정적인 영향을 최소화할 수 있는 방법으로 접근해야 함을 의미한다. 최소제한 대안의 원칙은 아동의 권리가 불필요하게 침해되는 것을 방지하고, 아동에게 지나치게 제한적이거나 강제적인 조치를 피하게 하여 아동의 심리적 안정에 도움이 되게 한다.

예를 들어, 가정에서 아동학대나 방임이 발생했을 때 아동을 부모로부터 분리하기 전에 가정 내에서의 보호와 지원을 먼저 고려해야 하며, 아동을 가정으로부터 분리하는 것은 최후의 수단으로 고려해야 한다. 부모 상담 및 교육, 가족 지원서비스 제공 등의 대안을 통해 가정 내에서 아동과 부모 간의 관계를 유지하고 문제를 해결하는 방식이 가정 외에서의 보호보다 덜 제한적인 방법이기 때문이다. 만일 원가정에서의 보호가 불가피한 상황이라면 가정과 유사한 환경인 위탁가정에서의 보호가 우선시되어야 하며, 그다음으로 소수의 아동이 생활함으로써 개인적인 자유와 신댁이 덜 제한되는 공동생활가정에서의 보호가 대규모 양육시설에서의 보호보다 더 우선하여 고려되어야 한다.

10) 전문성의 원칙

아동복지 실천가의 지식과 기술 수준은 그들의 직무수행에 영향을 미치며, 이는 곧 아동에게 영향을 미친다. 그러므로 아동복지 실천가는 아동 및 가족과 함께 일하는 데 필요한 전문 지식과 기술을 갖추어야 하며, 또한 아동복지실천 현장에 따라 요구되는 전문적인 역량을 갖추어야 한다. 아동은 끊임없이 변화하고 성장하는 과정에 있으며, 그들의 사고방식과 의사소통 방법은 성인과 다르므로 아동발달에 대한 지식 및 아동과 관계를 형성하고 효과적으로 의사소통을 할 수 있는 기술이 필요하다. 아동복지 실천가는 가족에 대한 지원과 개입도 병행해야 하므로 가족체계의 맥락에서 아동을 이해하며, 가족과 신뢰관계 속에서 가족이 필요로 하는 자원을 연계하며 정서적 지지를 제공할 수 있어야 한다.

최근 연구(조소연, 유지희, 2023)에 의하면, 다양한 아동복지실천 분야에서 공통적으로 필요한 기본 역량은 아동권리, 아동발달, 아동복지실천, 아동복지 정책과 제도, 아동과 가족, 학교와 아동복지 현장을 이해하는 것이며, 실천 역량으로는 임상적 차원의 아동복지 개입, 프로그램 개발과 평가, 사례관리, 자원 발굴 및 관리, 증거기반실천, 지역사회 파트너십과 협력, 라포 형성으로 조사되었다.

연구문제

1. 오늘날 일반적으로 우리나라 사람들이 인식하고 있는 아동의 개념이나 특성은 어떠한지 조사해 봅시다.
2. 아동을 '유능하고 능동적인 존재'로 보는 관점은 아동복지서비스의 기획 및 실행에 어떤 영향을 미칠 수 있는지 생각해 봅시다.
3. 아동복지의 전제 조건으로 여러분이 가장 중요하다고 생각하는 조건을 그 이유와 함께 제시해 봅시다.
4. 아동복지의 '비차별의 원칙'이 현실에서 제대로 적용되지 않는 사례를 조사하고, 개선을 위한 방안을 제안해 봅시다.
5. 아동복지의 필요성을 현대사회의 특성과 관련하여 토론해 봅시다.

제2장 아동의 권리

1. 아동권리의 기본 이해
2. 유엔아동권리협약
3. 한국의 아동권리
4. 아동복지실천과 아동의 참여

… 연구문제

제2장

아동의 권리

오늘날 아동은 독립된 인격을 가진 권리의 주체로 인식된다. 아동의 권리는 아동복지의 이념적 기초가 되며, 아동의 권리를 실현하는 것이 아동복지의 중요한 목표이자 과제이기도 하다. 본 장에서는 아동의 권리에 대한 기본적인 이해와 아동의 권리에 관한 국제적인 노력인 유엔아동권리협약의 주요 내용을 알아본다. 우리나라 아동의 권리에 대해서는 아동권리헌장, 유엔아동권리위원회의 권고사항, 유니세프 아동친화도시 인증을 중심으로 살펴본다. 또한 아동복지실천에서 아동의 참여를 증진하기 위한 방안에 대해서 배워 보기로 한다.

1. 아동권리의 기본 이해

1) 아동권리사상의 발전

아동은 오랫동안 권리를 가진 존재로 인식되지 못하였다. 아동권리에 대한 관심은 19세기에 산업화로 인해 나타난 아동 노동 착취를 규제하려는 움직임에서 시작되었으며, 20세기에 들어서면서 아동권리에 대한 인식이 강화되었다.

역사적으로 아동권리의 내용은 아동의 생존에 필요한 인적·물적 자원의 **제공**(provision), 열악하고 유해한 환경으로부터의 **보호**(protection), 그리고 아동이 자신의 삶을 결정하는 데 있어 의견을 표현할 수 있는 **참여**(participation)로 확대되어 왔다.

오늘날 아동권리는 모든 인간은 권리를 가진다는 인권의 보편성과 또한 아동이 가지는 발달적 특성 및 취약성이라는 아동의 특수성을 모두 반영하고 있다. 아동권리의 사상이 언제 어떻게 태동하였으며, 어떤 과정을 걸쳐 발전되었는지를 국제사회의 아동권리문서를 통해 알아본다(김정래, 2020; 이혜원, 2006; Cohen, 2002; Wall, 2017).

(1) 아동권리 제네바선언

최초의 아동권리선언은 세이브더칠드런(Save the Children)의 창시자인 에글렌타인 젭(Eglantyne Jebb) 여사에 의해 제정되고, 1924년 제네바에서 개최된 국제연맹 회의에서 채택되었다. 아동권리 제네바선언은 제1차 세계대전으로 인해 아동이 처해 있는 참혹한 현실(부모의 사망으로 인한 고아, 부랑아, 굶주림, 질병, 영양실조 등)을 배경으로 제정된 아동권리문서이다. 선언의 전문에는 "인류는 아동에게 최선의 것을 제공해야 할 의무를 진다"고 명시하고 있다. 선언은 5개 조항으로 구성되어 있으며, 그 내용은 ① 아동의 정상적인 신체적·정신적 발달에 필요한 모든 수단의 제공, ② 모든 종류의 결핍을 겪고 있는 아동의 보호, ③ 긴급 재난 시 아동의 최우선 구조, ④ 모든 착취로부터의 보호, ⑤ 인류를 위한 아동의 재능 개발을 규정하고 있다. 선언은 아동을 권리의 주체로 보기보다는 아동의 기본적인 생존과 결핍으로부터의 구제에 초점이 맞추어져 있어 아동들에게 생존을 위한 기본적인 필수품을 적극적으로 제공하는 권리를 강조하였다고 볼 수 있다. 제2차 세계대전 후, 국제연맹의 후신인 국제연합은 아동권리 제네바선언의 개정을 요청하여 1948년에 ⑥ 장애아동의 특별한 치료, 교육, 보호, ⑦ 가정보호와 가정이 없는 아동의 특별한 보호를 추가하여 7개의 조항으로 재선언되었다.

(2) 유엔 아동권리선언

1959년에 공포된 아동권리선언은 1948년에 천명된 세계인권선언[1)]의 정신을 계승하고 아동권리 제네바선언의 내용을 보완 및 확대하여 아동권리를 보다 체계적으로 천명한 선언이다. 아동권리선언은 전문과 10개의 조항으로 구성되어 있다. 전문에서 "아동은 신체적으로나 심리적으로 미숙하기 때문에 그 출생의 전후에 있어서 법률상의 적절한 보호를 포함하여 특별한 경우의 보호를 제공하는 것이 필요하다."라고 명시하고 있다. 10개 조항의 내용은 ① 모든 아동의 차별 금지, ② 아동 최선의 이익, ③ 성명과 국적을 가질 권리, ④ 사회보장을 받을 권리, ⑤ 장애아동의 특별한 치료 · 교육 · 보호, ⑥ 가정보호와 가정이 없는 아동의 특별한 보호, ⑦ 교육을 받을 권리, ⑧ 보호와 구제를 우선하여 받을 권리, ⑨ 모든 형태의 아동학대 방지와 연소자의 고용금지, ⑩ 모든 형태의 차별적 관행으로부터의 보호로 구성되어 있다.

아동권리선언은 세계인권선언이 천명하고 있는 특별한 필요와 보호의 정신을 아동권리에 적용함으로써 아동을 보호하는 권리를 강조하였다는 점에서 의의가 있다. 그러나 여전히 아동을 수동적인 보호의 대상으로 국한하여 소극적인 아동권리의 관심을 나타내었다.

(3) 유엔 아동권리협약

국제연합은 아동권리선언 20주년을 기념하여 1979년을 '국제 아동의 해'로 지정하였으며, 아동의 해를 맞아 단순한 선언이 아니라 이행의 구속력을 가진 국제협약의 필요성을 주장해 온 폴란드 정부의 안을 적극적으로 고려하였다. 이후 10년간의 준비 기간을 거쳐 아동권리선언 30주년이 되는 1989년에 유엔총회에서 아동

---

1) 세계인권선언은 제2차 세계대전의 참혹상에서 인류의 공존과 평화의 이상을 실현하고자 하는 국제연합 정신에 입각하여 인간의 기본적인 권리를 포괄적으로 천명한 인권선언이다. 전 세계적으로 인권의 중요성을 알리고 인권 보호와 증진을 위한 기본 틀을 제공하는 중요한 문서로서 이후 여러 국제 인권 협약과 각국의 헌법 및 법률에 큰 영향을 주었다.

권리협약이 만장일치로 채택되었으며, 1990년에 20개국 이상의 비준을 받아 국제법으로서 효력을 발휘하게 되었다. 현재 전 세계 196개국이 비준하여 아동권리에 관한 세계적인 표준이 되고 있다.

아동권리협약은 아동권리 제네바선언, 유엔 아동권리선언, 세계인권선언의 정신을 계승하며, 또한 1966년에 유엔총회에서 채택된 경제적 · 사회적 · 문화적 권리에 관한 국제규약(A 협약)과 시민적 · 정치적 권리에 관한 국제규약(B 협약)에 규정되어 있는 권리를 아동에 대해 광범위하게 규정하였다. 아동권리협약은 아동을 보호의 대상자가 아니라 권리의 주체자로 명시하고 있으며, 이전의 선언과 비교하여 아동의 참여권을 강력하게 천명하였다. 또한 아동권리협약은 각 국가가 아동과 관련된 법률, 정책, 사회복지 서비스의 내용을 개선하고 보완할 수 있는 준거틀을 마련하였다. 협약 당사국은 아동권리협약의 이행사항에 대해 유엔아동권리위원회에 보고서를 제출할 의무가 있으며, 아동권리위원회는 국가보고서를 심의하여 이행사항에 대한 우려와 정부가 노력을 강화해야 할 사항을 권고하고 있다.

2) 아동권리의 구성 요소

아동권리는 생존권, 보호권, 발달권, 참여권의 범주로 나눌 수 있다. 이 권리는 서로 배타적인 것이 아니라 상호 연계성을 가지고 있으며, 어느 하나의 구체적인 권리는 다른 범주의 권리와도 중첩될 수 있다. 예를 들어, 이름과 국적을 가질 권리는 생존권과 발달권에 포함될 수 있고, 폭력이나 학대, 착취로부터 보호받을 권리는 보호권과 발달권에 포함될 수 있다.

(1) 생존권

생존권은 아동이 존엄성을 유지하면서 건강하게 성장하는 데 필수적인 기본 권리이다. 생존권은 아동의 생명이 존중되고 보호되며, 아동이 적절한 수준의 삶을 누리는 데 필요한 최소한의 요소들이 보장되는 권리를 의미한다. 생존권에는 어떤 경우에든지 아동의 생명이 침해되지 않는 생명의 권리, 부모의 보살핌을 받을 권리, 건강을 유지하기 위해 깨끗한 물과 충분한 영양 및 기본적인 보건서비스를 받을 권리, 안전하고 위생적인 주거 환경에서 살 권리 등이 포함된다.

(2) 보호권

보호권은 아동이 건강하게 성장할 수 있도록 폭력, 학대, 착취, 차별 등 해로운 환경으로부터 아동이 안전하게 보호받을 권리를 말한다. 아동은 자신을 스스로 보호하기 어려운 경우가 많으므로 특별한 보호가 필요하다. 보호권에는 아동이 폭력과 학대 및 방임으로부터 보호받을 권리, 성적 착취 및 학대로부터 보호받을 권리, 경제적 착취와 부당한 노동으로부터 보호받을 권리, 유괴 및 매매로부터 보호받을 권리, 마약 및 향정신성 약물로부터 보호받을 권리, 고문과 사형으로부터 보호받을 권리, 전쟁 및 무력 충돌에서의 징집으로부터 보호받을 권리 등이 포함된다.

(3) 발달권

발달권은 아동의 신체적 발달뿐만 아니라 정신적 · 영적 · 도덕적 · 심리적 · 사회적 발달을 모두 포함하는 전인적 발달을 의미하며, 아동이 잠재력을 최대한 발휘하면서 잘 성장할 수 있는 최적의 환경과 지원에 관한 권리를 말한다. 아동에게 최상의 발달이 이루어지기 위해서는 누구에게나 적절한 돌봄과 보호, 양질의 의료 및 사회서비스가 있어야 하므로 발달권은 아동의 다른 권리와도 매우 밀접하게 연결되어 있다. 발달권에는 가족 재결합의 권리, 적절한 교육을 받을 권리, 여가 · 놀이 · 문화 활동의 권리, 원주민 및 소수 인종 아동이 고유문화를 향유할 권리 등이 포함된다.

(4) 참여권

참여권은 아동이 자신과 관련된 모든 사안에 대해 자유롭게 의견을 제시하고 그 의견이 존중받는 권리를 말한다. 참여권은 아동을 단순히 보호받아야 할 대상이 아니라 자기 삶과 결정에 영향을 미치는 일에 적극적으로 참여할 수 있는 주체로 인정하는 권리이다. 아동은 자기 생각을 형성하기 위해 자신과 관련된 문제에 대해 올바른 정보를 제공받아야 하며, 아동의 의사는 말이나 글뿐만 아니라 예술이나 행동으로써도 표현할 수 있다. 아동은 가정 및 학교에서뿐만 아니라 지역사회 및 국가의 정책 결정에도 참여할 권리가 있다. 참여권에는 표현 자유의 권리, 사상과 양심 및 종교 자유의 권리, 집회 결사의 권리, 정보 접근의 권리 등이 포함된다.

3) 다양성과 아동권리

아동의 권리를 실현하기 위해서는 아동과 가족이 지닌 다양한 정체성과 문화를 이해하고, 문화적으로 민감한 실천을 해야 한다. 다양성은 아동과 가족이 가진 인종, 민족, 성별, 언어, 종교, 장애, 사회경제적 지위 등의 폭넓은 차이를 포함하며, 이러한 차이가 존중되지 않거나 차별로 이어지지 않도록 사회복지사는 아동의 다양한 문화적 배경과 정체성을 이해하며 권리를 옹호해야 한다. 이에 유엔아동권리협약에서 다양성이 어떻게 다루어지고 있는지, 아동복지전문가로서 사회복지사들에게 필요한 문화적 역량이란 무엇이며, 아동 대상의 아동권리교육에서 다양성의 이슈를 어떻게 포함해야 하는지에 대해서 살펴보고자 한다.

(1) 유엔아동권리협약과 다양성

유엔아동권리협약(UNCRC)의 전문에서는 "인류 가족 전체의 보편적 존엄성과 평등한 권리"를 강조하며, 모든 아동이 동등한 존중과 권리를 가져야 함을 명시하고 있다. 아동 보호와 아동의 조화로운 발달을 위해 각 민족의 전통과 문화적 가치의 중요성을 충분히 고려하고, 모든 국가 특히 개발도상국 아동의 생활 여건 향상을 위한 국제협력의 중요성도 강조하고 있다.

협약의 본문 중에서 가장 광범위하게 다양성의 이슈를 다루고 있는 조항은 차별 금지의 원칙(제2조)이라고 할 수 있다. 여기서는 아동의 인종, 피부색, 성별, 언어, 종교, 정치적 견해, 국적, 사회적 출신, 장애 여부, 재산, 출생 또는 기타 신분에 관계없이 협약상 모든 권리가 평등하게 보장되어야 함을 강조한다. 이는 아동을 포함한 가족 구성원의 정체성 또한 차별의 이유가 되어서는 안 됨을 의미한다.

보다 직접적으로 소수집단 또는 원주민 아동의 권리(제30조)를 명시하고 있는 조항에서는 민족적, 종교적 또는 언어적 소수자에 속하거나 원주민인 아동은 자신의 문화생활을 향유하고, 자신의 종교를 고백하고 실천하며, 자신의 언어를 사용할 권리를 가짐을 강조한다.

이외에도 장애 아동의 권리(제23조)와 표현의 자유, 사생활 보호, 결사의 자유 등(제12~15조) 아동은 자신의 의견을 자유롭게 표현하고, 자신의 문화 · 종교 · 언어를 자유롭게 실천하며, 개인으로서 존중받을 권리를 가진다라는 내용도 다양성과 관련된 부분임을 알 수 있다.

(2) 문화적 역량과 교차성에 대한 이해

미국사회복지사협회(NASW)의 다양성과 관련된 실천 기준은 문화적 역량, 문화적 겸손, 교차성(intersectionality)을 핵심 개념으로 강조한다. 문화적 역량이란 다양한 문화적 배경을 가진 사람들과 상호 존중하고 효과적으로 일할 수 있는 인식, 지식, 기술을 갖추는 것을 말한다. 여기에는 자신의 편견에 대한 인식, 대상자의 문화에 대한 학습, 실천서비스를 문화적으로 적합하게 조정하는 노력이 포함된다. 문화적 역량에서 더 나아가 문화적 겸손(cultural humility)은 지속적인 자기 성찰과 학습에 대한 헌신을 강조한다. 이는 타인의 문화를 완벽히 '숙달'할 수 없다는 점을 인정하고, 실천가가 각 가족을 열린 태도로 대하며, 그 가족이 자신의 삶에 대한 전문가임을 존중하고, 클라이언트로부터 배우려는 자세를 유지하는 것을 의미한다. 요약하면, 사회복지에서 다양성을 수용한다는 것은 태도(차이를 존중하고 가치 있게 여기는 마음가짐)와 행동(포괄적이고 공정한 실천으로 조정하려는 노력) 모두를 포함한다. 이는 사회구조 내의 편견과 불평등이 특정 집단에 어떤 해를 미치는지를 이해하고, 소외된 이들을 옹호할 준비가 되어 있어야 함을 의미한다.

이러한 사회복지실천 일반의 원칙은 아동권리나 아동보호 분야에서도 동일하게 적용된다. 사회복지사는 먼저 자신의 문화적 배경과 편견을 인식하고, 다양한 문화 간에 의사소통 기술을 개발하며, 다양한 양육문화에 대한 지식을 쌓고, 다양한 집단과 직접 접촉하는 경험을 가지며, 타 문화를 배우고 존중하려는 진정한 열의를 가져야 한다. 가족의 문화적 배경, 가치, 전통이 양육방식과 아동의 경험에 어떻게 영향을 미치는지를 이해할 수 있어야 한다. 다양성을 수용한다는 것은 각 아동의 상황이 개인적·문화적 정체성의 복합적인 상호작용에 의해 형성된다는 것을 인식하는 것이다.

이러한 관점에서 다양성을 이해하는 데 유용한 이론적 틀은 교차성(intersectionality)이론이다. 교차성이론은 개인이 여러 사회적 정체성을 동시에 가지며, 이들이 서로 교차하여 고유한 차별 또는 특권의 경험을 형성한다는 것을 강조한다. 예를 들어, 한 아동이 소수 인종이면서 장애를 가졌거나 종교적 소수자일 수 있다. 이러한 복합 정체성은 아동의 기회나 도전에 중첩적인 영향을 미친다. 예컨대, 위탁가정에 있는 이주배경 아동은 인종차별, 성차별, 학대에 따른 트라우마를 동시에 겪을 수 있으며, 각각의 요인이 서로를 더욱 악화시킬 수 있다. 교차성은 개인의 다중적인 사회 정체성이 상호 연결되어 있으며, 이것이 타인, 제도, 사회구조로부터 개인이 어떻게 인식되고 대우받는지를 결정짓는다고 한다.

실천적으로는 사회복지사가 인종차별, 성차별, 능력주의 등 여러 형태의 차별이나 편견이 한 아동의 삶에서 어떻게 함께 작동하는지 민감하게 인식해야 한다는 것을 의미한다. 또한 사회복지사는 단일 이슈가 아닌, 아동과 가족을 둘러싼 개인적·조직적·구조적 차별의 전체 맥락에서 아동 최선의 이익을 보호하고, 아동권리를 옹호하는 방법을 고려해야 한다.

(3) 아동권리교육과 다양성

아동은 미래의 성인이다. 해당 사회가 아동의 권리를 충분히 보장하기 위해서는 아동 스스로 아동권리에 대한 이해가 있어야 한다. 성인과 아동 모두가 가족, 학교, 지역사회, 국가 및 세계적 차원에서 아동권리를 옹호하고 행동화할 수 있도록 역량을 강화해야 한다. 특히 아동 당사자에 대한 아동권리교육은 아동에게 권리와 책임의식을 갖게 하고, 상호 권리의 주체로서 타인을 바라보는 관점을 내재화하는 상호존중교육이다. 유엔 아동권리협약에서도 아동 대상의 인권교육이 중요하며, 이러한 교육에는 아동의 능력을 최대한 발달시키고, 인권에 대한 기본적 원칙을 존중하며, 아동의 출생 국가의 문화를 존중하고, 모든 민족과 국가가 이해와 관용의 정신으로 삶을 영위할 수 있어야 한다는 다양성에 대한 내용을 포함하고 있다(Jerome et al., 2015; Gaudelli & Fernekes, 2004).

이와 같이 아동권리교육은 '아동권리협약'의 내용만을 가르치는 교육이 아니라 인간성, 인류애에 기반한 접근이며, 세계시민으로서의 관점을 전제해야 한다. 성별, 인종, 계급 등 여러 정체성이 교차하고, 결합될 때 원래 없던 차별이나 특권이 생기기도 한다는 교차성 개념을 포함해야 한다. 또한 이러한 관점에 기반하여 '아동권리적 접근법(children right approach)'에 대해서도 교육해야 한다. 이는 교육의 내용 및 과정을 목적과 일관되게 일치시키고, 아동이 스스로의 권리 옹호자이자 타인의 권리 수호자로서 행동할 수 있도록 하는 역량에 초점을 맞춘다는 것을 의미한다. 이러한 아동권리교육을 통해 아동들은 '포용과 다양성' '효능감' '인권의식' '개인적 경험을 더 큰 범위의 권리에 적용할 수 있는 능력' 등이 향상될 수 있다(UNICEF, 2014; Jerome et al., 2015; 박현선 외, 2023).

2. 유엔아동권리협약

유엔아동권리협약(United Nations Convention on the Rights of the Child: UNCRC)은 모든 아동의 권리를 보호, 증진, 실현하기 위해 1989년 유엔총회에서 채택된 국제 인권조약이다. 우리나라는 1991년에 비준하여 협약 실행의 당사국이 되었으며, 「대한민국헌법」에 의하여 국내법과 동일한 효력을 지닌다.

1) 아동권리협약의 구성

아동권리협약은 전문과 본문으로 구성되어 있으며, 본문은 3부로 나뉘어 있고, 총 54개 조항으로 되어 있다. 본문 제1부는 제1~41조로, 실제적인 아동의 권리를 주로 다루고 있는데, 아동의 정의, 주요 원칙[2],협약의 이행방법, 아동권리의 내용, 당사국의 아동보호 의무에 대해 규정하고 있다. 제2부는 제42~45조까지이며, 협약을 홍보할 의무, 아동권리위원회 설치, 보고서 제출에 관해 규정하고 있다. 제3부는 제46~54조까지이며, 협약의 비준 절차를 규정하고 있다. 또한 아동권리협약과 관련하여서 다음의 3개의 선택의정서[3]가 제정되어 있다.

- 아동매매, 아동성매매 및 아동음란물에 관한 아동권리협약 선택의정서
- 아동의 무력 충돌 참여에 관한 아동권리협약 선택의정서
- 아동의 개인청원권에 관한 선택의정서

제1 및 제2 선택의정서는 2000년에 채택되어 2002년에 발효되었으며, 우리나라는 2004년에 두 의정서를 동시에 비준하였다. 제3 선택의정서는 2011년에 채택되어 2014년에 발효되었으며, 우리나라는 아직 비준하지 않았다.

2) 아동권리의 영역과 내용

아동권리협약에서 직접적으로 아동권리 영역을 분류하고 있지는 않으나, 유엔 아동권리위원회에 제출하는 국가보고서 작성지침(Committee on the Rights of the Child, 2015)에 의하면 다음의 영역으로 구분할 수 있다.[4] 각 영역에 해당하는 아동권리의 일부 내용을 살펴보면 다음과 같다.

---

2) 아동권리협약의 주요 원칙인 ① 비차별의 원칙, ② 아동 최선의 이익원칙, ③ 아동의 생명 존중 및 발달 보장의 원칙, ④ 아동 의사 존중의 원칙에 대해서는 제1장의 4. 아동복지의 주요 원칙을 참고하시오.

3) 선택의정서(Optional Protocol)는 유엔에서 채택된 인권협약과 연관되어 추가적으로 제정되는 것으로, 협약의 목적을 더 잘 달성하기 위하여 특정 조항을 보충하거나 강화하는 역할을 한다. 이미 협약에 가입한 국가라도 선택의정서에 대해서 별도의 비준이 필요하다.

4) 최근 아동권리위원회는 아동권리협약의 심의에 대해 새로운 구조를 채택하였으며, 협약의 조항들을 다시 분류하여 시민적 및 정치적 권리, 아동에 대한 폭력, 가정환경 및 대안양육, 장애아동, 보건, 생

(1) 시민적 권리와 자유

- **성명, 국적 취득, 부모로부터 보호받을 권리**(제7조): 아동은 출생 후 즉시 등록되어야 하고, 출생 시부터 성명권과 국적 취득권을 가지며, 가능한 한 자기의 부모를 알고 부모에 의하여 양육받을 권리를 가진다.
- **신분 보존의 권리**(제8조): 당사국은 아동이 국적, 성명 및 가족관계를 포함하여 법률에 따라 인정된 신분을 불법적인 간섭없이 보존할 수 있는 권리를 존중한다.
- **표현 자유의 권리**(제13조): 아동은 표현에 대한 자유권을 가진다. 이 권리는 구두, 필기, 인쇄, 예술의 형태 또는 아동이 선택하는 기타의 매체를 통하여 모든 종류의 정보와 사상을 국경과 관계없이 추구하고 접수하며 전달하는 자유를 포함한다.
- **사상, 양심 및 종교 자유의 권리**(제14조): 당사국은 아동의 사상, 양심 및 종교의 자유에 대한 권리를 존중하여야 한다.
- **결사와 집회 자유의 권리**(제15조): 당사국은 아동의 결사의 자유와 평화적 집회의 자유에 대한 권리를 인정한다.
- **사생활 보호의 권리**(제16조): 어떠한 아동도 사생활, 가족, 가정 또는 통신에 대하여 자의적이거나 위법적인 간섭을 받지 아니하며, 또한 명예나 신망에 대한 위법적인 공격을 받지 아니한다.
- **정보 접근의 권리**(제17조): 당사국은 아동이 다양한 국내적 · 국제적 정보원으로부터의 정보와 자료, 특히 아동의 사회적 · 정신적 · 도덕적 복지와 신체적 · 정신적 건강의 향상을 목적으로 하는 정보와 자료에 대한 접근권을 가지도록 보장하여야 한다.

활수준, 아동권리와 환경, 교육 · 여가 및 문화 활동, 특별보호 조치 영역으로 나누었다(Child Rights Connect, 2024).

(2) 아동에 대한 폭력

- **폭력과 학대로부터 보호받을 권리**(제19조): 당사국은 아동이 부모, 후견인, 기타 아동양육자의 양육을 받는 동안 모든 형태의 신체적 · 정신적 폭력, 상해나 학대, 방치나 방치적 대우, 성적 학대를 포함한 혹사나 착취로부터 아동을 보호하기 위하여 모든 적절한 입법적 · 행정적 · 사회적 · 교육적 조치를 하여야 한다.
- **성적 착취로부터 보호받을 권리**(제34조): 당사국은 모든 형태의 성 착취와 성 학대로부터 아동을 보호해야 할 의무가 있다. 이를 위하여 특히 다음의 사항(아동을 위법한 성적 활동에 종사하도록 유인하거나 강제하는 행위, 매음이나 기타 위법한 성적 활동에 착취적으로 이용하는 행위, 외설스러운 공연 및 자료에 착취적으로 이용하는 행위)을 방지하기 위하여 당사국은 모든 적절한 국내적 · 양국 간 · 다국 간 조치를 하여야 한다.
- **피해 아동의 보호받을 권리**(제39조): 당사국은 모든 형태의 유기, 착취, 학대, 고문이나 기타 모든 형태의 잔혹하거나 비인간적이거나 굴욕적인 대우나 처벌, 또는 무력분쟁으로 인하여 희생된 아동의 신체적 · 심리적 회복 및 사회복귀를 촉진하기 위한 모든 적절한 조치를 하여야 한다.

(3) 가정환경 및 대안양육

- **능력발달에 상응하는 적절한 감독과 지도를 받을 권리**(제5조): 당사국은 부모 또는 현지 관습에 따라 인정되는 확대가족이나 공동체의 구성원, 법정 후견인 또는 기타 아동에 대한 법적 책임자들이 아동의 능력발달에 상응하는 방법으로 적절한 감독과 지도를 할 책임과 권리 및 의무가 있음을 존중한다.
- **부모와 함께 살 권리**(제9조): 당사국은 법률 및 절차에 따라서 분리가 아동 최상의 이익을 위하여 필요하다고 결정하는 경우 외에는 아동의 의사에 반하여 부모로부터 분리되지 않도록 보장하여야 한다.
- **가족과 재결합의 권리**(제10조): 가족과의 재결합을 위하여 아동 또는 그 부모가 당사국에 입국하거나 출국하기 위한 신청은 당사국이 긍정적이며 인도적인

방법으로 신속하게 취급해야 한다.

- **가정환경을 박탈당한 아동의 권리**(제20조): 일시적 또는 항구적으로 가정환경을 박탈당하거나 가정환경에 있는 것이 자기의 최상 이익을 위하여 허용될 수 없는 아동은 국가로부터 특별한 보호와 원조를 받을 권리가 있다.
- **입양에서 아동 이익 우선의 권리**(제21조): 입양제도를 인정하거나 허용하는 당사국은 아동의 이익이 최우선으로 고려되도록 보장하여야 한다.
- **양육 및 보호 기관에 대한 정기적인 심사 권리**(제25조): 당사국은 양육, 보호 또는 신체적 · 정신적 건강의 치료를 목적으로 관계 당국에 의해 양육 조치된 아동이 본인에게 제공되는 치료 및 양육 지정과 관련된 여타 모든 사정을 정기적으로 심사받을 권리를 가짐을 인정한다.

(4) 장애, 기초 보건 및 복지

- **장애아동의 권리**(제23조): 정신적 · 신체적 장애가 있는 아동은 존엄성이 보장되고, 자립이 촉진되며, 적극적 사회참여가 조장되는 여건 속에서 품위 있는 생활을 누려야 하며, 당사국은 아동의 여건 및 양육자의 사정에 적합한 지원이 아동과 양육자에게 제공될 것을 장려하고 보장하여야 한다.
- **보건서비스를 받을 권리**(제24조): 당사국은 최상의 건강 수준을 향유하고, 질병의 치료와 건강의 회복을 위한 시설을 사용할 수 있는 아동의 권리를 인정하며, 아동의 사망률 감소, 산모의 출산 전후 건강관리, 기초건강관리, 환경오염 방지 등을 위해 적절한 조치를 해야 한다.
- **사회보장 및 아동보호시설에 대한 권리**(제26조): 모든 아동이 사회보험을 포함한 사회보장제도의 혜택을 받을 권리를 가지며, 이의 실현을 위하여 필요한 조치를 하여야 하고, 당사국은 취업한 부모의 아동들이 아동보호를 위해 자격을 갖춘 편의 및 시설을 이용할 수 있는 권리를 보장하기 위하여 모든 적절한 조치를 하여야 한다.
- **해로운 약물로부터 보호받을 권리**(제33조): 당사국은 관련 국제조약에서 규정하고 있는 마약과 향정신성 물질의 불법적 사용으로부터 아동을 보호하고,

이러한 물질의 불법적 생산과 거래에 아동이 이용되는 것을 방지하기 위하여 입법적 · 행정적 · 사회적 · 교육적 조치를 포함한 모든 적절한 조치를 하여야 한다.

(5) 교육, 여가 및 문화 활동

- **교육받을 권리**(제28조): 당사국은 아동의 교육에 대한 권리를 인정하며, 기회균등의 기초 위에서 점진적으로 이 권리를 달성하기 위하여 초등교육은 무상으로 하고 일반교육과 직업교육을 포함한 다양한 형태의 중등교육은 장려하는 조치를 해야 한다.
- **교육목표에 대한 권리**(제29조): 교육의 목표는 아동의 인격, 재능 및 정신적 · 신체적 능력의 최대 개발, 다른 집단 및 이질적 문명에 대한 존중, 사람과의 관계에 있어서 이해, 평화, 관용, 양성평등, 우정 등에 입각한 자유 사회에서의 책임 있는 삶에 대한 준비, 자연환경 존중에 있다.
- **원주민 및 소수 인종 아동의 고유문화 향유의 권리**(제30조): 인종적 · 종교적 · 언어적 소수자나 원주민인 아동은 자기 집단의 다른 구성원과 함께 고유문화를 향유하고, 고유의 종교를 믿고 실천하며, 고유의 언어를 사용할 권리를 가진다.
- **휴식, 여가와 놀 권리**(제31조): 당사국은 아동이 휴식과 여가를 즐기고, 자신의 나이에 적합한 놀이와 오락 활동에 참여하고, 문화생활과 예술에 자유롭게 참여할 권리를 인정하며, 이 권리를 촉진할 수 있는 적절하고 균등한 기회를 제공할 것을 장려한다.

(6) 특별보호 조치

- **난민 아동의 권리**(제22조): 난민 아동은 적절한 보호와 인도적 지원을 받아야 하며, 정부와 국제기구들은 가족의 재결합을 위해 노력해야 한다. 부모나 가족을 발견할 수 없을 경우, 가정환경을 박탈당한 다른 아동과 동일한 보호를 받아야 한다.

- **경제적 착취와 부당한 노동으로부터 보호받을 권리**(제32조): 당사국은 경제적 착취 및 위험하거나 교육에 방해가 되거나 아동의 건강이나 신체적 · 지적 · 정신적 · 도덕적 · 사회적 발달에 해로운 여하한 노동 수행으로부터 보호받을 아동의 권리를 인정하며, 입법적 · 행정적 · 사회적 · 교육적 조치를 해야 한다.
- **아동 유괴, 매매 및 거래로부터 보호받을 권리**(제35조): 당사국은 모든 목적과 형태의 아동 약취유인이나 매매 또는 거래를 방지하기 위한 모든 적절한 국내적 · 양국 간 · 다국 간 조치를 하여야 한다.
- **범죄에 연루된 아동의 보호받을 권리**(제37조): 어떠한 아동도 고문이나 기타 잔혹하거나 비인간적이거나 굴욕적인 대우나 처벌을 받지 아니하며, 사형 또는 석방의 가능성이 없는 종신형은 18세 미만의 사람이 범한 범죄에 대하여 과하여서는 안 된다.
- **소년사법에서의 권리**(제40조): 당사국은 형사피의자나 형사피고인 또는 유죄로 인정받은 모든 아동에 대하여 아동의 연령과 아동의 사회복귀 및 사회에서의 건설적 역할을 촉진하는 것이 바람직하다는 점을 고려하고, 인권과 타인의 기본적 자유에 대한 아동의 존중심을 강화하며, 존엄과 가치에 대한 아동의 자각을 촉진하는 데 부합하도록 처우받을 권리를 가짐을 인정한다.

3. 한국의 아동권리

우리나라의 아동권리에 대해서는 여러 측면으로 살펴볼 수 있다. 그동안 우리 사회는 여러 차례 아동에 대한 다짐과 약속을 나타내는 헌장을 선포하였다. 아동권리를 증진하기 위한 노력은 아동권리협약을 비준한 이후 본격적으로 이루어지기 시작하였으며, 협약의 이행에 대한 유엔아동권리위원회의 권고사항은 우리나라 아동 관련 법률, 정책, 서비스 등에 많은 영향을 미치고 있다. 최근에는 아동권리를 지역사회 차원에서 증진하려는 노력의 하나로 아동친화도시로 인증을 받는 지방자치단체가 늘어나고 있다.

1) 아동권리헌장

우리나라의 아동권리헌장은 2016년에 제정되었다. 이전에도 어린이헌장(1957년 제정, 1988년 개정) 및 청소년헌장(1990년 제정, 1998년 개정)이 있었으나, 유엔아동권리협약의 이념과 내용을 충분히 반영하지는 못하였다. 기존의 헌장에서는 아동을 독립된 권리의 주체로 보지 않았고, 성인 중심의 아동 양육 시각이 남아 있었으며, 아동권리의 범위도 제한적이었다(보건복지부, 2016. 5. 2.).

아동권리헌장이 제정된 배경으로는 아동권리협약을 준거로 아동 최우선의 관점에서 아동이 처한 현실을 모든 영역에서 개선하려는 노력이 시급했기 때문이다. 당시 우리나라 아동의 삶의 만족도가 OECD 최하위였으며, 일련의 아동학대 사망사건으로 아동의 안전이 보장되지 못하였고, 아동권리에 대한 인식 수준도 낮은 상황이었다. 아동권리헌장은 법적인 효력은 없으나 아동이 스스로 자신의 권리를 알고 지킬 수 있도록 하고, 어른도 아동의 권리를 이해하고 존중하는 인식을 확립할 필요 때문에 제정되었다(보건복지부, 2016. 5. 2.).

아동권리헌장

모든 아동은 독립된 인격체로 존중받고 차별받지 않아야 한다. 또한 생명을 존중받고, 보호받으며, 발달하고 참여할 수 있는 고유한 권리가 있다. 부모와 사회, 국가와 지방자치단체는 아동의 이익을 최우선적으로 고려해야 하며, 다음과 같은 아동의 권리를 확인하고 실현할 책임이 있다.

① 아동은 생명을 존중받아야 하며 부모와 가족의 보살핌을 받을 권리가 있다.

② 아동은 모든 형태의 학대와 방임, 폭력과 착취로부터 보호받을 권리가 있다.

③ 아동은 출신, 성별, 언어, 인종, 종교, 사회 · 경제적 배경, 학력, 연령, 장애 등의 이유로 차별받지 않을 권리가 있다.

④ 아동은 개인적인 생활이 부당하게 공개되지 않고 보호받을 권리가 있다.

⑤ 아동은 신체적 · 정신적 · 사회적으로 건강하게 성장하고 발달하는 데 필요한 기본적인 영양, 주거, 의료 등을 지원받을 권리가 있다.

⑥ 아동은 자신이 살아가는 데 필요한 지식과 정보를 알 권리가 있다.

⑦ 아동은 자유롭게 상상하고 도전하며 창의적으로 활동하고 자신의 능력과 소질에 따라 교육받을 권리가 있다.

⑧ 아동은 휴식과 여가를 누리며 다양한 놀이와 오락, 문화 · 예술 활동에 자유롭고 즐겁게 참여할 권리가 있다.

⑨ 아동은 자신의 생각이나 느낌을 자유롭게 표현할 수 있으며, 자신에게 영향을 주는 결정에 대해 의견을 말하고 이를 존중받을 권리가 있다.

2016년 5월 2일

2) 유엔아동권리위원회의 권고사항

우리나라 아동의 권리가 얼마나 잘 실현되고 있는가는 유엔아동권리위원회가 국가보고서에 대해 심의한 내용을 통해서 알아볼 수 있다. 우리나라는 제1차 국가보고서(1994년 제출, 1996년 심의)에 대한 심의부터 가장 최근의 제5 · 6차 국가보고서(2017년 제출, 2019년 심의)에 대한 심의까지 총 4번의 심의를 받았다. 정부는 제5 · 6차 국가보고서에 대한 심의의 최종 견해에서 제시된 권고사항을 이행하기 위해 여러 조치를 해 왔다(보건복지부, 아동권리보장원, 2023; 아동권리보장원 아동참여지원부, 2024). 그동안 권고사항의 많은 부분이 이행되었지만, 여전히 개선되어야 할 과제로 남아 있는 부분도 있다. 다음은 주요 권고 내용과 이행 노력에도 불구하고 향후 개선되어야 할 점으로 지적되고 있는 내용들이다.

(1) 일반이행조치

유엔아동권리위원회는 포괄적인 아동정책 및 전략을 수립하고, 아동권리 실현을 위한 모든 관련 기관의 기능 및 역할의 확립 및 아동정책조정위원회의 권한 강화를 권고하였다. 아동을 위한 예산 및 전반적인 사회복지지출을 GDP에 비례하여 증가시키고, 지방자치단체 간의 격차를 감소시키며, 취약한 상황에 있는 아동을 위한 예산 할당을 도입하고, 아동참여예산제를 강화할 것을 권고하였다. 또한 아동에 대한 세분된 자료를 수집하는 중앙화된 시스템을 구축하며, 아동권리협약에 대한 인식 제고를 위한 교육 및 훈련을 제공할 것을 권고하였다.

일반이행조치 권고사항에 대한 정부의 이행 내용을 살펴보면, 아동에 대한 자원할당에 있어서 그동안 아동복지 관련 예산의 꾸준한 증가와 아동보호 예산의 일반 예산으로의 전환과 같은 성과에도 불구하고, 아동에 대한 예산 할당은 아직 OECD 평균에 미치지 못하고 있는 것으로 나타났다(보건복지부, 아동권리보장원, 2023). 아동에 대한 예산 할당의 문제는 이전에도 권고된 사항으로 정부의 꾸준한 노력이 필요한 부분이다.

(2) 일반원칙

비차별의 원칙과 관련하여서 포괄적인 차별금지법 제정 및 전략을 수립하고, 모든 아동의 보편적 출생등록과 보육시설, 교육, 보건, 복지, 여가 등에 대한 동등한 접근을 보장하며, 학교에서 학업성적에 근거한 차별을 근절할 것을 권고하였다. 아동 최선의 이익 원칙과 관련하여서는 아동영향평가제도의 적용을 확장하며, 모든 분야에서 아동 최선의 이익을 결정하는 절차 및 기준을 개발할 것을 권고하였다. 생명, 생존 및 발달의 원칙과 관련하여서는 아동의 자살을 효과적으로 예방할 노력을 강화하며, 보육환경 및 교육환경의 실내 공기의 질 및 유해물질 노출에 대한 모니터링과 화학물질 관리 및 유해물질 관련 사건 예방을 위한 노력을 강화할 것을 권고하였다. 아동 의사존중의 원칙과 관련하여서는 가정, 학교, 법원 및 관련 행정 등의 절차에서 아동의 견해를 밝힐 기회와 아동의 의견이 정당하게 고려될 수 있도록 보장할 것을 권고하였다.

일반원칙과 관련한 권고사항에 대한 여러 이행에도 불구하고, 차별 금지 관련 법안이 여러 차례 발의되었으나 사회적 논란 및 갈등이 존재하여 아직 법이 제정되지 못하였으며, 아동기본법도 발의되었으나 제정되지 못하였다(보건복지부, 아동권리보장원, 2023). 아동정책영향평가를 할 수 있는 법적 근거가 마련되었으므로 아동 최선의 이익 실현을 위해 아동 참여를 보장하는 실질적 기회를 확대해야 한다. 또한 제5차 자살예방기본계획(2023~2027)에 아동 맞춤형 지원을 포함했으나 자살률은 아직 획기적으로 개선되지 않아 체계적인 계획 수립과 모니터링이 필요하다(세이브더칠드런, 2024).

(3) 시민적 권리와 자유

부모의 법적 지위 또는 출신지와 관계없이 모든 아동의 보편적인 출생신고를 보장하고, 아동의 유기를 허용하는 베이비박스를 금지하며, 익명으로 출산할 수 있는 제도를 도입할 것을 권고하였다. 또한 모든 아동이 표현의 자유를 온전히 행사할 수 있도록 법률 및 학교 교칙을 개정하고, 아동의 스마트폰을 포함한 사생활 및 개인정보 보호를 보장할 것을 권고하였다.

권고사항의 이행 실태를 살펴보면, 출생등록과 관련하여 정부는 2024년 7월에 **출생통보제**와 **보호출산제**[5]를 실시하였다. 그러나 출생한 모든 아동이 부모 또는 해당 아동의 법적 지위와 국적에 상관없이 출생국 정부에 출생 사실을 등록할 수 있도록 보장하는 '**보편적 출생등록제**'는 아니어서 외국인 부모에게서 태어난 아동의 출생등록은 여전히 사각지대로 남아 있다.

---

5) 출생통보제는 아동이 의료기관에서 출생하면 아동의 출생 사실과 정보를 바로 지방자치단체에 통보하는 제도이며, 보호출산제는 경제적·사회적 상황 등 다양한 이유로 아이를 키우기 어려운 상황에 놓인 임산부가 불가피한 경우 가명으로 의료기관에서 산전 검진과 출산을 하고 출생 통보까지 할 수 있도록 하는 제도이다(보건복지부 보도자료, 출생통보제와 위기임신 지원제도로 어려운 상황의 임산부와 아동 보호. 2024, 7. 18).

(4) 아동에 대한 폭력

아동에 대한 모든 폭력 및 학대 사건에 대해 국가 데이터베이스를 구축하고, 폭력 및 학대를 근절하기 위한 포괄적 전략 및 행동 계획을 수립할 것을 권고하였다. 간접체벌 및 훈육적 처벌을 포함한 모든 체벌을 명시적으로 금지하며, 모든 형태의 폭력 및 학대에 대한 인식 개선 및 교육을 강화하고, 아동학대에 적절히 대응할 수 있도록 관련 전문가 및 지역아동보호전문기관과 피해아동 쉼터를 증가하고, 피해아동의 회복을 위한 프로그램과 정책 개발을 보장할 것을 권고하였다. 온라인 그루밍을 정의하고, 형사 범죄로 규정하며, 미성년자 의제강간 연령을 높이며, 성매매 및 성학대에 연관된 개인에게 지원서비스 및 법적 조력을 제공하고, 보상과 구제를 포함한 사법절차의 접근성을 보장하며, 범죄자로 취급하지 않고 피해자로 처우할 것을 권고하였다.

권고사항의 이행 실태를 살펴보면 아동에 대한 폭력과 관련하여 체벌을 정당화할 수 있는 근거가 되어 온 「민법」의 징계권을 2021년에 폐지한 것이 가장 두드러진 이행사항 중의 하나이다. 그러나 징계권 조항이 단순 폐지에 머물렀으며, '아동체벌 금지 규정'을 신설하지는 못했다는 점에서 한계가 있다(류정희, 2021). 지방자치단체가 아동보호의 모든 절차를 직접 수행하는 방식으로 아동보호체계가 공공화되었으나, 재학대 비율 및 학대피해아동 발견율 등의 지표에서 두드러진 성과를 확인하기는 어렵다. 따라서 전국적으로 통일된 기준을 갖춘 수사와 법 집행 관행 정착을 위해 노력해야 하고, 아동학대 대응 인력의 전문성 강화, 아동보호체계의 정비가 필요하다(세이브더칠드런, 2024).

(5) 가정환경 및 대안양육

모든 아동이 국적과 관계없이 보육시설 및 재정적 지원에 동등하게 접근할 수 있도록 보장하며, 가능한 한 모든 아동의 가정 기반 양육을 지원 및 촉진하고, 가정위탁의 질을 향상 및 확대하기 위한 적절한 자원을 할당하며, 구체적인 탈시설 계획을 통해 시설보호를 단계적으로 폐지할 것을 권고하였다. 입양에 대해서는 아동 최선의 이익을 가장 우선하여 고려하고, 입양아동의 사후관리 및 사후서비스를 강화하며, 미혼모에 대한 편견 및 입양에 대한 인식을 제고하고, 입양아동의 친생부모 정보에 대한 접근성을 강화할 것을 권고하였다.

권고사항의 이행 실태를 살펴보면 대안양육과 관련하여 여전히 미진한 점이 있는 것으로 지적되고 있다. 불가피하게 가정외 보호를 받아야 하는 경우, 아동양육시설에서 보호받는 아동의 비율이 가정위탁에서 보호받는 아동의 거의 두 배에 달한다. 따라서 향후 아동양육시설의 소규모화와 전문화를 포함하는 아동양육시설의 기능전환을 위해 구체적인 계획과 실행력을 담보한 적극적인 정책 추진이 요구된다(류정희, 2021). 또한 국내외 입양 사무수행을 전담하는 전달체계 구축과 입양 사무인력의 확보, 구체적 지침이 마련되어야 한다(세이브더칠드런, 2024).

(6) 장애, 보건 및 복지

장애에 대한 권리 기반의 접근을 채택하도록 법과 정책을 검토하고, 난민 신청 아동과 이주 아동을 포함한 모든 장애아동을 위하여 재활치료, 복지 및 의료적 지원, 학교 기반시설 및 체육·여가 활동에 필요한 시설 제공, 특수교사와 특수교육 보조원 배치 및 역량 강화, 모든 장애아동에 대한 통합교육 제공을 권고하였다. 보건 예산을 늘리고, 지역 병원을 강화하며, 경제적 취약계층 아동 및 이주아동의 국민건강보험에 대한 보편적 접근권을 보장하며, 당뇨 및 비만 아동 등을 위한 어린이집과 학교의 보건·의료 지원 강화를 권고하였다. 자살 예방을 포함한 아동의 정신건강 향상을 위해 노력하고, 과도한 스마트폰 사용에 대한 대책을 강화하며, 학교 내 성교육, 임신 중 및 출산 지원 서비스, 산후관리 강화와 육아지원 보장 등 청소년의 임신을 효과적으로 다룰 것을 권고하였다. 국적에 상관없이 모든 아동에게 아동수당을 보장하며, 빈곤층 아동에 대한 현황 조사 및 관련 통계자료 수집과 빈곤층 아동 지원을 위한 기본계획을 시행하며, 아동의 주거 빈곤 및 아동의 시간제 고용률을 사정하고 효과적으로 다룰 것을 권고하였다.

권고사항의 이행 실태를 살펴보면, 법과 기본계획 등에서 장애아동을 포함시켰으나 선언에서 그치지 않으려면 구체적이고 현실적인 법적 권리보장을 위해 예산을 확보해야 하고, 장애아동 증가에 따라 재활서비스 지원 확대 및 교육과정 고도

화를 이루어야 한다(세이브더칠드런, 2024).

(7) 교육, 여가 및 문화활동

사교육 의존도를 줄이고, 모든 아동이 출신, 주거지, 사회경제적 지위, 이주 지위 및 이주민으로서의 등록 여부와 관계없이 의무교육을 보장받도록 하며, 장애 아동을 위한 통합교육 및 합리적인 편의 제공을 보장할 것을 권고하였다. 학교 중퇴의 원인을 파악하여 효과적인 대응을 강화하고, 모든 아동이 일반학교에 머무를 수 있도록 포괄적 · 체계적인 조치를 하고, 모든 대안학교가 인가를 받아 학력을 인정받을 수 있도록 할 것을 권고하였다. 학업성적에 따른 차별을 포함한 학교에서의 차별과 사이버 괴롭힘을 포함하여 집단 괴롭힘을 예방, 근절하기 위한 조치를 강화할 것을 권고하였다. 청소년 임신과 HIV/AIDS 예방에 유의하고, 성적 지향 및 성 정체성을 적절히 포괄하여 연령에 적합한 성교육을 제공할 것을 권고하였다. 아동발달을 위한 핵심 요소로서 휴식, 여가 및 놀이에 대한 관점과 태도를 전환하기 위한 프로그램을 시행하고, 모든 아동이 휴식과 여가를 누리고 놀이와 오락활동을 할 수 있도록 충분한 시간 및 시설을 보장하고, 이러한 시설은 안전하고, 대중교통을 이용하여 접근이 가능하며, 연령에 적합한 시설일 것을 권고하였다.

권고사항의 이행과 관련하여 향후 과제를 살펴보면, 학교 밖 청소년의 교육격차를 줄일 수 있는 표준화된 학업중단 숙려제가 필요하다. 또한 놀권리를 실현하기 위해서는 현재 학교 밖 프로그램이 충분치 않고, 예술문화 관련 인적 인프라가 부족하므로 아동의 놀권리를 위한 사회적 환경을 조성하기 위한 노력이 요구된다(세이브더칠드런, 2024).

(8) 특별보호 조치

모든 난민신청아동, 난민아동, 이주아동이 출생등록, 보육, 교육, 보건 · 의료 서비스, 경제적 지원과 주거지원, 여가, 학대를 받은 경우 보호 및 지원 서비스를 한국 아동과 동등하게 누릴 수 있도록 법적 · 관행적 장벽을 없앨 것과 난민아동,

난민신청아동 및 이주아동을 위한 예산을 배정할 것을 권고하였다. 아동의 인신매매, 불법 거래 및 탈취가 효과적으로 수사되고, 가해자들이 기소되어 범죄의 심각성에 상응하는 형량이 부과되도록 하며, 인신매매 방지 전담 조직과 인신매매 수사 및 기소를 위한 팀을 구성할 것을 권고하였다. 형사 책임 최저 연령을 만 14세로 유지하고, 만 14세 미만의 아동을 범죄자로 취급하거나 구금하지 않아야 하며, 구금은 최후의 수단으로 최소한의 기간만 사용할 것을 권고하였다.

특별보호와 관련하여, 여전히 이주아동은 출생등록제의 사각지대로 남아 있으며, 출생이 등록되지 않아 국가적 지원과 서비스의 권리를 보장받고 있지 못하다. 따라서 외국인 아동 출생등록제가 도입되어야 한다. 법무부는 소년사범에 대해 형사공공변호인제도 도입, 소년원 생활실의 리모델링과 교육 프로그램 확대 등의 노력이 있었으나, 회복과 보호 관점에서의 사법적 접근이 더욱 강조되어야 한다(세이브더칠드런, 2024).

3) 유니세프 아동친화도시 인증

아동친화도시(Child Friendly Cities)는 유엔아동권리협약에 기반하여 모든 아동의 권리가 존중되고 실현될 수 있는 행정체계, 제도 및 물리적인 환경 등을 갖추어 아동이 살기 좋은 지역사회를 말한다. 유니세프는 지방자치단체가 아동친화적인 지역사회를 형성할 수 있도록 5대 평가 영역(정책 결정을 위한 근거 확보, 지속 가능한 거버넌스 구축, 아동 참여 및 권리교육, 행정 서비스의 효과적 조정, 아동친화 공간 조성)과 6대 아동친화 영역(놀이와 여가, 참여와 존중, 안전과 보호, 보건과 복지, 교육환경, 가정환경)을 인증의 구성 요소로 제시하였다(유니세프 한국위원회, 2024).

우리나라에서 아동친화도시는 2013년에 서울시 성북구가 처음으로 인증을 받았으며, 2024년 12월 기준 인증받은 지방자치단체가 98곳이며, 30여 곳이 아동친화도시를 추진 중에 있다(https://childfriendlycities.kr, 2025. 1. 15. 인출). 우리나라 226개 시 · 군 · 구 기초자치단체 중 아동친화도시로 인증을 받는 곳이 곧 절반을 넘을 것으로 예상된다. 그러나 인증을 받는 것만으로 아동친화도시가 자동으로 구현되는 것은 아니며, 아동 중심의 참여와 행정을 통해 아동의 권리가 실질적으로 보장될 수 있도록 지속적인 노력이 필요하다.

4. 아동복지실천과 아동의 참여

아동권리협약 제12조에 의하면, 모든 아동은 자신에게 영향을 미치는 모든 문제에 대해 자신의 견해를 자유롭게 표현할 권리가 있으며, 또한 아동은 자신의 의견이 청취되고 그 의견이 적절하게 반영될 권리가 있다. 이 조항은 넓게 '참여'라는 용어로 개념화되어 사용되기도 하며, 참여권, 의견진술권, 의견표명권, 피청취권, 청문권 등의 다양한 용어로도 불린다. 아동의 이러한 권리는 아동을 대상으로 한 사회복지실천에서도 실현될 수 있도록 해야 한다.

1) 아동복지실천에서 아동 참여의 중요성

모든 아동은 자신의 삶에 영향을 미치는 결정에 참여할 권리가 있다. 특히 아동복지체계 내에서 서비스나 보호를 받는 아동은 자신과 관련된 의사결정에 참여하는 것이 매우 중요하다(Kosher, Ben-Arieh, & Hendelsman, 2016). 아동은 부모 및 사회복지사와의 관계에서 가장 힘이 없는 존재이며, 성인들은 아동의 의사결정능력을 신뢰하지 못하기도 하여 아동에게 영향을 미치는 주요 결정이 자칫 아동을 제외하고 성인 중심으로 이루어질 가능성이 있다. 따라서 '아동 이익 최우선의 원칙'이 실현되기 위해서는 아동복지 및 아동보호체계에서 아동의 참여를 보장하고 또 참여를 촉진할 수 있는 체제를 마련하는 것이 필요하다. 또한 아동의 참여는 사회복지실천에서 강조하는 **자기결정권**과도 밀접히 관련된 것으로, 아동복지실천 과정에서 아동의 적극적인 참여를 도모하기 위한 노력은 사회복지실천의 주요한 가치 및 실천 원칙을 구현하는 것이다.

참여는 권리 차원에서 중요할 뿐만 아니라 실질적인 이점도 있다. 참여를 통해 아동은 자기 삶에 대해 주체성을 갖게 되며, 자아존중감과 자율성이 증진되고, 아동의 견해와 기대가 서비스 및 보호에 반영되어 아동의 만족도 및 개입의 효과성이 높아지는 것으로 나타나고 있다(Bijleveld, Dedding, & Bunders-Aelen, 2013; Equit & Purtell, 2023). 불가피하게 가정외 보호를 받게 된 아동의 경우, 어떤 환경에서 어떻게 보호될 것인지에 대한 결정 과정에 참여할 수 있을 때 아동은 자기 삶에 대한 통제감을 가지며, 자신의 의견이 반영된 보호 배치에 더 잘 적응하게 된다.

아동 참여의 이러한 필요성 및 실질적인 이점에도 불구하고, 아동복지체계에서 아동은 의사결정과정에서 배제되거나 아동의 견해가 진지하게 고려되지 않는 경우가 많은 것으로 나타나고 있다(McCafferty & Garcia, 2024). 우리나라의 아동복지 정책 수립이나 아동보호관련 업무 수행에서 아동 참여의 필요성이 인식되고 있으나(정선욱 외, 2022), 실제적으로 아동복지 현장에서 아동의 참여는 여전히 미흡한 것으로 보인다. 사회경제적으로 가장 취약한 위치에 있는 아동에게 서비스 및 보호를 제공하는 데 있어서 아동의 참여권이 실현될 수 있는 적극적인 노력이 필요하다.

2) 아동 참여의 핵심 요소

아동 참여의 개념은 단순히 아동이 자기와 관련된 문제에 대해 목소리를 내는 것만이 아니라 아동의 의견이 경청되고 또 의사결정에 그 의견이 적절히 반영되는 것을 의미한다. 아동의 참여는 일회적인 것이 아니라 일련의 과정이며, 참여는 공간(space), 목소리(voice), 청중(audience), 영향력(influence)의 4요소가 순차적인 과정으로 구성될 때 효과적으로 실현될 수 있다(Lundy, 2007; Kennan, Brady, & Forkan, 2019).

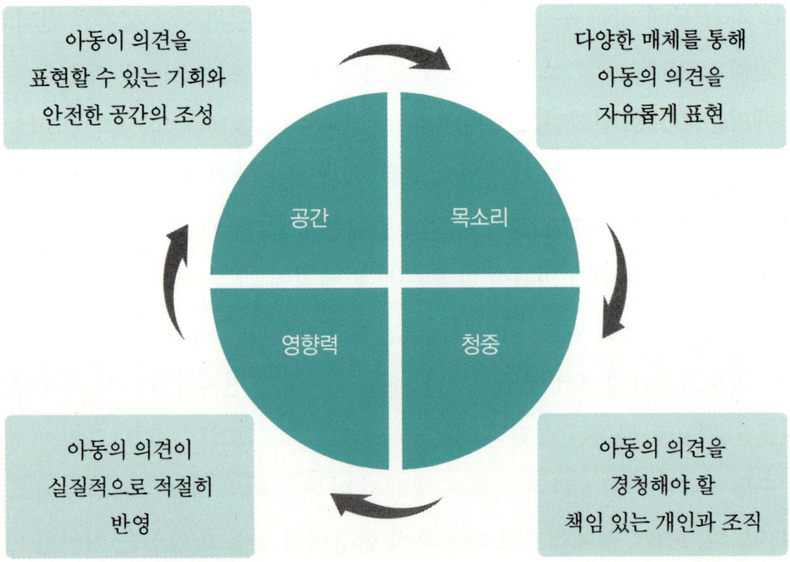

그림 2-1 아동의 의미 있는 참여를 위한 4요소

출처: UNICEF (2018). p. 15에서 수정.

(1) 공간(space)

아동이 의사결정과정에 의미 있게 참여하기 위해서는 먼저 아동의 의견을 표현할 수 있는 기회 및 공간을 조성하는 것이다. 아동이 우연히 자신의 의견을 표현하는 것이 아니라 의견을 표현할 수 있도록 아동을 직접 초대하고, 아동에게 중요하다고 생각하는 문제를 묻고, 아동의 의견을 적극적으로 수집하고 반영하려는 환경을 조성하는 과정이 있어야 한다. 아동복지실천에서 1:1 개별면담이나 서비스 계획을 위한 사례회의에서 아동을 직접 대면하여 의견을 제시할 기회를 제공하거나 서면으로 의견을 제출하도록 할 수 있으며, 아동대표집단을 구성하여 서비스 계획 및 검토 과정에 참여하게 할 수 있다. 아동이 그들의 진정한 목소리를 내기 위해서는 안전한 공간이 필수적이다. 아동이 비난이나 불이익을 받을지도 모른다는 두려움 없이 자신의 의견을 표현할 수 있도록 보장해야 하며, 아동이 편안함을 느낄 수 있는 아동친화적인 장소에서 면담을 하는 것이 바람직하다.

(2) 목소리(voice)

아동은 자신의 의견을 자유롭게 표현할 수 있어야 한다. 아동은 사례관리 회의나 서비스 계획 회의에 본인이 직접 참여하여 의견을 낼 수도 있으며, 가족 구성원이나 대리인의 지원을 받아 대리 참석을 할 수도 있다. 아동이 의견을 표현하는 방식은 말이나 글로 표현하는 것에 한정되지 않고 그림, 인형극, 연극, 영상 등 다양한 매체를 활용할 수 있어야 한다. 아동이 자신의 의견을 형성하고 표현하는 과정에는 성인의 지원이 필요하다. 의사결정과 관련된 문제에 대해 아동이 쉽게 이해할 수 있는 방식으로 정보가 제공되어야 하며, 아동이 관련된 문제를 충분히 이해할 시간을 보장해 주어야 한다. 아동친화적인 양식이나 워크시트를 활용하여 아동이 자신의 의견을 정리하고 표현하는 데 도움을 줄 수 있다. 자신의 의견을 표현하는 데 어려움이 있는 아동에게는 실질적인 지원(수화 통역, 통역 등)이 필요할 수도 있다.

(3) 청중(audience)

아동이 단순히 의견을 표현하는 것만으로 충분치 않으며, 아동의 의견을 경청할 청중이 있어야 한다. 즉, 아동의 사안에 결정을 내리는 데 관여되는 책임 있는 개인이나 기관에 아동의 의견이 전달될 기회가 보장되어야 한다. 아동의 의견을 책임지고 들어야 할 사람은 의사결정 권한을 가진 전문가(예: 사회복지사, 판사, 의사, 심리학자)일 수 있으며, 관련 개인과 조직이 아동의 의견을 반드시 듣도록 하기 위해서는 공식적인 의사소통 경로가 필요할 수 있다. 아동은 의사결정에 참여하는 개인 및 조직과 직접 접촉하여 자신의 의견을 전달할 수 있으며, 또한 의사결정자에게 제출되는 보고서에 아동의 의견이 분명히 기록되어 아동의 의견이 간접적으로 전달되는 방식이 있을 수 있다. 아동대표집단을 통해 의사를 표명하는 경우에도 해당 의견이 반드시 정책 및 서비스 기획 담당자 혹은 관리자에게 전달이 되도록 해야 한다.

(4) 영향력(influence)

영향력이란 아동의 의견이 존중되고 진지하게 고려되어 의사결정에 반영되는 것을 말한다. 진정한 참여는 아동의 의견이 정책, 서비스, 환경에 반영되어 실질적인 변화를 가져올 수 있어야 한다. 의사결정에는 아동의 의견뿐만 아니라 아동의 안전과 최선의 이익 여부, 현실적 여건 등 다른 요인들이 함께 고려되기 때문에 아동의 의견이 반영되는 데 어려움이 있을 수 있다. 그러므로 아동의 의견을 실질적으로 의사결정에 반영하려는 적극적인 조치가 필요하다. 법적 및 제도적 장치로서 아동복지 및 아동보호 체계에서 아동의 의견을 필수적으로 반영해야 하는 의무를 명확히 해야 하며, 실제 현장에서 이를 구현할 구체적인 방안이 마련되어야 한다. 예를 들어, 아동보호에 관한 의사결정 회의에서는 아동의 의견을 중심으로 충분한 논의를 할 수 있는 별도의 시간을 확보할 수 있다. 또 아동복지 생활시설에서는 아동의 의견이나 불만 사항을 정기적으로 수집하고, 이를 모든 관련 직원에게 공유하여 개선할 수 있는 부분을 논의하고 반영하는 공식적인 절차를 마련할 수 있다.

3) 아동 참여를 위한 사회복지사의 과업

아동과 함께 일하는 사회복지사는 평소에도 아동이 참여 역량을 키울 수 있도록 도우며, 아동의 삶에 큰 영향을 미치는 의사결정과정에서도 아동의 참여를 지원해야 한다. 다음은 아동 참여의 이행을 위한 사회복지사의 주요 과업이다(Bell, 2011; Bijleveld et al., 2013, 2020; Committee on the Rights of the Child, 2009; Kennan et al., 2019; Save the Children, 2019; Toros, 2021).

- **아동권리 인식 교육과 옹호**: 아동이 자신의 권리를 인식하고 참여하는 것이 중요하므로, 사회복지사는 아동에게 자신의 의견을 표현하는 것이 권리임을 교육하여 아동이 그 권리를 자발적으로 행사할 수 있도록 도와야 한다. 또한 아동의 의견이 존중받을 수 있도록 부모, 교사, 기관 관계자, 지역사회와 협력

하고 아동의 참여 권리를 옹호해야 한다.

- **참여 경험의 점진적 확대**: 아동이 작은 의사결정에서부터 점차 중요한 의사결정까지 참여할 수 있도록 경험을 점진적으로 확대해 나가는 것이 필요하다. 예를 들어, 일상적인 활동이나 프로그램의 세부적인 부분에서 아동의 의견을 반영하는 참여 경험을 쌓게 함으로써 더 중요한 결정에도 참여할 수 있는 자신감을 길러 준다.
- **아동과 신뢰 관계의 형성**: 아동과 사회복지사와의 관계는 참여의 성공 또는 실패에 매우 중요한 요인이다. 사회복지사가 아동과 친밀한 관계를 유지하면서 아동의 생각과 감정을 존중하고, 비판 없이 경청하는 태도를 가진다면 의사결정과정에서도 아동이 자신의 의견을 자유롭게 표현하고, 사회복지사의 설명에 대해 궁금한 것을 질문하는 등 적극적으로 그 과정에 참여하게 된다.
- **안전하고 민감한 접근**: 아동에게 참여 여부를 선택할 권리를 설명하고, 부담이 될 경우 언제든지 참여를 그만둘 수 있음을 안내한다. 민감한 주제(예: 학대, 폭력, 가정 문제)를 다룰 경우 심리적 지원 체계를 구축하고 전문 상담가와 협력한다.
- **아동의 참여를 방해하는 요인 분석 및 해결**: 아동이 참여할 때 겪는 어려움을 파악하고, 이를 해결하기 위한 맞춤형 지원을 제공한다. 예를 들어, 장애아동을 위한 보완대체의사소통(AAC)을 지원하거나 한국어가 서툰 이주배경 아동을 위한 통역을 지원할 수 있다. 아동이 의사결정과정에 참여를 꺼리는 경우 그 이유(불안, 자신감 부족, 주변의 부정적 반응 등)를 분석하여 이를 극복할 수 있도록 교육과 상담을 제공한다.
- **투명한 정보의 제공**: 아동이 자신의 상황에 대해 충분히 이해하고 의견을 제시할 수 있으려면 우선 관련 정보가 투명하게 제공되어야 한다. 아동의 삶에 중요하게 영향을 미치는 결정에 있어서 필요한 배경 정보를 비롯하여 가능한 선택지와 그에 따른 결과에 대해 정직하게 설명해 주어야 한다.
- **아동 중심의 의사소통과 다양한 의견 표현방식 지원**: 아동의 연령 및 수준에 맞는 언어와 방식으로 정보를 제공하고 의견을 물어야 한다. 어려운 용어나 복잡

한 설명을 피하고 아동이 이해할 수 있는 방식으로 소통해야 한다. 모든 아동이 말로 자신의 의견을 표현하기 쉬운 것은 아니므로 그림, 글쓰기, 놀이 등 다양한 방식으로 의견을 표현할 수 있는 기회를 제공해야 한다.

- **참여에 대한 피드백 제공:** 아동에게 자신의 의견이 실제 결정에 어떻게 반영되었는지를 알려 주는 것이 중요하다. 아동의 의견이 반영되지 않은 경우에도 그 이유를 설명해 주어야만 아동은 자신의 의견이 진지하게 고려되었다고 느낄 수 있다.

연구문제

1. 아동의 여러 권리 중 현재 우리나라 아동에게 가장 미흡하게 실현되고 있다고 생각하는 권리는 무엇이며, 그 이유는 무엇인지 토론해 봅시다.
2. 온라인 공간에서의 아동권리(예: 사생활, 정보접근, 표현 자유 등)는 어떻게 보장되어야 하며, 현재 우리나라의 법과 제도는 어떤 한계가 있는지 토론해 봅시다.
3. '아동친화도시' 인증이 단순한 상징에 그치지 않고 실질적 권리 실현의 장이 되기 위해서는 어떤 제도적 · 행정적 보완이 필요할지 알아봅시다.
4. 아동복지실천에서 아동의 참여를 방해하는 구조적 요인에는 무엇이 있으며, 사회복지사가 이를 극복하기 위해 해야 할 역할은 무엇인지 알아봅시다.

제3장 아동의 발달

1. 아동발달이론
2. 아동발달이론에 대한 쟁점
3. 아동발달의 특성

… 연구문제

제 3 장

아동의 발달

아동발달에 대한 총체적인 이해를 위해서는 아동의 연령에 따라 발달이 어떻게 이루어지는가와 다양한 영역에서의 발달이 어떻게 유기적으로 연관되는가의 두 가지 측면에서 이해가 이루어져야 한다. 무엇보다 연령별 아동발달에 대한 포괄적인 기준을 알아야만 동일한 사건이나 행동이 어떤 연령에서는 문제가 되지만 다른 연령에서는 보편적인 특성일 수 있음을 이해할 수 있기 때문이다. 특히 아동기에 나타나는 문제행동이나 증상을 포착하기 위해서는 무엇이 정상적인 발달단계에 근거한 특성인지를 사정할 수 있어야 한다.

이 장에서는 기존 이론들에서 아동발달에 대한 논쟁이 어떠한 구도로 이루어져 왔는지 개괄적으로 살펴보고, 아동의 신체적 · 언어적 · 인지적 · 사회정서적 발달이 연령별로 어떻게 이루어지는지 논의한다. 또한 각 영역에서의 발달과 관련된 주요 특성 및 이상 조짐에 대해 살펴본다.

1. 아동발달이론

1) 정신분석이론

정신분석학적 관점은 지그문트 프로이트(Sigmund Freud)의 심리성적 발달이론으로부터 기원한다. 이 이론은 인간은 타고난 성 본능과 공격 본능에 따라 움직이며, 이 본능은 통제되어야만 한다고 설명하고 있다. 프로이트는 성격의 세 구성요소인 원초아, 자아, 초자아가 나타나고 통합되어 가는 과정을 5개의 심리성적 발달단계인 구강기, 항문기, 남근기, 잠복기, 생식기로 설명하면서 생후 5년 동안 뚜렷한 성격형성의 결정기를 거친다고 주장했다(송길연 외, 2001).

정신분석학적인 관점에서는 불안의 개념이 행동장애를 설명하는 데 매우 중요한 역할을 한다. 불안은 수용될 수 없는 원초아의 충동이 의식 밖으로 나오려고 한다고 자아에게 위험 신호를 보내는 것이다. 불안을 다루기 위해 자아는 억압이나 투사 같은 방어기제를 만드는데, 이러한 방어기제가 적응적일 수도 있지만 심리적인 징후를 만들어 내기도 한다.

한편, 에릭 에릭슨(Erik Erikson)의 심리사회적 발달이론은 기본적으로 정신분석학적인 관점에 기반을 두지만 프로이트의 이론을 전 생애적으로 확장한 이론이다. 따라서 생애 초기의 성 본능에 대한 초점을 상대적으로 축소하고 환경적 · 사회문화적 결정요인을 더욱 강조하는 입장이다. 에릭슨에 따르면, 사람은 영아기의 '신뢰 대 불신'에서 시작하여 노년기의 '통합 대 절망'까지 일련의 8개의 심리사회적 갈등을 거치면서 전 생애적으로 발달한다. 아동 및 청소년기에 해당하는 발달단계는 유아기의 신뢰 대 불안 단계, 초기 아동기의 자율성 대 수치심 단계, 학령 전 아동기의 주도성 대 죄의식 단계, 학령기의 근면성 대 열등감 단계, 청소년기의 자아정체감 대 역할 혼란 단계로 구분된다.

이러한 단계 이론들은 인간의 성장과 발달이 정해진 순서에 따라 이루어진다고 강조한다. 또한 특정 발달단계의 행동 특성은 그것이 나타날 수 있는 심리적 구조가 일정 정도 형성되었을 때 가능한 것이라고 주장한다. 따라서 각 발달단계는 질적으로 차이가 있는 행동 특성에 따라 구분된다는 것이다.

2) 행동주의이론

행동주의이론에서는 인간의 모든 행동은 자극과 반응의 연합이며, 이는 외적 조건과 경험으로 형성된다고 주장한다. 존 왓슨(John B. Watson)이나 스키너(B. F. Skinner)는 영아가 지속적인 행동을 학습하여 습관을 발달시킨다고 주장했다.

따라서 행동주의이론에서는 관찰 가능한 사건과 경험을 강조한다. 단계론적인 입장과 달리 행동주의이론에서는 학습이 전 생애에 걸쳐 계속되고, 그래서 성격이 어떤 연령에 완성되는 것이라고 보지 않는다. 아동기의 행동문제나 장애도 다른 행동이 학습되는 것과 같이, 같은 방법으로 학습되는 것이라고 보았다.

좋은 행동을 칭찬하면 좋은 행동이 일어날 가능성이 증가한다는 것(정적 강화: 반응 후에 그 반응이 수반되는 자극이 제시되어 그 반응의 빈도를 증가시킴), 부모가 나쁜 행동을 무시하면 행동이 감소하는 것(소거: 반응 후에 오는 강화가 더 이상 제시되지 않으면 학습된 반응의 약화가 일어남), 아동이 싸움을 하면 벌을 세움으로써 싸우는 행동을 조절하도록 하는 '처벌'의 개념 등이 행동주의이론에서 나온 개념들이다.

사회기술훈련의 역할극과 모델링 등의 개입방법들도 이러한 행동주의적 관점에 근거한 방법이다.

3) 인지발달이론

장 피아제(Jean Piaget)의 인지발달이론은 아동의 인지발달을 적응능력의 발달로 보고, 이 과정을 '동화와 조절'이라는 개념으로 설명했다. 즉, 아동은 자신의 '이해의 틀(인지도식)'로 특정한 현상을 이해하고 해석하는데(동화), 때로 이러한 기존의 이해의 틀에 맞지 않는 현상에 부딪힐 때 자신의 인식의 틀을 바꾸는 형태(조절)로 적응 과정이 이루어진다는 것이다. 이와 같이 동화와 조절 과정을 통해 이루어지는 인지도식의 구축과 조직화는 불균형 상태를 해결하고 환경에 성공적으로 적응할 수 있도록 해 준다.

피아제는 인지발달이 불변의 순서로 이루어진 4단계, 즉 감각운동기, 전조작기, 구체적 조작기, 형식적 조작기로 이루어진다고 보았다. 그에 따르면, 사람은 어떠한 인지발달단계에 해당되는가에 따라 다양한 사건을 어떻게 해석하며 경험으로부터 무엇을 배울 수 있는지가 달라진다.

한편, 레프 비고츠키(Lev Vygotsky)는 사회적 상호작용을 통해 인지발달이 이루어진다고 강조했다. 아동이 성인이나 유능한 또래와의 협력과 상호작용을 통해 더 높은 수준의 사고를 배우고 능동적으로 지식을 구성하는 인지발달을 할 수 있다고 보았다(Santrock, 2010). 이 과정에서 아동은 스스로 해결할 수 있는 문제의 범위를 넘어서는 과제를 수행하게 되며, 이때 근접발달영역(Zond of Proximal Development: ZPD) 개념이 중요한 역할을 한다. 근접발달영역의 간격을 메우기 위해 스캐폴딩(scaffolding)[1]과 같은 적절한 지원을 제공하는 것은 인지 구조화에 중요한 과정이라고 했다.

4) 기타 관련 이론

(1) 동물행동학적 이론

동물행동학적(또는 진화론적) 이론에서는 인간은 자연선택을 통해 진화된 다수의 적응적 속성을 가지고 태어나며, 생후에는 적응을 돕는 방식으로 발달이 이루어진다고 한다. 동물행동학자들은 인간의 적응적 특성들은 중요한 발달 시기인 결정기 동안에 발달한다고 주장한다(Shaffer, 1999; 송길연 외, 2001). 아동의 생물학적 성숙을 주장한 아널드 게젤(Arnold Gesell)과 결정적 시기에 선천적 특성에 의

1) 스캐폴딩은 비계 지원, 발판 지원, 단계적 지원으로 번역된다. 건축현장에서 건물을 지을 때 설치하는 발판에서 유래했으며, 교육에서 학습자가 스스로 과제를 수행할 수 있도록 초기에는 충분한 도움을 제공하고, 능력이 향상될수록 그 도움을 점차 줄여 가는 지원방법을 말한다.

해 학습되는 '임프린팅(imprinting)'과 같은 본능적 행동을 강조한 콘래드 로렌츠(Conrad Lorenz), 그리고 이들에게 영향을 받은 존 볼비(John Bowlby) 등이 대표적이다.

동물행동학적 또는 진화론적 관점에서 인간발달은 생존과 번식에 유리하도록 진화된 생물학적 기제와 행동 경향을 기반으로 한다고 본다. 이 이론은 찰스 다윈(Charles Darwin)의 자연선택 이론에 뿌리를 두고 있으며, 인간이 환경에 적응할 수 있는 유전적 프로그램을 가지고 태어난다고 가정한다(Bowlby, 1969).

동물행동학자들은 인간 행동 중 일부는 결정기(critical period) 또는 민감기(sensitive period)라고 불리는 특정한 시기에만 획득이 가능하다고 주장한다. 예를 들어, 조류의 임프린팅은 특정 시기에 어미를 각인하는 선천적 학습 과정이며, 이러한 현상을 통해 로렌츠는 본능적 행동의 생물학적 기반을 강조하였다(Lorenz, 1937/1970).

이러한 관점은 인간발달에도 적용되며, 대표적으로 볼비는 애착 이론(attachment theory)을 통해 영아가 생후 초기에 부모와의 정서적 유대를 형성하는 것이 생존에 필수적이며, 이 시기를 놓치면 이후 발달에 부정적 영향을 줄 수 있다고 보았다(Bowlby, 1969). 볼비는 애착 행동이 유아의 생물학적 프로그램에 의해 유발된다고 보았고, 이는 이후 메리 에인스워스(Mary Ainsworth)의 '낯선 상황 실험(strange situation)'을 통해 실증적 지지를 받았다. 또한 게젤은 발달이 유전적으로 결정된 생물학적 성숙에 따라 일정한 순서로 나타난다고 설명했으며, 환경보다 유전의 영향을 중시하였다(Gesell, 1946).

(2) 생태학적 체계이론

유리 브론펜브레너(Urie Bronfenbrenner)의 생태학적 체계이론은 발달을 항상 변화하고 있는 사람과 항상 변화하고 있는 환경 간에 이루어지는 상호작용의 산물로 본다. 그는 인간을 둘러싼 환경을 미시체계, 중간체계, 거시체계로 구분하고, 이 각각의 체계는 서로 다른 체계와 상호작용하며, 인간과 상호작용함으로써 발달에 중요한 영향을 준다고 생각했다(Bronfenbrenner, 1995). 그는 개인을 중심으로 한 환경체계를 다음과 같이 5단계로 구분하였다(Bronfenbrenner, 1995).

- **미시체계**(microsystem): 개인이 직접 접촉하는 환경(예: 가족, 또래, 학교)
- **중간체계**(mesosystem): 미시체계 간의 상호작용(예: 가정과 학교와의 연계)
- **외부체계**(exosystem): 개인에게 직접 영향은 없지만 간접적 영향을 주는 환경(예: 부모의 직장, 지역사회 서비스)
- **거시체계**(macrosystem): 문화, 가치, 법, 관습 등 사회 전반의 구조
- **시간체계**(chronosystem): 시간의 흐름에 따른 환경 변화와 인생 사건의 영향

브론펜브레너는 이러한 복합적인 환경 구조가 개인의 발달을 끊임없이 형성하고 변화시킨다고 보았으며, 인간발달을 "인간과 환경 간의 지속적인 상호작용의 결과"로 이해해야 한다고 강조하였다. 특히 그는 생태학적 발달 모델을 통해 실제 발달 연구가 실생활 맥락에서 이루어져야 함을 주장하면서 이후 아동복지, 교육, 가족정책 등 다양한 영역에 중요한 영향을 미쳤다.

(3) 적응유연성 이론

정상적인 발달에 관한 이론적 논의는 친숙한 반면에 장애의 발달과 관련된 이론적 관점은 상당히 제한적이었다. 그러나 최근 들어 학자들은 아동의 장애 행동을 초래하는 요인들을 이해하는 데 상당한 관심을 기울이고 있다. 초기에는 주로 장애 발생의 예측요인에 초점을 둔 '위험이론'이 주된 논의를 이루었다. 즉, 위험요소를 예측하고 감소시키는 것이 특정 장애의 발생 가능성을 줄이는 것이라는 논의이다. 그러나 이러한 논의로는 고위험 상황에서도 뛰어난 적응능력을 보이는 아동들을 설명하지 못했다.

이러한 논의과정에서 등장한 것이 적응유연성(resilience) 이론이다. 이 이론에서 위험요인(risk factor), 보호요인(protective factor), 적응유연성은 아동의 발달과 정신병리를 이해하는 데 핵심적인 개념이다. 위험요인은 행동상의 문제 또는 손상을 일으킬 가능성을 증가시키는 변인이다. 어떤 사람들은 위험요인에 취약하고

영향을 크게 받는 데 반해, 어떤 사람들은 유연하게 적응하면서 건강한 기능을 유지한다.

이와 같이 적응유연성은 위험요인으로부터 자신을 보호하는 능력이나 삶의 불운을 이겨 내고 회복하는 능력을 의미한다. 이러한 능력의 기저에는 보호요인이 있다. 위험요인으로부터 보호해 주고 완충해 주는 요인이 존재하는 것이다. 흔히 적응유연성은 개인이 가지고 있는 특성이라고 생각하는 경향이 있다. 시련을 극복하고 일어서는 아동들이 특징적으로 가지고 있는 인내심과 용기, 낙관적인 사고관 등 때문일 것이다. 그러나 이러한 아동들의 개인 특성은 적응유연성을 설명하는 보호요인의 일부일 뿐이다. 이 외에도 민주적인 양육 태도나 부모의 지지, 건전한 성인 역할 모델 등과 같은 가족적 · 사회환경적 보호요인이 있다.

2. 아동발달이론에 대한 쟁점

발달이론은 발달이 ① 천성으로 된 것인지 아니면 양육으로 된 것인지, ② 인간이 자신의 발달에 능동적으로 기여하는 것인지 아니면 수동적으로 반응하는 것인지, ③ 발달은 양적이고 연속적인 과정인지 아니면 질적으로 구별되는 일련의 발달단계를 거치는 비연속적인 과정인지에 대해 다양한 입장을 취하고 있다(송길연 외, 2001). 그러나 대부분의 현대 발달학자는 인간발달을 전체적으로 적절하게 설명하는 단일 이론은 없다는 것에 동의하며, 다양한 이론이 각각 인간의 발달과정을 이해하는 데 상이하게 공헌하는 점이 있음을 강조한다.

1) 천성 대 양육

인간발달이 타고난 생물학적인 힘으로 된 결과인가 아니면 양육, 즉 환경으로 인한 결과인가에 대한 논란은 거듭되고 있다. 물론 발달의 상이한 측면에 따라 천성(nature)과 양육(nurture)의 상대적 기여가 달라진다는 것이 오늘날 학자들의 일반적인 입장이다. 따라서 양육이냐 아니면 천성이냐의 논쟁보다는 이 두 가지의 영향이 어떻게 상호작용하여 발달된 변화를 가져오는지에 대해 논의하는 것이 생산적일 것이다.

2) 능동 대 수동

아동은 환경을 다루고 선택하며 결정하는 능동적인 존재인가 아니면 환경으로부터 일방적으로 영향을 받는 수동적인 존재인가라는 상반된 관점이 존재한다. 아동을 수동적인 존재로만 인정한다면 아동발달의 모든 책임을 주변 환경, 특히 주 양육자의 책임으로 돌릴 수밖에 없을 것이다. 그러나 실제 동일한 부모 또는 동일한 환경에서도 다르게 발달하는 것이 사실이고, 아동 스스로의 능동적인 선택과 자질이 환경의 영향을 촉진 또는 완충시킨다. 아동이 환경의 영향을 받는 것은 사실이지만 환경을 조성하는 데에도 능동적으로 기여한다는 것이다.

3) 연속성 대 비연속성

이는 인간의 발달이 점진적인가 또는 급진적인가, 나아가 발달의 변화가 양적인가 또는 질적인가라는 두 가지 측면의 질문을 내포하는 문제이다. 연속성 이론가들은 일반적으로 발달적 변화가 양적이라고 생각하는 반면에 비연속성 이론가들은 그 변화가 질적이며 급진적으로 이루어진다고 본다. 즉, 발달단계를 강조하는 입장에서는 각 단계를 거치면서 질적으로 현격하게 상이한 변화가 있음을 주장한다. 한편, 연속적인 측면을 강조하는 입장에서는 아동들이 연령이 많아짐에 따라 점점 더 커지고 빨라지며, 세상에 대한 지식을 더 많이 습득하게 되는 과정에 주목한다.

이러한 이론적 논쟁에 근거하여 인간발달이론을 정리하면 〈표 3-1〉과 같다.

표 3-1 주요 발달이론의 기저에 있는 철학 요약

이론	능동 대 수동적인 사람	연속 대 비연속적 발달	천성 대 양육
정신분석 이론	능동적: 아동은 선천적 본능에 따라 움직인다.	비연속적: 심리성적 발달(프로이트)이나 심리사회적 발달단계(에릭슨)를 강조한다.	천성과 양육 모두: 생물학적 힘(본능성숙)이 심리성적 단계와 심리사회적 위기를 촉진한다. 부모의 양육 행동의 실제가 이러한 단계들의 결과에 영향을 준다.
행동주의 이론	수동적: 아동은 환경에 따라 형성된다.	연속적: 학습된 반응(습관)의 점진적인 증가를 강조한다.	양육이 가장 중요: 생물학적 영향보다는 환경적 입력이 발달과정을 결정한다.
인지발달 이론	능동적: 아동은 자기, 타인, 그리고 자기들이 적응하는 환경에 대해서 보다 정교한 이해를 능동적으로 구축한다.	비연속적: 질적으로 구별되는 인지단계의 불변적 순서를 강조한다.	천성과 양육 모두: 아동은 환경에 적응하려는 선천적 욕구를 가진다. 또한 욕구는 적응적 도전을 제공하는 자극적 환경에 따라 발달하기도 한다.
동물행동학적 이론	능동적: 인간은 적응적 발달 결과를 촉진하는 방향으로 프로그램화되어 있고 행동한다.	양자 모두: 적응 행동은 연속적으로 증가되나 일부 적응 능력은 발달의 민감기 동안에 급격히 나타난다	천성: 적절한 환경이 성공적인 적응에 필요하기는 하나 생물학적으로 프로그램된 적응 행동이 보다 강조된다.
생태학적 체계이론	양자 모두: 인간은 자신의 적응적 발달 결과에 영향을 미치는 환경 맥락과 능동적으로 상호작용한다.	양자 모두: 항상 변화하는 개인과 항상 변화하는 환경 간의 상호작용은 양적인 발달 변화를 가져온다. 그러나 비연속적인 개인적 사건 또는 환경 사건(예: 빈곤, 부모의 이혼)이 갑작스러운 질적 변화를 만들 수 있다.	양육: 개인의 속성들이 환경에 영향을 줄 수 있음을 인정하지만 환경 맥락의 영향을 보다 강조하는 입장이다.
적응유연성 이론	양자 모두: 인간은 환경의 위험요인으로부터 영향을 받지만 보호요인을 동원해 능동적으로 대처해 나간다.	양자 모두: 연령에 따른 양적인 발달 변화를 인정하되, 비연속적인 개인적 사건, 환경 사건의 중요성을 강조한다.	천성과 양육: 타고난 보호요인, 위험요인의 중요성을 인정하되, 좋은 환경의 양육에 따라 현격한 발달 차이가 올 수 있음을 강조한다.

출처: 송길연 외(2001), p. 73에서 재구성.

3. 아동발달의 특성

아동기에는 다양한 영역에서 동시적으로 발달이 이루어진다. 따라서 각 영역의 발달이 다른 영역에 어떠한 영향을 미치는지 이해하는 것이 아동의 발달을 총체적으로 이해하는 데 도움이 된다.

1) 신체 및 운동 발달

(1) 신체발달 과정

아동의 신체적인 성장은 수정된 순간부터 일반적인 원리에 따라 예측 가능한 방식으로 이루어진다. 성장은 머리에서 아래쪽으로 진행되고, 신체의 중심부에서 바깥으로 이루어진다. 이 과정은 가슴과 몸통이 팔다리, 손가락, 발가락보다 먼저 성장하는 태아기의 발달에 그대로 나타난다.

신체 각 부위는 일생을 통해 서로 다른 속도로 발달한다. 예컨대, 골격과 근육과 내장기관은 유아기와 아동 초기에 급속도로 성장하며, 아동 중기에는 성장이 느려졌다가 청소년기에 다시 성장 속도가 빨라진다. 뇌는 출생 시의 무게가 성인의 25%가량 되므로 다른 기관에 비해서 상당히 큰 편이고, 5세경이면 뇌가 성인 뇌 무게의 약 95%에 이르게 된다. 생식기관은 청소년기 이전에는 서서히 발달하다가 청소년기에 들어서면서 급속히 성장하며, 스무 살 무렵이면 기초적인 신체적 성숙은 거의 다 이루어진다(서봉연, 이순형, 1998).

(2) 운동발달 과정

운동발달도 보편적인 순서로 이루어진다. 수의적 운동은 머리에서 아래쪽으로 진행되는 두미(頭眉) 원리를 따르므로 다리보다 팔을 먼저 사용할 수 있게 된다. 신체 말부보다 중심부를, 그리고 소근육보다 대근육을 더 빨리 통제한다(조희숙 외, 1994). 따라서 아이들이 연필을 사용하기 시작할 때 마치 주먹을 쥐듯이 손 전체로 연필을 쥐고 팔 전체를 사용해서 쓰다가, 나중에는 점차 손가락을 이용해서 연필을 쥐고 손목의 근육으로 사용할 수 있게 되는 것이다.

신경조직 및 지각 시스템이 발달함에 따라 아기는 생후 1~2개월이 지나면 자신의 몸을 어느 정도 가눌 수 있게 된다. 대개 2~6개월이 되어 척추를 회전할 수 있는 능력이 생긴 아기들은 몸을 뒤집을 수 있다. 통상 7~8개월 때 기초 운동 요령을 완전히 터득하고 나면 기는 연습에 착수한다(서봉연, 이순형, 1998). 일부 유아는 이런 기는 법을 익히지 못하고 엉덩이나 배를 끌며 이동한다. 유아들에게는 기는 행동 자체가 중요한 것이 아니다. 즉, 그들은 '다른 곳으로 이동하기 위해 기는 것'이다. 이는 양팔이 없는 선천적 장애아가 다른 아동이 손을 쓰는 법을 익힐 때 발로 쥐고 만지는 법을 비약적으로 익히는 것과도 같은 이치이다.

첫 발걸음을 떼는 놀라운 변화는 10~17개월에 이루어지고, 3세가 되어야 평균대 위에서 발을 바꾸며 걸을 수 있는 정도의 균형 감각이 생긴다. 혼자 옷을 벗는 것은 3세가 지나야 가능하며, 혼자 옷을 입는 것이 부분적으로나마 가능한 것은 4세경이다. 혼자 신을 신거나 옷을 입을 수 있는 능력이 생기는 것은 5~6세, 즉 유치원에 다닐 정도의 연령이 되어야 한다.

소근육의 발달은 눈과 손의 협응이 이루어질 때 크게 발달하는데, 4개월 무렵부터 발달하며 11개월 무렵부터는 정밀한 손동작이나 작은 물체를 집는 능력이 크게 향상된다. 1~3세에 이르게 되면 가위, 숟가락, 컵, 연필 등의 도구를 사용하여 일상생활에 필요한 여러 행동을 수행할 수 있다.

7~12세에는 대소근육의 기능이 정교하게 발달한다. 달리기나 공놀이를 할 때는 속도와 방향을 자유롭게 조절하는 기술이 생기고, 악기 연주나 만들기를 할 때는 미세한 소근육을 사용한 복잡한 활동이 가능해진다. 신체기관의 기능이 정교해지고 능률적으로 발달하는 이 시기에는 타인과의 협동활동이나 경쟁을 통해 신체적 능력을 효율적으로 활용하는 방법을 배우게 된다(정선화, 2022).

(3) 신체 및 운동 발달의 이상 조짐

최근의 연구들에서는 개인에 따라 앉거나 기고, 걷거나 말하는 데 필요한 신경-근육 연계능력을 갖추는 시기가 다르기 때문에 유아들의 발육에 대해 '빠르다' 또는 '늦다'는 판단이 무의미하다는 주장을 하는 경우가 많다. 그럼에도 불구하고 신체 및 운동 발달과 관련된 포괄적인 발육 기준은 아동의 장애나 발달지연을 조기에 발견하는 실마리를 제공할 수 있다는 점에서 여전히 중요하다. 예컨대, 뇌와 신체의 완벽한 연동작용과 균형감각을 갖는 데 필요한 기간은 개인에 따라 다르다. 그러나 생후 3~4개월 정도 되면 아기는 팔뚝으로 몸을 일으켜 지탱할 수 있고, 6~9개월이면 혼자 앉아 있을 수 있으며, 17개월 정도가 되면 걸음을 걸을 수 있다고 한다.

예전에 생후 백일이나 한 돌을 기념하여 백일사진, 돌사진을 찍던 것과 달리 최근에는 사진과 동영상을 수시로 많이 찍으면서 아이들의 변화에 따라 자세한 기록을 하는 경향이 많다. 목 가누기(2~4개월), 뒤집기(4~6개월), 앉기(6~9개월), 기기(7~10개월), 서기(9~12개월), 걷기(12개월~)를 사진을 통해서도 알 수 있다. 이 중에서도 앉아서 자유롭게 놀이하는 것은 일상생활에 중요하다. 많은 아이의 첫 걸음마의 기적은 일반적으로 돌을 전후로 일어난다. 그러나 백일이 훨씬 지나도록 자신의 머리를 가누지 못하거나, 돌 무렵에 혼자 앉을 수 없다거나, 돌이 지나 두 돌이 가까워져도 일어서려는 모습을 보이지 않는 것은 발달의 이상 조짐으로 볼 수 있기 때문에 전문가의 상담이 필요할 수 있다.

대부분의 유아가 걸음마를 배우는 것은 모방이나 학습의 결과가 아니라 그런 기능을 할 수 있는 해부학적 · 생리학적인 조건이 발달함에 따라 스스로 터득하는 기술이다. 따라서 포괄적인 발육 기준에 현저하게 뒤떨어지는 경우에는 일단 신체 및 운동 발달의 이상 조짐으로 받아들이고 전문적인 발달검사를 받아 보는 것이 좋다.

2) 인지발달

(1) 인지발달 과정

아동들은 부모를 비롯한 여러 사람과 상호작용하고, 다양한 대상을 경험하면서 세상을 이해하는 방법을 학습하게 된다. 이와 같이 아동의 논리적인 사고의 발전 과정을 피아제는 감각운동기, 전조작기, 구체적 조작기, 형식적 조작기로 구분하였다(정선화, 2022; 최순남, 2002; Santrock, 2010).

① 감각운동기

출생부터 2세 정도까지의 감각운동기에 있는 유아들은 감각경험과 운동행동을 조절하는 것을 배운다. 물리적 대상물과 상호작용함으로써 유아는 세계에 대한 중요한 지식을 획득한다. 이 기간 동안 유아들은 자신의 행동과 그 행동의 결과 사이의 관계를 발견하기에 분주하다. 예컨대, 그들은 어떤 물건을 잡으려면 어떻게, 얼마나 멀리 손을 뻗어야 하는지를 깨닫기 시작한다.

이 단계의 중요한 발달적 특징은 대상영속성(object permanence)을 획득하게 된다는 것이다. 즉, 물건이 보이지 않는 것처럼 감각적으로는 존재하지 않을지라도 그 물건이 계속 존재하고 있다는 것을 인식하게 된다.

② 전조작기

2~7세 정도의 전조작기에 있는 아동들은 언어와 같은 상징적 기호를 사용하면서 사고능력에서 큰 진보를 보인다. 상징놀이를 하고, 상징적 용어로 사고할 수 있지만 보존의 개념을 습득하지 못한 상태로 수, 크기, 무게의 변화에 따른 조작은 하지 못하는 단계이다. 예컨대, 둥그런 찰흙 두 덩이를 가지고 어느 쪽이 더 무거운가를 물으면 둘이 같다고 대답하지만, 한 덩이를 가늘고 길게 만들어 물어보면 둥글게 그대로 둔 찰흙덩이가 더 무겁다고 대답하는 것이다.

③ 구체적 조작기

7~12세까지의 구체적 조작기에 있는 아동은 보존 개념을 획득하고, 논리적으로 조작할 수 있으며, 사물 사이의 관계를 이해한다. 예컨대, 500ml의 물을 긴 컵과 넓은 그릇에 각각 담았을 때 두 용기에 담긴 물의 양이 동일함을 알게 된다. 이 시기에는 분류도 할 수 있고, 나열도 할 수 있다. 그러나 아직 추상적 개념이나 철

학적 개념에 대한 사고는 미숙한 단계이다.

이 시기의 아동은 사람들이 서로 다른 견해를 가질 수 있음을 이해함으로써 자아중심성을 탈피해서 자신의 행동을 결정하기 시작한다. 이러한 인지발달은 사회적 사고와 인간관계 성숙의 기초가 된다.

④ 형식적 조작기

12세 이후의 청소년기에 이르면 상징적 추론이 가능하다. 이 시기의 아동은 가설을 상정하고 체계적으로 검증할 수 있을 뿐 아니라 가능한 해답을 논리적으로 검토할 수 있다. 정치, 철학, 진로 등 형이상학적 사고에 관심을 가지기 시작하는데, 이상적인 환경에 대한 심상을 발달시키며 미래를 위한 가능성을 즐기고 꿈꾸기 시작한다. 지능검사의 개념에 따른 인지능력은 10대 후반에 가장 뛰어나서 기계적인 암기나 지적 과제 수행 속도 등이 엄청나게 발달한다. 그러나 판단, 추론, 창의성 등의 인지능력은 전 생애를 통해 발달한다.

(2) 기억의 발달

아동이 특정 정보에 주의를 기울이고 습득하게 되면 이를 보유할 방법을 찾아야 한다. 이와 같이 기억이란 정보를 저장하고 인출하는 과정이다. 기억의 종류에는 사건기억(event memory)과 전략적 기억(strategic memory)이 있다. 즉, 어디 갔던 일 등과 같이 일어난 사건에 대한 자연스러운 자서전적 기억이 사건기억이라면, 전략적 기억은 전화번호, 극장 가는 길과 같이 의도적으로 보유하거나 인출하려는 기억이라고 할 수 있다(송길연 외, 2001). 따라서 전략적 기억은 학업성취와 유관한 기억으로, 그것의 효율적인 사용은 연령에 따라 증가한다. 이에 반해 사건기억이나 사적인 자서전적 기억은 의도적이지 않기 때문에 생애 초기의 기억들은 성장하면서 상당 부분 상실된다.

일반적으로 아동의 증언 기억의 정확성은 연령에 따라 증가한다. 어린 아동은 나이 든 아동보다 외부 압력의 영향을 받기가 더 쉬워 오류기억을 형성하는 경향이 있기 때문이다. 따라서 아동학대와 같은 사건의 법적인 절차에서 아동 증언의 정확성을 증가시키는 방법은 아동이 심문받는 횟수를 제한하고, 유도질문을 피하며, 심문자를 단순히 만족시키기 위한 대답을 추측하지 않도록 아동을 주의시켜야 한다(Poole & Lindsay, 1995).

(3) 지능의 발달

지능지수(IQ)는 성인기에 이르면 비교적 안정적인 속성이지만 많은 경우 아동기를 거치는 동안에 상당한 변화를 나타내게 된다. 지능지수가 시간 경과에 따라 등락을 보인다는 사실은 지능지수가 선천적인 사고 및 문제해결력을 측정하는 것이 아니라 지적 수행을 측정하는 것임을 시사한다. 안정적이고 적절한 자극을 제공하는 가정환경에서 성장한 아동들은 시간 경과에 따라 지능지수가 안정성을 보이거나 증가하는 경우가 많지만 빈곤계층과 같이 소외되고 열악한 환경에서 성장한 아동들은 지능지수에서 누적적인 결손을 보이기도 한다(조희숙 외, 1994).

(4) 인지발달의 이상 조짐

인지발달의 이상 조짐은 지능이나 학습 수행 정도가 평균에 못 미쳐서 학습 및 생활에 적응문제를 보이는 경우를 들 수 있다. 지능이 평균에 못 미치는 경우를 지적장애라고 하면, 학습 수행의 이상 조짐을 보이는 경우는 학습장애라고 할 수 있다.

① 지적장애

지적장애는 신경발달장애의 하나로, 다양하게 정의되고 있지만 미국정신지체협회(American Association on Mental Retardation: AAMR)의 정의에 따르면 지적장애란 적응 행동에 결함을 가지고 있고, 발달 기간 중에 드러나며, 일반적인 지적 능력이 유의미하게 평균에서 뒤떨어져 있는 상태를 의미한다. IQ의 범위가 50~70이하라면 경도, 35~50 미만이라면 중등도, 35 미만이라면 중도로 분류한다(이형수 외, 2023).

한편, 학교생활을 잘하는 아동을 지능지수에 상관없이 지적장애로 보는 데에는 문제가 있다는 지적도 있다. 사실 지능이라는 것이 아동의 생활환경이나 건강 상태에 따라 아동기를 거치면서 30~40점 정도는 변할 수도 있고, 누가 어떻게 검사했는가에 따라 아동의 지능에 현저한 차이를 보이기도 한다는 것을 간과해서는 안 된다(정명숙 외, 2001).

② 학습장애

일반적으로 학습장애라는 용어는 학습부진, 학습지진과 혼용되기도 하였다. 학습장애아동이 지능검사에서 보통 이상의 수준을 보이는 반면에, 학습지진아동은 80 이하의 낮은 지능을 보이고 그 외의 다양한 영역에서의 발달도 느리다. 이에 비해 학습부진아동은 정서적인 문제나 환경적 적응문제가 있어 갑자기 학업성적이 하락한 경우에 해당한다.

학습장애는 정상 지능이고 대체적으로 적응능력이 있으면서도 읽기, 쓰기, 계산 등 특정 부분에서 특별한 어려움을 겪는 경우이다. 또한 정서나 사회환경적인 문제가 없음에도 학습과 연관된 뇌의 생리적 기능 변화 내지 대뇌 특정 영역의 발달 기능장애로 학업성취가 떨어지는 아동들이다. 흔히 학습이 본격화되는 학령기에 발견되며 생애 전반에 걸쳐 나타날 수 있다(이형수 외, 2023).

학습장애에는 지각장애, 뇌손상, 경미뇌기능장애, 난독증, 난서증 등이 포함되지만 시각장애, 청각장애, 운동장애, 정서장애, 환경 및 문화 실조 등으로 인한 학습문제를 지닌 아동들은 포함되지 않는다(Wicks-Nelson & Israel, 2000; 정명숙 외, 2001).

③ 경계선지능

경계선지능 아동은 지능 영역에서 지적장애와 비지적장애의 경계에 있는 사람을 뜻한다. 「초·중등교육법」 제28조에 따르면, 경계선 지능 아동은 지적장애와 달리 특수교육 대상은 아니지만, 성격장애나 지적 기능의 저하 등으로 학습에 제약이 있는 18세 미만의 아동이다(임한결, 2023). 경계선지능은 일반적으로 평균 100이고, 표준편차(standard deviation)가 15인 지능검사정규분포에서 표준편차

−1에서 −2에 해당하는 IQ 71~84점에 기준하고 있으며, 전체인구의 13.59%(약 697만 명)로 추산된다. 이 중 초중고 학생을 기준으로 하면, 약 78만 명[576만 명(2023년 기준)×13.59%]이 경계선지능을 가진 학생으로 추산할 수 있다.

경계선지능 아동은 영유아기부터 또래보다 발달 상태가 느린 것으로 알려져 있으나 외견상 다른 아동과 별반 다를 것이 없고, 문제가 있더라도 조금 느린 아이 정도로 인식하고 넘어가는 경향이 있어 적절한 개입 시기를 놓치는 경우가 있다. 그러나 학령기에 접어들면 문제가 드러난다. 아동이 학교에 입학한 이후 학습이나 인지 수준, 언어발달이 또래와 묘하게 다르다는 것이 느껴진다면, 혹은 아이의 행동이 지나치게 과격하거나 이상하게 미심쩍은 부분이 있다면 아이에게 다른 정서적 · 인지적 문제가 없는지 먼저 살펴봐야 한다. 경계선지능 아동도 저마다 서로 다른데, 경계선지능 아동 중에 주의력결핍과잉행동장애(ADHD), 자폐 성향, 정서문제, 학습문제 등 다른 문제를 동반하는 경우도 있다.

경계선지능 아동 중에 교육환경의 부재로 경계선지능을 갖게 된 경우도 있다. 태어날 때는 평균 지능으로 태어났지만 지속적인 교육과 돌봄의 결핍으로 아동의 성장과 인지발달에 필요한 지식과 경험을 얻지 못해 후천적으로 경계선지능이 된 것이다. 교육환경의 부재가 경제적으로 어려운 가정에 국한되지 않으며, 경제적으로 풍족해도 부모와 자녀 간의 상호작용이 부족하거나 아동에 대한 관심이 부족한 경우 또한 포함된다(박찬선, 2020).

경계선지능 아동이 보이는 낮은 지능은 지적인 영역에서뿐 아니라 친구관계, 신체활동, 의사소통, 학교생활, 직장생활 전반에 문제가 될 수 있다. 그렇기 때문에 경계선지능 아동의 인지능력 향상을 위한 꾸준한 노력이 필요하다. 그 과정에서 아동의 장점을 활용하고, 명확한 목표를 세우고, 부모 등 어른이 몇 번이고 시범을 보이고 기다리고 인내하는 것이 필요하다. 아동이 쉽게 포기하거나 지루해하지 않도록 다양한 보상이나 흥미 유발 전략을 활용하는 것도 중요하다.

3) 언어발달

(1) 언어발달의 과정

의사소통 기술의 발달은 어느 면으로 보나 극적인 과정으로서 학습 및 인지와 밀접한 관련이 있다. 언어에 필요한 기술로는 소리를 구별하고 내는 능력, 낱소리를 단어로 연결시키고 단어를 문법에 맞는 문장으로 연결시키는 능력, 언어에서 의미를 도출하는 능력, 메시지가 전달되는 사회적 맥락을 파악하는 능력 등이 있다(조희숙 외, 1994; Shaffer, 1999; 송길연 외, 2001).

인간은 생애 초기부터 언어를 위한 준비가 시작된다. 출생 직후 아동의 울음은 전혀 분화되지 않은 반사적인 울음이다가 생후 1~2개월부터 분화된 울음(differentiated crying)이 나타나기 시작한다. 즉, 울음의 음조와 강도로 배가 고픈지, 고통스러운지, 졸리거나 관심이 필요한지 같은 것을 표현하기 시작하는 것이다. 2개월경부터 시작되는 의미 없는 옹알이도 이후 대화의 기초가 된다.

6개월 정도부터가 자신이 소리를 만들어서 연습하는 시기로서 '므므' '바바' 등의 반복적 소리를 낸다. 생후 8개월이 되면 자신의 소리와 다른 사람의 소리를 식별하면서 모방하기 시작하는데, 완전하지는 않지만 '맘마' 등의 간단한 어휘를 말할 수 있다.

9~15개월쯤 되면 한마디의 언어로 다양한 의미를 함축하는 식의 언어를 구사하게 된다. 즉, '엄마'라는 말은 '엄마 빨리 와.' '엄마 좋아.' 등의 다양한 의미로 사용된다. 18~20개월이 되면 두 단어를 결합하면서 자신의 의사나 감정을 의미 있게 표현하기 시작한다.

학령전기(2~5세) 동안 아동의 언어는 점차 성인의 것과 더 유사해지는 방향으로 발달한다. 이 시기의 아동들은 점차 긴 말을 하게 되고, 평서문, 의문문, 부정문, 명령문, 복합문, 관계문 등으로 변화시킬 수 있는 변형문법의 규칙을 학습한다.

학령기에 들어가면서 아동의 인지능력과 언어기술은 풍부해진다. 그리고 이에 따라 언어를 사회적 의사소통 도구로 사용하는 역량도 함께 발달하게 된다. 단순한 말이 아니라 특정 주제를 놓고 타인과 대화를 할 수 있는 능력이 생긴다.

(2) 언어발달의 이상 조짐

여타의 발달과 마찬가지로 언어습득도 개인차가 있지만, 3세 이후에도 언어발달의 문제가 계속된다면 읽기, 쓰기, 생각하기 능력에 영향을 미칠 수 있다. 일반적으로 연령별로 보았을 때 3개월 정도의 아이가 얼러도 돌아보지 않고, 6개월 정도의 영아가 소리에 반응하거나 옹알거리지 않는 것은 이상 신호가 왔음을 의미한다. 7~12개월의 영아가 이름을 불러도 반응하지 않거나, 첫돌이 지난 아이가 그림책을 보면서 이름을 말해 줘도 무엇을 가리키는지 이해하지 못하며, 말을 시작해도 음소를 정확히 발음하지 못하거나 알아듣기 힘든 말을 할 때 문제가 된다(Cowley, 1999).

전문가들은 이와 같은 현상이 유치원에 갈 때까지 계속될 경우 언어치료를 받을 것을 권한다. 언어는 지적 기능과 관련이 있는 동시에 사회적 활동이기도 하다. 언어발달 지연이 지속될 경우 타인과의 의사소통 부족으로 인해 자아존중감이 낮아지고, 이는 사회적 위축과 학교생활에서의 어려움으로 이어질 수 있기 때문에 조기발견과 조기개입은 중요하다.

그러나 언어장애로 진단을 내리는 데에는 상당한 임상적 주의가 요구된다. 흔히 의사소통장애라고 분류되는 장애는 음성학적 장애, 표현성 언어장애, 수용-표현성 언어장애로 구분되며, 지능이나 감각기관의 손상 또는 환경의 불충분한 자극이 원인이 아닌 의사소통의 문제로서 일상의 기능을 방해할 만큼 심한 손상이어야만 언어장애로 진단되기 때문이다(Wicks-Nelson & Israel, 2000; 정명숙 외, 2001).

또한 언어장애를 진단할 때 단순히 특정 음성이나 문법적인 문제만을 고려하는 것이 아니라 사회적 상호작용의 부족이나 환경적 자극, 즉 부모와의 상호작용과 생활환경 등도 중요하게 고려해야 한다.

① 음성학적 장애

음성학적 장애는 언어를 말할 때 실수하고 왜곡하고 부정확한 소리를 내는 장애이다. 이 장애를 가진 아동은 특정 음을 정확하게 발음하지 못하거나 다른 소리로 대체하는 경향을 보이는데, 심한 아이들은 3세경부터 나타날 수 있으며, 그렇지 않은 경우에는 6세경에 해당 연령에 부적절할 정도로 특정 음을 내지 못하거나 다른 음으로 대치하는 모습을 보인다.

② 수용성 언어장애

수용성 언어장애는 타인의 의사를 이해하는 데 어려움이 있는 장애이다. 아동은 타인의 말에 반응하지 못하고, 듣지 못하는 것같이 보이며, 부적절하게 반응하거나 텔레비전 등 외부 자극에 흥미를 보이지 않기도 한다. 수용성 언어장애가 언어장애 중에서도 가장 심한 언어장애 유형인데, 언어를 이해하지 못하면 표현하는 데에도 어려움을 겪게 되기 때문이다.

③ 표현성 언어장애

표현성 언어장애는 타인의 언어를 알아듣고 이해는 하지만 자신의 의사를 표현하지 못하는 장애이다. 표현성 언어장애는 어휘력, 문장구조 같은 언어의 생성과 관련된 장애로, 극히 제한된 어휘력과 단순한 문장을 사용하는 경향이 있다. 일반적으로 표현성 장애가 더 보편적으로 일어나는 장애이다(Whitehurst & Fischel, 1994).

4) 정서발달

(1) 정서발달 과정

정서의 이해와 표현은 아주 일찍부터 시작한다. 아주 어린 유아들도 정서를 표현하며, 자신을 돌보아 주는 사람의 정서 표현에 적절하게 반응한다. 유아기 정서 반응의 일반적인 특성은 정서 상태의 지속시간이 짧고, 격렬하고 폭발적이며, 표현의 빈도도 잦다는 것이다. 예컨대, 유아들은 작은 일에도 많이 좋아하고, 화가 났다가 금세 풀어지기도 한다(서봉연, 이순형, 1998).

심리학자들은 정서를 다양한 기준으로 구분하고 있지만 크게는 긍정적 정서와 부정적 정서로 구분할 수 있다. 긍정적 정서에는 즐거움, 기쁨, 사랑, 자신감 등이 포함되고, 부정적 정서에는 불안, 공포, 분노, 죄책감 등이 있는데, 정서는 생물학적 요인을 바탕으로 하면서 개인의 경험에 영향을 받아 다양화된다(Izard, 2009).

① 불안 및 공포

돌이 지난 아이들은 자신이 보지 못했던 물건이나 낯선 사람 또는 상황에 대해 공포를 느끼며, 만 2세가 되면 더욱 심해져서 낯선 소리에 대한 공포(청각적 공포)가 심해지고 어두운 곳을 무서워하게 된다. 만 3세가 되면 시각적인 것에 더 공포를 느껴서 무서운 얼굴의 아저씨나 커다란 짐승 등을 보면 공포를 표시한다. 그러다가 5세가 되면 더 이상 겁을 내지 않고 공포가 없어지는 듯하다가 상상력이 발달하는 6세경이 되면 다시 많아지는 양상을 보인다. 이 시기의 아동은 상상 속의 대상, 즉 도깨비, 유령, 괴물 등을 무서워하는 경향이 있다(서봉연, 이순형, 1998).

이와 같이 학령전기에서 아동전기에 이르는 아동들은 여러 가지 근원에서 비롯되는 불안과 공포심을 경험하며, 대부분 상상에 근원을 둔 비합리적인 사고가 보편적이다. 따라서 이 시기의 부모는 이러한 아동의 불안과 공포에 대해 공감적인 태도로 수용해 주고 이해해 주어야 하며 강제로 금지하거나 놀려서는 안 된다.

② 분노

분노의 표출은 4~6개월경부터 시작되며, 폭발 행동, 떼쓰기, 침묵, 고집 부리기, 말 안 듣기 등으로 나타난다. 돌이 지나고 2~3세에 이르는 시기에 떼쓰기가 빈번해지고, 특히 화가 나서 바닥에 뒹구는 것 같은 행동(temper tantrum)이 자주 나타난다. 그러나 점차 언어능력이 발달하면서 온몸으로 불특정인에게 분노를 표현하기보다는 분노 대상자에게 직접 언어적으로 화를 내게 된다.

③ 기쁨

출생 직후 영아의 웃음을 배냇짓이라고 하는데, 정서의 의미는 없고 반사적인 근육활동일 뿐이다. 그러다가 점차 눈을 맞추고 기쁨의 의미로 미소를 짓게 된다.

2세경까지는 기쁨이 웃음이나 동작으로 표현되는데, 3세경부터는 언어가 발달함에 따라 말로 표현하게 된다. 기쁨을 유발하는 자극은 어린 아기일 때는 생리적, 감각적 · 운동적인 것이지만 점차 사회적 인간관계에서 유발되는 사회적 자극이 첨가된다(서봉연, 이순형, 1998).

(2) 기질과 정서발달

기질이란 타고난 행동 성향을 가리키는 용어로, 성격에 대한 생물학적 접근에서 주로 활용하는 개념이다. 기질이라는 용어는 개인의 정서적 반응 양식 또는 환경과 상호작용하는 데에서의 행동 양식을 의미하는 용어로 사용되어 왔다. 최근에는 기질을 정서성, 활동 수준, 사회성에서의 개인차로 보는 관점도 있다(Prior, 1992). 즉, 기질은 타고난 성격적인 측면과 정서적인 특성을 모두 가리키는 말로 혼용되어 왔고, 정서, 사회성 등 다양한 측면에 영향을 미친다.

일반적으로 아동은 기질에 따라 세 가지 유형, 즉 순한(easy) 아이, 까다로운(difficult) 아이, 더딘(slow-to warm up) 아이로 구분된다(Thomas & Chess, 1977). 순한 기질의 아동은 차분하고 전형적으로 긍정적인 감정을 보이며, 새로운 경험에 매우 개방적이고 습관도 규칙적이며 예측이 가능하다. 한편, 까다로운 기질의 아동은 적극적이고 민감하며 불규칙하다. 이들은 일상에서의 사소한 변화에도 매우 강하게 반응하고 새로운 상황에 대한 적응력도 떨어진다. 부정적 기분, 자극에 대한 강렬한 반응, 불규칙한 수면 등의 특성을 가지고 있다. 더딘 기질의 아동은 활발하지 못하고 성미가 신중하고 새로운 상황에 느리게 반응하는 것이 특징이며, 낯선 것에 대해 반응하기는 하되 비교적 부드럽게 반응한다. 그러나 어떤 아동들은 이러한 기질 중 어느 것에도 해당하지 않고 자신만의 독특한 기질 패턴을 보이기도 한다(Caspi, Elder, & Bem, 1988).

이러한 기질적 특성은 유년기를 통하여 성인기까지 지속되며, 한 개인이 주변 사람이나 사물에 반응하는 방식에도 영향을 미칠 뿐 아니라 역으로 다른 사람이 그에게 반응하는 방식에도 영향을 미친다(조희숙 외, 1994). 예컨대, 까다로운 아이는 더 많은 부모의 관심과 주의를 받을 수 있지만 처벌을 받을 가능성도 높아지고, 순한 아이는 외부의 관심이나 자극을 유도하지 않으므로 발달이 늦어질 수도 있다.

(3) 정서발달의 이상 조짐

아동의 정서문제는 가벼운 우울부터 정상적인 관계를 형성하지 못하는 심각한 문제에 이르기까지 다양하다. 아동기에 나타날 수 있는 대표적인 정서적인 장애들은 다음과 같으며, 아동 정서의 이상 조짐은 정서와 행동 등이 복합적으로 나타날 수 있다(이형수 외, 2023; 정명숙 외, 2001; 정선화, 2022).

① 주의력결핍 과잉행동으로 인한 이상 조짐

초기의 이상 조짐은 충동조절문제나 과잉행동문제로 나타난다. 주의가 산만하고 불안정하며 안절부절못하고 하나의 활동이나 과제에 지속적으로 집중할 수 없으며 항상 무엇인가를 하고 있다. 또는 충동적이고 욕구 불만을 잘 견디지 못하며 끊임없이 말하거나 부산스럽게 돌아다니는 행동으로 나타나기도 한다. 7세 이전의 아동에게서 부주의와 충동성의 문제가 적어도 6개월 이상 지속적으로 나타났다면 전문가의 진단을 받아 볼 필요가 있다.

② 우울 관련 이상 조짐

참기 힘들 정도의 불행한 기분을 지속적으로 경험함으로써 삶에 문제가 생기는 것을 의미한다. 성인과 달리 아동의 우울은 짜증스러운 듯한 표현으로 나타나기도 한다. 우울증으로 진단된 아동은 쾌감의 상실뿐 아니라 사회적 위축, 낮아진 자존감, 주의집중 결핍, 학교 성적의 하락, 수면, 식사, 배설 등과 같은 생리적 기능의 변화, 신체적 고통 등의 특성이 나타나며, 심한 경우 자살을 시도하기도 한다. 유아기나 아동기에는 발병 가능성이 높지 않지만 양육자의 잦은 교체, 무관심, 방임 등으로 인한 애착형성문제와 관련이 깊고, 학령기에는 학업부진이나 왕따와 같은 극심한 스트레스 상황에서 나타나기도 한다.

③ 특정 공포를 보이는 이상 조짐

특정한 대상이나 상황에 대해 과도하고 지속적인 두려움을 느끼는 장애로, 아동의 정서발달에 영향을 미친다. 주요 증상은 6개월 이상 지속되는 공포로, 벌레, 동물, 특정 장소, 의료적인 절차 등 특정한 사물이나 대상, 상황에 지나친 두려움을 느끼는 것이며, 종종 신체적인 증상을 동반하기도 한다.

5) 사회성 발달

(1) 애착과 사회성 발달

초기 주 양육자와의 안정적 애착은 이후의 사회적 관계의 토대가 되기 때문에 아동의 사회성 발달을 이해하기 위해서 애착발달 과정과 영향에 대해 보다 구체적으로 살펴볼 필요가 있다.

① 애착발달 과정

생애 첫해 동안 영아는 주 양육자와 친밀한 애정적 결속을 형성한다. 생후 6주 정도까지의 초기 영아는 대부분의 자극에 미소를 지어 호의적인 반응을 보이고 어떠한 저항도 보이지 않는다. 6주 이후 6, 7개월까지는 사물보다는 사람들에 대해 더 많이 미소 짓는다. 3~6개월에는 친숙한 사람에 대해 더 많이 웃음을 보여주지만 아직 낯선 사람에 대한 반응은 나타나지 않는다.

7~9개월 정도의 특수 애착단계가 되면 주된 애착 대상자와의 분리에 대해 저항하고 낯선 이를 경계한다. 우리나라에서는 백일 사진 찍기보다 돌 사진 찍기가 더 힘들다고 하는데, 이는 백일 때는 아이들이 대부분 낯을 가리지 않는 데 반해 돌 때는 낯을 가리기 때문이다. 즉, 특수 애착단계에 이른 것이다. 이렇게 초기 애착이 형성된 이후에는 아버지, 형제, 친인척, 조부모 등의 다수의 사람과 애착이 형성되는 다인수 애착단계에 이르게 된다.

② 애착의 유형과 장기적 영향

에인스워스는 낯선 상황에서 유아와 어머니 간의 상호작용과 분리 과정을 관찰함으로써 안정애착, 양가적 애착, 회피애착, 혼란애착이라는 네 가지의 주요 애착 유형을 발견했다. 안정애착을 가진 유아는 낯선 상황에서 어머니 근처에 머물다가 환경 탐색에 나서기 시작하고, 어머니가 떠나거나 없어졌을 때 울거나 힘들어하기도 하지만 일단 어머니가 다시 돌아오면 긍정적으로 반응하고, 바로 안정이 되는 모습을 보인다. 그러나 양가적 애착을 가진 유아는 자지러지게 울면서도 막상 어머니가 와서 안아 주려고 하면 분노를 표현하고 쉽게 달래지지도 않는다. 회피애착을 가진 유아는 감정이나 고통을 거의 나타내지 않고, 어머니와 접촉하는 것을 회피하고, 어머니 외의 환경에 관심과 주의를 기울인다. 마지막으로, 혼란애착을 가진 유아는 병적이고 학대가 심한 환경에서 성장한 경우가 많다. 위로와 안정이 필요할 때 양육자에게 안기려고 하다가도 화를 내거나 피하는 것과 같은 모순되는 행동을 나타낸다. 감정 표현을 아예 하지 않거나 매우 느리다(정명숙 외, 2001).

생애 초기의 애착을 중요하게 다루는 이유는 이 행동이 이후의 사회적 행동 발달과 상관이 있기 때문이다. 안정적인 애착을 경험한 아동은 이후 또래관계에서도 친구와 긍정적으로 상호작용하며 적응적인 성향을 보이는 데 반해, 불안정한 애착을 경험한 아동은 부적응 행동과 문제를 보일 가능성이 높다(Dunn & McGuire, 1992).

일반적으로 부모가 아이의 요구에 민감하게 반응하고 주변 세계를 탐색할 기회를 충분히 준다면 안정애착이 촉진된다. 그러나 아이의 기질과 부모의 특성이 상호작용하여 애착형성에 영향을 미치기도 한다. 순하고 잘 웃는 아이일수록 부모가 긍정적인 양육 행동을 할 가능성도 높아지기 때문이다. 따라서 안정애착 형성의 책임을 무조건 양육자에게 돌리거나 반대로 무조건 자녀의 기질 탓으로만 돌릴 수도 없는 것이다.

(2) 자신과 타인에 대한 이해발달

사회성 발달은 연령이 증가하고 인지가 발달해 가면서 자신과 타인을 어떻게 이해하고 효과적인 사회적 상호작용 능력을 갖추어 가는가와 관련된다(송길연 외, 2001).

① 자기개념의 발달

대부분의 발달론자는 영아가 자기개념이 없이 태어나며, 2~6개월에 걸쳐 점차 외부 환경과 스스로를 구별할 수 있게 된다고 가정한다. 18~24개월경이 되면 유아는 자기를 인식하기 시작하며, 점차 나이가 들면서 나이와 성별 등과 같이 사회적으로 의미 있는 차원으로 스스로를 범주화하게 된다.

3~5세 정도가 되면 유아는 자신을 육체적 특성, 소유물, 활동 등과 같이 매우 구체적으로 서술하는 데 초점을 둔다. 그러다가 8세경이 되면서부터 아동은 심리적 특성으로 스스로를 서술하기 시작한다. 청소년들은 자신의 성향적 특성, 예컨대 특성, 신념, 태도, 가치 등과 같이 좀 더 통합되고 추상적인 자기개념을 갖게 된다(Asendorph, Warkentin, & Badoniere, 1996).

② 타인에 대한 이해 발달

사회성이 발달한다는 것은 타인과 상호작용하는 능력이 발달함을 의미하며, 이를 위해서는 상대방의 느낌이나 생각에 대한 이해가 필수적이다.

타인에 대한 이해력이 어떻게 발달하는가를 살펴보면, 7~8세 이하의 아동은 자신을 설명할 때와 같이 구체적이고 관찰할 수 있는 용어로 다른 사람을 특징짓고 설명하는 경향이 있다. 가령, 5세 아동이 아빠에 대해 설명할 때 "우리 아빠는 키가 커." "우리 아빠는 힘이 세."와 같이 말하고, 성격과 같은 특성에 대해서는 거의 언급하지 않는다. 이와 같이 어린 아동은 타인을 서술하기 위해 심리적 용어를 사용할 때 개인의 지속적인 성격 특성보다는 그가 최근에 보인 행동에 대한 특성을 더 잘 기술한다(Ruble & Dweck, 1995).

학령기에 들어서면서 아동은 점차 심리적 구성체를 활용하고 행동적 · 심리적 비교를 하게 된다. 즉, "그 애는 우리 반에서 그림을 제일 잘 그려."와 같은 행동 비교에서 점차 "그 애는 정말 화가 같아."와 같은 심리적 구성체로 지속적인 인상을 전달할 수 있게 되고, 결국 "그 애는 우리 반에서 가장 예술적인 기질이 뛰어난 애야."와 같이 심리적 비교를 할 수 있게 된다. 6~8세의 아동이 행동 비교를 한다면, 12~16세의 아동은 의미 있게 심리적 비교를 사용하는 것으로 보고되고 있다(송길연 외, 2001).

이와 관련해 피아제는 3~6세의 아동은 전조작적인 사고 특성상 구체적 특징에 의존하고, 7~10세의 구체적 조작기에 있는 아동은 자아중심성에서 서서히 벗어나면서 외양이 변화해도 달라지지 않는 본질이 있음을 인식하는 보존개념을 이해하기 때문에 심리적 비교가 가능해진다고 설명한다. 12~14세의 형식적 조작기에 들어가면서 추상적인 사고와 상대방에 대한 공감능력이 보다 발달하기 때문에 심리적 비교가 가능하다는 것이다.

(3) 또래 간 상호작용과 사회성 발달

초등학교 정도의 아동들은 또래 간 상호작용과 놀이활동을 통해 다양한 역할을 경험하면서 사회성이 발달한다. 놀이를 하는 동안 또래 간 갈등이 야기될 수도 있는데, 이러한 경우 아동은 계속 놀이를 하기 위해서는 자신의 입장과 친구의 입장을 조정하는 것을 학습해야 한다. 이와 같이 동등한 위치에서 경험하는 또래 간 접촉이 대인 간 이해능력 발달에 중요한 영향을 미친다.

일반적으로 아동은 단순히 아는 또래보다 친한 친구를 더욱 솔직하게 대하며, 친구와의 갈등을 해결하기 위해 더욱 동기화되는 경향이 있다. 따라서 또래 간 인기는 사회적 경험을 평가하는 편리한 측정치가 되기도 한다. 인기 있는 아동은 그렇지 못한 아동보다 광범위하고 다양한 또래와 더 자주 상호작용을 하기 때문이다(LeMare & Rubin, 1987).

(4) 도덕적 사고와 사회성 발달

도덕적 사고의 발달은 사회성과 깊이 연결되어 있으며, 이는 아동이 부모 및 또래와의 관계 속에서 규칙을 이해하고 공정성을 배워 가는 과정에서 나타난다. 피아제는 아동의 도덕적 추론이 이타성과 협력의 경험을 통해 발달한다고 보았고, 규칙을 절대적인 것으로 여기는 타율적 도덕성과 규칙은 상호 동의에 의해 변경될 수 있다고 보는 자율적 도덕성으로 구분했다. 타율적 도덕성이 자율적 도덕성으로 발달하는 과정에는 아동이 협력과 같은 사회문제를 성숙하게 판단하고, 또래와의 상호 협력을 통해 사회적인 이해를 경험하는 것이 필요하다고 보았다(Santrock, 2010).

콜버그는 도덕발달을 세 수준, 여섯 단계로 구분했는데, 처벌과 보상이 행동의 기준이 되는 전인습 수준, 타인의 기대와 사회적 질서를 고려하는 인습 수준, 보편적 도덕 원칙을 따르게 되는 후인습 수준의 단계를 거친다고 보았다(김진, 2013). 어린 아동은 보상과 처벌을 기반으로 도덕성을 판단하지만 점차 성장하면서 사회적 규범과 윤리적인 원칙을 고려하는 방향으로 나아가는데, 이는 사회 내에서 원활한 관계를 형성하고 책임감 있는 시민으로 성장하는 데 도움을 준다.

(5) 사회성 발달의 이상 조짐

사회성 발달의 이상 조짐은 아동기 초기에는 애착관계의 문제나 기질적 문제로 인한 자폐스펙트럼장애 등으로 나타나고, 학령기 아동에서는 주로 따돌림과 같은 또래관계의 문제로 나타나기도 한다. 때로는 공격적인 행동을 보이거나 폭력, 도벽과 같은 불법적 행동으로 표출되기도 한다.

영유아나 아동의 사회성 발달에 나타나는 이상 조짐은 조기 발견 및 개입을 위해 매우 중요하며, 아동의 연령별 발달 기대치(developmental milestones)를 기준으로 판단된다. 주로 사회적 상호작용, 의사소통, 감정 조절, 애착, 또래관계 등의 영역에서 관찰할 수 있다.

① 반응성 애착장애

주 양육자와의 애착문제로 정서적 · 사회적 발달에 이상 징후가 후천적으로 생기는 경우이며, 방임이나 학대의 결과로 나타날 수 있다. 언어발달이 매우 늦고, 또래 간 상호작용이 전혀 안 되어 자칫 잘못하면 자폐스펙트럼장애로 오해받기도 한다. 그러나 자폐스펙트럼장애와 달리 후천적인 문제이므로 치료에 대한 반응이 매우 극적으로 나타나기도 한다. 가능한 한 조기에 발견하여 놀이치료나 부모교육 등을 병행하면 좋은 예후를 보인다.

② 자폐스펙트럼장애

과거에는 '자폐증(autism)'이라는 용어가 사용되었지만, 오늘날에는 자폐 특성이 다양한 정도로 나타난다는 점을 반영해서 '자폐스펙트럼장애(autism spectrum disorder)'라는 용어를 공식적으로 사용(DSM-5 & ICD-11)하고 있으며, 아스퍼거증후군, 전반적발달장애(비특정형) 등의 진단이 통합되었다. 자폐스펙트럼장애는 사회적 의사소통과 상호작용의 어려움, 제한적이고 반복적인 행동 패턴, 청각과 시각에 대해 비정상적으로 반응하는 것을 특징으로 한다. 상대방의 말을 그대로 따라 하는 반향어를 쓴다거나, 변화에 극도로 저항하며, 비정상적으로 같은 동작을 반복하는 등의 기묘한 행동을 보이고, 사회적 반응이나 언어적인 의사소통이 심각하게 결여되는 등의 모습을 보일 때 자폐스펙트럼장애를 의심해 볼 필요가 있다. 한편 지적 발달이 양호한 경우에는 증상이 비교적 경미하여 늦게 알아차리는 경우도 있다. 자폐스펙트럼장애의 원인은 잘 알려져 있지 않지만 뇌나 중추신경계의 손상에 따른 신경생물학적 발달장애로 보려는 경향이 많다(박계신, 박현옥, 이효신, 2015).

③ 또래관계의 문제

또래관계에서 무시 또는 거부를 당하는 아동들은 다양한 임상적인 문제를 호소하는 경우가 많다. '왕따'와 같은 문제를 겪거나 또래로부터 따돌림을 당한 아동들에게서는 우울증이나 불안장애와 같은 내면화된 문제가 두드러지게 나타난다.

따돌림을 당하게 되면 어린 연령의 아동에게서는 아예 낯선 상황에 접근하려고도 하지 않는 회피적인 특성이 나타나기도 한다. 이러한 경향이 상당 기간 지속되어 심하게 위축된 상태로 계속될 때는 주의 깊은 관심이 필요하다. 사회적으로 위축되고 철회된 아동들은 그렇지 않은 아동들보다 공포반응을 보다 많이 발달시키는 것으로 나타났으며, 이러한 공포는 불안장애로 연결될 가능성이 있다.

따라서 또래 간에 거부가 지속되고 상호작용이 극도로 위축되어 나타난 경우에는 우울증, 불안장애와 같은 장애에 대한 의학적 치료뿐 아니라 궁극적으로 사회기술을 증진시켜 주기 위한 심리사회적인 도움이 필요하다.

④ 품행장애

사회성 발달 및 도덕성 발달이 지연되거나 결핍된 경우에는 타인의 권리나 사회적 규범을 존중하지 않고 공격적이거나 파괴적인 행동을 보이는 품행장애가 나타날 수 있다. 사람과 동물에 대한 공격성을 나타내거나 방화와 같이 재산을 파괴하는 행동, 속이기나 도둑질, 규칙 위반의 행동을 보이며, 이러한 행동 중 하나가 6개월 동안 지속된다면 품행장애를 의심할 수 있다. 이러한 문제는 사회적 갈등과 폭력적 행동, 법적 문제로 이어질 수 있고, 성인기에는 반사회적 성격장애로 발전할 가능성이 있으므로 이상 행동을 조기에 발견하여 전문적인 치료와 지원을 제공해야 한다(김종현, 2016).

연구문제

1. 아동발달이론들의 3대 쟁점에 대한 관점(〈표 3-1〉 참조)을 비교 검토하고, 아동발달에 대한 자신의 관점은 어떠한지, 그러한 관점을 가지게 된 계기와 근거는 무엇인지 생각해 봅시다.
2. 아동의 신체, 언어, 인지, 정서, 사회성 등 각 영역별 발달이 어떻게 상호 유기적으로 관련되는지 비교하고, 구체적인 사례를 통해 논의해 봅시다.
3. 고위험 상황에서 현저하게 높은 적응을 보이는 특성에 대한 강조, 즉 적응유연성 관점이 아동복지실천에 주는 함의를 토론해 봅시다.
4. 아동발달의 이상 조짐들에서 다룬 다양한 발달문제에 대해 보다 자세하게 자료를 수집해 보고 알아봅시다.

제4장 아동복지의 변천과정

제4장

아동복지의 변천과정

이 장에서는 외국과 우리나라의 아동복지의 변천과정을 살펴보고자 한다. 이를 통해 아동의 지위와 처우가 시대별로 어떻게 달라지고 있는지, 아동복지의 주요한 서비스가 어떻게 시작되었는지를 확인하고자 한다. 외국의 아동복지 역사를 통해서 중세시대까지는 소유물로 취급받았고 산업혁명 시기에는 값싼 노동력의 착취를 위해 이용되었던 아동이 근대사회에 들어와 고유한 인격체로 인정받고, 나아가 권리의 주체로서 자리 잡게 된 과정을 알아보고자 한다. 그리고 우리나라의 아동복지 역사를 돌아봄으로써 주요한 복지 정책과 제도의 도입 및 형성과정을 확인하고, 현재의 아동복지 제도가 나아가야 할 방향성에 대해 살펴보고자 한다.

1. 외국의 아동복지 변천과정

1) 산업화 이전의 아동복지

산업화 이전의 사회에서는 아동의 욕구와 능력이 성인의 그것과 별로 다를 게 없다고 생각했다. 따라서 아동의 문제에 대한 사회의 인식은 다른 인구대상층의 문제와 분화되지 않은 상태에 머물렀고, 이는 아동에 대한 열악한 처우로 이어졌다. 산업화 이전의 주요한 사회구조는 장원제도로 대표되는 엄격한 신분계급사회였다. 이러한 사회구조에서 아동은 가장 하찮은 사회적 지위를 차지할 수밖에 없었다. 영주들은 오직 장원제도를 유지하는 데 필요한 노동력과 군사력의 차원에서 아동의 존재에 가치를 부여했을 뿐이었다(장인협, 오정수, 1999). 따라서 산업화 이전의 사회에서 일부 상류층의 자제를 제외한 대부분의 아동은 소유물로 취급당했다. 즉, 평균적인 가정에서 가족 구성원의 지위는 수 세기 동안 아버지, 가축, 어머니, 아동의 순으로 아동을 가장 하위로 매겨졌다(Despert, 1965). 17세기 프랑스에서 아동에 대해 조사한 연구에 따르면, 당시 아동의 지위는 과도기적인 존재로 완전한 동물도 아니고 그렇다고 완전한 사람도 아닌 존재로 여겨졌다(Hunt, 1969; Kadushin & Martin, 1988).

한편, 1601년에 제정된 영국의 「구빈법」은 성인 빈민뿐만 아니라 요보호아동에 대한 규정도 포함하고 있어 아동복지의 기원이라고 평가받고 있다(장인협, 오정수, 1999). 「구빈법」에는 요보호아동을 양육할 의사가 있는 사람에게는 무료나 유료로 아동을 위탁할 수 있는 조치가 마련되었으며, 일할 수 있는 아동이나 청소년은 도제(apprentice)로 보내 기술을 연마하거나 혹은 가사를 돕게 하였다. 이 법이 갖는 아동복지적 의의는 아동의 복지에 대한 국가의 책임을 최초로 규정한 점과 빈곤가정 아동을 위해 위탁보호제도와 도제제도를 마련하였다는 점을 들 수 있다. 특히 위탁보호는 시설수용 아동의 수를 감소시켰을 뿐만 아니라 가정적 분위기에서 비교적 안정된 생활을 할 수 있게 해 주었다. 또한 도제제도는 빈곤아동을 위한 의식주 등 생활상의 어려움을 해결하는 데 그치지 않고, 직업적 능력을 길러 사회적으로 자립할 수 있는 기반을 조성하였다. 그러나 아동의 인권을 무시하고 아동의 노동력을 착취하는 것과 같은 문제도 적지 않게 발생하였다(주정일 외, 1992; 표갑수, 2000에서 재인용).

산업화 이전의 사회에서 신분계급이 낮은 아동은 농노가 되어 노동력을 착취당하는 경우가 많았다. 심하게 착취당한 나머지 생명을 잃는 경우도 발생하였다. 이에 대해 종교단체나 가톨릭교회가 중심이 되어 나서서 생명을 빼앗는 행위를 죄

악으로 여기고 이를 금지하려는 노력이 시작되었으며, 가난하거나 의지할 곳이 없는 아동들을 보호하기 위해 교회시설을 활용하기 시작하였다(장인협, 오정수, 1999).

이상과 같이 산업화 이전 사회에서는 신분에 따라 일부 아동의 권리만 인정되었고, 대부분의 아동은 가족, 장원의 단순한 부속물로 취급당하였다. 그리고 종교단체의 활동을 통해 아동보호의 첫 출발이 이루어지기 시작했다. 그러나 이 시기에 이루어진 아동보호활동은 대부분 단순한 동정적인 감정에 근거를 둔 종교적 자선 행위였고, 개인의 욕구나 권리에 기반을 두는 근대적 의미의 전문적 아동복지사업은 아니었다(장인협, 오정수, 1999).

2) 산업화 이후의 아동복지

(1) 근대 산업사회

근대 산업사회에 접어들면서 농노제도와 장원제도로 대표되던 이전의 봉건제도 사회는 급속히 붕괴되기 시작했다. 그러자 곧 대규모의 이농민이 발생하였고, 도시인구는 급격히 늘어나기 시작했다. 그 결과, 과거 사회구조에서는 찾아보기 힘들었던 빈곤, 실업, 노사문제, 주택문제 등 다양한 사회문제가 발생하기 시작했다.

아동문제에 대한 인식 또한 변화하기 시작했다. 아동을 단지 축소된 성인으로 인식했던 과거와 달리, 성인과는 다른 욕구와 능력을 가졌고, 생애주기에서 성인기와 구분되는 독특한 시기를 통해 성장한다는 점을 점차 인정하기 시작했다.

이러한 사회적 인식과 상황의 변화를 통해 아동의 문제와 관련된 최대의 관심사는 집단적인 수용보호의 효율성에 대한 비판으로 집중되었다(장인협, 오정수, 2001). 19세기 중반까지 고아나 유기된 아동은 시설에 수용하여 보호하는 것이 전부였다. 고아나 유기아동들은 구빈원(almshouse)에 수용되었는데, 이곳에서의 생활은 열악하였고, 많은 수용아동이 사망하기도 했다. 이에 1851년 빈민생활조건개선협회(Association for Improving the Conditions of the Poor: AICP)에서는 노숙아동과 방임아동을 보호하는 아동시설(Juvenile Asylum)을 세우기도 하였다. 또한 도로시아 딕스(Dorothea Dix)와 같은 개혁가들이 중심이 되어 아동시설의 참혹상을 사회에 알려서 정부 차원의 개선이 이루어지기도 하였다(Costin, Bell, & Down, 1991; Rose & Fatout, 2003).

이러한 노력의 결과로 점차 아동시설은 성인과 아동을 혼합 수용하던 것에서 벗어나 아동 중심 시설로 발전하기 시작했다. 하지만 아직까지 전문적인 측면에서의 발전은 이루어지지 않았다(장인협, 오정수, 2001). 아동들을 장기간 수용하는 경향은 이후에도 계속되었는데, 그 이유는 당시 공공학교 교육체계가 확립되지 못해 수용시설이 요보호아동에게 적절한 교육을 제공하는 수단이 되어야 한다는 인식 때문이었다.

한편, 19세기 후반부터 미국에서는 구빈원으로부터 아동을 구출하는 운동의 하나로 위탁가정 운동이 전개되었다. 1853년에 뉴욕에서 설립된 아동구호협회(Children Aid Society)는 위탁가정 서비스를 실시한 최초의 기관으로서 위탁가정 프로그램의 모델이 되었다. 당시 아동구호협회는 뉴욕의 노숙아동과 요보호아동을 중서부 지역의 농가로 보내는 활동을 전개하였다. 그 결과, 수천 명의 아동이 도시의 슬럼지역에서 구출되었다. 하지만 서부로 가게 된 많은 아동이 그곳에서도 적절한 양육환경을 찾지 못했다는 비판을 받았다(Rose & Fatout, 2003).

위탁가정 운동은 구빈원의 혼합수용 보호와 대규모 집단수용 보호의 폐단에 대한 인도주의적 비판에서 출발하였다고 볼 수 있다. 그러나 이 운동은 아동의 의식주와 자립의 기회를 제공해 줄 가정을 찾아 연결해 주는 것에만 초점을 두었다. 그래서 아동의 욕구에 따라 선별적으로 위탁가정을 선택하기보다는 위탁가정의 필요에 따라 위탁가정보호가 결정되는 경우가 더 많았다(장인협, 오정수, 2001).

19세기에는 아동의 노동문제가 아동문제에 관한 또 다른 이슈였다. 산업혁명 이후 기계제 생산 양식의 도입으로 도제제도에 기반을 둔 아동의 노동 형태는 사라졌으나, 산업혁명 초기의 주요한 산업이었던 면방직 공업에 필요한 값싼 노동력으로 주로 아동을 활용하게 되었다. 또한 공장에 고용되어 장시간 노동을 해야 하는 아동 이외에도 상업이나 가사노동으로 혹사당하는 아동은 신체에 위험을 주는 열악한 노동조건 속에서 일하는 경우가 많았다(장인협, 오정수, 2001).

이에 아동의 노동을 규제하는 많은 법이 제정되었는데, 이를 살펴보면 다음과 같다(표갑수, 2000).

영국에서는 1802년에 「옥면공장 등의 도제의 건강 및 품성을 위한 법률」이 제정되었는데, 이 법은 세계 최초로 연소 공장 노동자의 노동시간을 규제하고, 최소 수준의 위생과 교육을 보장하는 법령이었다. 1819년에는 「공장법(Factory Act)」이 제정되어 취업 연령을 최저 9세로 정하였고, 9세 이상 16세 미만의 아동은 하루 12시간을 초과할 수 없다고 규정하였다. 이후 1833년에 「공장법」이 개정되어 9세 미만 아동의 노동을 금지시켰고, 9세 이상 13세까지의 아동에게는 주당 48시간, 하루 최고 9시간으로 노동시간을 제한하여 아동을 보호하였다. 그 후 프랑스에서는 1841년, 스웨덴에서는 1881년, 미국에서는 1895년에 근로아동을 위한 관계법을 제정하여 최저 근로 연령을 상향 조정하고, 아동의 노동을 제한하는 직업의 종류를 규정하기 시작하였다.

(2) 현대 산업사회

20세기는 종종 '아동의 세기'로 불리기도 한다. 이 시기에 아동을 고유한 인격체로 받아들이고 이들을 위한 다양한 사회적 제도가 마련되었기 때문이다. 20세기 들어 이루어진 아동복지의 주요한 변화상을 미국을 중심으로 살펴보면 다음과 같다.

먼저, 아동복지에 대한 국가의 책임이 강조되기 시작했는데, 대표적인 것이 1909년 미국에서 열린 백악관회의(White House Conference)이다. 이 회의에서 당시 대통령이었던 루스벨트는 아동을 위한 부모 역할의 중요성과 가정생활의 중요성을 언급하면서 다음의 세 가지 원리를 제시하였다(표갑수, 2000).

첫째, 가난하다는 이유로 아동이 가정으로부터 이탈되어서는 안 된다. 둘째, 가정을 떠나야만 하는 이유가 확실한 경우에는 차선책으로 잘 선정된 위탁가정이 바람직하다. 셋째, 필요에 따라 시설을 이용할 경우에는 소숙사 형태(cottage system)가 좋으며 아동의 의존성이 나타나지 않도록 해야 한다.

이후 연방정부에 아동문제를 전담하는 아동국을 설치하고, 아동 노동과 비행 등 아동에 관한 업무를 담당하도록 하였다. 아울러 10년마다 백악관회의를 열어 변화하는 사회에서의 아동복지 정책을 모색토록 하였다.

다음으로, 아동복지의 대상을 요보호아동에 국한하지 않고 일반아동으로 확대하는 보편주의적 아동복지 제도가 도입되었다. 이와 관련해 1933년에는 「아동청소년법(Children and Young Persons Act)」이 제정되었다. 이 법은 비행청소년뿐만 아니라 일반 아동 및 청소년의 복지와 사회참여를 활성화시키는 것을 목적으로 제정되었다. 아동복지에 대한 국가적인 책임이 강조되고, 복지대상이 일반아동까지 확대됨에 따라 복지대책의 일환으로 아동수당제도 및 가족수당제도가 도입되었다. 아동수당은 가족수당제도의 체계 내에서 또는 독자적인 영역으로 발달하였는데, 영국은 1946년에 제정된 가족수당제도의 개선책으로 1974년에 모든 아동을 대상으로 하는 「아동수당법」을 제정하였다(표갑수, 2000).

한편 위탁가정과 아동시설이 요보호아동을 보호하는 가장 발전된 형태로 자리를 굳혀 갔다. 20세기 초반에 이 두 제도의 상대적인 장점에 관해 논란이 제기되기도 하였으나, 두 제도가 아동복지의 향상을 위해 효과적으로 협력되고 조정되어야 한다는 것으로 결론지었다. 20세기 중반 이후 위탁가정보호와 아동시설은 아동의 개별적인 욕구에 맞게 보다 효과적으로 대처할 수 있도록 발전하였다. 즉, 대규모 아동시설은 가정 형태의 소규모 시설로 발전하였고, 위탁가정과 시설의 특성을 동시에 갖춘 소규모 가정시설이 개발되었으며, 특수아동의 욕구를 충족시키기 위한 특별 위탁가정이 개발되었다(장인협, 오정수, 2001; Costin, 1985).

또한 1970년대 들어 시민권운동과 여성운동에 자극을 받아 '아동권리' 운동이 등장하였다. 이와 관련해 아동보호재단(Children Defense Foundation)과 같은 아동 관련 단체들이 결성되었고, 미국시민자유연합(American Civil Liberties Union)은 『아동권리보고서(Children's Rights Report)』라는 월간소식지를 발간하기도 하였다. 1959년에 국제연합(UN)이 '아동권리선언'을 선포한 이후, 1979년은 아동의 해로 지정되었다. 또한 국제연합은 1959년 '아동권리선언'을 채택한 후 30년이 지난 1989년에 국제 아동권리협약을 통과시켰다. 이 협약에 포함된 아동의 권리는 크게 세 가지이다(이대근, 2001). 첫째, 제공(provision)과 관련된 권리이다. 이는 아동이 필요로 하는 인적 · 물적 자원을 제공하고 이를 사용할 권리를 의미한다. 둘째, 보호(protection)와 관련된 권리이다. 이는 아동이 위험하고 유해한 행위로부터 보호받을 권리를 가지고 있음을 의미한다. 예를 들어, 상업적 또는 성적 착취, 육체적 · 정신적 학대, 전쟁 참여 등으로부터 보호받을 권리가 이에 해당된다. 셋째, 참여(participation)의 권리이다. 이는 아동이 자신의 인생에 영향을 미칠 중대한 결정에 대해 알 권리가 있음을 의미한다. 이와 관련해 아동은 성장과 더불어 책임 있는 성년기에 대한 준비로 사회활동에 참여할 기회를 더욱 많이 가져야 한다.

그러나 이렇게 아동권리 옹호운동이 진전되면서 아동에 대한 권리 인정과 특혜 부여는 부모의 권리와 관련해 제로섬(zero sum)의 문제를 가져오기도 하였다. 즉, 부모의 권리와 반대편에 서 있는 아동권리의 신장은 필연적으로 부모가 가지고 있던 아동에 대한 통제 정도와 특권을 감소시키는 결과를 가져오기 때문이다. 이에 역사적 변천과정을 검토해 볼 때, 아동권리는 증진되고 부모가 아동에 대해 가지고 있던 권리는 감소되는 방향으로 전개되어 왔다고 볼 수 있다(Kadushin & Martin, 1988).

20세기 이후 이루어진 아동복지서비스의 발전을 요약하면 집단적 수용보호에서 소규모의 수용보호로, 시설 보호 중심에서 재가보호와 지역사회의 보호 강조로, 포괄적인 서비스에서 분화된 다양한 서비스로, 그리고 비전문적 서비스에서 전문적 서비스로 발전되고 있다고 볼 수 있다(장인협, 오정수, 2001).

2. 우리나라의 아동복지 변천과정

아동(兒童)의 한자어를 살펴보면 '아(兒)'는 '숨구멍 신(囟)'과 '사람 인(人)'의 결합이다. '숨구멍 신'은 아기의 머리가 봉합되지 않은 상태여서 숨 쉴 때마다 머리가 움직이는 모습을 형상화한 것이다. 그렇기에 아(兒)는 아직 정수리가 붙지 않은 사람인 '어린아이'를 뜻한다. 또한 '동(童)'은 '무거울 중(重)'과 죄를 뜻하는 '신(辛)'의 결합으로, '중죄를 짓고 관직을 박탈당하여 노예가 된 남자'를 뜻한다. 그러한 연유는 그 사람의 미숙함과 경솔함 때문일 것이므로, 동(童)은 '미성년' '아이'의 뜻까지 포함하게 되었다. 따라서 아동은 그 어원적 의미에서 '미숙하다'와 '다스려야 할 대상'이라는 의미를 가지고 있다고 할 수 있다(동아일보, 2001. 5. 3.; 박정란, 서홍란, 2001). 이러한 아동의 어원은 우리나라의 근대화 이전의 아동복지가 가진 특성을 고스란히 반영하는 것이라고 할 수 있다.

1) 전통사회의 아동복지

삼국시대를 기술한 『삼국사기』에 따르면, 신라 제3대 유리왕 5년(서기 28년)에는 관가에서 병든 사람, 자활하지 못하는 사람과 함께 고아들에게 식량을 지급하였으며, 백제에서는 온조왕 33년(서기 15년)에, 고구려는 태조왕 56년(서기 108년)에 재해를 당한 사람들 속에 아동을 포함하여 관곡을 배급하였다고 기록되어 있다(구자헌, 1972). 고려시대에는 불교가 융성함에 따라 불교의 기본 정신인 자비사상에 입각하여 고아 및 기아와 빈곤아동들이 사찰에서 위탁 형태로 보호를 받았다. 제6대 성종 13년(서기 994년)에는 고아에게 10세까지 식량을 지급하였고, 그 후에는 원하는 곳에 거주하게 하였다(표갑수, 2000). 하상락(1989)은 이를 우리나라 최초의 시설구제라고 평가하였다.

이후 충목왕 3년(서기 1347년)에는 관립의 영아원이라고 할 수 있는 해아도감(孩兒都監)을 설치하여 유아들을 보호·양육하였다. 또한 전쟁과 흉년으로 걸식하는 아동들을 수용·양육하여 승려 또는 사역승으로 양성하였고, 자녀가 없는 민가에서는 양자녀 또는 노비로 삼기 위해 민간수양이 행해졌다. 하지만 고아의 민간수양을 빙자하여 인신매매나 유괴, 약탈 등이 성행하는 폐단도 많았다(박정란, 서홍란, 2001; 윤욱, 1992; 표갑수, 2000).

조선시대에는 고려시대보다 진일보하여 고아와 기아 및 빈곤아동에 대한 법령을 제정하였다. 제22대 정조 7년(서기 1783년)에 반포된 「자휼전칙」은 우리나라 전근대시대의 대표적인 아동복지 법령이라고 할 수 있다(박정란, 서홍란, 2001). 「자휼전칙」은 흉년이 들어 기근이 심할 때 유기를 당한 아이나 극빈아동 및 부랑아동을 관가에 유양하거나 민간에 수양하도록 허가하는 법이었다. 유기아는 0~3세의 아동으로서 자력으로 생존이 불가능한 아동이 해당되었으며, 행걸아는 4~6세, 7~10세로 세분해 급여를 제공했다고 한다. 구휼대상 아동에게는 민가에 자식 또는 노비로 수양되는 민가수양과 진휼청 외창문 밖에 간이 주거시설로 움집을 마련해 수용 및 보호하는 진휼청 유양의 제도가 시행되었다. 이러한 제도는 아동구제사업에 대한 국가의 책임과 역할을 일정 부분 인정하였다는 점에서 그 의의를 찾아볼 수 있다(하상락, 1989).

2) 근대 시기의 아동복지

조선시대 말부터 대한제국기까지 정치적 격동기와 맞물리면서 정부의 구제사업은 거의 공백기였다고 할 수 있다. 이 시기에 아동복지 분야에서 두드러진 활동은 서양 선교사들의 자선사업이었다(박정란, 서홍란, 2001).

근대적 아동복지사업은 조선 말 고종 25년(서기 1888년) 3월에 프랑스 교회가 서울 명동에 천주교회 고아원을 개설한 것을 시작으로, 고종 32년(서기 1895년) 3월 인천에 천주당부속 고아원을 설립하였고, 광무 10년(서기 1906년) 3월에는 독지가 이필화가 경성고아원을 설립하는 등 근대적 성격을 띤 아동복지사업이 시작되었다(표갑수, 2000). 특히 경성고아원은 황실하사금과 정부보조금, 기부금으로 설립되어 당시 정부의 관심이 높았던 사업 중 하나였음을 알 수 있다(박정란, 서홍란, 2001).

일제시대로 접어들면서 아동복지는 공적 사회사업의 확대로 일정 부분 진전된 모습을 보였으나, 여전히 아동은 미래의 병력 또는 노동력으로 취급당해 최소한의 보호와 구제만이 제공되는 것에 머물렀다. 1910년대에는 조선총독부 산하에 제생원이 설립되어 빈곤아동과 맹아들의 교육과 자활을 지원하였다. 제생원의 양육부는 이필화가 설립한 경성고아원을 인수하여 운영하였고, 광복 후 국립육아원의 전신이 되었다. 수용아동에 대한 처우는 대개 정서적 안정을 위한 가정적 분위기가 중시되었고, 남아를 중심으로 한 영유아의 원외보육과 8세 이후 원아에 대한 학과교육과 실과교육으로 이루어졌다. 또한 현 국립 서울맹학교의 전신이 되는 맹아부는 빈곤한 맹농아를 급비생과 자비생으로 나누어 모집하여 맹아에게는 안마를, 농아에게는 재봉과 편물 등 수예를 교육하게 하였다(박정란, 서홍란, 2001).

한편 아동보호를 위한 민간 차원의 운동이 활발하게 일어났는데, 그 대표적인 운동이 천도교에서 펼친 소년운동이었다. 천도교의 소년운동은 봉건시대의 아동관을 불식하고, 시대에 맞는 새로운 아동관을 계몽하는 일에 힘썼으며, '어린이'라는 순 한글말을 만들어 보급하고, '어린이날'을 제정하는 등 아동문화를 확산시키는 한편, 민족독립운동의 성격을 지닌 사회운동의 성격을 띠고 있었다. 특히 '천도교 소년회'와 '불교소년회' '조선소년군'이 중심이 되어 발족한 '조선소년운동협회'는 1923년 5월 1일 제1회 어린이날에 '소년운동선언'을 발표하였는데, 이것은 아동의 인권을 보호하고자 한 우리나라 최초의 아동권리선언이라고 할 수 있다(박정란, 서홍란, 2001). 이 선언에는 어린이를 종래의 윤리적 억압에서 해방시키고 완전히 인격적으로 대우할 것, 어린이를 종래의 경제적 억압에서 해방시켜 만 14세 이하 아동에 대한 유상 또는 무상의 노동을 금지할 것, 어린이에게 안심하고 즐겁게 뛰놀 수 있는 가정 또는 사회시설을 설립할 것 등의 내용을 담고 있다. 하지만 이러한 소년운동은 일제의 끊임없는 탄압과 어용소년단체의 출현과 장려, 내부적으로는 사회주의 계열과 민족주의 계열 간의 분열 등으로 1930년대 들어 급속히 축소되면서 소멸되었다.

한편, 1921년 미국의 감리교 선교사들이 설립한 태화사회관은 초기에는 교육사업에 치중했지만, 태화진료소를 중심으로 점차 아동보건과 사회사업을 전개하였다. 아동건강진단의 실시와 가정방문을 통한 위생교육, 육아법 등을 보급하였고, 빈곤아동을 위한 탁아사업, 무료목욕사업, 우유급식사업들을 실시하였다. 태화사회관을 중심으로 결성된 '경성연합 소아건강 구제회'는 세브란스병원, 동대문부인병원, 태화진료소를 거점으로 지역의 아동보호활동을 전개하였다. 태화사회관은 이후 일제의 종교 탄압으로 인한 선교사 추방, 재산 몰수 등의 시련을 겪게 되었고, 결국 시국에 맞지 않는다는 이유로 일제가 완전 중지 명령을 내리고 말았다(박정란, 서홍란, 2001).

3) 해방 이후의 아동복지

(1) 사회구호적 차원의 아동복지

사회구호적 차원의 아동복지는 1945년부터 1960년까지의 기간에 이루어졌으며, 이 기간 동안 한국전쟁을 거치면서 수많은 전쟁고아와 기아와 부랑아가 발생하였다. 이에 국가 및 국내외 민간단체는 많은 아동보호시설을 설립하여 응급구호를 하였다. 이러한 수용시설 중심의 아동보호사업은 1950년대에 급속하게 증가하였는데, 1945년 42개소였던 아동시설은 1959년 475개소로 늘어났고, 당시 전체 시설 가운데 70%를 차지할 정도였다. 1960년 이전까지 아동복지는 국가책임의 원칙이 정착되지 못했고, 전문화된 서비스를 제공받을 수 없었으며, 빈곤계층의 아동을 대상으로 민간과 해외 원조에 의존해 운영되는 사회구호사업이 대부분이었다(장인협, 오정수, 2001; 표갑수, 2000).

전쟁고아 등 긴급구호 대상자가 증가하자 정부는 아동시설을 인가시설로 하고 지원과 감독을 강화하였다. 이에 따라 아동시설이 영아원, 육아원, 감화원 등으로 구분되어 정체감을 형성하게 되었다. 아울러 18세 미만 아동의 노동을 규제하였다. 미군정의 아동노동법규(1946) 제정에 따라 상공업체 고용금지(14세 미만), 중공업체 또는 유해업체 종사금지(16세 미만), 위험직종 또는 유해직종 종사금지(18세 미만), 그리고 일일 노동시간의 제한(16세 미만, 8시간 이내) 등이 규정되었다.

또한 「20세 미만 비행소년의 보호를 위한 법률」이 제정되었다. 반사회적 성향을 가진 20세 미만 소년의 생활환경 조성과 성행 교정을 위한 보호처분을 행하고, 형사처분에서 특별조치를 하기 위한 「소년법」이 제정되었다.

1950년대 말까지 계속된 아동복지 대책은 민간자원의 활용을 강조한 응급적 시설 수용 중심의 아동구호정책이었다. 이 시기는 이전의 일제강점기와 한국전쟁을 겪으면서 고아와 기아, 미아의 발생이 매우 심각하였지만 요보호자(要保護者)에 대한 사회의 지원 여력은 턱없이 부족한 상태였다. 따라서 아동복지는 고아, 기아, 미아로 그 대상을 한정하고 이들에 대한 응급적 시설구호를 주요 전략으로 채택할 수밖에 없었다. 또한 아동보호를 위한 자원도 정부의 재정적 능력이 부족하였기에 대부분을 민간에 의존하고 있었다.

그리하여 아동보호에 대한 국가책임보다는 민간자원의 동원과 시설의 재정적 자립을 강조하였다. 1947년 미군정 당시 각 도지사에게 지시된 보건후생부장의 통첩을 보면 "국가재정상 수많은 요보호아동에 대해 전적으로 국비를 보조하는 것은 불가능하므로 관민의 유지들과의 긴밀한 조직적 연락하에 당해 시설의 지역별 또는 개별적 후원단체를 구성하여 인적 · 물적 자원을 유감없이 발휘하여 당해 시설로 하여금 자급자족하도록 극력 추진할 것"(후생시설 운영 강화에 관한 건)이라고 되어 있다. 이는 당시의 시설 지도방안이 지역사회의 자발적인 자선활동을 권장하는 데 치중했음을 알 수 있다(구자헌, 1970: 199; 이혜경, 1993: 202에서 재인용). 이러한 전략은 결과적으로 아동복지에서 외원에 대한 의존을 불가피하게 만들었다.

국가책임의 사회적 보호가 미비한 가운데 다수의 외국민간원조기관이 국내에 들어와 활동하였는데, 기독교아동복리회(Christian Children's Fund: CCF; 철수 후에 한국어린이재단, 한국복지재단으로 명칭 변경), 선명회세계본부(철수 후 최근 월드비전으로 명칭 변경) 등의 외원단체의 아동후원사업이 전개되었다. 이러한 외원 중심의 아동복지시설은 1960년대까지 지속되었다.

(2) 잔여적 아동복지(1960년대 초~1970년대)

1960년대 초 「생활보호법」과 「아동복리법」이 제정되어 요보호아동에 대한 국가책임의 원칙이 처음으로 법제화되었다. 당시 복지 입법의 대부분은 정권의 정당성을 확보하기 위한 것으로, 경제성장에 부정적인 영향을 주지 않도록 그 한계를 두고 있었다(장인협, 오정수, 2001).

아동복지의 경우도 공비 부담의 극소화와 요보호아동의 발생 예방을 정책의 기조로 하였다. 이러한 목적을 달성하기 위하여 가정보호가 강조되었는데, 가정보호는 비용이 덜 들고 가정이 아동 양육에 가장 훌륭한 환경이라는 점에서 기인한 것이었다. 좀 더 실질적인 측면에서 보호를 강화하고 가정의 책임을 강조함으로써 정부의 아동보호에 대한 부담을 줄이고 경제성장을 위한 투자에 장애가 없도록 하기 위한 측면이 컸다.

「아동복리법」의 내용에서도 성장론에 기초한 잔여적 아동복지관과 가정보호의 강조가 표현되고 있다(이혜경, 1993). 「아동복리법」의 보호 대상은 '보호자로부터 유실, 유기 또는 이탈되었을 경우, 보호자가 아동을 양육하기에 부적당하거나 양육할 수 없는 경우'로 명확히 한정하여 이 법에 따른 아동복지 제도는 사후조치적이고 잔여적인 성격을 갖고 있음을 명시하고 있다. 또한 시와 도에 아동복리위원회를 설치하고 아동복지지도원을 두어 아동지도에 필요한 가정환경 조사, 입양위탁업무, 거택구호에 관한 업무 등 요보호아동의 탈시설화와 제반 아동복리 증진에 관한 업무를 담당하게 하였으며, 보육시설 외에 아동상담소 등 다양한 시설과 일시위탁보호제도를 두었다. 다시 말해서 요보호아동을 무차별적으로 시설에 수용 및 보호하는 것이 아니라 아동의 개별적인 요구에 따라 다양하고 적절한 보호를 행한다는 취지로 아동상담소 외에 10여 종에 달하는 아동복지시설을 설치하고, 시설보다는 가정에서 보호받게 한다는 취지로 입양과 위탁보호 및 탁아 서비스를 권장하였던 것이다. 1961년에는 「고아입양특례법」이 제정되어 아동을 원가정에서 보호할 수 없는 경우 다른 가정에서라도 보호하게 하려는 정책적 의지를 담아내었다.

이 시기의 아동복지 정책은 요보호아동을 대상으로 한 매우 제한적인 보호대책이었다. 당초 법안에 있었던 모든 아동의 건전 육성이란 규정은 국가재정의 어려움을 이유로 제외되어 버렸고, 대신 법의 대상이 요보호아동으로만 제한되어 입법되었다(장동일, 1996: 339). 이 역시 당시의 아동복지 정책이 국가의 책임을 최소화하는 방향으로 추진되었음을 시사한다. 따라서 1970년대 말까지는 법적으로나 실제 행정에서 요보호아동만을 대상으로 하면서 개인의 책임을 강조하는 잔여적 아동복지 정책의 시기였다고 볼 수 있다.

아동복지시설의 수와 수용아동인구는 1960년대에도 계속 증가하였고, 1967년의 568개 시설, 수용인구 65,212명을 고비로 1970년대 이후에는 점차 감소하는 추세를 보였다. 또한 이 시기 들어 외원기관의 철수 및 사업 축소로 말미암아 아동보호에 대한 국가개입이 점차 늘어나게 되었다. 재정적 측면에서는 1960년대까지 외원이 아동복지시설 운영재원 중 50%를 넘고 있었으나, 1970년대부터는 외원단체가 점진적으로 철수하면서 상대적으로 국가보조가 증가하기 시작하였다(표갑수, 2000). 1960년대와 1970년대에는 국내와 해외 입양사업이 확대되었지만, 국내입양의 어려움으로 인해 국내입양아동의 수는 정체된 반면에 해외입양아동의 수는 계속 증가하였다. 또한 산업화와 경제성장으로 인한 여성 취업인구의 증가는 보육서비스의 증가를 가져왔다. 그러나 1970년대까지 우리나라 아동복지는 일반아동을 대상으로 한 보편적 서비스로 발전하지 못하였고, 보호를 필요로 하는 아동을 중심으로 하는 선별주의 원칙에 기초한 잔여적 형태의 서비스였다(장인협, 오정수, 2001).

(3) 제도적 아동복지 모색기(1980~1999년)

1970년대 후반부터 산업화, 도시화, 핵가족화, 가치관의 변화로 소년소녀가장 문제 및 가출아동, 부랑아동, 비행아동, 정서장애아동, 신체장애아동의 문제뿐만 아니라 저소득층 또는 일반가정의 방치된 아동문제 등 광범위하고 다양한 아동문제가 등장하게 되었다. 그뿐 아니라 여성의 사회참여가 늘어나고 보편주의 원칙에 입각한 전 국민의 의료보장과 소득보장이 중요한 국가정책의 영역이 되면서 아동복지에서도 그 대상이 요보호아동뿐 아니라 일반가정의 아동에게까지 보편화되어야 한다는 새로운 아동복지관이 대두되었다. 도시로 이주한 가정, 핵가족, 취업모가정 등 일반가정의 아동을 위한 발전적이고 예방적인 복지프로그램의 필요성이 주장되었다.

한편, 외국의 원조도 우리나라의 경제력 신장을 의식하여 1970년대 중반부터 줄어들기 시작하면서 국가가 더 이상 아동복지의 책임을 민간으로 미루기 어려운 상황이 되었으며, 국가경제적으로도 실제 아동복지에 대한 국가의 책임을 수행할 수 있는 기반이 마련되기 시작하였다(이혜경, 1993).

이에 변화된 가정과 아동의 욕구에 부응하여 「아동복리법」을 전면 개정하여 1981년 4월 13일에 「아동복지법」을 제정하였다. 1960년대 초의 「아동복리법」은 그 당시의 시대적 요청에 따라 빈곤아동, 보호자가 없는 아동 등의 요보호아동을 주된 대상으로 하였으나, 새로운 「아동복지법」은 적극적인 사회복지법으로서 요보호아동을 포함하여 모든 아동을 대상으로 아동이 가진 문제의 해결과 동시에 건전하게 자랄 수 있도록 하는 지원을 목적으로 반영하고 있다(현외성, 2001: 434-435).

대표적으로 아동상담소를 법정기관으로 지정하고, 일반아동의 문제를 예방하고, 요보호아동의 발생을 막기 위해 모에 대한 보호를 포함하는 등 이전보다는 적극적으로 아동의 복지를 보장하고자 하는 내용이 포함되었다.

1980년대 중반 이후로 갈수록 기혼여성의 취업 확대에 따른 탁아수요 증가에 대응하고 아동의 건전한 육성을 위하여 탁아시설의 설치에 대한 관심이 높아졌다. 이러한 과제에 대처하기 위해 1989년 9월 「아동복지법 시행령」 중 일부가 개정되었다(장동일, 1996: 339-340). 그 내용은 다음과 같다.

아동복지시설의 종류에 아동을 보호 및 양육하는 탁아시설이 추가되었다. 저소득층의 생활 자립 기간 조성을 위하여 탁아시설의 장은 아동입소 시에 「생활보호법」이 정하는 생활보호 해당자의 자녀를 우선적으로 입소시키도록 했다. 탁아시설 중 신고하여 아동을 보육할 수 있도록 하는 가정탁아제도를 신설하여 주민의 탁아시설 이용편의를 증진하도록 하였다. 그리고 간호사, 보육사 등 아동복지시실에 두어야 할 종사자의 수 및 자격을 현실에 맞게 조정하였다.

「아동복지법 시행규칙」도 1990년 1월 9일에 보건사회부령 제839호로 제정되었는데, 여기에는 시설탁아 및 가정탁아시설의 시설 기준을 정했다. 그러나 1991년 1월 「영유아보육법」의 제정으로 탁아와 관련된 내용은 「아동복지법」에서 분리되었으며, 시설탁아 및 가정탁아시설은 아동복지시설에서 제외되었다(장동일, 1996: 340). 기존 보육시설의 기능이 미흡하고, 보육시설이 절대적으로 부족함에 따라 전반적인 보육사업을 개선할 필요성이 생긴 것이다. 또 기존의 보육사업이 관련 부처의 난맥상으로 어려움에 처했던 점을 반영해 「영유아보육법」을 제정하여 당시 보건사회부로 행정소관을 일원화함으로써 보육사업의 체계화와 보육시설의 조속한 확충이 가능하게 되었다.

이 시기는 외원의 감소와 국가의 지원 강화, 그리고 일반아동의 복지까지 도모하는 아동복지로의 변모를 시도한 시기라고 정리할 수 있다. 실제 아동복지에 대한 국가의 절대적 지원 수준은 이 시기에 꾸준히 상승하였으며, 「아동복지법」에 일반아동의 복지를 위한 내용들이 포함되기 시작하였다.

1970년대를 고비로 아동복지서비스의 운영과 관련된 국가의 책임은 계속 증대하였는데, 1990년도의 아동복지시설 재정구조를 살펴보면 정부 지원 65.0%, 자체수입 15.8%, 민간보조 12.0%, 기타 7.3%의 비중을 보여 과거 외원기관 중심에서 국가 중심의 운영체제로 전환되었음을 알 수 있다(표갑수, 2000). 이러한 변천과정에서 우리나라의 아동복지는 시설수용보호, 입양사업, 영유아보육사업, 아동결연사업, 가정위탁 등의 서비스로 제공하는 형태로 형성되어 왔다. 과거 아동복지의 주류를 형성하였던 시설수용보호사업은 점차 퇴조하고, 가정과 지역사회 중심의 보육서비스, 국내입양, 가정위탁, 재가복지서비스의 의의와 중요성이 강조되고 있다(장인협, 오정수, 2001).

(4) 보편적 아동복지 강화기(2000~2020년)

국가 중심의 운영체제를 강화하였지만 여전히 선별적 복지의 성격이 강했던 우리나라 아동복지 정책은 2000년대 들어 아동복지사업을 확대하면서 사각지대에 놓였던 다양한 아동복지의 문제를 해결하고자 하였다.

2000년에 「아동복지법」을 전부개정하면서 실질적으로 운영되지 않았던 아동복지시설 유형을 정리하고, 아동복지시설의 종류를 새로이 규정하였다. 아울러 1990년대까지 자녀의 훈육문제로 간주하던 아동학대문제에 대해 적극적인 공적 개입이 필요하다는 인식의 전환과 함께 그 대응책으로 아동보호전문기관을 신설하고 아동학대 신고의무조항을 도입하였다. 아동학대 신고의무제는 모든 국가가 채택해 운영하지는 않고 있는데, 영국과 북유럽 국가들의 경우 아동학대 신고의무제를 채택하지 않고 있다. 우리나라가 아동학대 신고의무제를 채택한 배경에는 아동보호정책의 이전 대상 국가로 미국을 선택했고, 아동학대 신고의무제를 강력하게 운영하는 미국식 아동보호체계를 받아들였기 때문이다. 또한 2000년에 「아동복지법」의 전부개정을 통해 아동에 관한 모든 활동에서 아동의 이익이 최우선적으로 고려되어야 한다는 조항을 신설해 아동이익 최우선 원칙을 명확하게 확인하였다.

2004년 「아동복지법」 개정을 통해 아동정책 수립 및 관계부처의 의견 조정, 정책의 이행 감독, 평가를 수행하는 아동정책조정위원회를 국무총리 소속하에 설치하였다. 또 공동생활가정과 지역아동센터를 새로이 아동복지시설로 규정하였고, 2005년 가정위탁규정을 신설하고, 가정위탁지원센터를 설치해 요보호아동의 시설보호중심 기조를 변화시키는 기반을 마련하였다.

「아동복지법」은 2011년에 다시 전부개정되었고, 수요자 중심의 정책수립을 위해 5년마다 아동종합실태조사를 실시하고, 5년 주기로 아동복지기본계획을 수립해 체계적인 정책수행을 위한 기반을 마련하였다. 또한 지방자치단체 내에 아동복지심의위원회를 설치해 요보호아동의 보호조치, 서비스지원 대상자의 선정을 수행하도록 해서 아동보호조치의 공공책임성을 강화하였다. 아울러 취약계층 아동의 공평한 출발 기회 보장을 위해 드림스타트, 아동발달계좌사업인 디딤씨앗통장, 자립지원 등의 법적 근거를 마련하였다.

아동보호전문기관과 가정위탁지원센터는 2016년 「아동복지법」 개정을 통해서 아동복지시설로 새로이 규정되었다. 2018년 「아동복지법」 개정을 통해 2019년 아동권리보장원을 신설하였다. 아동권리보장원은 공공기관의 성격을 가지는 법정기관으로, 아동분야 주요 사업의 중앙지원조직인 중앙입양원, 중앙아동보호전문기관, 중앙가정위탁지원센터, 지역아동센터중앙지원단, 드림스타트사업지원단, 아동자립지원단, 디딤씨앗사업지원단, 실종아동전문기관 등을 통합하여 운영한다. 민간위탁으로 운영해 온 중앙지원조직을 하나의 공공기관으로 통합해 운영함으로써 최소한 아동분야 사업의 중앙지원체제를 공공화하였다는 점에서 의의가 있다.

이상과 같이 2000년대의 우리나라 아동복지에서 발견할 수 있는 주요한 흐름은 사각지대에 놓여 있던 취약계층 아동과 가족에 대한 복지 제도와 서비스를 강화해 아동복지 정책과 프로그램의 외연을 확장한 것이라고 볼 수 있다. 이와 함께 무엇보다도 2000년대 들어 주목해야 할 가장 큰 변화는 보편적 아동복지 정책의 도입이다.

저출산고령화사회로의 전환이 가속화되면서 보육의 국가책임을 강화하고, 영유아중심으로 보육서비스를 대폭 확대하는 기조가 강조되면서 무상보육지원을 과감하게 도입하였다. 2013년에는 전 계층을 대상으로 한 보육료 및 양육수당 지원제도를 실시하였고, 3~5세 영유아에게 공통의 보육교육과정을 제공하는 '누리과정'을 도입하였다. 또한 보육의 공공성을 강화하고 효과적인 보육서비스 제공을 위한 보육체계를 개편해 보육과 관련한 보편서비스 제공과 국가책임의 원칙이 확고하게 자리 잡게 되었다.

이와 함께 보편적 아동복지 정책의 대표적 형태라고 할 수 있는 아동수당제도가 2018년에 도입되었다. 하지만 완전한 보편주의 지급방식이라고 볼 수는 없는 선별적 아동수당제도가 도입되었다. 소득재산 기준 하위 90% 가정에서 자라는 만 6세 미만의 아동에게만 지급하는 제도였기 때문이다. 이 방식은 이내 아동수당의 기본 원칙인 보편지급을 따르지 않고 있으며, 대상아동의 선정과정에 소요되는 비용이 과다하게 든다는 비판이 거세게 제기되었다. 그리하여 2019년부터는 만 6세 미만의 모든 아동에게 월 10만 원을 지급하는 보편지급으로 개편하였고, 2019년 9월부터는 만 7세 미만, 2021년부터는 만 8세 아동까지 확대되어 운영되고 있다. 아동수당의 도입은 우리나라가 본격적으로 보편적 아동복지의 시대로 접어들었음을 의미한다.

또한 아동수당제도의 도입은 아동복지예산이 상당한 규모로 확장되는 데 크게 기여하고 있다. 2011년 아동복지예산은 1,691억 원으로, 영유아보육예산 2조 4,783억 원, 노인복지예산 3조 7,145억 원, 장애인복지예산 6,475억 원에 비해 현저하게 왜소하였다. 아동 1인당 복지예산이 불과 2만 원에 그쳐 노인 1인당 예산 규모 85만 원, 영유아 1인당 예산 규모 82만여 원과 비교할 바가 아니었다(국회보건복지위원회, 2011). 하지만 아동수당제도가 도입된 2019년의 아동복지예산은 보육 관련 예산을 제외한 규모가 2조 5,170억 원으로 대폭 늘어났다. 이는 전체 사회복지예산 60조 7,895억 원 대비 4.1%에 해당한다.

이러한 아동복지예산의 증액은 그동안 자신의 입장을 강력하게 대변할 수 있는 통로가 부족해 인구 규모에 비해 복지예산이 턱없이 부족했던 문제를 일정 정도 해결해 주었다고 볼 수 있다. 그럼에도 아동수당제도는 장기적으로 16세 또는 18세 미만의 모든 아동 연령대로 확대할 필요가 있으며, 아동의 기본권리를 보장하는 기존의 정책 및 프로그램을 충실히 수행하기 위해서는 더 많은 예산이 필요하다. 아동수당제도를 기점으로 해서 아동복지지출비용이 큰 폭으로 증가했지만, 진정으로 행복한 아동의 삶을 보장하기에는 여전히 부족하다고 볼 수 있다.

(5) 아동복지 공공성 강화기(2020년 이후)

보편적 아동복지 제도가 도입되었음에도 불구하고 우리나라 아동복지는 여전히 요보호아동의 문제에 대응하는 사후적이고 잔여적인 사업과 민간전달체계를 중심으로 이루어져 왔다. 그러나 2020년대 이후에는 국가의 책임성과 공공성의 강화가 이루어지기 시작하였다.

먼저 아동복지의 공공성 강화는 2020년 공공중심의 아동보호체계가 구축됨에 따라 시작되었다. 문재인 정부 출범 이후 수립된 포용국가 아동정책(2019. 5.)과 아동정책기본계획(2020. 8.)에 따라 '아동 최선의 이익'을 위한 공공중심 아동보호체계 구축이 추진되었는데, 그동안 지방자치단체의 업무임에도 불구하고 인력 부족으로 민간 중심으로 수행되던 아동보호 결정 및 관리를 위해 전국의 시 · 군 · 구에 아동보호전담인력을 배치하였으며, 공공 아동보호체계 지원을 위한 인프라를 마련하기 위해 아동의 보호와 변경 종료 조치를 전문적으로 심의하도록 하는 사례결정위원회를 지방자치단체에 설치하도록 하는 「아동복지법」이 2020년에 통과되었다.

특별히 아동학대에 대한 전국민적인 관심이 증대되면서 아동청소년 학대방치대책(2020.7.), 아동학대 대응체계 강화방안(2021. 1.) 등의 정책이 추친됨으로써 아동학대 대응에 있어서 공공성이 강화되었다. 그동안 아동보호전문기관(민간)에서 수행하던 아동학대 조사 업무를 시 · 군 · 구로 이관함으로써 공무원이 직접 아동학대를 조사하는 아동학대 조사 공공화가 추진되어 2021년 11월 기준 229개 시 · 군 · 구에 아동학대전담공무원 730명이 배치되었다. 또한 재학대 우려가 강하여 조사가 필요한 경우 지방자치단체의 보호조치 결정이 있을 때까지 피해아동을 분리하여 일시보호하는 즉각 분리제도가 도입되었으며, 이를 위한 학대피해쉼터와 일시보호시설 등이 확충되었다.

또한 입양 분야에 있어서 국가책임을 강화하기 위한 국내입양특별법과 국제입양법이 2023년에 제정되어 2025년부터 시행될 예정이며, 이에 따른 「아동복지법」도 개정되었다. 이러한 법 개정은 헤이그국제아동입양협약 비준을 위한 것으로, 국제협약이 정한 국내 및 국제 입양 절차로 개편하는 방향을 담고 있다. 특히 지금까지 민간의 입양기관에서 수행 중인 입양 업무 전반에 대해 국가와 지방자치단체의 책임과 관리감독이 강화될 예정이며, 국제입양의 경우에도 국제협약이 정한 요건과 절차에 따라 보건복지부가 중앙당국이 되어 국제입양을 진행하도록 규정되었다.

그리고 국가적으로 큰 문제로 대두되고 있는 저출생의 문제를 해결하고, 아동양육에 대한 부모들의 부담을 경감하고 국가의 책임을 확대하기 위하여 보편적 돌봄 정책인 부모급여와 첫만남이용권제도가 신설되었다. 2023년에 도입된 부모급여는 2024년부터 0세 월 100만 원, 1세 월 50만 원이 지급되기 시작하였다. 또한 첫만남이용권은 '제4차 저출산 · 고령사회기본계획(2021~2025)'의 '영아기 집중투자사업'의 일환으로 2022년에 도입되었으며, 출생 아동에게 200만 원의 바우처를 지급하여 생애 초기 가정 내 양육 비용 부담 경감을 목적으로 하며, 2024년 1월 1일 이후 출생한 아동부터는 첫째아 200만 원, 둘째아 이상은 300만 원을 지급한다.

또한 그동안 정책의 사각지대에 있던 아동들을 보호하기 위한 정책들이 도입되어 시행되고 있다. 먼저 태어난 모든 아동을 등록하고 보호하기 위한 '출생통보제'가 2024년 7월부터 시행되었다. 의료기관에서 태어난 모든 아동에 대한 정보는 건강보험심사평가원을 통해 지방자치단체에 통보, 등록되고, 이 아동들을 공적체계에서 보호할 수 있게 되었다.

2023년 10월 31일에 공포되어 2024년부터 시행되고 있는 「위기 임신 및 보호출산 지원과 아동 보호에 관한 특별법」은 임신 및 출산으로 인하여 어려움을 겪고 있는 임산부(위기임산부)에 대한 상담과 서비스 연계 등의 지원체계를 마련하여 위기임산부의 원가정 양육을 지원하고, 불가피한 경우 위기임산부가 가명으로 의료기관에서 산전 검진 및 출산을 할 수 있는 보호출산을 제도화함으로써 아동이 안전하게 태어나고 양육될 수 있는 기반을 마련하였다는 점에서 큰 의미가 있다.

2025년에는 정책의 사각지대에 있던 위기 아동·청년에 대한 최초의 공적 전담 지원체계를 도입하는 「가족돌봄 등 위기 아동·청년 지원에 관한 법률」이 제정되어 가족을 돌보거나 고립·은둔 상태에 있는 아동과 청소년을 지원할 수 있게 되었다.

한편 이 시기에 주목해야 할 점은 전 세계적으로 발생한 코로나19 감염병 확산으로 인한 아동복지의 변화이다. 감염병 확산 방지를 목적으로 한 사회적 거리두기로 인해 모임과 회합이 최소화되었으며, 학교와 직장도 일시적으로 운영이 중단되거나 온라인 활용, 재택근무와 같은 방식으로 운영방법이 변화되었다. 코로나19의 발생이 장기적으로 진행되면서 아동의 생활에 큰 영향을 미치게 되었는데, 무엇보다도 코로나19 기간 동안 아동이 가장 심각한 피해자로 나타나게 되었다는 점이다. 코로나19 위기가 장기화될수록 사회적 불평등과 자본주의의 모순은 심화되며, 취약계층의 아동은 이러한 불평등의 영향을 더 많이 받는 것으로 나타났다(아동권리보장원, 2020). 빈곤가족의 경우 기초적인 보건서비스의 이용이나 마스크 등의 위생용품 구입 등에 있어서 어려움을 경험하였으며, 만성질환 아동의 경우 의료서비스의 이용 제한 등을 경험하였다. 또한 학교의 폐쇄 등으로 인해 가정에서 아동을 돌볼 양육자가 부재한 경우, 그리고 지역아동센터 등이 폐쇄되어 발생한 돌봄 공백의 문제는 아동에게 기본적인 식사와 보호가 불가능한 상황을 발생하기도 하였다.

그리고 디지털로 전환된 교육환경 속에서 빈곤가족의 아동들은 디지털 서비스를 이용하는 기초적인 장비와 설비 부족으로 인한 어려움, 그리고 디지털매체를 다룰 수 있는 능력 등에 있어서 제한을 가지게 되었다. 그 결과 코로나19 시기 동안 아동의 학습과 문화, 그에 따른 인지·정서 발달은 가정의 사회적·경제적 수준에 따라 차이를 보여 주었다(정익중 외, 2020).

이렇게 아동복지에 있어서 보편적 복지제도가 도입되고 공공성이 강화되고 있지만 아직도 부족한 부분이 많이 남아 있다. 아동은 현재의 20%에 불과하더라도 국가 미래의 100%라는 말처럼, 국가가 아동의 삶과 성장을 책임지는 아동복지에 대한 인식의 대전환이 필요하다. 민간위탁에 의존하는 대부분의 아동분야 사업 중 아동의 생명권, 발달권과 직결되는 사업의 경우 앞으로 취약한 공공성을 강화하는 다양한 노력이 필요하다. 그러한 점에서 우리나라 아동복지와 관련한 국가 책임성과 공공성의 강화는 완료형이 아니라 여전히 진행형이다.

연구문제

1. 외국의 아동복지 변천과정에서 찾아볼 수 있는 소규모 시설보호, 지역사회 중심 보호, 포괄적이고 다면적인 서비스 제공, 아동권리의 강조라는 방향성에 비추어 볼 때 현재의 우리나라 아동복지 제도는 어떠한 정도에 이르고 있는지 논의해 봅시다.
2. 우리나라 아동복지의 발전에 중요한 영향을 미친 외원기관의 활동에 대해 조사한 후, 이들이 미친 긍정적 영향과 부정적 영향에 대해 논의해 봅시다.
3. 보편적 아동복지의 대표적 형태인 아동수당제도와 부모급여 등 우리나라의 보편적인 아동복지 제도의 도입과정에 대해 살펴봅시다.
4. 내가 살고 있는 지방자치단체에서 아동복지보호체계가 어떻게 변화되었는지 관련 자료를 조사한 후 논의해 봅시다.

제5장 아동복지 대상과 서비스의 분류

1. 아동복지의 대상
2. 아동복지서비스의 분류

… 연구문제

제5장

아동복지 대상과 서비스의 분류

이 장에서는 아동복지의 주요 대상이 누구인지, 이들에게 어떠한 서비스가 제공되는지 살펴보고자 한다. 원칙적으로 아동복지의 대상은 모든 아동과 아동이 속해 있는 가정이다. 하지만 사회복지의 전통적 대상 분류 기준인 선별주의와 보편주의 원칙을 적용할 경우, 우선적인 보호를 필요로 하는 보호대상아동과 그렇지 않은 일반아동으로 분류할 수 있다. 이 가운데 아동복지서비스의 주 대상인 보호대상아동의 구체적인 유형과 특성을 중점적으로 살펴본다.

아동복지서비스는 서비스 제공 장소와 서비스 제공 기능에 따라 분류할 수 있다. 서비스 제공 장소에 따라서는 크게 재가서비스와 가정외서비스로 분류된다. 서비스 제공 기능에 따라서는 지지적 · 보충적 · 대리적 서비스로 분류된다. 이와 관련해 아동복지서비스 분류 기준의 내용을 살펴보고, 현재 우리나라에서 제공되는 아동복지서비스에 대해 알아보고자 한다.

1. 아동복지의 대상

1) 우리나라 아동인구의 변화 추이와 특성

우리나라의 총인구는 [그림 5-1]에서처럼 2020년까지 완만하지만 지속적으로 증가해 왔다. 1980년 3,812만 명에서 1990년 4,286만 명, 2000년 4,727만 명으로 증가하다가 이후 감소해, 2011년 5,073만 명, 2021년 5,184만 명, 2024년 5,121만 명에 이르고 있다. 이에 비해 아동인구는 1980년 이후 지속적으로 감소해 왔다. 1980년 아동인구는 1,747만 명(전체인구 대비 45.8%)을 차지하였다가 1990년에는 1,541만 명(전체인구 대비 36.0%)으로, 2000년에는 1,403만 명(전체인구 대비 29.7%)으로 감소하였다. 이러한 감소세는 2000년대 들어 가속화되었다. 2011년 아동인구는 1,000만 명 아래인 992만 명(전체인구 대비 19.6%), 2020년 771만 명(전체인구 대비 14.9%), 2024년 687만 명(전체인구 대비 13.4%)으로 급격히 감소하였다.

아동인구의 감소세는 **합계출산율**(Total Fertility Rate: TFR)의 하락에서 확인된다. 합계출산율은 가임기 여성(15~49세) 1명이 가임 기간 동안 낳을 것으로 예상되는 평균 출생아 수를 뜻하며, 1명의 여성이 평생 동안 평균 몇 명의 자녀를 낳는가를

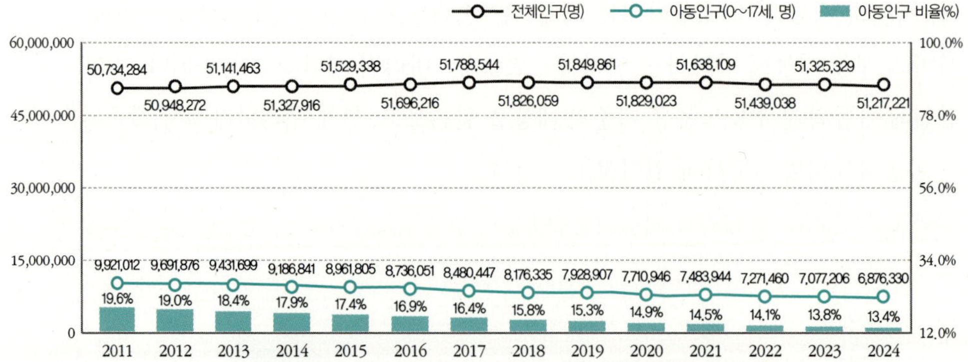

그림 5-1 아동인구 수 및 비율의 추이(2011~2024년)

출처: 행정안전부(2025).

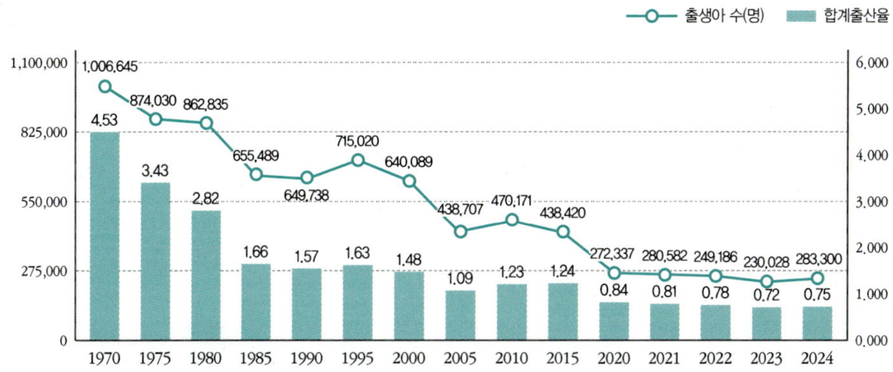

그림 5-2 합계출산율 및 출생아 수 추이(1970~2024년)

출처: 통계청(2024).

나타낸다.

1970년 합계출산율은 4.53이었으나, 1980년대 중반 들어 합계출산율은 2 미만으로 줄어들었고, 2018년 이후 합계출산율은 1 미만으로 감소했다. 2023년 0.72로 낮아졌던 합계출산율은 혼인의 증가와 둘째아이 출산 증가에 힘입어 2024년 0.75로 다소 증가하였다. 그럼에도 오랜 기간 지속적으로 합계출산율이 낮아지면서 한 해에 태어나는 출생이 수는 급감한 것이 사실이다. 1970년 한 해 동안 100만 명의 신생아가 태어났지만, 이후 계속 줄어들어 2020년에는 27만2천여 명이, 2024년 기준으로는 28만 3천여 명 수준으로 보고되었다.

한 국가가 현재의 인구를 유지하기 위해 필요한 대체합계출산율은 2.1로 보고 있다. 이보다 낮은 수준으로 떨어진 우리나라 합계출산율의 저하는 전체인구구성의 변화를 초래할 수밖에 없다. 이는 우리나라의 **인구피라미드**(population pyramid) 유형 변화에서 확인할 수 있다.

1970년의 우리나라 인구피라미드 형태는 전형적인 피라미드 모양으로 출산율이 높고 기대수명은 낮아 평균연령은 23.6세로 인구확장형에 가깝다. 2025년의 인구피라미드는 **방추형**(항아리)에 가까운 형태로, 낮은 출산율과 높은 기대수명으로 평균연령 45.5세로 인구가 감소하는 형태이다. 이후 2050년이 되면 역삼각형에 가까운 형태로 변화될 것으로 예측되며, 평균연령은 55.2세로 높아질 전망이다. 아동 수 역시 1970년에는 1,581만 명 수준이었지만, 2025년에는 662만 명으로 줄고, 2050년에는 456만여 명으로 감소될 것으로 예측된다.

항아리 모양에서 **역삼각형**으로 인구피라미드가 전환된다는 것은 우리나라 인구의 감소가 필연적으로 일어날 수밖에 없음을 뜻한다. 실제 1950년부터 2100년까지 우리나라 인구의 변동과 추계치를 살펴보면 [그림 5-3]과 같다.

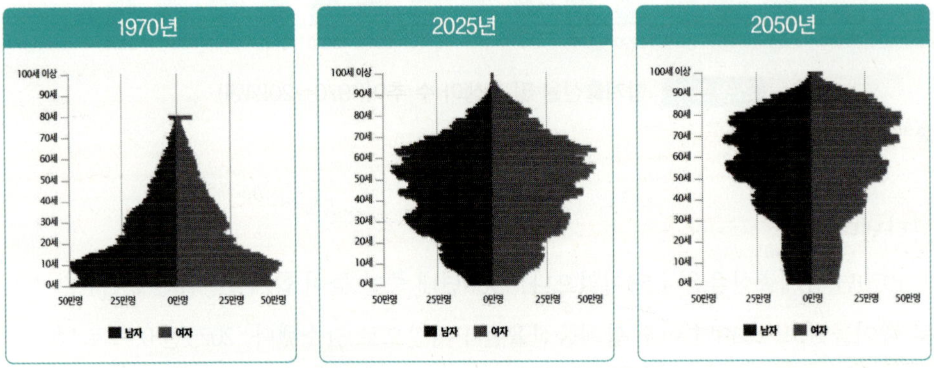

그림 5-3 연도별 인구추계 피라미드

출처: SGIS통계지리정보서비스(2025).

1950년 2,010만 명의 인구에서 점차 증가해 베이비붐 현상을 거쳐 기대여명의 증가에 따라 지속적으로 증가하였다. 하지만 2020년 5,184만 명을 정점으로 감소할 것으로 추계된다. 특히 현재의 합계출산율이 지속된다면 2040년에는 5천만 명 밑으로 줄고, 2070년경에는 3,591만 명, 2090년에는 2,740만 명, 2100년에는 1950년대의 수준인 2,410만 명으로 줄어들 것으로 추계된다. 앞으로 45년 후인 2070년 우리나라의 인구규모는 과거 45년 전인 1980년 수준으로 돌아간다는 것을 의미한다.

아동인구의 감소와 함께 주목해야 할 지점은 아동의 일차적인 보호 및 양육을 책임지는 가정구조의 변화 현상이다. 통계청(2025)이 발표한 자료에 따르면, 2024년 이혼건수는 9만 1천 건으로, 인구 1,000명당 이혼건수를 의미하는 **조이혼율**(crude divorce rate)은 1.8이다. 이는 30년 전인 1994년 이혼건수 6만 5천 건의 조이혼율 1.4와 비교할 때 증가한 것이다. 또한 혼인건수 대비 이혼건수의 비율이 1980년

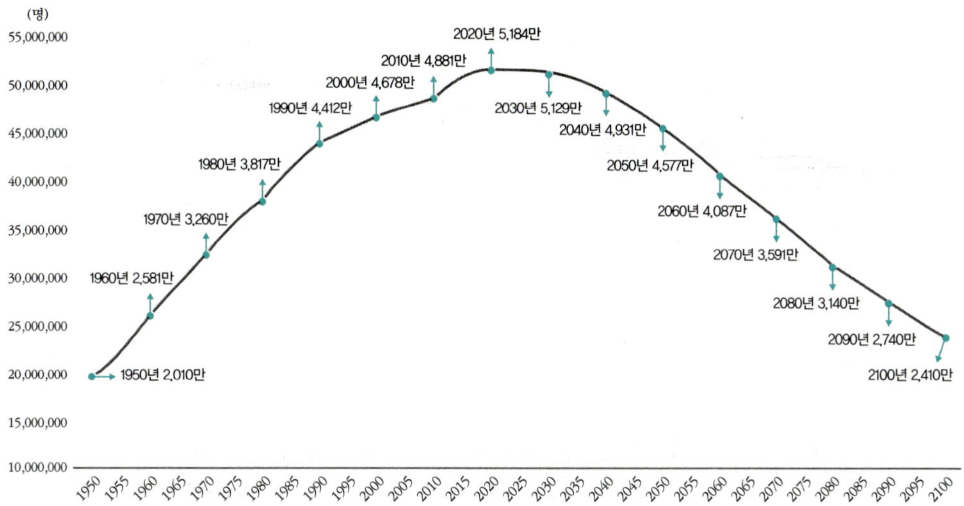

그림 5-4 우리나라 인구의 연도별 장래 추계(1950~2100년)

출처: UN Department of Economic and Social Affairs Population Division (2024).

에 6.6%(혼인 403,031건, 이혼 23,662건)였던 것에 비해, 2024년에는 40.9%(혼인 222,412건, 이혼 91,151건)에 달해 전통적인 정상가족의 상이 많이 퇴색하고 있음을 보여 준다. 이혼 증가로 나타나는 가족구조의 변화 현상은 결국 사회적 보호가 필요한 아동의 수를 계속 증대시킬 수 있다.

다만, IMF 외환위기 이후 증가 추세를 보이던 이혼건수가 최고에 달했던 2003년의 166,617건(조이혼율 3.4)에 비해 감소세를 보인 점은 주목할 만하다. 또한 2000년대 들어 가속화된 저출산의 기조는 결혼건수의 감소로 이어졌다. 2024년 결혼은 222,412건으로, 2000년 결혼 332,090건에 비해 33% 감소한 것으로 나타났다. 결혼의 지연, 결혼연령대의 인구 감소, 출산 의향의 감소 등이 복합적으로 작용한 결과로 보인다. 다만 2023년 대비 2024년의 혼인건수는 14.8% 증가하였다. 단기적인 변화이지만 전년 대비 증가한 혼인건수는 출생아 증가로 이어질 수 있다는 점에서 긍정적인 변화라고 할 수 있다.

이혼의 증가는 그 자체로 문제라기보다는 사회복지제도가 뒷받침되지 않을 경우 이혼으로 인한 취약가구의 증가로 이어질 가능성이 크다는 점이 문제이다. 이혼, 사별, 별거와 같은 가족구조 변화로 빈곤에 처할 경우, 아동은 경제적 결핍과

가족기능의 결핍이라는 이중고(double whammy)에 시달릴 수 있다.

이와 관련해 한부모 및 조손가족은 2000년 124만 가구에서 2023년 212만 가구로 71% 증가하였다. 모자가족은 한부모 및 조손가족의 71%를 차지하는 150만 가구였고, 부자가족은 24%를 차지하는 50만 가구였다(보건복지부, 2024. 12.). 한부모 가족과 함께 이혼, 별거 등 가족구조의 변화로 증가한 가족형태는 **조손(祖孫)가구**이다. 조부모와 손자녀로 구성된 조손가구가 한부모 및 조손가족에서 차지하는 수는 2000년 10만 5천 가구에서 2023년 11만 6천 가구, 2050년에는 12만 5천 가구로 증가할 것으로 추계된다. 한부모가족 및 조손가족의 증가는 이들 가족형태에서 성장하는 아동발달을 위한 사회복지서비스 제공이 중요해질 것임을 시사한다.

여성의 사회진출이 증가하면서 어머니가 맡고 있던 전통적인 자녀양육의 역할을 대신해 줄 **돌봄서비스**에 대한 욕구도 점차 커지고 있다. 1990년 4만 8천여 명의 아동을 보육하는 데 그쳤던 1,919개소의 어린이집은 2000년 보육아동 68만 6천여 명, 어린이집 19,276개소, 2016년 보육아동 1,45만여 명, 어린이집 41,084개소로 확대되었다. 다만 저출생의 영향으로 2023년 보육아동은 100만여 명, 어린이집 29,954개소로 감소되었다. 절대적인 규모 면에서는 아동 수의 감소에 따라 줄어들 것으로 전망되나, 출생한 영유아의 양육 부담을 덜어 줄 돌봄서비스의 질적 제고는 계속적으로 중요한 요구사항이 될 것이다.

이상과 같이 전통적 가족 개념의 변화, 여성의 사회진출 증대, 새로운 가치관과 결혼관의 형성에 따라 한부모·조손가족, 미혼가정 등은 증가할 것이다. 이는 전체 아동인구의 감소에도 불구하고 아동복지서비스가 필요한 대상과 영역을 오히려 확대시킬 것으로 예상된다.

마지막으로 우리나라 사회의 가족구조에 새로운 형태로 등장한 것이 **다문화가족**이다. 2023년 기준 다문화가족의 아동 수는 308,402명으로 집계되었다. 이는 2013년의 191,328명에 비해 1.6배 증가한 것이다. 다문화가족 자녀 중 12세 이하 아동은 전체 다문화가족 자녀의 69.8%를 차지하는 215,340명이다(여성가족부, 2024). 또한 초중고에 재학 중인 이주배경(다문화) 학생은 181,178명으로, 전체 학생 수 5,783,612명 중 3.5%를 차지하고 있다. 2017년 1.9%를 차지했던 다문화가족 학생의 비중은 지속적으로 증가할 전망이다(교육부 다문화교육포털, 2024). 다문화가족 아동의 증가세와 연령대 분포를 고려할 때, 다문화가족 아동을 위한 복지서비스의 확대를 예측해 볼 수 있다.

2) 아동복지의 대상체계

아동복지의 대상체계는 원칙적으로 아동과 그 부모 및 가정이다. 아동복지의 대상체계에 아동의 부모 및 가정이 포함되는 이유는 발달단계 특성상 아동의 건강한 발육과 성장을 위해서는 보호 및 양육의 역할을 담당하는 보호자가 필요하기 때문이다. 이러한 보호 및 양육의 일차적 책임은 아동이 속해 있는 가정과 부모에게 있다. 이를테면 부모와 가족에게 제공되는 현물, 현금, 가사보조, 상담, 치료 등의 서비스는 아동이 일차적인 서비스의 수급자는 아니지만, 이를 통해 아동을 보호하는 가족체계의 건강성, 안정성을 확보할 수 있다는 점에서 궁극적으로는 아동의 복지 증진에 기여한다고 볼 수 있다. 따라서 아동복지서비스는 아동 중심적인 동시에 가족친화적인 서비스로 제공되어야 한다.

(1) 보호대상아동과 지원대상아동

아동복지서비스는 아동의 욕구와 문제를 해결하기 위한 서비스이다. 이러한 욕구와 문제는 일차적으로 가정에서 해결할 수 있지만, 이러한 욕구를 충족시키거나 문제를 해결할 가정이 부재한 경우나 개별 가정의 능력으로 해결할 수 없는 경우가 발생할 수 있다. 이러한 상황에 처한 아동을 보호대상아동이라고 할 수 있다. **보호대상아동**은 과거 보호를 필요로 하는 아동을 뜻하는 요보호아동이라는 용어가 「아동복지법」 개정에 따라 바뀐 것이다.

현재 우리나라 「아동복지법」에서는 '보호대상아동'을 보호자가 없거나 보호자로부터 이탈된 아동, 또는 보호자가 아동을 학대하는 경우 등 보호자가 아동을 양육하기에 적당하지 아니하거나 양육할 능력이 없는 경우의 아동으로 규정하고 있다(「아동복지법」 제3조 제4항). 이때 **보호자**는 친부모만을 의미하지는 않으며, 친권자, 후견인, 아동을 보호 · 양육 · 교육하거나 그 의무가 있는 자 또는 업무 · 고용 등의 관계로 사실상 아동을 보호 · 감독하는 자를 의미한다.

장인협과 오정수(2001)는 보호가 필요한 아동을 다음과 같이 분류한 바 있다.

첫째, 양육환경상의 보호가 필요한 아동이다. 가족의 구조와 기능이 결손되어 건강한 양육환경에서 성장하기 힘든 아동으로, 구체적으로는 빈곤가정 아동, 결손가정 아동, 부모부재 아동 등이 포함된다.

둘째, 신체적, 정신적, 정서적으로 문제나 장애를 지닌 아동이다. 이 아동들은 자신들이 가진 독특한 심신상의 결함으로 정상적인 사회참여에 제한을 받고 있고, 독립적인 인격체로서의 존엄성을 침해당하고 있다. 장애아동은 크게 신체장애아동, 정신장애아동, 정서장애아동 등으로 분류될 수 있다.

셋째, 사회적 · 법적 보호가 필요한 아동이다. 가출아동, 비행아동 등이 포함된다.

넷째, 특별보호를 요하는 아동이다. 학대 및 유기된 아동, 미혼모의 아동 등이 포함될 수 있다.

보호대상아동과 함께 아동복지의 주요한 대상이 되어야 할 아동은 지원대상아동이다. **지원대상아동**은 아동이 조화롭고 건강하게 성장하는 데 필요한 기초적인 조건이 갖추어지지 아니하여 사회적 · 경제적 · 정서적 지원이 필요한 아동을 말한다(「아동복지법」 제3조 제5항). 대표적인 지원대상으로는 **드림스타트** 지원아동을 들 수 있다. 드림스타트는 「아동복지법」에 근거해 실시하고 있는 **취약계층 아동통합서비스 지원사업**이다. 이 사업은 아동성장 및 복지여건이 취약한 가정을 선정해 그 가정의 지원대상아동과 가족을 대상으로 보건, 복지, 보호, 교육, 치료 등을 종합적으로 지원하는 통합서비스를 제공하고 있다.

2003년부터 2023년까지 20년간 보호대상아동 발생 추이를 살펴보면 [그림 5-5]와 같다. 보호대상아동은 2003년 1만여 명 수준에서 지속적으로 감소를 보여 왔고, 2013년에는 6천 명, 2023년에는 2,054명으로 감소하였다. 한 해에 새로이 보호대상아동으로 발굴된 아동 수를 아동인구 1,000명당 수로 환산해 보면 2003년 0.9에서 2013년 0.6으로 낮아졌고, 2023년에는 0.3으로 감소하였다.

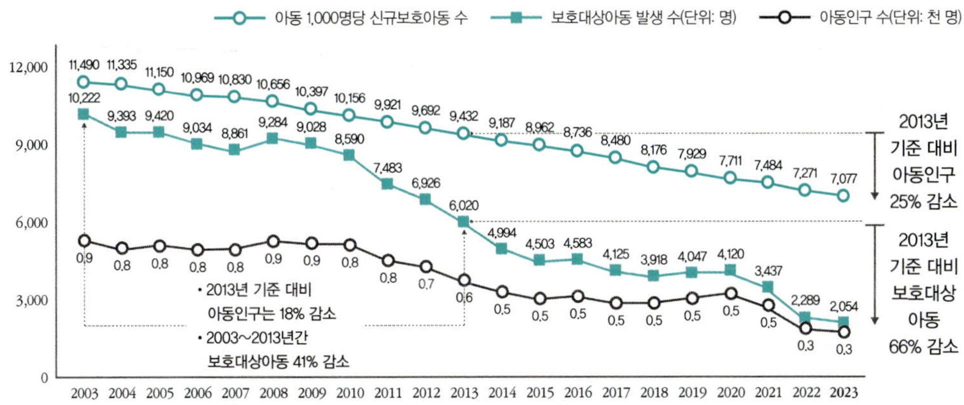

그림 5-5 아동인구 대비 보호대상아동 발생 추이(2003~2023년)

출처: 보건복지부(2024d).

이와 같이 매년 새로이 발생하는 보호대상아동의 감소 이유는 아동인구의 감소로는 모두 설명되지 않는다. 2003년 대비 2013년 아동인구는 18% 감소했으나, 보호대상아동은 동일 기간에서 41% 감소했기 때문이다. 또 2013년 대비 2023년 아동인구 수는 25% 감소했으나, 동일 기간 보호대상아동은 66% 감소했다. 아동인구의 감소에 따른 자연 감소보다는 사회경제적 삶의 질 향상과 아동복지 정책 및 서비스 강화에 따른 보호대상아동의 감소에서 그 원인을 찾는 것이 타당할 것이다.

다만 가정위탁보호, 시설보호, 입양 등 가정외 보호(out-of-home care)를 받고 있는 아동의 감소세는 신규보호아동의 감소만큼은 아니다. 2013년 입양아동은 922명, 시설보호아동 15,239명, 가정위탁 보호아동 14,596명 등 가정외보호 아동은 총 30,757명이었다. 10년이 지난 2023년 가정외 보호아동은 총 19,648명이었다. 10년간 가정외 보호아동은 36%가 감소한 것이다.

신규보호아동의 발생감소와 달리 가정외 보호 중인 아동의 감소세가 크지 않은 이유는 시설보호 및 가정위탁 보호아동의 보호 기간이 길기 때문이다. 평균 10년 정도를 아동복지시설에서 보호받고 퇴소하기에 새로이 입소하는 아동이 줄어도 퇴소 또는 원가정복귀를 통해 보호종료가 이루어지는 수가 크게 감소되지 않고

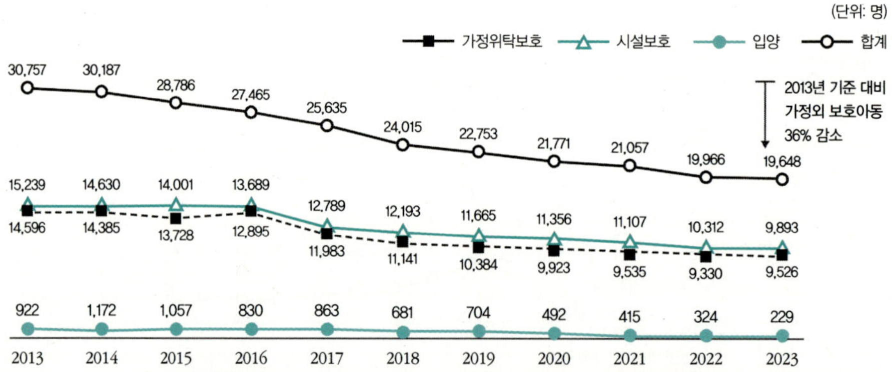

그림 5-6 10년간 가정외 보호아동 추이(2013~2023년)

출처: 보건복지부(2024a).

있다. 또 우리나라 **가정위탁보호**는 대부분 조부모, 친인척이 보호하는 형태로 이루어져 일시적으로 가정위탁보호를 받기보다는 **영구적 보호**(permanent care)에 가깝게 진행되고 있다.

한편, 우리나라의 주요한 아동복지 보호대상아동의 현황을 살펴보면 〈표 5-1〉과 같다. **입양아동**의 경우 2007년 국내입양아동 수가 해외입양아동 수를 최초로 넘어서면서 2013년 국내입양아동 수는 686명, 해외입양아동 수는 236명을 나타냈다. 2020년 코로나19 상황 및 **헤이그국제아동입양협약** 비준을 위한 입양공공화 정책의 흐름에 따라 2023년 국내입양아동 수는 150명, 해외입양아동 수는 79명으로 감소하였다.

아동복지시설에서 생활하는 아동의 수는 2013년 각각 15,239명에서 2023년 9,893명으로 감소하였다. 이는 아동인구의 감소와 함께 시설보호 이외의 형태로 아동을 보호하는 체계가 확대되었기 때문이다. 보호대상아동의 가정형보호가 강조되면서 가정위탁보호아동의 수는 아동복지시설 보호아동 수와 유사한 9,526명으로 증가하였다.

(2) 일반아동

일반아동이란 아동이 속한 가정에서 제공되는 보호 이외의 다른 특별한 보호를

표 5-1 아동복지의 주요 보호대상아동의 현황 (단위: 명)

대상 유형	1990년	2000년	2013년	2023년	시설 수 (2023년 연말 기준)
국내입양	1,647	1,686	686	150	
해외입양	2,962	2,360	236	79	
아동복지시설 보호아동	23,450	17,720	15,239	9,893	288
아동공동생활가정 보호아동			2,481	2,578	480
위탁가정 및 가정위탁 보호아동				9,526	

출처: 보건복지부(2024a).

받지 않고 생활할 수 있는 아동을 의미한다. 따라서 사회적인 보호와 책임이 우선적으로 필요한 보호대상(요보호)아동과는 명확히 구분되는 아동의 개념이라고 할 수 있다. 하지만 일반아동은 현재 심각한 문제가 없다는 개념이지, 앞으로도 문제를 경험할 가능성이 전혀 없다는 의미는 아니다.

이에 보호대상아동이 경험하는 문제의 예방적 차원에서 아동복지서비스의 필요성은 일반아동에게서도 충분히 찾아볼 수 있다. 즉, 아동의 건강한 발달과 성장을 위해 모든 가족에게 제공되어야 할 다양한 아동복지서비스의 대상은 바로 일반아동인 것이다. 예를 들어, 모든 아동에게 제공되는 아동수당, 보편급식, 의무교육 확대, 육아휴직, 보육료 지원, 가정양육수당, 부모급여 등은 일반아동을 위한 대표적인 아동복지서비스라고 할 수 있다.

아울러 점차 사회제도가 미비해지고 부적절성으로 인한 욕구의 미충족이 늘어나고 있다. 사회제도의 미비함과 부적절한 대응으로 인한 욕구의 미충족을 모든 아동과 그 가족이 경험할 수 있는 정상적 과정으로 보는 제도적 개념으로서의 아동복지로 발전시켜야 한다. 그럴 경우 아동, 취업모, 해당 지역사회의 주민 등 아동과 부모가 갖는 조직적 지위(organic status)와 귀속적 욕구(attributed need)에 따라 모든 아동과 가족이 아동복지의 대상이 될 수 있으므로 특정 집단이 갖는 낙인이나 열등감, 소외감의 문제가 해결될 수 있다(박정호, 2001).

우리나라는 지금까지 보호대상아동을 대상으로 한 복지서비스는 꾸준히 발전하고 증가하여 왔지만, 일반아동을 대상으로 한 복지서비스의 도입은 21세기 들어 이루어져 상대적으로 짧은 역사를 가지고 있다. 개별 아동 및 그 가족의 결함을 확인하려는 진단적 감별(diagnostic differentiation)과 자산조사에 기반을 두는 **선별주의적 · 잔여적 복지** 개념에서 욕구의 미충족을 문제 예방과 아동권리 보장의 차원에서 대응하는 **보편적 · 제도적 복지**로 확대, 발전할 필요가 있다.

(3) 보호대상아동과 지원대상아동의 재규정 필요성

1961년 제정된 「**아동복리법**」에서 규정한 '**요보호아동**'의 정의는 현재 「아동복지법」상의 '보호대상아동'에서도 여전히 유효하게 적용된다. 2000년에 전부개정된 「아동복지법」에서 '**보호를 필요로 하는 아동**'으로 이름을 달리했지만, 경제적 취약성에 기초한 보호자로부터의 분리보호라는 기본 성격은 달라지지 않았다. 다만 2000년에 개정된 「아동복지법」에서는 보호필요아동의 조건에 보호자의 아동학대를 추가하였다.

이후 2011년 전부개정된 「아동복지법」에서 '**지원대상아동**'이 신설되었지만, 여전히 경제적 취약성의 기준에서 크게 벗어나지 못하는 한계를 가지고 있다. 경제적 취약성에 근간한 '보호대상아동'과 '지원대상아동'의 구분은 아동학대 및 방임으로 인한 보호서비스(protective services)의 필요성이 낮은 상황에서는 별다른 문제를 불러오지는 않았다.

2011년 전부개정된 「아동복지법」을 통해 드림스타트(취약계층아동에 대한 통합서비스 지원)의 법적 근거가 마련되었다. 법률상 경제적 취약성의 조건은 명시적이지 않지만, 「**아동복지법 시행규칙**」 또는 **아동복지사업안내**를 통해 경제적 취약성이 우선적인 자격 조건임을 규정하고 있다.

하지만 2014년 「아동학대범죄의 처벌 등에 관한 특례법」의 제정 이후 폭발적으로 증가한 아동학대 피해아동의 규모는 보호와 지원을 새롭게 규정할 필요성을 제

표 5-2 「아동복지법」에 따른 보호대상아동 및 지원대상아동에 대한 규정 변천

법률 변천	법률 정의	주요 변경사항
「아동복리법」 (1961년에 제정)	제1조 (목적) 본 법은 아동이 그 보호자로부터 유실, 유기 또는 이탈되었을 경우, 그 보호자가 아동을 육성하기에 부적당하거나 양육할 수 없는 경우, 아동의 건전한 출생을 기할 수 없는 경우 또는 기타의 경우에 아동이 건전하고 행복하게 육성되도록 그 복리를 보장함을 목적으로 한다.	• 목적 자체가 요보호아동의 복리보장으로 국한됨.
「아동복지법」 (1981년에 전부 개정)	제1조 (목적) 이 법은 아동이 건전하게 출생하여 행복하고 건강하게 육성되도록 그 복지를 보장함을 목적으로 한다. 제2조 (용어의 정의) 3. "요보호아동"이라 함은 아동이 그 보호자로부터 유실 · 유기 또는 이탈된 경우, 그 보호자가 아동을 양육하기에 부적당하거나 양육할 능력이 없는 경우 또는 기타의 경우에 이 법에 의하여 보호를 받을 아동을 말한다.	• 모든 아동의 복지 보장으로 목적 변경 • '요보호아동'의 정의를 이전 「아동복리법」의 목적으로 대체
「아동복지법」 (2000년에 전부 개정)	제2조(용어의 정의) 3. "보호를 필요로 하는 아동"이라 함은 보호자가 없거나 보호자로부터 이탈된 아동 또는 보호자가 아동을 학대하는 경우 등 그 보호자가 아동을 양육하기에 부적당하거나 양육할 능력이 없는 경우의 아동을 말한다.	• '요보호아동'을 '보호를 필요로 하는 아동'으로 변경 • 보호자의 아동학대가 보호필요아동의 조건으로 추가
「아동복지법」 (2011년에 전부 개정)	제3조(용어의 정의) 3. "아동복지"란 아동이 행복한 삶을 누릴 수 있는 기본적인 여건을 조성하고 조화롭게 성장 · 발달할 수 있도록 하기 위한 경제적 · 사회적 · 정서적 지원을 말한다. 4. "보호대상아동"이란 보호자가 없거나 보호자로부터 이탈된 아동 또는 보호자가 아동을 학대하는 경우 등 그 보호자가 아동을 양육하기에 적당하지 아니하거나 양육할 능력이 없는 경우의 아동을 말한다.	• '아동복지'의 정의 신설 • '보호대상아동'으로의 용어 변경 • '지원대상아동'의 신설 • '피해아동'의 정의가 신설되었지만, 보호대상 · 지원대상 아동과의 관계는 규정하지 않음.

	5. "지원대상아동"이란 아동이 조화롭고 건강하게 성장하는 데 필요한 기초적인 조건이 갖추어지지 아니하여 사회적 · 경제적 · 정서적 지원이 필요한 아동을 말한다. 8. "피해아동"이란 아동학대로 인하여 피해를 입은 아동을 말한다.	• 드림스타트(취약계층 아동에 대한 통합서비스 지원)의 법적 근거 마련 • 법률에서 경제적 취약성의 조건은 명시적이지 않음. • 시행규칙 또는 사업안내를 통한 경제적 취약성 규정
	제37조(취약계층 아동에 대한 통합서비스지원) ① 국가와 지방자치단체는 아동의 건강한 성장과 발달을 도모하기 위하여 대통령령으로 정하는 바에 따라 아동의 성장 및 복지 여건이 취약한 가정을 선정하여 그 가정의 지원대상아동과 가족을 대상으로 보건, 복지, 보호, 교육, 치료 등을 종합적으로 지원하는 통합서비스를 실시한다.	

출처: 이상균, 정선욱, 송미령, 윤수경(2022).

기하였다. 경제적 취약성과 더불어 발달적 취약성으로 확장해 가정외 보호 아동과 아동학대 피해아동(child maltreatment victims)을 포괄하는 보호대상아동으로 규정할 필요가 있다.

현재 아동학대 피해아동 중 일부만 보호대상아동으로 포함되어 있으며, 신규 보호대상아동의 발생 원인으로 기록되는 아동학대 사유도 실제로는 일선 지방자치단체의 수기에 따른 분류일 뿐이다. 이는 보호대상아동의 발생 사유에 아동학대로 기록되지만, 실제로는 **아동학대전담공무원**에 의해 아동학대로 판단되지 않은 아동도 존재한다는 뜻이다. 이는 아동학대 사례를 맡고 있는 **아동학대 대응체계**와 보호대상아동을 위해 작동하는 **아동보호체계**가 분절적으로 운영되고 있음을 의미한다.

따라서 일반아동, 지원대상아동, 보호대상아동으로 구분해 아동복지서비스를 제공하는 현재의 방식은 통합적 전달체계의 구축으로 개편될 필요가 있다. 각각의 대상아동을 담당하는 아동복지 조직과 체계가 유기적으로 연계되지 못하고 있고, 서로 간에 아동과 가족의 정보를 충분히 공유하지 못하고 있기 때문이다.

이와 관련해 영국의 아동보호체계는 [그림 5-7]과 같은 **방풍**(windscreen) **모형**에 기반해 통합전달체계를 구축하고자 노력하고 있다(Department for Children, Schools and Families, 2006). 이러한 방풍 모형을 우리나라 아동복지체계에 적용해 설명하면 다음과 같다.

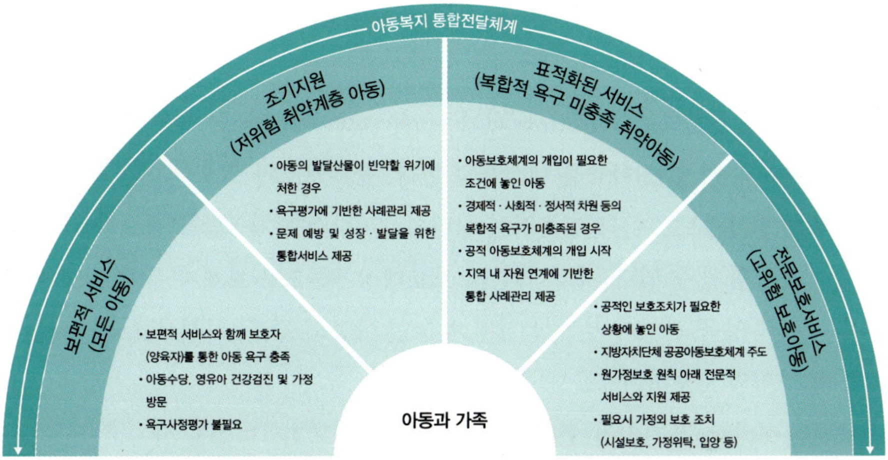

그림 5-7 아동복지 통합전달체계를 위한 방풍(windscreen) 모형

출처: Department for Children, Schools & Families (2006).

아동과 가족의 욕구 충족과 위험의 높낮이 수준에 따라 필요한 서비스를 통합 전달체계를 통해 제공하는 것이다. 먼저 특별한 욕구사정평가(need assessment)를 필요로 하지 않는 **보편적 서비스**(universal services)를 모든 아동을 대상으로 제공한다. 아동수당, 영유아 건강검진 및 가정방문, 보육서비스 등 보편적 서비스가 이에 해당한다.

다음으로 빈약한 수준의 발달산물을 보이는 아동을 대상으로 욕구사정평가를 실시한 후, 문제 예방 및 건강한 성장 · 발달을 위해 필요한 **조기지원**(early help) 서비스를 제공한다. 우리나라의 경우, 전국 229개 시 · 군 · 구에서 취약계층아동을 대상으로 이루어지고 있는 드림스타트 사업, 저소득가정, 다문화가정, 돌봄취약가정 등을 대상으로 돌봄서비스를 제공하는 지역아동센터가 그 예라고 할 수 있다.

그 다음에는 경제적 · 사회적 · 정서적 차원 등의 복합적 욕구 미충족을 경험하고 있고, 중위험 수준 이상의 상황에 처해 있는 아동을 대상으로 **표적화된 서비스**(targeted services)를 제공한다. 아동복지 관련 법률과 제도에서 규정하는 조건과 자격에 부합하면서 욕구사정평가를 통해 포괄적이고 집중적인 서비스를 제공할 필요가 있는 아동을 대상으로 한다. 공공아동보호체계의 개입이 시작되지만, 원가정으로부터 아동을 분리해 가정외 보호 조치를 취할 필요는 없는 아동을 대상으로 한다.

마지막으로 **전문보호서비스**(specialized protection services)는 심각한 수준의 고위험 상황에 놓여 있는 아동을 대상으로 한다. 분리보호가 필요한 아동학대 피해아동 또는 원가정보호 아래 전문적인 심리치료서비스를 제공받을 필요가 있는 경우가 이에 포함될 수 있다. 또한 기존의 보호대상아동으로 보호자 부재, 보호자의 양육 능력과 양육 의지가 부족한 상황에 놓인 아동의 경우, 시설보호, 가정위탁, 입양 등 가정외 보호서비스를 제공할 수 있다.

보편적 서비스, 조기지원, 표적화된 서비스, 전문보호서비스는 시 · 군 · 구라는 지방자치단체 단위에서 통합된 전달체계를 통해 이루어져야 한다. 이를 위해서는 관련된 인력과 서비스가 유기적으로 연계되거나 단일한 조직 아래 배치 및 운영되어야 한다.

2. 아동복지서비스의 분류

아동복지서비스는 서비스를 제공하는 장소에 따라, 서비스가 수행하는 주된 기능에 따라, 또는 서비스가 수행하는 방어선의 위치에 따라 분류될 수 있다.

1) 서비스 제공 장소에 따른 분류

서비스 제공 장소에 따른 분류는 아동복지서비스를 직접적으로 제공받는 아동이 어떠한 장소에서 생활하고 있는가에 따라 분류하는 것이다. 아동이 원가정에서 생활하면서 제공받는 서비스인 **재가서비스**(in-home service)와 원가정을 떠나 시설이나 다른 가정에서 생활하면서 받는 **가정외서비스**(out-of-home service)로 나눌 수 있다(장인협, 오정수, 2001).

(1) 재가서비스

재가서비스는 가족의 구조적 결손이 없지만 심각한 스트레스나 역기능의 위험요소를 가지고 있을 때 제공된다. 또한 한부모가족이나 조손가족과 같이 구조적 결손을 경험하면서 가족 기능의 원활한 수행이 어려운 경우에도 제공될 수 있다.

재가서비스는 가정이 아동의 양육과 발달에서 차지하는 몫이 큼을 감안할 때, 원가정의 기능 중 결핍된 부분을 지지하거나 보충해 줌으로써 원가정의 해체나 붕괴를 막는 기능을 수행한다. 아울러 해당 가정의 강점을 지원하여 특정 시점에서의 위기를 극복할 수 있는 자원의 역할을 수행할 수도 있다.

(2) 가정외서비스

가정외서비스는 아동이 원가정을 떠나 일정 기간 동안 시설, 위탁가정 등에서 생활하면서 제공받는 양육 및 보호 서비스를 의미한다. 또한 원가정이 더 이상 아동을 양육할 수 없는 상황에 놓인 아동이 입양을 통해 영구적 보호조치를 받는 경우도 포함된다. 과거에는 돌봄시설과 같은 이용시설에서 일정 시간 동안 제공받는 서비스를 포함시키기도 했다. 하지만 이 책에서의 가정외서비스는 부모 또는 보호자와 함께 생활할 수 없는 조건에서 제공되는 서비스로 한정한다.

2) 서비스 기능에 따른 분류

서비스 기능에 따른 분류는 아동이 속해 있는 원가정에 대해 서비스가 수행하는 기능이 분류 기준이 된다. 이러한 분류에 따르면, 아동복지서비스는 지지적 서비스, 보충적 서비스, 대리적 서비스로 구분된다(Kadushin & Martin, 1988). 이들 서비스는 상호 배타적인 것은 아니며, 보완되거나 중첩될 수 있는 성질을 가지고 있다.

(1) 지지적 서비스

지지적 서비스(supportive service)는 가족과 부모-자녀관계 체계가 구조적으로 손상되지는 않았지만, 스트레스에 노출될 경우 아동복지에서의 초기문제를 다루는 제일 방어선 역할을 한다. 이를테면 스트레스가 지속될 경우 이혼, 별거, 유기 등의 구조적 결손이 발생할 수 있다. 이러한 결과가 발생하는 것을 막기 위해 부모-자녀관계에서의 긴장을 감소시킬 수 있도록 가족이 가지고 있는 강점을 지원하고 강화시킬 필요가 있다. 즉, 지지적 서비스는 아동이 속해 있는 원가정의 구조를 침해하지 않으면서 그 가정의 기능이 원활하게 수행될 수 있도록 지원해 주는 외부의 서비스를 의미한다. 양육스트레스 상담, 돌봄서비스, 부모대상 양육기술교육, 부부상담 등이 예가 될 수 있다.

지지적 서비스는 사회가 도움이 필요한 가족에게 적절한 서비스를 제공할 의무가 있다는 것을 전제로 한다. 하지만 어떠한 가족은 아동의 건강과 복지에 필요한 사회적 자원을 충분히 갖고 있지 못할 수도 있다. 그런데 그 가족의 아동이 문제를 보이면 일반적으로 사회는 해당 가족에 대해 비난을 하고 원인을 묻는다. 즉, 상당한 사회적 지지가 없이는 어떠한 가족도 수행하기 힘든 과업에 대해서도 사회는 해당 가족이 일차적으로 문제를 해결해야 할 책임이 있다고 기대하는 것이다.

하지만 특별한 욕구와 문제를 가지고 있는 아동의 경우, 그 가족이 모든 것을 책임지기에는 어려움이 있을 수 있다. 이에 지지적 서비스는 가족이 필요한 다양한 지지를 제공하는 데 목적을 두고 있다. 아동복지 대상아동과 가족이 다양한 욕구를 충족시킬 수 있도록 포괄적이고 다면적이며 집중적인 서비스를 제공하는 것이다. 아울러 지지적 서비스는 부모가 자신의 역할을 이행할 수 있도록 부모의 역량을 강화하고 지지하는 서비스이지, 부모의 책임을 떠맡는 것은 아니다.

(2) 보충적 서비스

보충적 서비스(supplementary service)는 부모의 보호, 양육의 질이 부적절하거나 제약되어 있을 때 이를 보충할 수 있도록 제공되는 서비스이다. 보충적 서비스는 부모의 사망, 유기, 이혼, 별거 등으로 인해 부모의 역할이 영구적으로 수행되기 어려울 때, 교도소 수감, 질병, 직업상의 이유 등으로 인해 일시적으로 부모의 역할 수행이 힘들 때 제공될 필요가 있다.

부모의 중요한 역할 중 하나는 아동이 건강하게 발달할 수 있는 환경을 제공하고 보장하는 것이다. 이러한 역할을 수행하기 위해서는 가족이 일정 정도의 소득을 가지고 있어야 하고, 부모가 소득원으로서의 역할을 수행해야 한다. 그런데 부모의 실직, 장애, 사망으로 인해 가족소득원이 상실된 상황에 처한 가족의 아동은 건강한 발달을 위한 기본적인 토대가 흔들릴 수 있는 위험에 처하게 된다. 따라서 사회보험제도와 공적부조 같은 **소득보충 프로그램**은 부모의 소득 창출 역할을 보충한다는 의미에서 중요한 보충적 서비스라고 할 수 있다.

소득보충 프로그램이 전통적인 임금소득자로서의 역할을 수행하는 아버지의

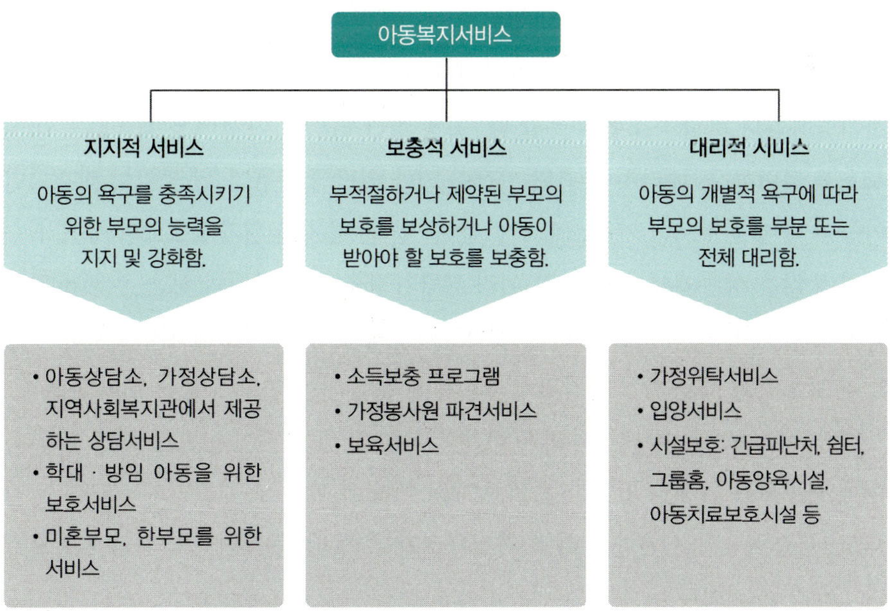

그림 5-8 카두신의 아동복지서비스 유형 분류

출처: Kadushin & Martin (1988), p. 29에서 수정.

부재에 대응하는 서비스라고 한다면, 가사도움서비스는 아동보호와 가사 유지와 관련된 전통적인 어머니 역할의 부재에 대응하는 것이다.

보충적 서비스는 가족의 사회적 체계 안으로 들어와 제공된다는 점에서 지지적 서비스와 대별된다. 즉, 보충적 서비스는 부모의 역할 중 일정 부분을 대신 수행한다. 이에 보충적 서비스가 제공되는 기간에는 친부모와 서비스 제공기관이 수행하는 보충적 부모가 함께 있는 구조를 갖게 된다.

(3) 대리적 서비스

대리적 서비스(substitute service)는 부모의 역할 전부가 상실되었을 경우 아동에게 부모를 대신하여 제공되는 서비스를 의미한다. 즉, 아동이 속한 원가정이 완전히 해체되어 일시적으로 또는 영구적으로 부모 중 누구도 아동에게 보호 및 양육의 기능을 수행할 수 없을 경우에 제3의 가정이나 시설이 이 기능을 대신하여 서비스를 제공하는 것이다. 대리적 서비스는 입양, 가정위탁, 시설보호(residential care) 등이 주가 된다는 점에서 가정외서비스와 상당 부분 중첩된다.

가정위탁(foster care)은 자신의 가정에서 도저히 양육하기 어렵거나 시설보호가 불가능하거나 바람직스럽지 못할 때, 일정 기간 타인의 가정에서 제공하는 대리보호를 의미한다. 따라서 계획된 기간이 지나 위탁의 사유가 된 상황이 해소되면 아동이 다시 친부모의 가정으로 돌아갈 수 있다. 하지만 원가정으로의 복귀가 수월하지 않은 상황에서 오랜 기간 여러 위탁가정을 옮겨 다녀야 하는 부유(drift)의 문제를 가진다. 그러다 보니 친인척 위탁가정에서 성인이 될 때까지 보호하는 영구적 보호의 성격을 가진 가정위탁의 비중을 높여 가는 변화 흐름을 보이고 있다.

입양(adoption)은 법적 · 사회적 관계에 따라 영원한 친자관계를 맺는 것이다. 이에 친부모가 가지고 있던 아동의 현재와 미래에 대한 모든 권리와 의무가 소멸되고, 행정적 · 법적 권한에 따라 혈연관계가 없는 타인에게 양육의 권리와 의무가 이양되는 것이다.

시설보호(residential care)는 점차 대부분의 국가에서 일부 청소년기 아동과 행동상의 문제를 경험하는 아동을 대상으로만 운영된다. 반면, 우리나라는 보호대상

아동 중 절반이 시설보호를 경험하며, 오랜 기간 원가정으로 복귀하지 못한 채 퇴소하고 있다. 이는 보호종료아동의 자립과정에서 많은 문제를 경험하게 만든다. 이에 시설 퇴소 및 보호종료아동을 위한 자립지원서비스를 강화하고 있다.

카두신의 아동복지서비스 분류 모형은 전통적인 잔여적 모형(traditional residual model)으로 평가된다(Lindsey, 2005). 이 모형의 기초가 되는 잔여적 관점에서는 사회가 아동의 물질적 · 정서적 · 사회적 욕구를 위해 필요한 기회를 모든 가족에게 제공하고 있기에 아동 양육의 실패는 부모의 실패이거나 가족의 문제 때문이라고 본다. 따라서 문제의 해결을 위한 서비스 개입은 아동이 정상적으로 성장하는 데 충분할 정도로 부모 또는 가족의 기능을 회복, 변화시키는 것에 초점을 둔다. 그 결과, 카두신은 지지, 보충, 대리라는 3개의 연결된 서비스 접근을 제시하였지만, 잔여적 모형하에서 아동복지서비스의 핵심은 대리적 서비스로 집중될 수밖에 없다. 제한된 자원의 효율적 배분을 위해 지지적 서비스나 보충적 서비스보다는 문제가 심각해진 후에 개입하는 대리적 서비스를 선호하기 때문이다.

3) 방어선의 위치에 따른 분류

이 분류는 주커만(Zuckerman, 1983)이 제시한 것으로, 앞의 카두신(Kadushin & Martin, 1988)의 분류와 많은 부분이 중복된다.

(1) 제1차 방어선(first line of defense)

가정은 아동에게 부적응과 발달상의 문제를 막아 주는 일차적인 방어선의 기능을 수행한다. 만약 가정이 아동의 기본적 욕구를 충족시킬 수 없는 위험에 처했거나 부모-자녀의 관계에 장애가 있을 경우에는 가정의 기능을 회복, 유지 및 강화하기 위한 서비스를 제공해야 한다. 이러한 점에서 지지적 서비스와 많은 부분이 중복된다고 볼 수 있다.

(2) 제2차 방어선(second line of defense)

가정의 기능이 원활하게 수행되지 못할 경우 아동이 속한 원가정을 대신할 수 있는 다른 보호의 장이 필요하게 된다. 이러한 경우 원가정과 가장 유사한 환경을 만들어 주는 것이 제일 바람직하다. 가정생활의 환경에 가장 가까우면서 지역사회에 대한 자유로운 접근이 보장되는 보호의 장이 제2차 방어선으로 제공되어야 한다. 이러한 제2차 방어선의 대표적인 형태로는 보육, 가정위탁, 입양 등의 서비스가 있다. 즉, 지지적 서비스의 제공으로 가정의 기능이 회복 및 강화되지 않는다면 다음의 방어선으로서 가정의 기능과 역할을 보충하는 서비스를 제공해야 함을 의미한다.

(3) 제3차 방어선(third line of defense)

아동의 원가정과 대리가정을 통해 보호 · 양육 서비스를 제공할 수 없는 경우에는 시설에 수용하여 집단적인 보호를 제공할 수밖에 없다. 제3차 방어선은 원가정을 대리한다는 점에서는 제2차 방어선과 동일하지만, 원가정과 가장 유사한 환경이라기보다는 집단적 생활환경 아래에서 서비스가 제공된다는 것이 차이점이라고 할 수 있다.

시설보호는 소규모의 아동으로 구성된 그룹홈에서 대규모의 보육시설까지 규모와 형태가 다양하다. 대부분의 시설보호서비스는 공공기관과 민간복지기관이 운영하며, 공공재원의 지원을 받고 있다.

4) 우리나라 아동복지서비스의 현황

우리나라 「아동복지법」 체계에서 운영하는 아동복지 시설 및 기관의 유형을 살펴보면 보호자가 부재한 아동들을 위한 아동양육시설, 아동일시보호시설, 공동생활가정, 아동자립지원시설이 있으며, 문제행동이나 학대로 인해 치료가 필요한 아동을 대상으로 하는 아동보호치료시설, 지역사회 단위에서 종합적인 아동복지서비스를 제공하는 지역아동센터 등이 있다. 이러한 시설들은 주로 요보호아동을 대상으로 한다고 볼 수 있다. 반면, 아동상담소, 아동전용시설은 요보호아동뿐만 아니라 일반아동 전체를 대상으로 운영되는 아동복지시설이라고 할 수 있다.

2016년에 「아동복지법」 개정을 통해 **아동보호전문기관**과 **가정위탁지원센터**가 새로이 아동복지시설로 지정되었다. 또한 지역단위에서 아동복지 업무를 수행하는 아동복지 시설 및 사업을 지원하는 중앙지원조직들이 2019년에 신설된 **아동권리보장원**으로 통합되었다. 중앙입양원, 중앙아동보호전문기관, 중앙가정위탁지원센터, 지역아동센터중앙지원단, 드림스타트사업지원단, 아동자립지원단, 디딤씨앗사업지원단의 7개 중앙지원조직을 새로이 신설해 공공기관으로 운영되는 아동권리보장원으로 통합하였다.

연구문제

1. 우리나라 아동복지 대상아동과 관련하여 영향을 미치고 있는 사회적 변화요인은 무엇이 있는지 알아봅시다.
2. 아동인구의 감소 추세보다 더 가파르게 보호대상아동 신규 발생 규모가 감소하는 이유가 무엇인지 살펴봅시다. 아울러 현재 아동복지시설에서 생활하는 보호대상아동의 규모가 신규 발생 추이와 비교해 상대적으로 적게 감소한 이유가 무엇인지 알아봅시다.
3. 현재 우리나라 「아동복지법」상 설치, 운영되는 아동복지시설의 유형 중 한 곳을 정한 뒤, 구체적인 해당 시설의 현황을 인터넷, 아동복지시설편람 등을 이용해 확인해 봅시다.

제6장 ≫ 아동복지 정책과 관련법

1. 아동복지 정책의 개념과 원리
2. 아동복지 정책의 현황
3. 아동복지의 근거법
4. 아동복지 집행체계와 정책의 체계화

… 연구문제

제 6 장

아동복지 정책과 관련법

아동복지를 이해하는 방법 중 하나는 아동복지 정책을 살펴보는 것이다. 대부분의 현대 국가는 정부가 정책을 수립, 운영하면서 사회문제에 적극적으로 대응하고 국민의 복리 증진을 도모한다. 최근으로 올수록 정부 정책은 복지 전 영역에서 매우 중요한 역할을 한다. 아동의 복지에서도 정부의 역할은 매우 중요하고 정책의 수와 예산 규모가 점점 더 커지고 있다. 1980년대를 넘어서면서 우리나라의 복지정책은 빠르게 발전하였고, 아동복지도 예외는 아니다. 최근 인구 감소에 대한 위기의식은 아동복지를 아동의 복리뿐 아니라 우리나라의 미래를 견고하게 하는 중요한 정책 영역으로 더욱 강조하는 배경이 되었다. 아동복지 정책을 아동복지 정책의 개념과 원리, 아동복지 정책의 현황, 아동복지의 근거법, 그리고 아동복지 정책 집행체계를 중심으로 살펴보기로 한다.

1. 아동복지 정책의 개념과 원리

1) 아동복지 정책의 개념 정의

아동복지 정책은 아동의 복지를 목적으로 하는 정책이라고 이해할 수 있다. 정책은 사회문제를 해결하고 바람직한 상태를 이루려는 목적으로 정부가 설정한 목표와 결정한 전략을 의미한다. 아동복지 정책이라는 개념을 보다 정확하게 파악하기 위하여 두 가지 점을 주목하여 보아야 한다. 첫째, 아동복지 정책은 아동의 복지를 목적으로 하는 정책으로 정의할 수 있지만 아동을 대상으로 하는 정책만을 의미하지는 않는다. 즉, 아동에게 직간접적으로 영향을 주는 정책을 포괄할 수 있다. 만약 부모를 대상으로 하는 정책이 아동의 복지 증진을 위한 것이라면 아동복지 정책으로 볼 수 있을 것이다. 둘째, 앞서 언급한 바와 같이 정책은 특정한 목적을 달성하기 위한 국가의 행위로, 공적 영향력을 동반한다. 정책은 특정 제도의 운영으로 한정되는 개념은 아니며, 현상을 파악하기 위한 조사와 기획, 제도의 신설 노력 등을 포괄하는 종합적인 정부 행위로 이해하는 것이 적절하다. 예를 들어, 아동수당제도라는 제도의 내용만이 아니라 해당 제도를 뒷받침하는 조사와 정보수집, 정책 기획과 결정, 제도의 시행이 모두 포괄되는 개념으로 정책을 이해하는 것이 적절하다.

2) 아동복지 정책의 구성

아동복지 정책은 여러 정책영역 중 하나이다. 노인복지정책, 장애인복지정책, 기초생계보장과 같이 여러 정책영역 중 하나의 정책영역으로 볼 수 있다. 개별 정책영역은 통상 여러 정책, 제도로 구성될 수 있다. 개별 정책들은 서로 다른 특징을 지니고 있으므로 아동복지 정책을 전체적으로 이해하자면 그 영역의 정책, 제도들의 특징을 규명하고 비교할 수 있어야 한다.

표 6-1 복지정책의 구분 기준과 구분 내용 개요

기준	정책 유형
지원 대상	선별적인 정책, 보편적인 정책
급여 형태	현금 지원, 현물(서비스, 바우처 등 포함) 지원
재원	조세 기반, 사회보험기여금 기반 등

정책들의 기본적인 특성을 잘 인식하려면 먼저 정책의 원리에 대한 정보를 필요로 한다. 정책 원리를 기준으로 하여 개별 정책들을 유형화하면 보다 쉽게 정책의 특성을 이해할 수 있게 되며, 정책 전체를 파악할 수 있게 된다. 정책을 유형화하는 데 있어 자주 이용되는 기준은 다음과 같다. 지원 대상, 급여 형태, 재원, 집행체계(통상 전달체계라고 불리기도 한다)이다. 집행체계에 대한 논의는 이 장의 뒷부분에서 별도로 논의할 것이므로 우선 앞의 세 가지 기준인 지원 대상, 급여 형태, 재원을 기준으로 정책을 구분하여 보도록 한다. 지원 대상, 급여 형태, 재원을 기준으로 정책을 다소 단순하게 구분하면 다음과 같다.

정책의 지원 대상을 기준으로 정책을 유형화하여 보면 통상 선별적인 정책과 보편적인 정책으로 구분할 수 있다. 선별적인 정책은 정책 대상을 특정 집단으로 한정한다. 통상 선별적인 정책은 자산조사를 하여서 일정 수준 이하의 경제적 여건에 있는 사회 구성원만을 정책의 대상으로 정한다.[1] 자산조사는 소득과 재산 등을 조사하여 파악하는 절차를 의미한다. 예를 들어, 빈곤아동을 대상으로 하는 정책은 선별적인 정책이라고 할 수 있다. 보편적인 정책은 자산조사를 하지 않고 사회 구성원 전체, 또는 일정 인구학적 조건에 부합하는 사회 구성원 전부를 정책

1) 논자에 따라 선별적인 정책은 자산조사를 하여 파악된 빈곤집단을 대상으로 하는 정책뿐 아니라 특정 기준으로 사회 구성원의 일부만을 대상으로 하는 정책 모두를 포괄하기도 한다. 보편적인 정책은 논자에 따라 사회 구성원 전체를 대상으로 하는 정책으로, 매우 엄격하게 구분하기도 한다. 그리고 아동, 노인, 장애인 등 특정 인구집단 전체를 대상으로 하는 정책을 범주적, 또는 인구학적 기준을 적용하는 보편적인 정책으로 구분하기도 한다. 즉, 선별적인 정책과 보편적인 정책에 대한 구분은 논자에 따라 다소 상이할 수 있다(윤홍식, 2011 참조).

의 대상으로 정한다. 소득이나 재산의 수준을 따지지 않고 사회의 구성원이면 모두를 지원 대상으로 하거나 또는 노인, 아동, 장애인이라면 해당 인구집단 모두를 지원 대상으로 하는 제도들이 보편적인 정책이다. 일정 연령의 아동이 있는 가구 전체에 지급하는 아동수당제도는 보편적인 정책의 예라고 하겠다.

선별적인 정책이나 보편적인 정책 중 어떤 것도 절대적으로 우위에 있는 정책은 없다. 사회마다 정책환경을 고려하여 선별적인 정책과 보편적인 정책을 합리적으로 선택하고 혼합하여야 한다. 다만 아동을 대상으로 하는 정책의 경우 다른 정책영역과 비교하여 보편적인 정책이 미래 사회 구성원의 성장과정에서 낙인을 줄이고 통합의 기반을 강화한다는 점에서 이점을 더 크게 가질 수 있다. 아동을 대상으로 하는 선별적인 정책은 정책의 설계와 집행에서 그 효과와 영향, 그리고 부작용을 정교하게 살펴야 한다.

급여 형태는 대표적으로 현금지원과 현물지원으로 구분된다. 현물지원은 다양한 지원 형태를 포함하는데, 쌀이나 영양제 등의 현물, 인간의 노무를 매개로 전달되는 서비스, 그리고 서비스나 현물로 교환한 것을 전제로 지원하는 바우처 등이 대표적인 예이다.

현금지원은 사회보험의 현금지원, 공공부조의 생계급여, 그리고 수당 등에서 자주 선택되는 급여 형태이다. 사회보험의 실업급여와 연금, 대표적인 공공부조 제도인 국민기초생활보장제도의 생계급여, 아동수당 등이 현금지원의 예이다. 현금지원은 수급자의 자유로운 지출 선택이 가능하다는 장점을 지닌다. 즉, 수급자의 욕구, 기호의 차이를 반영하기 쉽다. 특히 식품이나 의복과 같이 개인적인 선호가 크게 다를 수 있는 지출영역을 아우르는 지원의 경우에는 현금지원이 매우 큰 강점을 지닌 수 있다. 이러한 이유로 지원의 효용을 높이는 지원방식으로 자주 선호되는 급여 형태이다. 한편 낙인이 적고, 집행체계도 서비스 형태보다 단순하게 설계할 수 있으며 빠르게 집행 기반을 확충하여 운영할 수 있어서 관리비용이 적다.

현금지원이 갖는 장점이 적지 않지만 현금지원만으로 건강, 교육, 주거, 돌봄과 같은 중요한 생활영역의 기초 수준을 보장하기는 어렵다. 가치재의 성격을 지니

표 6-2 급여 형태의 특징 비교

비교 기준		급여 형태	
비교 범주	비교 내용	현금	현물(서비스)
기초 욕구 충족과 사회적 가치 실현	• 기초 욕구 충족을 위한 사용 제한의 가능성 • 공동체 가치 구현 등	• 다른 용도로의 사용 가능성이 높아 목표 효율성이 낮으며, 사건 발생을 전제로 하지 않아 대상 효율성도 다소 낮음. • 개인 선택을 강조하여 공동체 가치 구현에 상대적으로 열위	• 욕구를 전제로 하는 표적화로 표적화에서 우위 • 집합주의적 가치, 사회연대적 접근이 강하며, 가치재의 접근성을 보장하여 공동체의 가치 구현에 긍정적 • 남용이나 오용의 가능성이 적음.
	• 노동 동기의 왜곡	• 노동 동기의 왜곡 위험이 상대적으로 강함.	• 노동 동기의 왜곡 위험이 상대적으로 약함.
	• 소비자주권보장(기호의 반영) • 정보 불완전성, 정보 비대칭성의 대응 가능성	• 기호의 반영이 가능함. • 의료서비스 등 가치재 구입에서는 정보 불완전성 등에 대한 대응이 불완전할 위험이 상대적으로 높음.	• 기호의 반영이 어려움. • 정보 비대칭성, 정보 불완전성에 대한 대응이 서비스 질 관리 등으로 일부 가능
관리 비용과 기타	• 낙인	• 거의 없음.	• 상대적으로 위험 수준이 높음.
	• 운영의 효율성 • 규모의 경제 • 관리비용	• 관리비용이 적음. • 효율적임.	• 관리비용 필요 • 규모의 경제가 있을 수 있음.
	• 정치적 선호 • 납세자의 저항	• 납세자의 저항이 강하고 정치적으로 선호되기 어려움.	• 납세자의 저항이 낮을 수 있음.

출처: 이현주 외(2018). p. 30의 〈표 1-2〉를 재구성.

는 서비스가 중요한 이유가 있다. 현금지원 외 현물지원이 별도로 운영되어야 하는 이유는 크게 세 가지로 요약해 볼 수 있다. 하나는 소비가 완벽하게 합리적이기 어렵다는 점이다. 현금지원을 하여도 기초 욕구에서 박탈이 초래되기도 한다. 예를 들어, 식비를 포함하여 생계급여를 지원하여도 영양실조가 발생할 수 있다. 이유는 수급자가 항상 완벽하게 합리적 소비를 하지는 못하기 때문이다. 따라서 기초재 성격의 주요 서비스인 보건 · 의료, 교육서비스 등은 현물로 지원되고 있다. 둘째, 특정 현물, 서비스는 시장에서 그 안정적 공급이 보장되기 어렵다. 대표적으로 교육서비스의 경우 현금지원만으로 시장에서 필요한 교육을 받을 수 있다는 보장이 쉽지 않다. 대부분의 국가에서 중요 현물, 서비스 정책영역에서 국가의 공급 기획, 공급자 역할이 중요한 이유가 있는 것이다. 셋째, 개별 가구와 개인마다 그 욕구의 편차가 크거나 소비에 대한 판단에서 전문성을 필요로 하는 경우에도 현금지원만으로는 적절하게 대응하기가 어렵다. 대표적인 영역이 보건 · 의료, 교육영역이다. 환자가 있는 가구와 학생이 있는 가구의 지출 수준의 차이가 크고 의료서비스에 대한 전문적 선택은 쉽지 않다.

정책의 재원은 크게 기여 기반, 조세 기반으로 구분할 수 있다. 사회보험은 대체로 가입자의 사회보험료를 기반으로 운영된다. 기타 각종 수당, 사회부조, 서비스 지원 등은 주로 조세수입에 기반하여 운영된다. 복수의 재원을 기반으로 하는 제도들도 있다. 일부 사회서비스의 경우에는 조세수입과 이용자의 개인 부담으로 운영되기도 한다.

기여 기반의 경우 조세 기반과 비교하여 상대적으로 권리 인정이 강한 편이다. 아동 중 적지 않은 수는 아직 경제활동을 하지 않는다. 따라서 기여 기반 정책의 대상이 되는 경우는 드물다. 다만 사회보험에 가입한 부모의 급여로부터 영향을 받을 수 있다. 예를 들어, 출산, 양육을 지원하는 고용보험의 각종 급여들이 이러한 예가 될 수 있다. 대부분의 국가는 아동을 보호하고 양육하기 위하여 조세수입의 상당 부분을 지출하고 있다. 이러한 정책은 아동의 기본권을 보장하는 동시에 건강한 사회 구성원으로 성장하도록 하는 국가의 노력으로 의미를 지닌다.

사회보험에 가입할 수 있는 아동의 수가 극히 제한적일 것으로 추정되므로 앞의 정책 분류 중 지원 대상과 급여 형태를 중심으로 아동복지 정책의 구성을 개괄하면 다음과 같다. 다만 다음의 정책 구분은 재가 지원을 전제로 하는 정책으로

표 6-3 지원 대상과 급여 형태를 기준으로 한 아동복지 정책 사례

	선별적 정책	보편적 정책
현금	한부모가족 아동양육비, 아동장려금	아동수당(시 · 군 · 구에 따라 지역 상품권으로도 지급 가능), 부모급여, 가족양육수당
현물 (바우처 포함)	소아 암환자, 희귀난치질환 아동 의료비지원, 교육급여, 드림스타트, 아동심리바우처, 아동가구 주거지원 등	의무교육, 보육료지원, 첫만남이용권, 장애아 가족 양육지원 등

주: 일부 현물지원 정책은 현금지원을 병행하고 있다.

한정한다. 지원이 이루어지는 장소를 기준으로 하는 구분과 비교는 뒤의 정책 집행체계에서 살펴볼 것이다.

한부모가족 아동양육비와 자녀장려금은 현금 지급이면서 일정 수준 이하의 경제적인 여건에 있는 가구를 대상으로 한다. 급여 형태가 같은 양육수당은 아이를 보육시설 등에 보내지 않고 가정에서 키우는 경우 자산조사를 하지 않고 지원한다. 아동의료비 지원은 현금보다 아동의 병원 진료 등의 경비를 면제받거나 환급받는 방식으로 지출분을 보전받는다. 자산조사를 하여 일정 수준 이하의 경제적 여건의 아동을 지원 대상으로 하는 서비스 지원으로 구분할 수 있다. 드림스타트는 취약계층의 아동에게 통합사례관리를 제공하는 서비스 지원으로, 국민기초생활보장제도 수급자 및 차상위계층 가구의 아동을 대상으로 하는 선별적 지원제도이다. 첫만남이용권은 출생 신고된 아동에게 자산조사를 하지 않고 이용권을 지급한다. 현금 급여와는 다르게 유흥업종, 사행업종 등에서 사용이 불가능하게 하는 방식으로 이용권의 사용처를 제한하고 있다. 보육료는 아이를 어린이집에 보내 양육하는 경우 보육료를 지원하는 제도로, 역시 자산조사를 하지 않고 아이행복카드로 보육료 결제가 가능하도록 하는 방식의 바우처 지원이다.

제도의 특성을 고려할 때 적지 않은 제도들이 선별과 보편 지원으로 구분하는 것이 그리 쉽지 않다. 예를 들어, 장애아가족 양육지원은 자산조사를 하지만 빈곤층만 지원 대상으로 한정하지는 않는다. 중증장애아동을 대상으로 기준중위소득

120% 이하는 무료로, 그 기준을 초과하는 경우에는 일부 본인 부담으로 서비스를 지원한다. 아이돌봄, 초등돌봄교실, 지역아동센터와 청소년방과후아카데미 등도 이러한 방식의 지원에 속한다.

아동복지 정책을 정책의 특성 중 지원 대상의 선정과 급여 형태를 기준으로 구분하여 보았다. 타 정책영역과 비교하여 아동복지 제도 중 적지 않은 제도가 보편적인 지원으로 운영 중에 있다. 앞서 살펴보았듯이, 의료, 교육, 주거, 돌봄 등 기초적 욕구영역에서는 아동에 대한 현물지원이 주요한 기능을 하고 있다. 그리고 현금지원과 비교하여 현물지원은 자산조사의 대상자 선정 기준도 상대적으로 관대하다. 아동복지 정책의 종합적인 효과를 높이는 데 있어 보편지원과 선별지원, 그리고 현금지원과 현물지원의 이상적인 조합을 찾는 것이 중요한 과제가 될 수 있다.

3) 아동복지 정책의 범위

지원 대상 선정 기준이나 지원 형태를 중심으로 한 정책 이해는 자칫 정책의 범위를 지원 자체만으로 한정하여 이해하게 할 위험을 남긴다. 우리나라의 아동복지 정책을 이해할 때 아동을 지원하는 개별 정책 집행으로만 이해하는 것은 적절하지 않다. 아동복지 정책에는 다음의 정책적 노력들을 모두 포함한다(〈표 6-4〉 참조).

표 6-4 아동복지 정책의 범위와 정책사례

정책의 범주	정책의 예
직접적인 지원	아동수당지원, 양육비 지원, 드림스타트, 보육서비스 등 아동돌봄지원, 교육지원, 모자보건 및 아동 의료비 경감, 아동학대 예방과 피해아동 보호, 아동안전사고 예방, 보호대상아동의 발달지원, 가정위탁지원, 입양, 자립수당과 자립준비청년 자립지원 등
정책 기획과 인프라 확충	아동에 대한 정기적인 실태 조사, 관련 주요 통계의 생산과 관리, 계획의 수립과 정책 평가, 아동의 권리 증진을 위한 국제기구(유엔)의 아동권리협약 이행 점검, 아동서비스 기관의 확충과 관리, 서비스 인력의 양성 등

아동복지 정책을 이해할 때는 개별 제도뿐 아니라 관련 제도, 그리고 전체적인 아동복지 정책의 방향을 함께 고려하여야 정확한 이해에 도달할 수 있다. 개별 정책이 목적을 달성하고 궁극적으로 아동의 복지를 향상시키기 위해서는 정책의 기획과 정책의 성과를 정확하게 파악하기 위한 조사, 그리고 이러한 정책의 근거를 기초로 하는 논의와 정책 개선이 중요하다. 개별 정책에 대한 관심과 비교하여 전체적인 아동복지 정책의 환경을 정확하게 파악하고 필요한 정책들 사이의 역할 분담이나 협력을 강화하는 노력에는 상대적으로 관심이 약하다. 아동복지 정책의 범위를 정책 기획과 정책 인프라를 포함하여 넓게 바라보아야 하는 이유가 여기에 있다.

2. 아동복지 정책의 현황

1) 아동복지 정책의 변화

[그림 6-1]은 GDP 중 가족, 아동에 대한 공공지출 비율의 변화를 보여 준다. 가족에 대한 공공지출에는 영유아 돌봄, 가정지원, 모성보호, 유급육아휴직 등의 지원을 위한 공공지출이 포함된다. 우리나라의 가족에 대한 공공지출은 2000년대 중

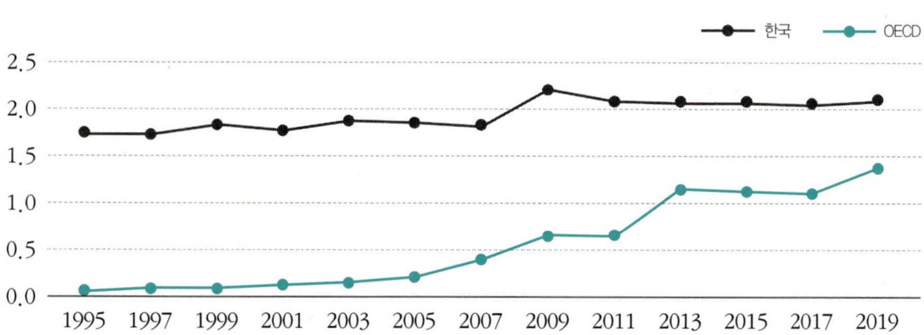

그림 6-1 GDP 중 가족, 아동에 대한 공공지출 비율의 변화

출처: OECD Social Expenditure Database.

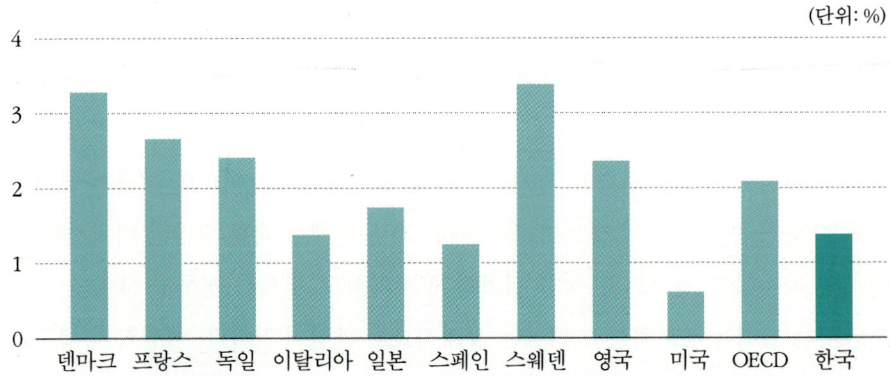

그림 6-2 주요국의 GDP 중 가족, 아동에 대한 공공지출 비율

자료: OECD, SOCX (2025).

반에 빠르게 증가하기 시작하였다. 그럼에도 아직 OECD 평균 수준보다는 낮다.

최근치인 2019년을 기준으로 할 때 우리나라의 가족에 대한 공공지출의 GDP 대비 비율은 스페인, 이탈리아와 유사하고, 일본보다 다소 낮다. 그리고 스웨덴, 덴마크보다는 매우 낮으며, 프랑스, 영국보다도 많이 낮은 수준이다. 우리나라의 아동 감소와 아동의 삶의 질을 고려할 때 아동에 대한 정부의 정책 확충은 조금 더 적극적으로 고민해 볼 필요가 있다. 다만 2019년 이후로 아동에 대한 정책이 크게 확충되고 있는 중이므로 조만간 우리나라의 아동복지 정책의 수준이 빠르게 개선될 것으로 기대한다. 향후 정책의 확충이 아동의 권리와 참여, 그리고 균형 있는 삶의 보장을 위한 합리적인 설계와 추진을 견지하여야 할 것이다.

2) 아동복지 정책의 최근 지향

아동복지 정책의 지향을 아동정책 기본계획을 중심으로 살펴보고자 한다. 특정 영역의 정책에서 정부의 기본계획을 살펴보는 것은 빠르게 그리고 정확하게 정책 지향과 현황을 이해하는 방식이다. 물론 이러한 계획은 집행 전 계획이라는 한계를 지니지만 우리나라에서 기본계획은 집행을 전제로 한 계획을 모아 재구성하는 경향이 강하므로 이러한 한계도 그리 크지는 않다. 물론 당시의 정책 지향과 관련되는 주요 계획을 담아 모든 정책이 포괄되지 못하고 있다는 점, 그리고 다소 구체성이 부족하다는 한계를 지닌다. 이에 더하여 지향을 반영한 정책이 충분하지 않거나 지향과 조응하지 않는 정책으로 구성되었거나 하는 한계를 보이는 기본계획도 존재한다. 기본계획을 볼 때는 이러한 점을 고려하여 면밀하게 계획을 살펴볼 필요가 있다.

아동정책 기본계획은 5년을 주기로 수립된다. 2020~2024년을 적용 기간으로 하는 제2차 아동정책 기본계획은 '아동을 보호 · 양육 대상이 아닌 권리 주체로 인식하고 아동 중심의 정책 추진'을 강조한다. 아동의 행복과 밀접한 관련이 있으나 그간 상대적으로 주목하지 못한 참여, 놀이, 여가에 대하여 보다 더 많이 고려하는 노력을 하고자 하였다. 제2차 아동정책 기본계획의 정책 방향은 '권리 주체로

표 6-5 제2차 아동정책 기본계획의 주요 내용

정책 방향	추진 과제
권리 주체로서 아동 권리의 실현	아동 중심 정책 반영을 위한 법적 기반 마련, 아동정책 영향 평가 전면 실시, 지역 아동복지사업 품질 제고, 행정 · 사법 절차상 아동 의견 표명권 보장, 아동이 중심에 있는 아동 권리 보호, 아동 권리 사각지대 해소
건강하고 균형 있는 발달지원	아동에게 친숙한 놀이 · 여가 활동 조성, 지역, 연령 등을 감안한 맞춤형 놀이 · 여가 지원, 지나친 학습 경쟁 완화, 학생 중심의 맞춤형 교육, 아동의 신체건강 관리 강화, 아동의 마음건강 관리 강화, 새로운 건강 위협요인 대응 강화
공정한 출발, 국가책임 강화	공공 중심 아동보호체계 인프라 구축, 입양 · 가정위탁 등 가정형 보호 활성화, 입양 사후 서비스 및 실종아동 찾기 및 지원 확대, 아동복지 정보 연계 및 통합, 아동돌봄 확충 및 운영의 내실화, 아동복지서비스 제공기관의 공공성 강화, 취약계층아동에 대한 국가책임의 연속성 확보, 다양한 배경의 아동에 대한 지원 강화, 취약계층 교육 등 지원 강화
코로나19 대응 아동정책 혁신	아동수당 역할 강화, 아동-부모가 함께할 수 있는 시간 보장, 부모 교육 강화, 보호 · 돌봄 시설의 감염병 재난 대응 역량 강화, 긴급돌봄 지원체계 구축, 비대면 아동보호서비스 시범사업 실시

출처: 관계부처합동(2020).

서 아동의 인식 명확화' '아동의 희망에 따라 활동하고 행복하게 발달하는 환경 조성' '격차를 넘어 공정한 성장 기회를 제공하는 국가책임 강화' '코로나19에 따른 사회 · 환경 변화를 고려한 아동정책 혁신'이다. 각 정책 방향의 추진 과제를 요약하면 〈표 6-5〉와 같다.

아동정책 기본계획은 아동복지 정책의 지향을 명확하게 하고, 여타 구체적 계획과 비교하여 비교적 포괄적인 방식으로 정책 기획을 하여 일종의 정책 밑그림의 역할을 하고 있다. 내용으로 보자면 아동의 양육과 보육, 교육에 한정하지 않고 아동의 참여, 권리와 행복을 강조하는 정책 방향의 변화를 도모하고 있다. 한편 아동의 복지를 위하여 격차의 해소가 중요한 이슈라는 점을 주목하고 이러한 문제 해결에 국가의 책임을 강화하여야 함을 밝히고 있다.

앞서 언급하였듯이, 아동정책 기본계획을 살펴보면 각 시대의 아동복지가 무엇을 극복하고 어떠한 방향으로 정책을 추진하고자 하는지를 이해할 수 있을 것이다. 아동복지를 다루는 정책기획은 아동정책 기본계획만은 아니다. 아동복지와 관련하여 아동정책 기본계획 외에도 보육종합대책, 청소년 보호종합대책, 학교폭력 예방대책 기본계획, 아동학대 예방 및 보호 종합대책, 저출산고령사회 기본계획 등 다수의 계획이 수립되고 있다. 이 중 일부 계획은 개별 제도의 운영에 한정한 계획이지만, 일부 계획은 상당한 수준으로 포괄성을 담보한 계획이다. 아동복지 정책의 구체적인 지향이나 제도 추진을 이러한 정부 계획들을 참조하여 파악할 수 있을 것이다.

한 가지 아쉬운 점, 그리고 향후 노력이 배가되어야 하는 지점은 이러한 계획들이 일관성을 가지도록 계획 수립단계에서 계획 수립의 주체들이 필요한 소통과 협력을 하는 것이다. 그리고 평가 및 평가 결과의 반영에서 자원이 낭비되지 않도록 효율적인 거버넌스 구조를 갖추는 것이 중요한 정책 과제라고 하겠다.

3. 아동복지의 근거법

아동복지 정책은 대개 아동복지를 목적으로 하는 법에 근거하여 이루어진다. 법을 근거로 한 정책 운영은 예산 확보 등을 도와 정책의 안정성을 높이고 수급자의 권리를 보장하는 데 이점을 지닌다. 아동복지의 근거가 되는 법 중 아동을 대상으로 한정한 법도 있으나 일반적인 사회 구성원을 대상으로 하면서 아동을 대상으로 포괄하는 법도 존재한다. 이하에서는 아동복지의 가장 중요한 법적 근거가 되는 「아동복지법」과 기타 주요 아동복지 관련법을 간략하게 살펴본다.

「아동복지법」은 아동복지의 이념과 주체의 명시를 비롯하여 아동복지의 근간이 되는 규정을 포괄하고 있다. 동 법은 1962년에 「아동복리법」으로 제정된 이후 1981년에 「아동복지법」으로 전부 개정되었으며, 이후 여러 차례 개정이 이루어졌다. 1981년에 「아동복지법」으로 개정된 이유는 여러 가지였으나, 중요한 이유를 들자면 기존의 법과 달리 보호대상아동뿐 아니라 일반아동을 포함한 전체 아동의 복지를 보장하기 위함이었고, 아동의 보호 및 육성 책임을 국가, 지방자치단체와 보호자가 공동으로 지도록 하기 위함이었다.

「아동복지법」은 아동의 복지를 위한 국가와 지방자치단체 및 보호자의 책무, 아동복지 계획 수립과 위원회의 운영, 복지를 위한 인력, 아동보호와 아동지원 서비스, 아동복지시설 등을 규정하고 있다. 「아동복지법」은 아동복지와 관련하여 매우 중요한 근거법이지만 법의 주요 내용을 참고할 때 동 법은 주로 아동복지서비스를 초점으로 하고 있다.

아동복지 관련법으로는 아동의 경제적 어려움에 대응하기 위한 법, 주요 아동복지서비스 근거법, 특정 아동집단을 대상으로 하는 지원의 근거법 등이 있다. 구체적으로 「아동의 빈곤예방 및 지원 등에 관한 법률」 「아동수당법」 「영유아보육법」 「한부모가족지원법」 「양육비 이행확보 및 지원에 관한 법률」 「실종아동 등의 보호 및 지원에 관한 법률」 「국내입양에 관한 특별법」 「모자보건법」 등이 아동복지 관련법이라고 할 수 있다.

「아동수당법」「아동의 빈곤예방 및 지원 등에 관한 법률」은 「아동복지법」이 아동복지서비스를 초점으로 한 것과 대비되는데, 주로 아동의 경제적 어려움에 주목, 현금지원의 근거가 되는 법이다. 한편 「영유아보육법」과 「모자보건법」은 아동을 대상으로 하는 주요 서비스 근거법이라고 할 수 있다. 「한부모가족지원법」「양육비 이행확보 및 지원에 관한 법률」「실종아동 등의 보호 및 지원에 관한 법」「국내입양에 관한 특별법」은 아동 중 특정 아동집단을 지원하기 위한 근거법으로 구분하여 볼 수 있다.

아동복지 관련법들은 보면 몇 가지 아쉬운 점을 보여 준다. 첫째, 일부 법들은 단일 제도의 운영 근거만을 내용으로 하고 있어 법 내용의 구성이 매우 협의적이라는 것이다. 모든 아동복지 정책의 근거를 개별법에 두기는 어렵다. 이러한 상황을 가정하면 아동복지의 종합적인 검토와 논의가 쉽지 않게 될 수 있어 정책 효과에 부정적일 수 있다. 그리고 파편화된 법의 제정과 개정, 그리고 법의 활용에서 효율적이기 어렵다. 둘째, 법이 매우 작은 제도 단위로 구성되면 각 법에 자주 포함되는 실태조사, 위원회 등 논의체 구성과 운영, 정책 평가 등이 파편화되고 비용을 많이 소모할 수 있다. 물리적인 비용뿐 아니라 관계자의 시간 등 많은 자원이 불필요하게 낭비되면서도 비효율적인 정책환경을 만들 수 있다.

〈표 6-6〉은 아동복지 관련법들의 개요와 주요 내용을 정리한 것이다. 대부분의 법은 국가법령정보센터에서 검색하여 볼 수 있다. 관심이 있는 법에 대하여 연혁, 제정과 개정 이유, 시행령과 시행규칙 등의 구체적인 내용을 확인할 수 있다. 대부분의 법률은 시행령과 시행규칙에서 보다 구체적인 규정을 담고 있다. 다만 법률에서 위임한 내용에 한하여 하위 규정에서 다루게 된다. 아동복지관련 법을 검색, 확인할 때 해당 법률의 시행령과 시행규칙도 함께 찾아 구체적 내용을 파악하여 보는 것도 유용하다.

표 6-6 아동복지의 근거법

법명	개요	주요 내용
「아동복지법」	• 1961년 보호대상아동의 복리 보장을 목적으로 「아동복리법」 제정 • 조선감화령 폐지 • 1981년 「아동복지법」으로 전부 개정하면서 일반 아동을 복지 대상으로 포괄	• 법의 목적과 기본 이념, 아동의 연령 규정 등 정의, 국가와 지방자치단체, 보호자 등의 책무 등을 다룬 총칙 • 아동정책기본계획, 아동정책조정위원회, 아동권리보장원, 아동정책영향평가, 아동복지심의위원회, 아동복지전담공무원 등을 다룬 아동복지 정책의 수립과 시행 등 • 보호조치, 아동통합정보시스템, 보호대상아동 지원, 아동학대 예방 및 방지, 아동학대신고의무자에 대한 교육 등을 다룬 아동에 대한 보호서비스 및 아동학대의 예방 및 방지 • 아동 안전 및 건강지원, 취약계층 아동 통합서비스지원 및 자립지원, 방과 후 돌봄서비스 지원 등을 다룬 아동 지원서비스 • 아동보호전문기관, 가정위탁지원센터, 아동복지시설의 종류와 설치 및 종사자, 아동복지단체 등을 다룬 아동복지시설
「아동의 빈곤예방 및 지원 등에 관한 법률」	2011년 제정. 아동이 빈곤문제에 대응하는 종합적 정책 수립과 시행이 제정 이유	• 아동 빈곤과 빈곤아동의 정의, 국가와 지방자치단체의 책무, 실태조사, 기본계획 및 시행계획의 수립과 시행, 아동 빈곤예방위원회(아동정책조정위원회의 분과위원회) 설치, 지역아동 빈곤예방위원회 구성 등
「아동수당법」	2018년 제정. 경제적 수준을 고려하여 6세 미만의 아동에게 아동수당을 지급하기 위한 근거 법으로 제정	• 법의 목적과 국가 등의 책무를 다룬 총칙 • 아동수당의 대상과 지급액, 관련 정보의 제공, 신청 및 조사, 지급 결정, 지급 시기와 방법 등을 다룬 아동수당의 신청 및 지급 등 • 미지급 아동수당, 수급아동의 보호, 지급 정지, 수급권 상실, 신고, 환수 등을 다룬 수급아동의 사후관리 • 수급권의 보호, 이의신청을 다룬 아동수당 수급권자의 권리 보호

「영유아보육법」	1991년 보육시설의 조속한 확대 및 체계화를 통한 아동의 보호 · 보육 지원을 목적으로 제정	• 법의 목적, 이념, 책임, 보육정책위원회, 육아종합지원센터, 한국보육진흥원, 보육 실태 조사, 보호자 교육, 보육통합정보시스템 등을 다룬 총칙 • 어린이집 종류, 보육계획 수립, 시설 등을 다룬 어린이집의 설치 • 보육교직원 배치, 직무, 보육교직원의 보육활동 보호, 보육활동보호위원회, 보호자의 의무, 보육교직원의 임면과 결격사유, 원장, 보수교육 등을 다룬 보육교직원 • 어린이집 운영기준, 보육시간, 어린이집 운영위원회, 취약보육, 시간제보육, 이용대상, 보육의 우선 제공, 보육과정, 평가, 공공형 어린이집 지정과 취소 등을 다룬 어린이집의 운영 • 건강관리와 응급조치, 안전공제사업, 치료 및 예방, 급식, 차량안전, 등 · 하원 안전관리 등을 다룬 건강 · 영양 및 안전 • 무상보육, 양육수당, 보육서비스 이용권, 비용 지원 신청, 조사, 비용 보조, 보육료의 수납, 세제 지원, 비용 및 보조금의 반환명령 등을 다룬 비용 • 지도와 명령, 보고와 검사, 어린이집의 폐지 · 휴지 및 재개 등의 신고, 휴원명령, 원장과 보육교사의 자격정지와 자격취소, 어린이집 정보의 공시, 위반사실의 공표 등을 다룬 지도 및 감독
「모자보건법」	1973년 모성보호와 건전한 자녀 출산, 양육 도모를 목적으로 제정	• 정부의 책임과 모성 등의 의무, 모자보건 기본계획, 모자보건기구 설치, 임산부 · 영유아 · 미숙아의 건강, 임산부지원, 모자의료센터, 산후조리업 운영, 산후조리도우미의 지원과 자격 등 규정

「한부모가족 지원법」	1989년 당시 증가하는 모자가정의 생계, 교육, 자립 등의 지원을 목적으로 제정. 2002년 「모부자복지법」으로, 2007년 「한부모가족지원법」으로 개정	• 국가 등의 책임, 한부모가족의 권리와 책임, 지원 대상, 기본계획, 실태조사, 관련 공무원 교육, 한부모가족복지단체에 대한 지원 등을 다룬 총칙 • 지원 대상 조사, 급여 신청, 급여내용, 자금의 대여, 고용 촉진, 공공시설에 매점 및 시설 설치, 가족지원서비스, 청소년 한부모에 대한 학업 지원, 청소년 한부모의 자립지원, 건강관리, 국민주택의 분양 및 임대 등을 다룬 복지 내용과 실시 • 시설의 종류, 설치, 폐지와 휴지, 감독, 평가 등을 다룬 한부모가족복지시설 • 비용 보조, 부정수급자에 대한 비용징수 등을 다룬 비용
「양육비 이행확보 및 지원에 관한 법률」	2014년 양육비의 원활한 이행 확보를 위한 지원체계 마련과 한시적 양육비 긴급 지원으로 한부모가정의 자녀 양육환경 조성을 목적으로 제정	• 국가 책무, 양육비 가이드라인 마련 등을 다룬 총칙 • 양육비이행심의위원회, 양육비이행관리원 등을 다룬 양육비이행관리원 • 상담 · 협의 성립 지원, 면접 교섭 지원, 법률지원 등 신청, 한시적 양육비 긴급 지원, 양육비 이행 청구 및 조사, 양육비 채무자의 재산 등에 관한 조사 및 추심, 가정폭력피해자 정보보호, 운전면허 정지 처분 및 출국금지 요청, 명단 공개, 양육비선지급 등을 다룬 양육비 이행확보 지원
「실종아동 등의 보호 및 지원에 관한 법률」	2005년 아동의 실종 예방과 실종 아동 등의 복귀 및 복귀 후 지원체계 마련을 목적으로 제정	• 국가의 책무, 신고의무, 미신고 보호행위의 금지, 사전신고증 발급, 지문 등 정보의 등록과 관리, 실종 아동등 신고 및 발견을 위한 정보시스템의 구축과 운영, 수색 또는 수사의 실시, 유전자검사의 실시와 관리, 관련 연차 보고 등

「국내입양에 관한 특별법」	2023년 「입양특례법」 전부개정, 양자와 입양 가정의 권익과 복지 증진을 목적으로 국내입양에 관한 요건, 절차 규정	• 법의 목적, 국가 등의 책무, 입양의 원칙 등을 다룬 총칙 • 국내입양 활성화를 위한 기본계획, 입양정책 위원회 구성 · 운영 등 • 입양의 요건과 절차 • 사후서비스 등 입양아동 등에 대한 지원

4. 아동복지 집행체계와 정책의 체계화

1) 아동복지 집행체계

아동복지의 집행체계[2]를 살펴보자면, 우선 복지 정책의 집행체계에서 중요한 몇 가지 차원에 대한 기본적인 이해를 하여야 한다. 집행체계의 이해에서 중요한 측면은 집행의 책임과 일선의 지원 제공 주체라고 할 수 있다. 정책 집행의 책임 주체는 크게 중앙정부와 지방자치단체로 구분할 수 있다. 그리고 서비스의 제공에서는 공공과 민간 기관이 중요한 역할을 수행한다. 더 구체적으로는 서비스 제공에서 전문성을 기준으로 전문가, 준전문가, 그리고 일반 집행 인력의 활동이 구분될 수 있다. 더불어 사회서비스의 경우 서비스 제공 장소에 따라 시설과 재가 서비스로 구분한다.

대부분의 기초 수준의 현금급여는 중앙정부가 기획하고 집행 계획을 수립한다. 그럼에도 불구하고 현금급여의 집행에서도 지방자치단체의 역할이 없지 않다. 아

2) 집행체계는 보통 전달체계라고 명명하는 정책의 측면과 상당히 중첩된다. 거칠게 설명하자면 통상 전달체계라고 명명하는 정책의 영역은 집행체계를 의미한다고 할 수 있다. 하지만 전달체계는 그 체계 자체가 자체적인 작용 없이 단순하게 서비스나 현금을 전달하는 과정과 역할 수행이라고 오해될 수 있다. 그래서 전달체계는 물이나 전기서비스의 제공방식을 명명할 때 더 적절할 수 있다. 집행체계는 기획된 정책을 실제 운영하는 방식을 포괄하는 개념으로, 그 자체가 설계되어야 하고 집행체계에 따라 정책이 상이한 결과에 이를 수 있다.

동수당의 경우 중앙정부의 제도로 아동 1인당 일정 금액을 지원하는데, 읍면동 주민센터를 방문하거나 온라인 복지로를 통하여 신청할 수 있다. 대부분의 다른 현금급여도 실질적인 집행단계에서 지방자치단체가 상당 부분 역할을 담당한다. 선별적인 제도의 경우 대부분의 제도는 신청뿐 아니라 자산조사 등 수급자 선정을 위한 조사를 지방자치단체에서 담당한다. 지원 중 적지 않은 제도는 지방자치단체가 재원의 일부를 감당하고 있기도 하다. 사회서비스의 집행에서는 지방자치단체의 역할이 더 크다. 사회서비스 제공 기관은 설치 운영에 대하여 시 · 군 · 구에 신고하여야 하고, 지방자치단체는 서비스 제공을 민간의 서비스 제공기관에 위탁하기도 한다.

지방자치단체 자체 사업의 경우 기획을 비롯하여 예산의 확보와 정책 평가 및 개선 등 집행의 전체적인 책임 소재는 지방자치단체에 있다. 최근 지방자치단체의 자체 사업이 증가 중에 있다. 아동복지 정책도 예외가 아니다. 지방자치단체는 자체 사업으로 적지 않은 규모의 아동가구 현물지원이나 서비스 지원을 운영 중에 있다. 물론 아직도 중앙정부의 정책 대비 지방자치단체의 정책은 그 비율이 그리 높은 것은 아니다. 다만 자체 사업의 수는 증가 중이다.

지방자치단체의 자체 사업은 지역 주민의 욕구에 보다 민감하게 반응하여 기획될 수 있다는 강점을 가진다. 그리고 지역 주민이 복지에 관심을 가지고 복지정

표 6-7 정책 집행의 이해를 위한 주요 측면과 정책사례

기준	내용	제도의 예
집행 책임	중앙정부	아동수당(신청단계에서는 지방자치단체 참여)
	지방자치단체	지방자치단체의 자체적인 아동복지사업
사회서비스		
제공 주체	공공	보건소의 예방접종서비스, 공공어린이집, 공공임대주택. 드림스타트
	민간	민간 어린이집, 민간위탁 지역아동센터
제공 장소	시설	보육서비스(이용시설), 생활시설
	재가	장애아 가정 양육지원, 질병감염아동 지원

치에 참여할 수 있도록 할 뿐 아니라 자원봉사 등으로 복지의 제공에도 참여할 기회를 높여 준다. 다만 현재 지방자치단체의 정책은 몇 가지 점에서 중요한 과제에 직면하고 있다. 첫째, 매우 작은 규모의 다수의 정책을 운영하면서 정책의 효율성이 높지 않다. 특히 지방자치단체의 대부분은 자체 사업을 위한 재정적인 기반이 취약한데, 다수의 정책을 운영하면서 효율성이 더 심각하게 낮아질 위험을 경험 중이다. 다수의 정책으로 효율성이 낮아진 배경 중 하나는 지방자치단체장이 바뀌면서 계속 새로운 정책을 도입하는 것이다. 이전 정책에 대한 정확한 평가와 새로운 정책의 정교한 근거 마련이 충분하지 않은 경우가 적지 않아 문제가 더욱 심각하다. 지방자치단체의 정책이 본래의 강점을 발휘하자면 주민의 욕구에 대한 파악과 정책 기획과 평가와 근거 마련, 정책의 효율성과 효과성 제고를 위한 개방적 논의 등이 보강될 필요가 있다.

아동복지 정책의 집행에서 중앙정부와 지방자치단체의 역할 분담에 대한 논의는 계속 이어지고 있다. 중앙정부와 지방자치단체의 역할 분담이 적절한지, 분담한 역할이 제대로 이루어지고 있는지가 항상 쟁점이다. 우리나라는 지방자치단체의 정책 기획과 운영이 중앙정부와 비교하여 활성화되지 못하고 있다는 평가를 받고 있다. 우리나라의 조세제도, 지역의 인구 편재와 주민의 이동 등 다양한 환경을 고려하여 지방자치단체가 복지 주체로서의 이상적인 역할을 찾고 이를 수행할 수 있는 환경을 조성하는 노력이 지속되어야 한다.

사회서비스의 경우 제공 주체에 따라 공공과 민간으로 구분할 수 있다. 공공이 직접 사회서비스를 제공하기도 하지만 민간에 위탁하여 공공재원의 사회서비스를 민간에서 제공하기도 한다. 통상 공공은 기초적 수준의 안정적 서비스 제공을 보장하는 강점을 지닌다. 반면, 표준화된 지원으로 맞춤형 지원이나 선도적 지원에서는 상대적으로 강점을 지니기가 어렵다. 민간은 이용자의 욕구에 맞추는 개별화와 새로운 서비스 제공을 시도할 수 있는 여건을 조성하는 데 있어서 이점을 갖는다. 아동복지서비스의 제공에서도 공공과 민간의 각자의 장점을 살리면서 단점을 보완하는 설계가 필요하다.

공공과 민간의 이상적인 역할 분담에 대한 명확한 답을 갖기는 쉽지 않다. 우리나라의 경우 복지서비스 제공에서 민간에 대한 의존도가 높아서 정책의 안정성을 확보하는 데 취약하다는 평가를 받고 있다. 제도 발달 초기에 민간에 상당 부분 의지하여 출발한 사회서비스 제공이 시간이 지나서도 공공 부분의 역할로 충분하게 대체되지 못하였다는 평가가 적지 않다. 이러한 상황에서 서비스 제공에서 민간의 담합이나 그로 인한 서비스 시장의 교란을 막으면서 안정적인 서비스 제공을 보장할 적절한 수단이 없다는 비판에 직면하고 있는 것이다. 공공 서비스 제공 인프라를 갖추고자 하는 정책적인 노력은 공공서비스 제공의 적정 수준과 합리적 확충방식에 대해서 충분한 논의를 기초로 지속되어야 한다. 한편 민간도 재원의 적지 않은 비율을 공공에 의존하면서 민간의 자율성과 선도성을 발휘하지 못한다는 비판을 받고 있다. 민간이 민간다운 서비스 제공 주체로서 자율성을 갖추도록 스스로의 재원을 확보하는 노력이 필요하다.

서비스 제공은 제공 장소에 따라 시설서비스와 재가서비스로 구분할 수도 있다. 보호대상아동 중 가정의 양육이 어려운 아동들은 생활시설에서 보호 및 양육된다. 생활시설은 아동에게 종합적인 서비스를 제공한다. 보호대상아동에게 생활시설서비스를 제공할 때 별도의 자산조사를 하지는 않지만 아동을 보호 및 양육할 가정의 여건이 형성되지 않았다는 판단을 하게 된다. 생활시설서비스의 경우 가정과 유사한 양육환경을 제공하는 것은 여전히 해결하여야 하는 과제이다. 보육서비스도 시설서비스로 볼 수 있다. 다만 이 경우 보육서비스 제공기관은 이용시설로서 생활시설과 구분된다. 재가서비스 우선, 그리고 가정과 같은 또는 유사한 환경의 시설서비스의 제공은 아동복지 정책의 중요한 지향이 되고 있다.

집행체계에 대한 설계도 정책 효과와 밀접한 관련을 가진다. 집행체계의 설계는 제도의 목적과 급여 형태, 기타 정책환경에 따라 다양하게 이루어진다. 한편 집행의 현실 적합성도 중요한 고려 요인이다. 이점들을 고려하여 제도의 집행을 위한 정교한 설계가 이루어져야 한다. 집행체계가 이렇게 중요함에도 불구하고 제도의 설계에서 집행은 상대적으로 강조되지 않는다. 그러나 역설적이게도 집행체계는 별도로 중요한 정책 관심사가 되어 사회적 사건, 사고의 원인으로 자주 지목되기도 한다. 집행체계는 간과해서도 안 되고, 과하게 의미를 부여해서도 안 되며, 정책의 설계 중 하나의 주요 측면으로 정확하게 설계되어야 한다.

아동복지 정책은 개별 정책마다 집행체계가 상이하다. 신청 장소, 자산조사를 하는 주체, 예산의 기반, 급여 및 서비스를 지원하는 주체 등을 중심으로 아동복지 정책의 구체적인 집행을 살펴보는 것이 필요하다.

2) 아동복지 정책의 체계화

정책의 전 과정은 정책의 기획과 추진, 평가와 개선으로 구분하여 볼 수 있다. 정책의 기획단계에서부터 아동복지 정책의 체계를 고려하여 합리적인 정책적 선택을 하여야 한다. 아동복지와 관련하여 수립되는 계획의 수는 적지 않다. 앞서 언급하였던 아동정책 기본계획을 비롯하여 저출산고령사회 기본계획, 보육종합대책, 유아교육발전기본계획, 청소년보호종합대책, 어린이안전종합대책, 학교폭력 예방대책 기본계획, 아동학대 예방 및 보호 종합대책 등이 수립되고 있다. 그리고 대부분의 계획은 실태조사를 근간으로 하고 있다. 아동정책영향평가 등 법적 기반의 평가와 기타 아동복지 정책 평가도 매우 빈번하게 이루어지고 있다.

아동복지를 위한 각종 계획들이 서로 관련된 부분에 대하여 충분하게 검토하여 협의를 하면서 효과적이고 효율적인 계획을 수립하는지는 모호하다. 그뿐 아니라 실시하고 있는 각종 실태조사는 조사 문항의 중복이 어느 정도인지, 과도한 조사 부담을 초래하고 있지는 않은지도 제대로 검토되고 있는지 의문이다. 정책의 평가는 단순하게 투입과 산출에 한정하고 있지 않은지, 정책의 성과 및 영향을 포함하여 평가가 이루어지고 있는지 등 정책의 전반적 운영에서 살펴볼 측면이 적지 않다.

앞의 문제 인식에서 출발하여 바람직한 답을 찾아가자면 정책 간의 조율을 가능하게 하는 협의 구조가 마련되고 제대로 기능을 할 수 있어야 한다. 아동복지 정책과 관련하여 아동정책 조정위원회, 아동 빈곤예방위원회(아동정책조정위원회의 분과위원회, 2011년 이후), 저출산고령사회위원회 등 정책 조정의 목적을 가진 기구들이 존재한다. 그리고 사회보장제도 전반의 정책 조정을 위하여 기능하도록 설계된 사회보장위원회도 존재한다. 이러한 정책 협의기구들이 제대로 기능하고 있는가라는 질문에 바로 긍정적 답을 하는 것은 쉽지 않다. 우리나라의 수많은 정책 조정, 정책 협의기구들이 형식적인 운영을 하고 있다는 비판의 목소리가 크다. 일 년 동안 한두 번의 위원회 개최가 다반사이고, 심도가 있는 논의보다는 법적인 규정을 따르는 가부 결정을 하는 회의 개최가 대부분이라는 지적도 존재한다.

복지 정책이 확충되면서 아동복지 정책도 제도의 종류와 대상자 규모 등에서 크게 증가하였다. 아동복지 정책들이 서로 조율하여 정책의 효과를 높일 수 있는 사안들이 적지 않다. 주거지원, 보건의료지원, 교육지원과 같이 타 정책영역과의 협의와 조정도 아동의 복지를 향상시키기 위하여 긴요하다. 아동복지 정책에서 아동복지 정책 간, 아동복지 정책과 타 영역의 정책 간의 정책 협의와 협력, 조정이 중요한 이슈로 부상하고 있다.

연구문제

1. '복지로'와 같이 정책을 검색할 수 있는 포털을 알아보고, 아동복지 정책의 종류를 살펴봅시다.
2. 거주하는 지역의 지방자치단체가 자체적으로 시행하는 아동복지 제도를 살펴봅시다.
3. 보편적인 아동복지 제도와 선별적인 아동복지 제도의 예를 찾아보고, 각 제도의 강점과 단점을 생각해 봅시다.
4. 아동보호서비스 중에서 하나를 사례로 하여 민간과 공공의 역할을 살펴보고, 역할 분담의 적절성과 개선 방안을 논의하여 봅시다.
5. 관심이 있는 아동복지 관련법을 찾아보고, 시행령과 시행규칙의 내용을 살펴봅시다.

제7장 아동복지의 실천과정과 기술

1. 초기 접수상담
2. 조사와 사정
3. 다양한 개입 전략
4. 종결의 기술

… 연구문제

제7장

아동복지의 실천과정과 기술

아동복지의 실천과정이란 아동과 가족 또는 그들의 집단을 대상으로 하는 사회복지 실천과정으로서 사회복지 실천의 원리와 가치가 그대로 적용된다. 단, 아동의 발달단계별 특성과 부모체계의 특성, 해당 가족의 발달주기 등을 세심하게 고려해야 한다. 따라서 이 장에서는 아동 및 가족을 대상으로 하는 사회복지 개입 시 각 실천과정별로 강조되는 사회복지사의 활동과 기술들을 설명한다. 이를 위해 전반부에서는 초기 접수상담부터 종결까지 개인 · 집단 · 가족 실천과정 전반에서 다루는 주요 과업을 단계별로 설명하고, 해당 단계에서 유용하게 사용할 수 있는 실천 기술을 소개한다.

1. 초기 접수상담

초기 접수과정은 클라이언트와 사회복지사 간에 이루어지는 최초의 대면 접촉이다. 이 시기의 가장 중요한 과업은 일차적으로 클라이언트의 문제와 욕구를 파악하고, 아동과 부모의 기대가 본 기관의 목적과 기능에 부합하는 것인지를 확인하는 것이다. 따라서 이 단계에서는 서비스 제공 여부와 형태 등을 결정하는 것이 가장 중요한 과업이다. 또한 최초의 만남이 이루어지는 시기이므로 이 단계에서 초기 저항을 효과적으로 다루면 이후의 실천과정에도 도움이 될 수 있다.

1) 문제 및 욕구 확인

대부분의 아동의 경우 스스로 문제를 인식하고 기관을 방문하기보다는 부모의 권유나 강요에 의해 동행하거나 부모만 단독으로 방문하는 일이 많다. 이러한 경우 부모를 대상으로 면접이 이루어지는 경우가 많으며, 부모의 방문 동기와 기대 등을 명료화하는 것이 중요하다.

초기 접수과정에서는 부모에게 어떠한 이유로 기관에 왔는지(문제), 무엇을 기대하는지(욕구)를 질문하는 것이 좋다. 이러한 질문을 통해서 아동에 대한 부모의 걱정이 적절한 내용과 수준인지, 기관을 통해서 해결될 수 있는지를 가늠할 수 있다. 예를 들면, 어떤 부모들은 걱정이 지나치거나 아동발달에 대한 지식이 부족해서 일반적인 행동을 문제시하는 경우도 있다. 배변 훈련을 잘 끝내고 그 이후 한 번도 실수한 적이 없는 아동이 동생이 태어난 후에 소변 가리기를 계속 실수한다면 이는 놀랄 만한 사건이 아니다. 이는 대개 새로 태어난 아기에 대한 질투의 표현이며, 아기가 받고 있는 부모의 관심을 자신에게 모으려는 시도일 것이다. 그러나 이러한 행동이 4~5주 이상 계속될 때는 검사가 필요할 수도 있다.

문제가 비롯된 외부의 스트레스원이 분명하고 포괄적인 발달 기준에 근거할 때 충분히 있을 수 있는 정도의 퇴행 행동일 경우에는 병리적인 관점보다는 무엇이 그런 행동을 야기했는지에 초점을 둘 필요가 있다.

한편, 클라이언트가 보는 문제와 사회복지사가 보는 문제가 불일치하는 경우가 있다. 예컨대, 여러 기관에서 판정받았음에도 불구하고 아동의 장애를 받아들이지 못하는 부모가 장애인복지관에 내원해서 아동의 발달검사만을 원하는 경우, 사회복지사는 명확한 장애가 있음에도 반복해서 발달검사를 하기보다는 가족상담, 부모교육 등이 필요하다고 판단할 수 있다. 그러나 이러한 경우에도 개입은 클라이언트가 제기하는 문제나 욕구에서 시작해서 전문가가 중요하다고 판단하는 문제로 초점을 점진적으로 이동하는 것이 바람직하다.

2) 서비스 제공 가능성과 개입 형태 결정

기관에 따라서는 초기 접수상담만을 담당하는 사회복지사가 별도로 있는 경우도 있다. 이러한 경우는 대략적인 욕구와 문제 파악이 간단하게 이루어져서 이후 실제로 개입할 사회복지사와 연결해 주는 다리 역할만 한다. 그러나 우리나라의 사회복지기관에서는 초기 접수부터 개입, 종결에 이르기까지 동일한 사회복지사가 하는 것이 일반적이다. 이러한 경우 초기 접수과정이 사회조사 과정이라는 초기 상담과정으로 자연스럽게 연결된다.

만일 해당 기관이 아동상담소와 같은 임상적인 상담기관이고, 아동에게 그러한 상담치료가 필요한 경우라면 이 과정에서 치료의 형태와 방법들이 결정되기도 한다. 물론 이 시기의 결정은 아동에 대한 평가가 정교화되는 과정에서 얼마든지 변화할 수 있는 융통성 있는 결정이다.

그러나 서비스 제공의 적합성을 결정하는 적격성 심사(screening) 과정에서 문제의 성격이나 클라이언트가 제공받고자 하는 서비스의 내용이 기관의 목적이나 기능에 부합하지 않는 경우도 있다. 이러한 경우에는 그 이유를 설명해 주고, 관련된 다른 기관에 대한 정보를 제공하거나 의뢰를 하게 된다. 의뢰가 형식적으로만 이루어지지 않기 위해서는 가능한 한 구체적이고 적극적으로 정보를 제공해 주는 것이 바람직하다. 이때, 단순히 기관명만을 알려 주기보다는 기관의 위치나 연락처, 클라이언트가 받을 수 있는 서비스 내용 등을 구체적으로 알려 주는 것이 좋다. 이와 같이 초기과정에서는 문제와 욕구를 파악하고, 지속적으로 전문적인 개입이 필요한지, 아니면 일회적으로 부모에게 아동발달에 대한 정보를 제공해 주어야 하는지 등을 판단해야 할 것이다.

3) 초기 저항 다루기

아동의 초기 저항을 효과적으로 다루기 위해서는 아동이 보이는 저항의 의미와 양상을 이해하고, 우호적인 상담 분위기를 제공하며, 아동이 상담과정에 대해 좀 더 이해할 수 있도록 도와주는 것이 필요하다.

(1) 아동 저항의 표출 양상

일단 해당 서비스가 제공될 수 있다는 전문적인 판단이 내려지는데, 초기 실천 국면으로 들어서게 되면 가장 중요하게 대두되는 문제가 저항의 문제이다. 아동의 불안과 저항이 어떻게 표출되고, 그것을 어떻게 다루는것이 바람직한지가 초기단계에서 가장 중요한 실천적 과제이다. 아동 대상 실천에서 보이는 아동의 저항 표출방법은 성인의 그것과 다소 상이하다. 아동의 저항은 말하기를 거부하고, 문제가 없다고 부정하며, 쓸데없는 주제를 말하는 것으로 표현되기도 한다. 때로 눈을 마주치지 않고, 약속시간을 어기고, 부정적인 몸짓이나 적대적인 얼굴 표정 또는 행동을 보이기도 하며 책상 뒤에 숨기도 한다. 이 외에도 아동들은 매우 다양한 방식으로 자신의 저항을 표현하게 된다.

유능한 사회복지사라면 아동이 처음 기관을 방문할 때 갖게 되는 두려움, 걱정 및 질문 등을 전적으로 이해해야 한다. 상담과정에 아동을 참여시키기 위해서는 무엇보다도 아동 스스로의 동기와 흥미를 유발하고 유지하는 노력이 필수적이며, 이를 위해 해당 아동의 발달 수준도 반드시 고려해야 할 것이다.

(2) 우호적인 상담 분위기 제공

상담 장소를 우호적이고 안락하며 편안하게 만들어야 한다. 아동들은 상담과정에서 일관성 있는 규칙을 경험함으로써 행동의 결과를 예측할 수 있는데, 이는 편안함을 조성하는 기반이 된다. 동일한 시간과 날짜를 정하여 규칙적으로 상담약속을 하여야 한다. 상담시간에는 전화나 노크 소리 등으로 방해를 받아서는 안 된다. 또한 약속시간에 기다리게 해서도 안 된다. 이렇게 세심한 주의를 기울일 때 아동은 자신이 가치 있고 중요하다고 여기게 된다.

(3) 상담과정에 대한 설명

아동에게 상담이란 무엇인지, 그리고 상담으로부터 무엇을 기대할 수 있는지를 이해시키는 일은 매우 중요하다. 초기 면접에서 사회복지사는 아동에게 상담과정 및 사회복지사의 기대를 설명해 주어야 한다. 상담에 대한 설명은 아동의 발달 수준에 따라 짧고 간단하게 이루어져야 한다. 예를 들어, "네가 전학 온 뒤로 기분이 매우 좋지 않아졌다는 말을 엄마에게 들었어."와 같이 시작할 수도 있다. 이러한 예에서 사회복지사는 아동에게 자신이 아동의 문제를 이미 알고 있고, 이야기를 들을 준비가 되어 있음을 알릴 수 있다. 또한 사회복지사는 아동을 도우려는 사람이지 벌을 주려는 사람이 아니라는 것도 알려 주고, 부모나 선생님의 관심사를 알려 준다. 예컨대, "엄마가 걱정하시더라. 네가 학교에 계속 가지 않으려는 이유를 알아야 널 도와줄 수 있을 것 같아서 나에게 부탁을 하신 것 같아. 상담은 네가 속상하거나 힘든 일을 이야기할 수 있는 시간이야. 선생님과 이야기를 하면서 마음도 편해지고, 좋은 해결방법도 함께 생각해 볼 수 있단다."라고 설명할 수 있다(천성문 외, 2001).

(4) 행동 제한과 선택 기회의 균형

사회복지사는 아동을 대상으로 상담을 진행할 때 상담시간에 필수적인 규칙, 즉 행동의 한계를 정하고 아동에게 그래야 하는 이유와 그렇게 하지 않았을 때의 결과를 알려 줘야 한다. 잘못된 행동은 적절하게 제지함으로써 바로잡는 것이 바람직하다(천성문 외, 2001).

그러나 아동이 받아들이기 힘든 제한과 규칙 등을 무리하게 적용하여 아동이 상담을 통해 너무 많은 것을 포기하고 잃어버려야 한다는 오해를 하지 않도록 해야 한다. 이러한 오해를 예방하기 위해서는 아동이 선택할 수 있는 기회를 주는 것이 좋다. 예컨대, 초기에 상담실에 자신의 장난감을 가지고 와서 노는 아동에게 집에서 가지고 놀던 장난감을 가져오지 않도록 무조건 제한하기보다는 그 장난감이 아동에게 주는 의미를 이해하고 공감해 주는 것이 더 좋다.

(5) 비밀보장에 대한 설명

아동들은 상담내용의 비밀보장에 대해서 알고 싶어 한다. 비밀보장을 지키기 힘든 예외적인 상황인 경우, 예컨대 사회복지사가 상담 중에 학대를 발견하여 보고하거나 위기 개입을 위한 외부 전문가의 도움을 요청해야 할 때도 있다. 이러한 경우에도 아동이나 부모에게 설명해서 동의를 구하는 것이 좋다. 이와 같은 특수한 상황을 제외하고는 상담내용이 확실히 비밀보장이 된다는 것을 아동에게 말해주어야 한다. 예컨대, "네가 말해도 좋다고 하지 않는 한 어떠한 것도 다른 사람에게 말하지 않겠다."라고 안심시킬 필요가 있다(이부덕 외, 1996).

2. 조사와 사정

조사는 아동문제와 관련된 다양한 사실을 수집하는 단계이다. 이후의 사정평가의 기초가 되는 구체적인 사실들을 수집하는 것이다. 주로 아동의 성장배경과 발달력, 아동문제와 관련된 가족 정보를 수집한다. 이러한 발달력에 대한 정보는 부모나 조부모 등의 주 양육자로부터 얻기 때문에 이들의 협조가 필수적이다. 특히 부모가 기관의 서비스에 대해 어떠한 태도를 갖고 있는지는 아동에게도 결정적인 영향을 미치며, 부모는 실질적으로 많은 정보를 제공하는 핵심 정보원이다. 따라서 이들의 심리적 상태나 반응을 이해하고 다루어 주어야만 타당하고 신뢰할 만한 정보를 수집할 수 있다.

사정단계에서는 이상에서 수집된 사실들을 조직화하고, 사회복지사의 전문적 소견을 포함하여 개입의 우선순위를 결정한다. 이러한 조사와 사정의 과정은 서로 밀접한 관련성이 있으며, 특정 도구를 사용하는 경우에는 더욱 그러하다. 따라서 본 절에서는 아동복지 실천과정의 조사와 사정 단계에서 활용 가능한 기술이나 사정도구 등을 살펴보고자 한다.

1) 아동의 발달력 조사와 사정

(1) 발달력 정보수집의 기본적인 태도

아동들은 자신의 어려움이나 욕구, 문제의 발달력 등을 효과적으로 표현하기 어려우므로 부모가 가장 중요한 정보원 중의 하나가 된다. 부모로부터 발달력 정보를 수집할 때는 가능한 한 명확하고 구체적으로 하되, 부모에게 비위협적인 방식으로 정보를 수집하는 것이 중요하다. 예를 들어, 부모가 "아이를 통제하기 어렵다" 혹은 "아이에게 욱하는 성질이 있다."와 같이 단순히 설명하기보다는 부모에게 선행사건과 그 행동의 결과를 포함한 구체적 행동의 예를 물어보아야 한다. 또한 부모가 아동의 행동을 다루기 위해 어떤 노력을 했는가에 대한 정보를 수집해야 한다. 완벽한 발달력에 대한 정보수집은 발달영역에서 중요한 정보를 제공할 뿐만 아니라 아동의 문제에 대한 부모의 기대와 지각을 알 수 있게 한다(문혁준 외, 2014; Braswell & Kendall, 1988).

(2) 발달력 조사 내용

발달력(developmental history)은 임신과 출산, 수유, 식이와 수면 패턴과 같은 초기의 건강 정보는 물론 아동의 전반적 발달과정, 주 양육자에 대한 정보, 부모-자녀관계, 가족관계, 또래 및 교사관계 등 사회 · 정서 발달 정보를 포괄한다(문혁준 외, 2014). 이에 따라 양쪽 부모 각각의 원가족 내 성장배경을 조사하고, 만남에서 결혼하기까지의 과정이 어떠했는지를 질문한다. 아동을 임신했을 때 원하는 임신이었는지, 임신기간 중에 신체적 · 정신적 어려움은 없었는지 등 임신과 관련된 내용 및 조산은 아니었는지, 자연분만이었는지, 출생 시 건강상태는 어떠했는지 등 아동의 출생에 대한 정보를 질문한다. 때때로 몇 번 임신했는가와 같은 간단한 질문을 통해 사산이나 유산의 경험을 밝히기도 한다. 아동의 출생 이전에 그러한 사실이 있었던 것은 아동에 대한 과잉보호나 거부의 가능성을 탐색하는 실마리를 제공한다. "○○가 아기였을 때 어땠나요?"라는 질문은 아동의 수면이나 식사 습관에 관한 정보 및 이에 대한 부모의 반응을 알게 해 준다. 또한 처음으로 부모와 떨어져 지냈던 캠프나 입학 첫날의 경험, 반려동물이나 조부모의 죽음 등 아동의 분리나 상실 경험에 대해 자세한 정보를 탐색해야 한다. 아동을 돌봐 준 사람에 대한 정보는 아동이 이런 사람들과 어떤 친밀한 관계를 가졌는지를 알려 줄 뿐만 아니라 아동이 괴롭힘을 당한 경험에 대한 정보를 제공해 줄 수 있다. 그 밖에 문제행동, 감정 표현방식, 질병 유무와 종류 등에 대해서도 살펴보아야 한다.

(3) 다양한 정보원에 대한 조사

정보는 부모뿐만 아니라 아동으로부터도 반드시 수집되어야 한다. 일반적으로 아동은 자신의 문제를 설명하는 능력에 어려움이 있기 때문에 아동으로부터 얻은 정보가 별로 유용하지 않다고 여겨질 수 있다. 그러나 아동으로부터 수집한 정보는 그 내용의 정확성이나 신뢰성 여부를 떠나 임상적으로 중요한 의미를 갖는다. 아동의 입장에서 문제를 어떻게 지각하고 있는지를 판단하는 것은 궁극적으로 아동의 행동을 이해하는 기초가 되고, 결과적으로 개입 효과에도 영향을 미치기 때문에 계획을 수립하는 초기단계부터 고려되어야 한다(Bierman, 1983).

정확한 사정을 위해서는 다양한 정보원으로부터 정보를 수집해야 한다. 무엇보다도 부모의 정보가 중요하겠지만, 아동은 환경과 사람에 따라 다르게 행동할 수 있음을 간과해서는 안 된다. 따라서 아동에 대한 정보수집을 위해 오직 한 정보원에게만 의존한다면 그 아동이 보이는 현재의 행동과 다른 장소에서 보이는 행동을 제대로 이해할 수 없게 된다. 만약 아동이 부모가 아닌 다른 양육자, 예컨대 조부모나 보모 등과 대부분의 시간을 보낸다면 아동에 대한 정보는 주 양육자인 조부모나 보모에게 얻는 것이 바람직하고, 추가적으로 부모면담을 수행해야 할 것이다(박영애 외, 2001).

만약 다양한 정보원으로부터의 정보가 일치하지 않을 경우에는 불일치 자체가 중요한 임상적 단서가 되며, 누구의 정보가 보다 일관되며 타당한지를 판단하는 것이 변화의 원동력이나 문제 해결의 실마리를 제공하기도 한다. 특히 아동의 정보가 지속적이고 일관되게 나타난다면 5~6세 정도의 학령전 아동의 정보라고 할지라도 그 신뢰성을 높게 평가할 필요가 있다.

2) 아동의 양육환경 스크리닝

아동복지실천에서 양육환경은 아동이 성장하기에 물리적으로 안전한 환경인지와 더불어 양육자의 양육 역량에 대한 사정을 포함한다. 가장 대표적인 양육환경 조사는 입양이나 위탁가정에 대한 가정조사와 아동학대 위험에 대한 조사이다.

(1) 가정조사

아동복지서비스 실천과정에서 가정조사(home study)란 양육자가 아동을 양육하기에 적합한 환경과 조건을 갖추고 있는지를 확인하는 실천 과업으로서 예비 입양 부모 및 위탁가정 신청인 가정을 대상으로 한다(보건복지부, 2024). 아동을 양육하고자 하는 가족의 생활환경, 양육 상황, 가족관계 및 자원을 종합적으로 평가하는 과정으로 다음과 같은 목적을 갖는다.

- 예비입양부모가 아동에게 위험하지 않은지에 대한 판단이다. 즉, 아동에 대한 성학대, 정서학대 또는 신체학대에 대한 잠재적 가능성을 평가하는 것이다.
- 아동을 양육하려는 사람의 정서적 안정과 주요 양육문제에 대한 태도 등을 평가하는 것이다.
- 가족 구성원 간의 관계를 평가하는 것이다.
- 알코올, 마약 등으로 인한 법적 책임의 문제 또는 치료 기록과 같이 사회 전체와 개인의 관계를 평가하는 것이다.

아동 최선의 이익을 위한 아동 중심적 실천에서 가정조사의 궁극적인 목적은 '양육자 스크리닝'이다. 기존의 클라이언트 중심의 치료나 상담지향적인 모델과는 목적에 있어서 차이가 있다. 양육자 스크리닝에 필요한 정보의 양과 질을 극대화하는 면접모델이라고 할 수 있다. 입양이나 장기가정위탁과 같은 가정보호를 위한 다양한 정보수집의 책무를 중시한다. 가정조사에서 가장 중요한 클라이언트는 안전하고, 안정된 가정을 필요로 하는 '아동'임을 잊지 말자. 사실에 입각하여 명료하게 작성하며, 각 기대사항을 증명할 수 있는 객관적인 증빙서류를 함께 제출해야 한다. 구체적으로 가정조사에 포함되는 내용은 다음과 같다.

- **예비양육자로서의 적격성 기본정보**: 건강 및 소득, 범죄 기록, 추천인에 대한 정보
- **가족 배경**: 예비 양육자의 어린시절, 양육방식, 부모 및 형제자매와의 관계, 주요 사건 및 상실과 그것으로부터 배운 것
- **교육 및 고용**: 현재 교육수준, 교육성취도에 대한 만족도, 이후 교육계획, 고용상태, 경력, 미래 계획, 현재 직업에 대한 만족도 등
- **관계**: 예비 양육자의 부부관계(의사결정, 문제 해결, 의사소통 및 애정 표현 등), 양육자가 기존의 사회생활과 아동양육을 어떻게 통합하여 적응해 나갈 것인지에 대한 계획, 친척 및 친구와의 네트워크
- **일상생활**: 주중의 일상, 주말 동안의 아동돌봄 계획, 취미 및 관심 분야
- **양육**: 아동과의 경험(자녀 양육 경험이나 기타 관련 양육 경험), 배우자와 다른 양육방식이나 양육 관련 쟁점에 대한 대응 계획
- **가정보호(입양 또는 위탁)에 대한 느낌 및 준비**: 입양이나 위탁의 이유, 불임이나 난임의 문제가 있다면 이러한 문제에 대한 감정, 예비 양육자의 입장에서 자신이 가장 좋은 부모가 되어 줄 수 있는 아동의 특성, 입양이나 위탁에 대해 아동과 대화할 방법에 대한 계획, 친생부모 가족과 아동 사이의 지속적 접촉에 대한 생각과 감정
- **지역사회, 이웃에 대한 정보**: 예비양육자의 종교나 종교활동 수준, 아동에게 제공할 계획인 종교나 문화적 양육의 유형에 대한 정보, 위기 상황에서 연락 가능한 사람
- **사회복지사의 추천 의견**: 가정조사서에는 가정조사를 수행한 사회복지사가 예비양육자가 보호아동 양육에 적절한지에 대한 의견을 기록함. 이러한 추천 의견에는 양육자로서의 적합성, 적격성 외에도 양육자에게 어떤 일이 발생할 경우 아동을 위한 계획 및 아동의 후견인이 누가 될 수 있는지가 특정되며, 예비양육자나 배우자가 수행한 교육(훈련과정)에 대한 내용도 포함됨.

가정조사를 하는 사회복지사는 예비 양육자를 존중하는 태도를 견지하되, 아동의 안전을 위해 최대한 자세하게, 그리고 사실에 입각하여 정보를 확인해야 한다. 지나친 공감이나 설득, 교육적인 태도를 보여서는 안 된다(Consortium for Children, 2005).

(2) 아동학대 의심 체크리스트

모든 아동복지실천 현장에서 아동학대 신고의무자들이 확인해야 하는 아동학대 의심 체크리스트는 〈표 7-1〉과 같다.

표 7-1 아동학대 신고의무자를 위한 아동학대 의심 체크리스트

연번	체크 항목	체크란(✓)	
1	사고로 보기에는 미심쩍은 멍이나 상처가 발생한다.	예 □	아니요 □
2	상처 및 상흔에 대한 아동 혹은 보호자의 설명이 불명확하다.	예 □	아니요 □
3	보호자가 아동은 매를 맞고 자라야 한다는 생각을 갖고 있거나 체벌을 사용한다.	예 □	아니요 □
4	아동이 보호자에게 언어적 · 정서적 위협을 당한다.	예 □	아니요 □
5	아동이 보호자에게 감금, 억제, 기타 가학적인 행위를 당한다.	예 □	아니요 □
6	기아, 영양실조, 적절하지 못한 영양섭취를 보인다.	예 □	아니요 □
7	계절에 맞지 않는 옷, 청결하지 못한 외모를 보인다.	예 □	아니요 □
8	불결한 환경이나 위험한 상태로부터 아동을 보호하지 않고 방치한다.	예 □	아니요 □
9	성학대로 의심될 성 질환이 있거나 임신 등의 신체적 흔적이 있다.	예 □	아니요 □
10	나이에 맞지 않는 성적 행동 및 해박하고 조숙한 성 지식을 보인다.	예 □	아니요 □
11	자주 결석하거나 결석에 대한 사유가 불명확하다.	예 □	아니요 □
12	필요한 의료적 처치 혹은 필요한 아동에게 예방접종을 실시하지 않는다.	예 □	아니요 □

13	보호자에 대한 거부감과 두려움을 보이고, 집(보호기관)으로 돌아가는 것에 대해 두려워한다.	예 □	아니요 □
14	아동이 매우 공격적이거나 위축된 모습 등의 극단적인 행동을 한다.	예 □	아니요 □
15	'아동학대의심 체크리스트' 1~14에 해당되지는 않지만 그 외의 학대로 의심되는 경우(학대 의심 상황)	예 □	아니요 □

1개 문항 이상 '예'로 체크된 경우, 아동학대를 의심해 볼 수 있는 상황입니다.
아동학대가 '의심'되면 아동학대신고전화 112로 즉시 신고해 주시기 바랍니다.

출처: 2024 아동보호 서비스 업무매뉴얼.

(3) 다차원 결핍지수

유니세프의 다차원결핍지수(Multidimensional Deprivation Index: MDI)는 아동의 전반적인 일상생활 결핍 정도를 측정하는 것이다. 국내에서 사용하는 유니세프 결핍지수는 14개 문항 중 2개 이상의 항목에서 '아니다'로 답한 아동의 비율로 결핍 상태를 평가하여, 높은 지수를 나타낼수록 결핍 정도가 심함을 의미한다(박현선 외, 2024).

아동이 삶에서 겪는 복수의 결핍 상태를 측정하고, 특정 기준 이하의 삶을 살고 있는 아동의 비율을 산출하는 방식이다. 소득 중심의 빈곤 측정을 보완하고, 아동이 처한 다양한 사회적 · 경제적 결핍 상태를 종합적으로 반영하여 정책 수립 시

표 7-2 다차원 결핍지수의 세부 영역

영역	예시 지표
교육	학교 출석 여부, 교육 수준, 문해율
보건	예방접종, 모자보건 접근성, 영양결핍 여부
영양	저체중, 발육지연(stunting), 영양실조
물	안전한 식수원의 접근성
위생	기본적인 화장실 및 손 씻기 시설 접근
주거	과밀주거 여부, 비적절한 주택의 재질
정보 접근	TV, 라디오, 휴대전화 등 정보 매체 이용 가능 여부

포괄적인 개입 방안을 마련할 수 있도록 근거 자료를 제공한다. 주요 측정 영역은 유니세프와 각 국가가 협의하여 설정하므로 약간씩 다를 수 있으나, 일반적으로 〈표 7-2〉의 6~7개 영역을 포함한다. 아동이 보고하지 않은 결핍이라도 양육자, 교사 등 주요 성인에 의한 보고로 결핍이 확인된다면 가정방문이나 개별상담을 통해서 결핍의 정도를 추가로 파악한다.

3) 아동문제 진단 및 평가

아동의 문제를 평가하기 위한 많은 측정도구가 있지만, 이러한 도구의 대부분은 자기보고에 의존하므로 자신의 정서를 언어적으로 비교적 잘 표현할 수 있는 학령기의 아동에게만 사용된다. 자기보고식 도구를 수행하기 어려운 학령 전 유아에게는 관찰이나 추론적이고 투사적인 사정을 수행해야 한다. 예컨대, 놀이를 통한 상호작용평가, 발달적으로 민감한 면접, 얼굴 표정 그림, 그 외의 구체적인 참조물을 사용한 사정도구를 사용해야 한다. 기관에 따라서는 이러한 검사를 아동발달 심리전문가에게 의뢰하여 실시한다.

현재 가장 흔히 쓰이고 있는 진단분류체계인 정신질환 진단 및 통계편람(DSM)은 영유아의 행동문제에 적절한 지침을 제공하지 못하는 한계를 지닌다. 이러한 진단체계는 극단적인 사례, 즉 지적장애 혹은 자폐스펙트럼장애와 같은 중증 발달장애 및 정서적 문제를 지닌 아동을 제외하고는 취학 전 아동에게 사용하기에는 상당한 한계가 있다(Campbell, 1990). 이상 행동이 정상 발달 범위 내의 일시적인 일탈인지 아니면 지속적인 병리의 시발인지를 이해하기 위한 지침이 없기 때문에 과잉 진단의 가능성 또한 높다(박영애 외, 2001).

(1) 영유아발달선별검사

기존 진단도구의 한계를 보완하기 위해 학령 전 아동의 발달을 평가할 수 있는 적절한 도구로 '영유아 발달선별검사(Korean Developmental Screening Test: K-DST)'가 활용된다. K-DST는 4~71개월 사이의 영유아를 대상으로 하며, 대근육운동, 소근육운동, 인지, 언어, 사회성, 자조영역과 같은 전반적인 발달영역을 평가할 수 있는 검사도구이다(김붕년 외, 2015). 간단한 문항 구성과 빠른 실시 덕분에 일차 의료현장이나 사회복지실천 현장에서 신속하고 효과적으로 아동의 발달수준을 확인하는 도구로 주목받고 있으며, 추가 문항은 발달문제의 징후를 정밀하게 탐지할 수 있어 영유아 국가건강검진에서 유용하게 활용되고 있다. 검사지 작성은 부모나 주 양육자가 할 수 있도록 쉽게 설계되었으며, 사회복지사와 같은 실천가에 의해 실시될 수도 있다. 검사 결과 '추적검사 요망'이나 '심화평가 권고'로 나타날 경우에는 보호자와의 면담을 통해 심화평가를 연계할 수 있고, 임상적으로 의미 있는 문제가 확인되는 경우 아동의 발달 특성을 고려한 맞춤형 사례지원 계획을 수립하는 데에도 중요한 기초 자료로 활용될 수 있다(박현선 외, 2024).

(2) 영유아기 정신건강 및 발달장애 진단분류

영유아기 정신건강 및 발달장애 진단분류(Diagnostic Classification of Mental Health and Developmental Disorders of Infancy and Early Childhood: Zero to Five: DC:0-5™)는 영유아(0~5세)의 정신건강 및 발달장애를 진단하기 위해 개발된 다축 진단체계이다. 기존의 진단체계에서 다루지 못하는 영유아기의 특수한 발달적 특성과 관계적 맥락을 반영하여 설계되었다. DC:0-5™의 주요 특징은 대상 연령이 확대되었다는 점이다. 1994년도와 2005년도의 초기판은 만 3세까지를 대상으로 하였으나, DC:0-5(2016년)는 진단 연령을 만 5세까지 확장하여 영유아기의 다양한 발달단계와 문제를 포괄하며, 영유아기의 잘 알려진 장애인 자폐스펙트럼장애와 주의력결핍과잉행동장애를 포함시켰다. DSM처럼 5개 축의 다축 진단체계로 이루어져 있다(이경숙 외, 2021).

- 축 I: 임상적 장애(예: 불안장애, 기분장애, 신경발달장애)
- 축 II: 관계 맥락(아동-양육자 관계의 질 및 관계 장애)
- 축 III: 신체 건강 상태 및 고려사항

- 축 IV: 정신사회적 스트레스 요인
- 축 V: 발달적 역량

영유아의 발달단계와 관계적 맥락을 고려하여 진단하며, 문화적 배경과 가정환경을 중요하게 반영하는 특성이 있다.

(3) 강점-난점 척도

'강점-난점 척도(Strengths and Difficulties Questionnaire: SDQ)'는 아동과 청소년의 정서적·행동적 문제 및 사회적 강점을 간략히 평가하기 위해 사용되는 표준화된 심리사회적 선별도구로, 현장에서 너무 많은 문항의 도구를 대신하기 위해 활용된다. 5가지 영역 25개 문항으로 이루어지며, 강점 10점과 난점 40점으로 구성된다. 또한 점수에 따라 정상-경계선-개입이 필요한 정서행동 특성을 판단하는 절단점을 제공한다. 강점은 10점에 가까울수록 정상 범주, 난점은 10점에 가까울수록 개입이 필요한 것으로 해석한다. 절단점이 있기 때문에 드림스타트, 저소득조부모가정 아동, 지역아동센터 이용 아동 등 다양한 아동의 심리사회적 문제를 측정하고, 필요하면 의료나 심리치료 서비스로 의뢰하기 위한 초기 사정도구로 활용한다.

표 7-3 강점-난점 척도의 측정 내용 및 기준

하위 척도		측정 내용	정상	경계선	개입 필요
강점	⑤ 친사회적 행동	공감, 배려 등 긍정적 사회 행동	5~10	4	0~3
난점	① 과잉행동/주의집중 문제	산만함, 충동성 등	0~6	7	8~10
	② 정서 증상	불안, 우울 등	0~5	6	7~10
	③ 품행문제	공격성, 규칙 위반	0~3	4	5~10
	④ 또래관계 문제	친구관계, 고립 등	0~3	4	5~10
총점	난점 총점		0~16	17~18	19~40

3. 다양한 개입 전략

다음은 개입단계에서 활용할 수 있는 구체적인 방법들이다. 아동의 증상이나 문제를 다루기 위해 놀이, 미술, 음악 등의 활동을 치료적으로 활용하는 방법, 복합적 욕구를 가진 아동을 위한 사례관리, 가정환경을 수정하고 개입하는 방법, 성인 역할모델을 활용한 개입방법, 또래집단을 활용한 개입에 이르기까지 아동을 원조하기 위한 다양한 방법을 살펴본다.

1) 매개체를 활용한 치료적 개입

언어적인 상호작용에 미숙하고, 학대와 같은 심각한 외상을 경험한 어린 아동들에게는 놀이나 다른 매개체를 활용한 치료가 유용할 수 있다.

물론 사회복지사가 현장에서 놀이치료나 음악치료 같은 전문적인 훈련을 필요로 하는 치료기법을 반드시 활용해야 하는가에 대해 회의적인 사람들도 있다. 그러나 최근 아동복지 현장에서는 아동치료 전문가에 대한 수요가 많아지고 있고, 실제 사회복지사의 상당수가 필요에 따라 이러한 치료기법에 대한 훈련을 받거나 받고자 하는 경우도 늘고 있다. 또한 자신이 직접 치료를 수행하지 않더라도, 아동 관련 기관 내에서의 효과적인 팀 협력을 위해서 놀이치료, 음악치료, 미술치료에 대한 이해가 필요하다.

놀이치료의 범주를 포괄적으로 보는 학자들은 음악치료나 미술치료를 놀이치료의 한 형태로 간주하기도 한다. 그러나 이는 전문가들의 학문적 배경에 따라 다양한 견해가 존재하는 논쟁적인 부분이다. 따라서 이 절에서는 치료기법 각각의 중요한 특성을 중심으로 개괄적인 수준에서 살펴보기로 한다.

(1) 놀이치료

아동들의 생활은 대부분 놀이이며, 놀이는 아동에게 여러 가지 측면에서 영향을 미친다. 특히 학령기 이전의 어린 아동은 자아 방어기제가 충분히 발달하지 않았기 때문에 감정과 생각이 상당 부분 놀이를 통해서 반영되며, 성인과 달리 놀이나 특정 관심사가 등장하면 관찰자의 존재에 대한 두려움도 경감되고, 존재 자체에 대해 덜 민감해지기 때문에 라포 형성에도 도움이 된다(김유숙, 최지원, 김사라, 2015; O'Connor, 1991). 놀이치료는 자신의 사고와 감정을 표현하거나 의사소통하는 데 어려움을 겪는 아동에게도 적용될 수 있다. 거리감 유지, 은유, 자기 반영 등의 놀이치료와 표현 기법을 활용함으로써 아동의 의사소통 욕구를 간접적으로 표현하고, 이를 지지하는 메시지를 강화할 수 있으며, 이는 아동의 정체성 발달을 촉진하는 데에도 기여할 수 있다(윤진영 외, 2019).

놀이는 스스로 동기화되기 때문에 결과보다는 과정 자체가 중요하며, 놀이의 과정을 통해 아동은 내적 욕구를 만족시킬 수 있다. 또한 놀이 자체에서 긍정적인 정서가 수반되고, 자신의 경험을 재현하며, 아동이 스스로 의미를 부여할 수 있는 자유를 주기 때문에 진단적인 동시에 치료적인 효과를 지닌다(천성문 외, 2001).

놀이치료실은 임상가의 이론적 배경, 놀이치료기법, 놀이실을 이용하는 아동의 유형과 연령에 따라 달라질 수 있지만(송영혜, 1998; 이부덕 외, 1996; 천성문 외, 2001), 치료자와 너무 떨어져서 고립감을 느끼거나 불안해하지 않으면서도 안전하게 대근육놀이를 할 만한 편안한 크기의 놀이 공간을 준비해야 한다.

놀잇감의 선택은 임상가가 주도하여 선택하는 것부터 아동의 욕구에 근거하여 선택하게 하는 것까지 다양하나, 일반적으로 각 놀잇감의 목적은 유사하다. 공룡, 뱀, 악어와 같이 혐오감을 조장하는 놀잇감이나 무기 등 공격적인 놀잇감은 공격성 해소와 표현에 활용된다. 인형이나 인형집은 가족의 상황을 시연하는 데 도움이 되고, 가족 간의 문제나 태도를 드러내도록 할 수 있다. 몇몇 아동은 인형이 사람을 너무 닮아서 자신의 감정을 제대로 표현하지 못하기도 한다. 이들을 위해서는 어미와 새끼로 이루어진 동물 가족인형 등을 이용하는 게 도움이 된다. 가면과 변장을 위한 옷들과 놀잇감들은 다양한 역할을 수행하는 기회를 제공하고 다양한 관계와 상호작용을 경험하게 하는 장점이 있다. 몸이 약해 병원에 자주 다녔던 아이는 의사 역할을 하면서 병원에서의 불안과 좌절을 투사하고 경감할 수 있다.

임상가는 아동의 놀이를 통해 사정과 개입을 동시에 수행할 수 있다. 예컨대, 블록 등의 조작과 그림의 정교화 수준을 통해 아동의 인지적인 발달단계를 추정했다면 이는 놀이를 사정의 기회로 활용한 것이라고 할 수 있다. 그러나 같은 놀이용 고무 장난감이라도 공격성과 활동성이 강한 아동에게는 보다 딱딱한 것을, 소심하고 철회된 아동에게는 보다 부드러운 것을 제공하여 놀이를 유도한 경우, 전자의 아동에게는 공격성 해소를 의도하고 후자의 아동에게는 자신감 고취를 의도한 것이므로 이는 개입적 목적이 강하다고 할 수 있다. 학대와 같은 특수한 문제를 경험한 아동에게 해부학적 인형, 병원, 구급차, 경찰차 등의 놀잇감을 활용하는 경우, 이는 진단적 · 개입적 목적을 동시에 갖는 놀이치료 도구의 예라고 할 수 있다.

(2) 미술치료

미술치료는 미술활동을 통해 심리치료를 수행하는 방법이다. 아동이 그림을 그릴 때는 의식적이든 무의식적이든 간에 아동의 신체적 · 정서적 · 인지적 발달의 수준과 성격, 사회적 배경 등이 자연스럽게 반영된다(김재은 외, 1997; 양지원, 2016; 조정숙, 2015).

미술치료 상황에서 클라이언트를 원조하는 방법은 다양할 수 있다. 아동 중심으로 활동이 이루어지면서 임상가는 관찰 중심으로 자기 역할을 수행할 수도 있고, 적극적으로 질문하거나 참여하면서 공동 작업을 할 수도 있다. 임상가는 아동이 미술활동을 통해 표현하려는 것을 자유롭게 표현할 수 있도록 지지하고, 일단 작품이 완성되면 표현하고자 한 것을 명확하게 언어화하도록 유도해야 한다. 작품에 대해 이야기를 나누거나 아동에게 작품 속의 인물과 이야기해 보라고 하는 것이 이야기를 이끌어 내는 데 효과적이다. 그러나 미술치료에서 가장 큰 장애는 클라이언트가 그림을 그리려고 하지 않거나 계속 주저하는 경우이다. 물론 이러한 저항은 아동의 문제나 성격, 연령 등에 따라 다르게 다루어져야 하지만, 일반적인 방법을 소개하면 다음과 같다. 첫째, 완성된 그림을 종용하기보다는 낙서 형태의 긁적거리는 정도로 그림을 그리면서 이야기를 해 나가는 방법이다. 특히 그림 그리기에 대한 부담을 가지고 있는 10세 이후의 아동들에게 적절할 수 있다. 둘째, 자발적으로 주제를 잡도록 권장하되, 스스로 주제 잡기를 어려워하는 아동에게는 구체적인 주제를 주거나 몇 가지 주제를 주고 고르게 하는 것이 좋다. 예컨대, 꿈을 그리도록 주제를 주는 것은 진단적, 치료적으로 좋은 효과가 있다. 셋째, 아동들에게 재료를 마음대로 선택하게 하는 방법도 좋다. 예컨대, 그림 그리기에서 연필, 색연필, 사인펜, 물감, 아크릴 물감 등을 다양하게 선택하게 하고 찰흙 만들기나 핑거페인팅과 같은 새로운 소재를 선택하게 하는 방법이 있다(김재은 외, 1997). 그 외에도 상호작용을 통해 공동 작업을 유도하는 방법이나 그림 그리기 대신에 이야기 만들기나 인형극, 상징 놀이를 먼저 시도한 후에 이야기를 그림으로 옮기게 유도하는 방법을 적용해 볼 수도 있다(강명희 외, 2016).

(3) 음악치료

인간은 출생 전 양수환경에서 엄마의 목소리 선율과 심장박동 리듬의 영향을 받으며, 출생 이후 성장과정에서도 다양한 음악적 자극을 경험한다. 이와 같이 아동은 출생 시부터 다양한 음악적 환경에 놓여 있고, 음악적 경험을 통해 말하기, 추상적 사고, 자기표현, 타인과의 상호작용을 촉진할 수 있다(정현주, 2018).

음악치료의 궁극적 목적은 음악적 경험에서 얻는 다양한 기능 향상이나 심리적 이득을 아동이 속한 환경으로 일반화시키는 데 있다. 음악활동의 속성상, 그리고 아동의 발달이라는 관점에서도 아동복지와 관련하여 음악의 활용과 음악치료적 개입 가능성은 매우 광범위할 수 있다. 그러나 우리나라 현장에서는 주로 신체나 감각상의 장애를 가진 아동, 자폐스펙트럼 특성을 지닌 아동, 지적장애 등 발달장애아동을 대상으로 하는 경우가 많다.

선천적이든 후천적이든 간에 신경계에 손상을 입히는 장애나 외상은 아동발달의 특정 영역에만 영향을 미치는 것이 아니라 광범위하게 확산되어 복합적인 손상을 초래하기 쉽다. 따라서 이러한 아동들을 위한 음악치료의 목표는 교육적 목표, 재활적 목표, 발달적 목표를 동시에 갖게 된다. 이와 같이 광범위한 목표 안에서 음악치료사들은 운동영역, 의사소통영역, 인지영역, 사회영역, 감정영역 등의 발달을 위해 음악에 기초한 다양한 접근법을 사용하게 된다. 예컨대, 음악에 따른 움직임을 통해 신체적인 운동영역을 넓히고, 또래와 악기를 연주하거나 노래를 부르는 등의 활동에 참여하는 것만으로도 아동에게 집단 참여의 동기를 부여하고 자기유능감을 높일 수 있다(정현주, 2005).

한편 음악치료를 언어장애를 치료하거나 인지적인 목적에서 활용하기도 한다. 기질적인 문제가 없지만 다양한 경험이 없어서 단조로운 소리밖에 내지 못하는 아동들이나 기질적인 문제로 음역 자체가 좁은 아이들은 언어적 상호작용에서도 동일한 어려움을 호소한다. 이러한 경우 노래 부르기와 같은 음악적 활동을 이용하여 아동이 소리 낼 수 있는 음역을 넓혀 줌으로써 아동의 언어능력 향상에 도움을 줄 수 있다(강수경, 2001). 또한 언어, 율동, 음악을 종합한 교육용 노래나 즉흥연주를 이용한 활동 등은 학과 관련 정보 습득을 촉진하는 인지적 자극이 될 수 있다.

2) 역할모델을 활용한 개입

아동기에는 발달단계의 특성상 의존적 욕구가 충족되어야만 이후의 성인기를 위한 독립적 기반을 마련할 수 있다. 따라서 부모와 교사 같은 가까운 성인의 역할이 아동의 발달이나 진로에 매우 중요한 영향을 미치게 된다. 그러나 문제를 가진 아동이나 청소년들은 가족 내에 건전한 성인 역할모델이 부재한 경우가 많다.

이러한 경우에는 가족 외에서라도 건전한 성인 역할모델과 정서적 결연을 해 줄 필요가 있다.

이러한 문제의식에서 출발한 것이 멘토링 프로그램이다. 멘토링 프로그램(mentoring program)이란 건전한 성인 역할모델과 아동과의 친밀하고 상호적인 관계를 통해 저소득층 가정이나 실직가정 자녀와 같은 고위험 아동과 청소년에게 정서적 · 사회적 지지와 격려를 제공하는 것이다. 이러한 멘토링 프로그램은 최근 우리나라에서도 후기 아동기나 청소년기의 고위험 클라이언트를 대상으로 활발하게 이루어지고 있다.

대표적인 사례로는 미국의 '빅브라더 빅시스터(Big Brother, Big Sister)' 프로그램이나 우리나라 보건복지부 주관으로 한국청소년상담복지개발원이 운영하는 '청소년 동반자(Youth Companion)' 프로그램, 보건복지부 및 전국 자립지원전담기관에서 주관하는 '바람개비서포터즈' 사업, 여성가족부 주관으로 학교 밖 청소년 지원센터에서 운영하는 '꿈드림 멘토링 프로그램' 등이 있다.

멘토링 프로그램에는 프로그램의 직접적 수혜자인 요보호청소년과 직접적 제공자인 성인 역할모델, 마지막으로 이러한 프로그램을 총괄 지원하고 기획하는 전문가집단이 관여하게 된다. 결연관계를 통해 건강한 성인으로서의 역할모델을 제시해 주고, 청소년들과 정기적 만남을 통해 지지와 격려를 제공해 주는 역할모델을 멘토(mentor)라고 부른다. 또한 멘토와의 관계를 통해 자신의 고민과 관심사에 대해 위로, 지지, 격려를 받아 궁극적으로는 자신의 잠재력을 개발하고 건강한 사회인으로 성장해 나가는 청소년들을 멘티(mentee)라고 부르고 있다. 그리고 멘토링 프로그램을 개발하고 기획하는 결연관리자는 도움이 필요한 청소년들과 도움을 주고자 하는 사람들을 맺어 주는 매개 역할과 이후 맺은 결연관계를 지속할 수 있도록 지원하고 관리하는 역할을 수행한다.

멘토링의 형태는 1:1 멘토링, 집단 멘토링, 온라인 멘토링, 전문 멘토링 등으로 다양화되고 있으나, 멘토링 본래의 개념에 가장 충실한 형태는 1:1 관계 기반의 멘토링이라고 볼 수 있다. 이 방식은 아동 개인의 특성과 욕구에 맞춘 밀도 높은 관계 형성과 지원이 가능하다는 점에서 효과적일 수 있다.

3) 사례관리적 개입

사례관리는 복합적인 욕구나 문제를 가진 클라이언트에게 필요한 다양한 사회적 자원을 연결하고, 연결된 자원을 지속적으로 관리하는 개입방법이다.

장애아동, 학대나 유기를 당해 가족해체에 직면한 아동, 가출이나 비행을 반복하는 청소년 등을 대상으로 사례관리가 이루어질 수 있다. 특히 가정폭력, 보호자의 알코올문제나 정신질환, 가족해체나 빈곤 등이 복합적으로 존재하는 고위험가정의 아동에 대해서는 현재 특별한 문제가 가시화되지 않은 상황이라고 할지라도 예방적인 관점에서 사례관리가 지속적으로 수행될 필요가 있다.

사례관리자는 생태도 등을 활용하여 욕구와 자원을 지속적으로 사정하고, 연결해 주어야 하며, 자원을 연결하는 데 저해가 되는 요소를 찾아 제거해야 한다. 실제 필요한 자원이 존재하지 않는 경우에는 보다 적극적으로 자원을 개발하는 역할을 수행한다. 이는 클라이언트를 중심으로 한 통합적 서비스 제공 관점으로, 기존에 확보된 서비스를 단선적으로 제공하던 전통적인 기관 중심의 개별사회사업방법과는 뚜렷한 차별점을 가진다(이준우, 최희철, 2019). 즉, 아동을 중심으로 한 사례관리 계획을 수립하고 이에 적절한 자원을 발굴하고 연계하는 과정이 핵심이라고 할 수 있다.

사례관리는 사회복지적인 정체성이 분명하게 드러나는 개입 방안이고, 요보호아동 중 상당수가 복합문제 가정의 아동이므로 발달단계에 기반한 지속적인 사례관리가 매우 중요하다.

4) 집단을 활용한 개입

아동과 일하는 사회복지사는 전문적인 경험과 훈련 정도, 기관의 목적과 기능에 따라 차이가 있으나 과업중심, 교육중심, 상담중심, 치료중심 등 다양한 수준에서 집단을 활용하게 된다.

(1) 집단 준비와 시작하기

집단의 크기와 시간은 아동의 연령에 따라 달라질 수 있다. 일반적으로 아동이 어릴수록 집단은 더 작아지고 회기시간은 더 짧아진다. 아동을 대상으로 집단프로그램을 운영하기 위해서는 굳이 조용히 해야 할 필요가 없고, 자유롭게 돌아다닐 수 있는 장소인지, 장소 안에 파손되거나 위험한 물건은 없는지, 비밀보장을 할 수 있는 구조인지 등을 살펴야 한다(김명권, 2001).

집단의 참여 여부를 아동이 결정할 수 있도록 아동의 발달적인 특성을 고려하여 아동의 눈높이에서 충분한 정보를 제공하고 이해시킨다. 예컨대, 글을 읽을 줄 아는 학령기의 아동들에게는 흥미를 끌 수 있는 형태의 유인물을 만들어서 집단 오리엔테이션을 해도 좋다. 학령전 아동과 같이 집중도가 떨어지고 글을 읽지 못하는 아동들은 그들이 좋아하는 캐릭터가 나오는 시청각 자료나 인형 등을 만들어서 설명해도 좋다. 이러한 정보제공 과정에서는 아동뿐 아니라 보호자의 집단 참여에 대한 동의가 필요하다.

아동들이 집단에서 반드시 지켜야 할 기본 규칙이 있음을 이해하도록 안내해야 하며, 실제 집단 규칙을 정하고 강화하는 데 아동들을 참여시켜야 한다. 규칙을 정할 때는 독단적인 방법이 아닌 상호적인 협의를 통한 방식이 바람직하나, 상황에 따라서는 전문가의 단호한 태도도 필요하다. 예를 들어, 집단 개입 중 회기를 떠난 집단원에게 돌아오는 것을 허락하지 않는 규칙이 있는 경우, '한 번만 더 기회를 달라'는 집단원의 요구를 수용하지 않도록 주의한다. 아동이나 청소년들은 전문가가 말하는 것이 무엇을 의미하는지를 빨리 간파한다.

(2) 안전한 분위기 형성하기

집단 내에서 자기개방의 수위를 적절하게 조정하여 안전한 분위기를 형성해야 한다. 가족과 연관되는 다양한 사적인 문제에 대해서 얼마나 자기개방을 하도록 할 것인지를 결정하기 위해서는 집단의 목적과 목표를 고려해야 한다. 어느 정도의 개방이 바람직한지 단언적으로 말하기는 매우 어렵다. 사회복지사는 아동들이 집단에서 개방한 것을 다른 아이들에게 말할지 모르기 때문에 조심할 필요가 있다. 특히 학교 현장에서 이루어지는 집단상담일수록 비밀을 보장하는 것이 매우 어렵다. 이러한 경우 아동들로 하여금 집단 내에서 부모의 사적인 문제나 갈등 등을 자세히 표현하도록 격려하는 것은 바람직하지 않다. 예컨대, 부모의 부부 갈등과 싸움에 대해 자세히 이야기하도록 하기보다는 아동 자신이 어떻게 느꼈고, 영향을 받았는지 이야기하도록 해야 한다. 자기개방의 초점은 부모가 아닌 아동이어야 하기 때문이다(천성문 외, 2001).

(3) 개인 목표 설정을 격려하기

아동들은 자신이 집단에게 기대하는 것이 무엇인지, 자신이 집단을 통해 무엇을 성취할 수 있는지를 잘 모르는 경우가 많다. 자신의 행동이나 문제 중에서 무엇이 변화하기를 바라는지 막연하게나마 이야기할 수 있다면 그러한 내용을 보다 구체화할 수 있도록 원조하는 것이 필요하다. 동질적인 문제를 가진 아동집단에서는 집단 전체의 목표가 개인적인 목표와 명확하게 구분되지 않을 수도 있다. 이러한 경우에는 아동들에게 집단의 목표를 직접 이야기해 줄 수도 있다. 그리고 목표를 위해 지금 자신이 여기에서 할 수 있는 일 또는 하고 싶은 일이 무엇인지를 물어봄으로써 개인적인 기대나 목표를 발달시킬 수 있도록 원조한다. 이 과정에서 무엇보다 중요한 것은 아동으로 하여금 집단상담에서 무엇을 기대하고, 무엇을 얻을 수 있는지를 알게 하는 것임을 잊지 말아야 한다는 점이다.

(4) 집단 내 갈등 다루기

구성원 간의 사소한 갈등은 집단을 성장시키는 데 촉진적으로 기여할 수 있으나, 대부분의 경우 집단 내 갈등은 응집력과 집단에 대한 매력을 저해한다. 일대일 구성원 간에 갈등이 있을 때 일방적으로 사회복지사가 지시하거나 해결을 주도하는 것보다는 집단과정 중에서 자연스럽게 다룰 수 있도록 격려하는 것이 좋고, 사회복지사는 중립적인 위치에서 갈등 해결을 지원해야 한다.

집단 내에서 부모나 학교와 같은 특정 기관에 반항적인 아동이나 청소년을 무조건 편드는 것은 바람직하지 않다. 이런 행동은 아동으로 하여금 부모보다는 사회복지사에게 더 많이 의지하게 하고, 부모나 교사와의 관계에서 문제를 증폭시킬 수 있다. 그보다는 아동이 부모나 교사에게 느끼는 불만을 토로할 수 있는 기회를 주되 이를 현실적으로 다루어 주고, 아동들이 역할연기를 통해 상대방을 이해하고 공감할 수 있도록 돕는 것이 바람직하다.

중요한 것은 아동들에게 부적응적인 행동을 깨닫게 하고 자신이나 타인에게 상처 주지 않으면서 자신의 감정을 표현하는 법을 경험하게 하는 것이다. 이를 위해 감정을 표현할 수 있는 분위기를 조성하는 것 또한 사회복지사의 중요한 역할임을 잊지 말아야 한다.

(5) 문제행동 다루기

문제행동을 보이는 아동이 있으면 그 아동이 집단에서 보이는 다양한 행동이나 단서에 주의를 기울이고 관심을 가져야 한다. 참여를 주저하거나 집단을 방해하고자 하는 의도인지, 관심을 원하고 보다 적극적인 참여를 위한 기회를 찾고 있는 것인지를 판단하기 위해서는 아동 각각의 감정 표현방식과 성격, 집단 내에서의 행동 등에 주의를 기울여서 그들의 언어를 경청해야 한다.

특정 진단을 받은 아동들에 대해 전문가들이 갖는 편견은 아동들의 장점이나 특성, 관심 등을 발견하는 데 저해요소가 되기 쉽다. 이러한 전문적 편견으로 아동들의 변화 가능성과 능력에 제한을 두어서는 안 된다. 어떤 활동에는 아동들이 참여하지 않을 권리가 있다는 점을 알아야 한다. 아동들이 참여하기를 주저하는 것은 대부분 활동에 대한 이해가 부족해서이지만, 때로는 활동의 내용이 자신들에게 맞지 않는다고 느끼기 때문에 저항하기도 한다. 이성과 짝이 되어 손을 잡으라고 하는 가벼운 활동도 아동의 발달단계에 따라 다른 반응을 보일 수 있다.

(6) 침묵 다루기

아동을 대상으로 하는 집단상담에서는 침묵하거나 잘 참여하지 않는 구성원을 다루는 방법을 습득해야 한다. 침묵하거나 소극적인 집단원은 집단의 흐름을 언어적으로 방해하지는 않지만 집단원 개인이나 집단 전체에 많은 문제를 초래한다. 아동의 침묵의 의미는 다양할 수 있다. 너무 내성적이어서 먼저 나서기를 꺼리는 것과 같이 비교적 가벼운 이유일 수도 있지만 이야기할 가치가 없다고 저항하는 것일 수도 있고, 적절한 행동이나 말을 몰라서 두려워하는 것일 수도 있다. 또는 비밀이 누설될까 봐 걱정하는 것일 수도 있다.

침묵의 의미를 탐색하고 조심스럽게 접근하는 태도가 필요하다. 처음에는 소극적인 수준에서나마 참여할 수 있도록 보다 덜 힘든 기회를 제공한다. 예컨대, 집단의 제일 마지막에 느낀 점 같은 것을 이야기하도록 역할을 줄 수 있다. 이 외에도 집단이 시작되면 적어도 한 번씩은 돌아가면서 이야기하는 것을 내부적인 규칙으로 만들 수도 있다. 뭔가 말하고 싶은 것이 있는데 시간이 부족해서 말을 못한 구성원이 있거나 주저하느라 말을 못한 구성원이 있으면 다음 시간에 연결해서 준비해 온 말을 할 기회를 줄 수도 있다(Smead, 1995).

(7) 집단 내에서 모델링하기

사회복지사는 적절한 행동모델을 제시하는 역할을 수행해야 한다. 모델링은 가능하다면 집단 구성원인 아동들 중에서 할 수 있으면 바람직하다. 그러나 아동대상 집단에서는 사회복지사가 원하는 바람직한 행동이 출현하지 않을 가능성이 높다. 필요에 따라 사회복지사는 집단의 내용과 관련하여 직접 모델링할 수도 있지만, 집단과정에 참여하는 방법을 모델링할 수도 있다. 즉, 어떻게 다른 구성원의 장점을 파악해서 지지해 주는지, 조심스러운 직면은 어떻게 하는 것이 좋은지, 자신의 의견은 어떻게 말하는 것이 좋은지 등과 같이 집단과정에 참여하는 방법과 태도에 대해서 모델링하게 된다.

(8) 지지와 직면의 균형 이루기

사회복지사는 집단 구성원 간에 적절한 지지와 직면이 이루어질 수 있도록 원조한다. 효과적인 직면은 활발한 집단활동의 기본적 요소이다. 직면은 구성원 간에 이루어질 수도 있고, 사회복지사가 구성원에게 할 수도 있다. 말과 행동 또는 이야기한 내용 중에 모순과 불일치가 있음을 보여 줌으로써 스스로 자신의 내적 욕구를 깨닫게 하고, 궁극적으로 자아 대면능력을 향상시키는 것이다. 효과적인 직면이 되기 위해서는 충분한 지지를 전제로 서로 간에 일정 정도의 신뢰가 구축되어 있어야 한다. 아동 간의 직면이 비난이나 책망이 되지 않도록 주의해야 하며, 특히 내성적인 아동에 대해서는 지지적인 기법으로 충분히 집단 분위기를 편안하게 느끼도록 조성하는 것이 더 중요하다.

4. 종결의 기술

1) 종결 시점

종결은 의도적이고 계획적으로 이루어지기도 하고, 다양한 원인으로 갑작스럽게 이루어지기도 한다. 예컨대, 아동의 이사나 사회복지사의 전직 등 다양한 요인이 의도하지 않은 종결을 초래할 수 있다. 그러나 일반적으로 의도된 종결은 문제가 해결된 시점에 이루어진다. 즉, 사회복지사와 클라이언트가 실천적 개입을 통해 성취해야 할 목표를 분명히 정했다면 종결의 시점은 목표가 달성된 때라고 할 수 있다.

2) 종결에 대한 준비와 개입

의도 여부와 무관하게 아동들에게는 종결이 어려울 수 있다. 아동은 자신에게 관심을 갖고 따뜻한 태도를 보이는 성인에게 애착을 빨리 형성하기 때문이다. 사회복지사와 아동 간의 깊은 신뢰와 우정이 형성되면 어떠한 이유에서든 아동은 자신이 경험한 좋은 관계를 끝내고 싶어 하지 않을 것이다.

따라서 아동에게 종결이 버려지는 경험이 아닌 아동 자신의 성장과 변화를 의미하는 경험으로 받아들이도록 재조명해 주어야 한다. 이를 용이하게 하기 위해 아동과 사회복지사는 몇 주 앞서서 종결 날짜에 대해 논의하는 것이 바람직하다.

예컨대, 마지막 3회기 전 정도에 미리 종결을 알려 주고, 사회복지사 스스로 종결을 준비하는 것은 물론 아동에게 충분히 준비시키는 것이 좋다. 아동에게 안전한 환경에서 자신의 슬픔이나 아쉬움을 표현하고 나누도록 허용하는 과정이 필요하기 때문이다.

문제가 재발하면 아동이 어떻게 행동할 것인지에 대한 계획을 세우고 이를 미리 연습해 볼 수도 있다. 아동에게 사회복지사가 아직도 관심을 가지고 있는 사람이며, 필요하면 언제든 도움을 줄 수 있음을 알리는 것이 좋다. 그러나 가능성도 고려해 보지 않고 꼭 다시 만날 수 있다고 섣불리 약속하는 것은 바람직하지 않다. 예컨대, 아동이 멀리 이사를 가야 한다거나 다른 이유 등으로 다시 만날 수 없을 경우에 아동을 당장 안심시켜서 종결하기 위해 거짓말을 하는 것은 좋지 않다. 이보다는 솔직하게 이야기해 주고, 상담과정에서 좋았던 것, 즐거웠던 것, 변화했던 것 등을 되새길 수 있도록 돕는 것이 바람직하다.

3) 아동집단의 종결

집단을 활용한 개입에서 종결은 사회복지사와의 분리뿐 아니라 또래집단 구성원들과 헤어진다는 사실에 대해 아동은 다소의 불안과 우울을 경험하고, 집단 밖의 실제 생활에서 자신이 배운 것을 적용할 수 있을지 두려워한다.

따라서 아동집단상담을 종결하는 사회복지사는 특별히 염려되는 구성원이 없는지, 상담이 끝나기 전에 다른 구성원과 함께 나누고 싶은 느낌이나 생각이 있는지, 헤어짐과 관련된 감정을 어떻게 다루고 있는지 등을 면밀하게 살펴야 한다. 사회복지사는 아동들에게 상담이 끝나는 데서 오는 감정을 표현할 기회를 충분히 주고, 어떠한 변화가 있었고, 그 변화의 의미는 무엇인지 확인시켜 줘야 한다. 그리고 상담이 끝나고 집단에서 있었던 일들에 대해 비밀을 유지할 것을 당부해야 한다(김명권 외, 2001).

일반적으로 아동들은 종결에 저항하고, 계속할 것을 조르거나 애원한다. 따라서 무엇인가 끝이 났다는 것을 서로 간에 수용하고, 지금까지의 변화를 성취로 인식할 수 있도록 수료식이나 파티를 통해 종결을 준비하며, 사진 등을 찍어서 기념할 수 있도록 하는 것이 좋다.

연구문제

1. 자신의 발달력과 가계도에 대한 조사를 수행해 보고, 아동발달적인 관점에서 분석해 봅시다.
2. 역할극을 통해 아동의 초기 저항을 다루는 방법을 연습해 봅시다.
3. 구조화된 평가도구를 활용하여 사정을 하는 방법을 연습해 봅시다.
4. 아동의 양육환경을 스크리닝하는 방법을 연습해 봅시다.
5. 아동을 대상으로 하는 집단을 계획하고, 실제 운영을 위해서는 각 집단의 목적에 따라 구체적으로 어떠한 내용이 고려되고 준비되어야 하는지, 종결 시에는 어떤 어려움이 있는지에 대해 토론해 봅시다.

제8장 빈곤아동

1. 빈곤의 개념과 아동 빈곤의 이해
2. 아동 빈곤의 현황
3. 아동 빈곤의 영향과 원인
4. 아동 빈곤에 대한 정책 대응

… 연구문제

제8장

빈곤아동

빈곤은 인간다운 삶을 영위하는 데 필요한 최소한의 자원이 부족한 상태, 결핍의 상태를 의미한다. 통상 생계비, 주거를 위한 주택 등 경제적인 자원의 부족을 빈곤의 주요한 측면으로 보지만 최근에는 물적자원 외에도 삶에 필요한 건강, 교육, 문화, 관계 등 기타 기초적인 자원의 결핍도 빈곤의 주요 측면으로 간주한다. 빈곤은 아동의 건강한 성장에 위험한 환경이다. 아동의 발달과 이상적인 사회 적응을 위하여 빈곤에 대응하여야 한다. 정부와 민간은 아동의 빈곤을 이해하고 빈곤을 예방, 또는 완화하기 위한 노력을 하여야 한다. 아동의 빈곤에 대한 대응은 미래의 주요한 사회 주역을 양성한다는 의미에서도 중요한 의미를 지닌다. 대부분의 선진국은 아동의 빈곤에 대응하는 정책을 적극적으로 추진하고 있으며, 우리나라도 예외는 아니다. 이 장에서는 아동의 빈곤이라는 개념과 원인, 그리고 영향과 아동 빈곤에 대응하는 각종 정책을 정리하고 검토한다.

1. 빈곤의 개념과 아동 빈곤의 이해

빈곤아동은 빈곤한 아동을 의미한다. 따라서 빈곤아동에 대하여 이해하기 위해서는 빈곤에 대한 정의와 측정, 파악이 전제되어야 한다. 빈곤을 이해하기 위하여 빈곤의 다차원성과 빈곤과 불평등의 관계를 거론하여야 한다.

「아동의 빈곤예방 및 지원 등에 관한 법률」 제3조 정의에서는 '아동 빈곤'을 "아동이 일상적인 생활여건과 자원이 결핍하여 사회적 · 경제적 · 문화적 불이익을 받는 빈곤한 상태"로 명사하고 있다. 그리고 '빈곤아동'이란 "생활여건과 자원의 결핍으로 인한 복지 · 교육 · 문화 등의 격차를 해소하기 위하여 지원이 필요한 아동"으로 명사하고 있다. 법적 정의를 참고하여 보자면 자원의 결핍이 빈곤의 원인이자 현상이라면 그 결과는 사회적 · 경제적 · 문화적 불이익이라고 할 수 있다. 법의 해당 조항은 격차와 빈곤을 해소하기 위하여 경제적 지원뿐 아니라 교육, 문화 등 여러 측면의 지원이 필요하다는 점도 시사하고 있다.

생활영역을 중심으로 보자면 빈곤은 다차원적인 개념으로 접근하여야 한다. 통상 빈곤을 소득 빈곤으로 이해한다. 일정 소득 이하의 경제적 여건에 있으면 빈곤 상태에 있다고 보는 것이다. 주로 중위소득[1]의 일정 비율, 예를 들어 40%, 50% 또는 60% 미만의 가구소득에 처한 가구를 빈곤 가구라고 분류한다. 하지만 빈곤은 소득 빈곤, 재산 빈곤뿐 아니라 주거 빈곤, 교육 빈곤, 의료 빈곤, 돌봄 빈곤 등 다양한 면에서 정의하고 측정할 수 있다. 소득만을 보게 되면, 예를 들어 비슷한 소득수준의 아동가구라고 하여도 의료비 지출이 낮고 주거가 자가인 가구의 생활과 가족의 의료비 부담이 크고 자가가 아니어서 임대료 지출이 높은 가구의 생활 차이를 놓치고 결국 빈곤 상황에 대한 파악에서 적지 않은 한계를 갖기 때문이다.

가구마다 욕구의 수준이 상이하므로 빈곤을 파악할 때, 소득이 일정 수준 이하인지를 파악하는 것 외에 기초적인 생활영역에서 박탈이 초래되고 있는지 여부, 그리고 특정 기초영역의 지출이 과부담 상태인지 여부 등 다양한 방식으로 빈곤을 파악하려고 노력하여야 한다. 예를 들어, 지출이 높지 않아 일정 소득의 가구

---

1) 통상 빈곤선을 정할 때 평균소득이 아니라 중위소득의 일정 비율을 선택한다. 이유는 평균소득은 상층이나 하층, 특히 상층의 소득으로부터 크게 영향을 받아 높아질 위험이 있는 반면, 중위소득은 소득분배의 편향적 상황으로부터 상대적으로 덜 영향을 받고 분배의 상황을 조금 더 합리적으로 반영할 수 있기 때문이다.

에서 해당 지출이 부담이 되지 않는다고 하여도 지출을 너무 아껴서 기초 욕구를 해결하지 못하고 박탈 상태에 있다면 비용 부담만으로는 빈곤 여부를 알 수 없다. 즉, 박탈 상황인지도 확인하여야 한다. 반면에 박탈이 없다고 하여도 기초 수준의 욕구를 해결하기 위하여 지출한 비용이 해당 가구에 매우 심하게 부담이 되는 상황이라면 빈곤 상태에 있다고 보아야 할 것이다. 특정 생활영역의 지출이 과도하게 높아지면 다른 생활영역에서 기초 수준의 욕구 충족을 하기 어렵게 되기도 한다. 예를 들어, 교육비를 높게 지출하여야 하는 가구의 경우 아동의 식생활에서 박탈이 초래될 위험이 있다.

아동종합실태조사에서도 물질적 환경을 조사하는 항목에서 소득과 지출, 그리고 박탈을 조사하고 있다. 2023년 아동종합실태조사에서는 식생활, 의생활, 주거 및 주거환경, 의료 및 건강, 가족활동 및 문화생활, 사회적 지지, 저축, 교육, 경제적 어려움 등 9개 영역의 31개 물질적 · 사회적 박탈 상태 문항을 조사하였다(이상정 외, 2023: 550-553). 이 조사 결과, 아동가구의 평균 박탈점수는 1.15점[2)]이었다. 2018년의 평균 박탈점수 1.58점과 비교하면 2023년의 박탈점수는 감소하였다. 조사 결과, 공공부조 수급가구가 일반 가구에 비하여 높은 박탈수준을 보였다. 그리고 한부모 · 조손 가구가 양부모 가구보다 박탈 수준이 높았다. 대부분의 선진국에서는 박탈을 경험하는 가구의 비율이 매우 낮다. 박탈을 경험하는 비율이나 박탈의 수준이 낮다고 하여도 박탈에 대하여 주목할 필요가 있다. 그 비율은 낮아도 그만큼 심한 빈곤을 경험하고 있는 아동가구일 가능성이 있기 때문이다.

비용 과부담은 기초 욕구영역의 지출이 소득과 비교하여 일정 비율을 초과할 때를 이른다. 지출영역마다 과부담의 기준 비율은 상이하다. 지출영역마다, 학자마다 지출이 소득의 10%, 20%, 30% 등 일정 비율 이상이면 과부담 상태라고 다양하게 기준을 적용하여 판단한다.

주거영역을 예로 하여 빈곤을 파악하는 다양한 방식과 빈곤 현황을 살펴보면 다

2) 31개의 조사 문항 중 박탈된 문항(가지고 있지 않거나, 하고 있지 않거나, 박탈 경험이 있다고 응답한 경우)을 합산한 점수이다.

음과 같다. 주거 빈곤 역시 주거 박탈, 주거비 과부담 등으로 빈곤 여부를 파악할 수 있다. 주거 박탈은 최저 주거 조건을 갖추지 못한 주거환경에 살고 있는지를 기준으로 최저 주거 조건에 부합하지 못하는 환경에 거주할 경우 주거 박탈, 주거 빈곤으로 간주한다. 주거비 과부담은 주거비가 소득 중 일정 비율(통상 30%)을 초과하는 경우 주거비 과부담 상태의 빈곤으로 간주한다. 한편, 주거비 부담을 살펴보는 다른 방법은 주거비 지출 후 가처분소득의 수준으로 주거 빈곤을 정의하고 측정하는 것이다. 주거비 지출 후 조정가처분소득이 해당 조정가처분소득 중위 값의 50% 또는 60% 이하의 수준일 때 주거비 지출의 영향이 반영된 빈곤으로 간주하기도 한다. 즉, 주요 생활영역에서의 빈곤은 해당 영역의 지출이 소득 대비 과하게 높을 때, 그리고 최저 수준의 생활을 유지하지 못하고 박탈 상태에 있을 때 빈곤 상태로 간주한다.

결국 빈곤을 파악하고자 할 때 소득 빈곤, 박탈, 지출 과부담, 지출 차감 후의 조정가처분소득 빈곤 등 여러 측면을 모두 고려하여야 한다. 앞의 예와 같이 소득 빈곤만으로는 주거 박탈이나 주거비 과부담을 포착할 수 없다. 최저 주거 수준을 확보하였으나 소득 대비 해당 주거 지출이 너무 높아서 다른 생활의 기초 수준을 확보하기 어려운 상황에서 최저 주거 수준 확보만을 기준으로 하면 빈곤 상태를 파악하기 어렵고, 반면 주거비 부담이 낮지만 주거 상태가 매우 열악한 경우 주거비 과부담만 고려하면 빈곤 상태를 파악하기 어려울 수 있기 때문이다.

빈곤에 대한 판단에서 절대적인 기준과 상대적인 기준을 고려하는 두 가지 접근이 존재한다. 통상 중위소득의 40%, 50%, 60% 등으로 일정 비율 이하의 경제적 여건을 빈곤으로 간주하는 접근은 상대적 수준을 기준으로 하는 측정이다. 절대적 수준을 기준으로 하는 예는 과거 우리나라의 최저생계비 기준 적용을 들 수 있다. 기초적인 생활에 반드시 필요한 최소한의 항목과 최저 수준의 지출을 기준으로 빈곤선을 설정하고, 그 기준을 적용하여 빈곤 여부를 판단하는 것은 절대적인 기준을 적용하는 것이다. 어쩌면 박탈을 기준으로 빈곤 여부를 판단하는 것도 절대적 기준 적용에 가깝다. 하지만 최저생계비의 계측에서도 소비 행태의 시대별 경향이 반영되고, 박탈도 특정 시기의 일반 사회 구성원의 생활을 반영하여 기준

표 8-1 빈곤의 다양한 차원

영역	빈곤의 기준
소득과 재산	중위소득의 일정 비율, 최저생활비, 중위 재산의 일정 비율 등
주거, 교육, 의료, 돌봄 등	박탈, 과부담(비용이 소득 중 차지하는 비율의 일정 수준), 해당 지출 차감 후의 조정가처분소득 기준 중위 값의 일정 비율 등

이 설정되므로 완전한 절대적 기준이라고 보기는 쉽지 않다.

최근 대부분의 선진국은 상대적인 기준을 빈곤의 기준으로 수용하고 있다. 이러한 경향은 결국 불평등이라는 개념을 일부 반영한 것으로 볼 수 있다. 소득이나 기타 생활영역에서의 불평등의 수준이 빈곤선의 설정에 영향을 줄 수 있기 때문이다. 빈곤의 기준이 상대적인 개념을 적용하게 되면 불평등이 심한 사회에서는 그렇지 않은 사회의 빈곤선과 달라질 수 있다.

빈곤아동의 규모와 원인, 영향 등을 이해하자면 앞의 다차원적인 접근이 필요하다. 결국 빈곤에 대한 파악은 소득뿐 아니라 생활의 여러 차원에 대하여 파악하여야 하고, 아동의 빈곤은 아동의 삶의 질과 맞닿아 있다는 점을 수용하게 된다. 빈곤아동은 주된 삶의 영역에서 상대적으로 매우 낮은 수준에서 생활하는 아동이라고 이해할 수 있다.

2. 아동 빈곤의 현황

우리나라의 2021년 가처분소득 중위 50% 기준 아동 빈곤율은 9.9%이다. 시장소득 빈곤율은 12.7%이다. 아동의 빈곤율은 시장소득과 가처분소득[3] 기준 모두

3) 시장소득은 소득 중 근로소득, 사업소득, 재산소득, 사적이전소득의 합에서 사적이전지출을 뺀 소득을 의미한다. 가처분소득은 시장소득에 공적이전소득(공적연금이나 기타 정책지원 금액)을 더하고 공적이전지출(세금과 사회보험료)을 뺀 소득이다(통계청, 2025).

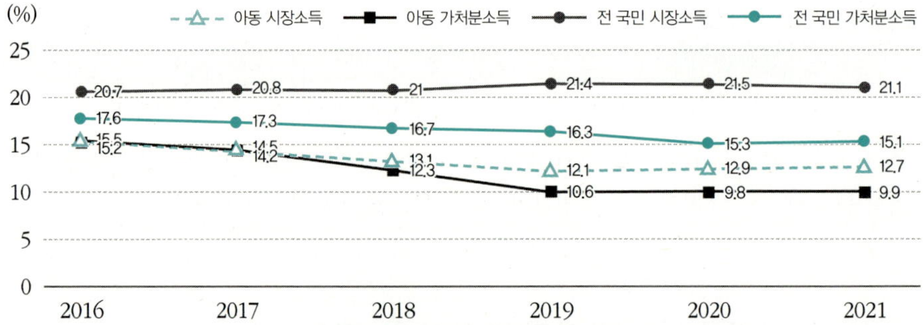

그림 8-1 아동 빈곤율 변화

출처: 빈곤 · 불평등연구실(2024).

최근으로 올수록 감소 추세에 있다. 코로나19 감염병의 확산으로 전체적으로 경제활동에 부정적 영향을 크게 받았던 2020년과 2021년의 빈곤율이 다소 높지만 이러한 감소 경향은 2000년대 중반 이후 계속 유지되어 왔다. 2010년대 후반부터 시장소득 아동 빈곤율과 비교하여 가처분소득 아동 빈곤율이 낮고, 그 차이가 더 벌어진 것은 아동에 대한 공적 지원이 확충되었기 때문으로 해석할 수 있다.

우리나라의 아동 빈곤율은 전 국민 빈곤율과 비교하여 낮은 수준이고, 낮아지는 추세를 보여 왔다. 아동 빈곤율이 낮아지는 경향을 보이는 이유로는 아동가구의 부모가 맞벌이를 하는 비율이 높아지는 상황이 반영되었을 것으로 추정된다. 더불어 아동을 양육하기 위하여 주거비, 교육비 등의 부담을 더 크게 인식하는 사회환경의 변화로 경제적인 여건이 양호한 가구에 한정하여 출산을 선택하는 경향도 영향을 주었을 것으로 추정된다.

2019년 기준 우리나라의 아동 빈곤율은 해외 주요국의 빈곤율과 비교하여서도 낮은 편에 속한다. 사회보장 수준이 매우 높은 스웨덴, 노르웨이 등의 국가와 크게 다르지 않은 수준이다. 이러한 비교 결과를 보아도 우리나라의 아동 빈곤율의 수준에는 아동 보호자의 소득활동과 사회적 지원뿐 아니라 경제적 여건이 좋은 부모가 출산을 결정하는 사회적 경향이 원인으로 작용하였을 것으로 보인다.

그림 8-2 각국의 아동 빈곤 비교

출처: OECD Income Distribution Database. (2022. 10); 통계개발원(2022b). p. 4.

빈곤의 다차원성을 수용하고 각 생활영역에서 빈곤 상황을 파악하는 것이 중요하지만 필요한 정보를 구하는 것은 쉽지 않다. 우리나라 아동의 주거, 교육, 그리고 의료 영역에서 빈곤 경험이 어느 정도인지에 대한 통계를 구하기가 쉽지 않다. 이하에서는 주거 빈곤을 중심으로 현황을 보았다. 교육과 의료비용 부담이 적지 않은 우리나라의 실정을 감안할 때 교육 빈곤과 의료 빈곤 상태의 아동 규모도 유심히 살펴볼 필요가 있다.

아동가구의 주거 빈곤에 대한 한 연구(현대환, 최은영, 2022:29)에서 아동 빈곤의 일부를 엿볼 수 있다. 2020년을 기준으로 주거 빈곤 상태의 아동가구[4]는 28만 가구이고, 주거 빈곤아동은 45만 명이었다. 2015~2020년 동안 아동가구의 주거 빈곤율은 전 가구의 주거 빈곤이 감소한 것과 같이 감소하여 9.4%에서 5.1%로 개선되었다. 하지만 주택 이외의 거처에 거주하는 아동가구의 수는 크게 감소한 것은 아니다. 지역별로 보자면 주거 빈곤아동가구의 절반 이상이 서울, 경기, 인천과 같이 수도권에 집중되어 있다.

4) 이 연구에서 아동가구는 만 19세 이하 가구원이 있는 가구로 구분하였다.

표 8-2 **전국 아동 및 아동가구의 주거 빈곤 현황(2015~2020년)** (단위: 천 명, 천 가구, %)

구분		아동 수				아동가구			
		2015년		2020년		2015년		2020년	
주택	최저 주거 기준 미달	789	8.1	347	4.1	468	7.7	210	3.9
	지하	99	1.0	53	0.6	65	1.1	36	0.7
	옥상	12	0.1	11	0.1	8	0.1	7	0.1
주택 이외의 거처		87	0.9	51	0.6	56	0.9	33	0.6
주거 빈곤		944	9.7	447	5.2	571	9.4	276	5.1
전체		9.778	100.0	8.525	100.0	6.083	100.0	5.403	100.0

출처: 통계청(2015~2020년); 현대환, 최은영(2022). p. 30에서 재인용.

생활영역의 아동 빈곤을 파악하기 어려우므로 아동의 삶의 질 관련 통계에서 일부를 확인하며 유추해 보고자 한다. 전체적으로 우리나라 아동의 삶의 질은 영역에 따라 상이하다. 인지, 학습, 안전 등에서 삶의 수준이 향상된 것으로 보이나 건강에서는 긍정적으로 평가되기 어렵다. 신체적 건강을 보면 비만율은 2019년 15.1%에서 2021년 19.0%로 급격히 증가하였으며, 주관적 건강 인지율 또한 2020년 69.6%에서 2021년 64.7%로 감소하였다. 영양 결핍률은 2019년에서 2020년 사이 1~9세는 3.4%에서 6.9%로, 10~18세는 16.7%에서 23.4%로 급격히 상승하였다(통계개발원, 2022:4). 청소년의 스트레스 인지율은 같은 기간 34.2%에서 38.8%로 증가하였다. 의료서비스에 대한 접근성은 나쁘지 않다고 하여도 결과지표라고 할 수 있는 주요 건강 지표들을 보면 아동의 건강에서 기초 수준의 유지가 쉽지 않았을 것으로 추정된다.

3. 아동 빈곤의 영향과 원인

1) 아동 빈곤의 영향

아동 빈곤의 영향을 분석한 연구는 매우 다양하며, 그 수도 적지 않다. 아동 빈곤은 아동의 삶뿐 아니라 아동의 성인기, 그리고 사회 전반에도 영향을 미친다. 아동의 빈곤은 아동의 신체적 성장과 발달, 학교적응, 학업성취, 정서, 사망 여부 등과 성인기의 인적자본, 경제활동, 경제적 수준과 정신적 건강에 영향을 주며, 사회 구성원으로서의 활동과 사회에 대한 기여, 결국 사회의 발전에도 영향을 준다. 아동 빈곤은 상대적으로 치명적이고, 그 결과도 심각하고 넓게 퍼진다.

앞서 언급하였듯이, 빈곤은 아동 본인의 성장과 발달에 부정적인 영향을 준다. 이러한 영향은 성인기까지 영향을 줄 위험이 있다. 아동의 영양 섭취, 질병 예방과 관리 등은 아동가구의 경제적 수준으로부터 영향을 받는다. 아동의 빈곤은 아동의 건강 수준뿐 아니라 심각한 경우 아동의 사망에도 영향을 줄 수 있다. 한편 아동의 빈곤은 학업성취에도 부정적 영향을 주는 것으로 알려져 있는데, 빈곤은 아동과 부모의 관계 등 여러 환경요인을 매개로 아동의 학업에 영향을 줄 수 있다.

사회적으로 불평등이 심하고 빈곤률이 높아지면 아동가구의 부모가 경험하는 압박과 스트레스, 아동의 일상과 삶에 부정적인 영향을 준다. 우리나라 아동가구의 소득 빈곤은 높지 않다. 그럼에도 불구하고 불평등에 대한 인식과 아동가구가 받는 경쟁적 압박 등은 낮지 않고, 그 결과 아동의 삶의 질은 그리 긍정적이지 않

표 8-3 아동 빈곤의 영향

영향의 범위	영향의 내용
아동 본인	신체 성장과 발달, 학업성취, 정서, 사망
빈곤 경험 아동의 성인기	인적자본, 경제활동, 경제적 수준, 정신건강 등
사회	사회적 기여, 사회적 통합 등

은 모습을 보이고 있다. 최근으로 올수록 이러한 부정적 경향은 더 심화되고 있다.

아동의 전반적인 삶의 만족도는 2020년 6.80점으로, 2017년에 비해 소폭 감소하였다. 마찬가지로 긍정 정서 또한 2020년에 소폭 감소하였고, 부정 정서는 2017년에 2.67점에서 2020년 2.94점으로 증가하였다(통계개발원, 2022:7). 그리고 정신건강을 보여 주는 주요 지표 중 자살률은 2020년 10만 명당 2.5명에서 2021년 2.7명으로 증가하였다.

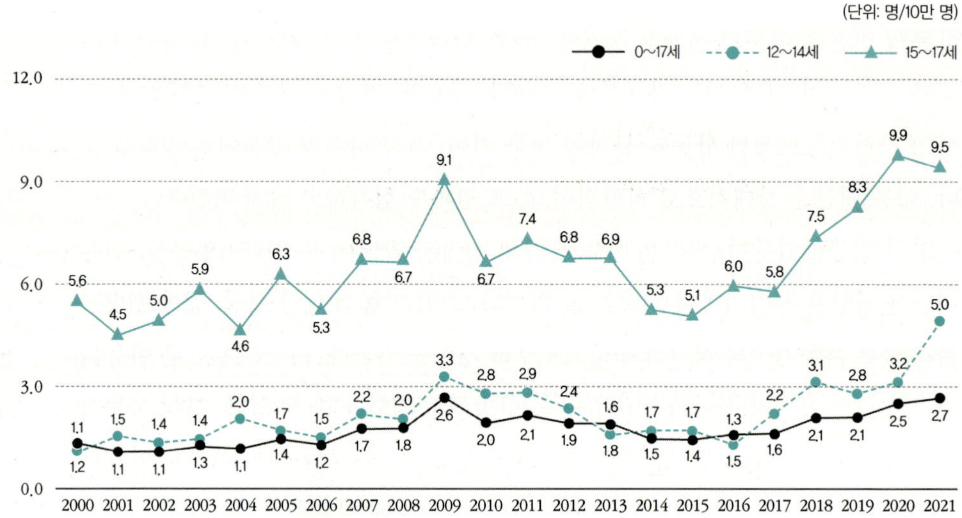

그림 8-3 아동 자살률(2000~2021년)

출처: 통계청, 사망원인통계, 인구동향조사.; 통계개발원(2022). p. 42에서 재인용.

주: 만 0~17세 사망자 중 자살로 인한 사망자 수를 해당 연령 인구를 10만 명당으로 계산한 수치임.

우리나라 아동 및 청소년의 주관적 행복 지수는 2021년 기준 79.50으로, OECD 국가 중 최하위였다. 아동의 소득 빈곤율이 낮은데도 이러한 결과를 보이고 있다. 이러한 상황을 고려한다면, 아동의 빈곤을 좀 더 여러 차원에서 파악하여 아동의 건강한 성장을 지원할 수 있도록 하여야 한다. Casas 등(2022)의 연구는 한국을 포함한 국제 비교연구를 통해 국가 차원의 경제적 부와 불평등이 아동의 정서적 웰빙에 미치는 영향이 두드러짐을 보여 주었다. 특히 지니계수로 측정된 경제적 격차가 큰 나라일수록 전반적인 삶의 만족뿐만 아니라 가족관계, 친구관계, 시간 사용,

사는 동네 등 다양한 세부 영역의 만족도가 떨어지는 것으로 보아 한국 사회의 경제적 격차가 아동의 삶의 질에 미치는 영향을 시사한다(유조안 외, 2024, p. 8에서 재인용). 아동의 소득 빈곤뿐 아니라 단순히 소득으로는 파악할 수 없는 아동의 삶의 여러 측면에서 발생하는 불평등 속 빈곤을 파악하여야 할 이유가 다시 확인된다.

아동기의 빈곤은 결과적으로 아동의 학력과 전문적 성취 등에 영향을 주어 아동이 성인이 된 이후에 경제활동을 할 때에도 영향을 주게 된다. 고용의 안정성, 임금뿐 아니라 사회 적응력, 사회적 관계, 정신건강 등 성인기의 사회경제적인 여러 측면에 영향을 줄 수 있다. 결과적으로 아동의 빈곤은 개인의 성장과 사회경제 활동뿐 아니라 사회 전체의 성장과 통합에도 영향을 줄 수 있다. 아동의 빈곤을 예방하고 아동 빈곤에 합리적이면서도 체계적으로 대응하면 아동이 건강한 사회 구성원으로 자라 사회적 기여를 하게 될 기회를 얻게 될 것이며, 사회의 발전에도 긍정적으로 영향을 줄 것이다.

빈곤의 영향은 빈곤을 경험한 시기, 경험 기간, 그리고 경험한 빈곤의 심도에 따라 영향이 달라진다는 것이 정설이다. 아동 빈곤의 영향에 대한 김효진(2008:34)의 설명은 그 특징을 이해하는 데 도움이 된다. "아동이 빈곤을 경험한 시기가 어릴수록, 오랜 기간 빈곤가정에서 생활할수록, 극심한 빈곤을 경험할수록 아동 빈곤의 결과는 더 강력할 수 있다". 서울아동패널자료를 분석한 권은선, 구인회(2010)의 연구에 따르면 빈곤은 아동의 건강에 부정적 영향을 미치는데, 지속 빈곤, 일시 빈곤, 비빈곤으로 나누어 비교한 결과 지속빈곤이 아동 건강에 대한 악영향이 더 큰 것으로 나타났다. 이 연구에서 빈곤은 부모-아동 간 유대관계 약화와 부부간의 갈등을 통하여 아동의 건강에 부정적으로 작용하는 것으로 해석하였다. 아동 빈곤의 영향은 가정의 역기능과 자원 부족 등 여러 요인을 매개로 다양한 경로로 아동의 삶에 영향을 주게 된다.

2) 아동 빈곤의 원인

아동 빈곤의 원인은 일반적인 빈곤의 원인과 상당히 유사하다. 아동의 빈곤이 대부분 아동의 보호자인 성인 빈곤에서 비롯되기 때문이다. 즉, 일반적인 빈곤 원인이 아동 빈곤의 원인이 된다. 많은 연구가 지적한 빈곤의 주된 원인은 성, 연령, 학력, 건강과 같은 인적자본, 경제활동의 안정성, 지출의 부담 등이다.

생계를 책임지는 가구주의 특성을 기준으로 보자면 남성과 비교하여 여성인 경우에 더 빈곤할 위험이 크다. 연령이 높아져서 고령기가 될수록, 학력이 낮을수록, 건강이 좋지 않고 장애를 가지고 있을 경우에 빈곤의 위험이 높아진다. 그리고 고용 안정성이 낮을수록 빈곤의 위험이 커진다. 한편, 건강하지 않은 가구원이 있어 의료비 지출 부담이 높을수록, 주거비가 높은 경우에도 빈곤의 위험이 크다. 최근에는 질환이 있는 가구원이나 장애가 있는 가구원의 돌봄 비용도 빈곤 위험을 높이는 요인으로 주목을 받고 있다.

아동 빈곤의 보다 특별한 원인을 꼽자면 한부모와 같은 가구 구성이 될 수 있겠다. 가구 구성이라는 측면에서 볼 때 한부모가구의 경우 빈곤 위험이 크다. 맞벌이를 하기 어렵고, 아동의 돌봄 비용이 높아질 가능성도 있기 때문이다. 그리고 아동의 돌봄이나 교육비 등 아동으로 인한 지출의 영향으로 인한 가계의 어려움을 고려할 수 있다.

앞서 살펴본 아동 빈곤의 영향을 고려하면서 아동 빈곤의 원인을 함께 보자면 빈곤은 이전 세대의 빈곤에서 다음 세대의 빈곤으로 이어지면서 악순환이 될 가능성이 매우 높다. 사회이동성이 낮아 빈곤의 세습이 강하면 전 세대의 빈곤이 다음 세대 빈곤의 결정적인 요인으로 작용한다. 한 사회의 빈곤 대응 정책이 얼마나 적극적이고 합리적인가에 따라 빈곤의 악순환을 줄일 수 있는 정도가 달라질 것이다. 여러 국가가 빈곤의 세습을 확인하는 지표를 관리한다. 사회이동성의 수준

표 8-4 아동 빈곤의 원인

영역	원인
인구사회학적 특성	가구주 또는 보호자의 성(여성), 연령(고령), 질환, 장애 등
경제활동 관련 요인	가구주 또는 보호자의 실업, 고용불안, 낮은 임금
지출 부담	높은 수준의 주거비, 의료비, 돌봄비용 등

을 점검하는 것도 빈곤 정책의 효과를 점검하기 위한 중요한 노력이다. 빈곤의 악순환, 세습을 막아야 우수한 사회 구성원을 확보하고, 근로에 대한 긍정적이며 이상적인 사회적 분위기를 고양하면서 사회경제적인 혁신을 추동해 갈 수 있다. 또한 궁극적으로 통합 수준이 높은, 그리고 성장 기반이 우수한 사회를 구현할 수 있다. 사회이동성이 낮으면 비슷한 수준의 빈곤율을 보여도 그 영향이 더욱 부정적이고 심각할 수 있다.

아동의 빈곤을 줄이고 예방하기 위한 정책들은 아동 빈곤의 원인에 대응하고 있다. 한부모가족의 양육비를 지원하고, 질환과 장애를 가진 아동가구의 지출을 보전하고자 한다. 그리고 아동가구를 위한 주거 보장과 식품지원, 돌봄서비스 제공을 도모하는 정책들은 아동 빈곤에 대응하는 정책이라고 할 수 있다. 한편 경제활동을 하는 사회 구성원의 임금과 세금에도 아동이 있는 경우에는 추가적인 지원이 되도록 별도의 장치들을 두고 있다.

4. 아동 빈곤에 대한 정책 대응

1) 아동 빈곤에 대한 정책의 방향

빈곤아동을 지원하는 정책은 그 정책 대상의 특징을 고려하고, 바람직한 정책 방향을 유지 및 강화하여 정책의 효과를 높여야 한다. 성인기의 빈곤에 대한 정책 대응과 달리 아동기의 빈곤 원인과 빈곤의 영향을 고려하여 정책 설계가 이루어져야 한다. 다음은 빈곤아동에 대한 정책이 지향하여야 할 바를 정리한 것이다.

첫째, 빈곤아동에 대한 지원은 낙인을 줄이는 정책이 되도록 하여야 한다. 아동기의 낙인은 성인기까지 이어지고, 개인의 건강한 사회적응과 사회통합을 방해할 위험이 크다. 그리고 이러한 위험은 성인기의 낙인 경험보다 그 부정적 영향이 오래 유지될 수 있다. 주요국들의 아동에 대한 각종 지원이 성인기 이후의 지원보다 보편적 지원을 선호하는 이유가 여기에 있다. 아동복지 정책은 선별적 지원에서

조차보다 정교하고 세밀한 정책 설계를 하는데, 예를 들어 지원을 받는 아동이 지원을 받지 않는 비빈곤아동과 구분되거나 잘 드러나지 않도록 집행방식을 마련하기도 한다.

둘째, 아동의 빈곤에 대한 대응은 빠를수록 성공적이다. 빈곤아동에 대한 정책대응은 아동의 연령이 어릴수록 정책의 효과가 높고 오래 유지될 개연성이 크다. 각국의 빈곤아동에 대한 개입이 영유아기부터 시작하는 이유가 바로 이것이다. 빈곤 가구에서 출생한 아동이 출생 이후 겪는 한계를 예방하고, 또는 빠르게 극복하여 비빈곤아동과 같이 기초 수준의 생활을 누리도록 하는 정책 개입이 이루어져야 한다.

셋째, 아동의 빈곤에 대한 정책 대응은 보다 종합적이어야 한다. 빈곤아동에 대한 영향은 신체적 건강과 성장뿐 아니라 정서, 학업성취, 사회적응 등 전면적이기 때문이다. 빈곤아동에 대한 정책 지원은 아동가구에 대한 소득지원과 더불어 인지발달과 사회적 · 정서적 발달에 대한 지원, 가족의 관계 강화 등 종합적이어야 한다.

넷째, 빈곤아동에 대한 지원은 보호자와 아동에 대한 지원으로, 보호자가 아동을 잘 양육하는 환경을 조성하는 지원이 되도록 하여야 한다. 빈곤아동가구의 경우 고용 상태, 건강 등 여러 요인으로 인하여 보호자는 높은 스트레스 수준에 노출되고, 따라서 아동과 함께 긍정적인 경험을 공유할 기회를 확보하기가 쉽지 않다. 아동의 신체적 · 정신적 건강과 사회적 관계 형성, 학업성취를 위해서는 보호자에 대한 지원을 포괄하여야 한다.

다섯 번째, 빈곤아동에 대한 지원은 기회의 평등과 함께 결과의 평등도 고려하여야 한다. 빈곤에 대한 대응 정책은 주로 기회의 평등을 지향한다. 기회의 평등을 보장하는 것은 매우 중요하다. 다만 종종 기회의 평등만으로는 빈곤아동의 건강한 사회 적응과 통합을 얻지 못한다. 단순한 기회 확보만으로는 빈곤아동이 비빈곤아동과 유사한 사회경제적 성취를 하기가 어렵다. 또는 특정 정책이 평등하도록 보장한 기회가 빈곤아동이 만나게 될 불평등 기회 중 일부 기회로 한정될 수도 있다. 기회 평등을 도모하는 정책 외에 빈곤아동에게 부정적으로 작용하는 여러 요인을 고려할 수 있는 정책 점검과 정책 기획 기제를 잘 갖추어야 한다. 빈곤아동의 성인기의 사회경제적 상황을 점검하고, 기회의 평등이 결과의 평등으로 이어지는 것을 방해하는 다양한 요인을 예민하게 관찰하는 정책 개선을 도모할 수 있어야 한다. 사회적 위험이 빠른 속도로 변화하는 최근의 사회 상황을 고려하면 이러한 정책적 노력은 더욱 중요하다.

2) 아동 빈곤에 대한 정책 현황

빈곤아동을 지원하는 정책, 아동의 빈곤에 대응하는 정책은 다양하다. 대상을 기준으로 하여 보자면 빈곤계층을 대상으로 하는 정책, 아동을 대상으로 하는 정책, 빈곤아동을 대상으로 하는 정책이 있다. 일반적으로 빈곤계층을 지원하는 정책은 빈곤아동가구도 지원하게 된다. 보편적으로 아동을 지원하는 정책은 빈곤을 예방하는 효과를 지닐 수 있으며, 동시에 빈곤아동가구의 빈곤 완화도 돕는다. 빈곤아동이나 아동가구를 선별하여 지원하는 제도도 있다. 세 가지 제도군 모두 빈곤아동의 빈곤을 예방 또는 완화하는 효과를 가질 수 있으며, 빈곤아동에 대한 정책으로 포괄해 볼 수 있다.

빈곤에 대응하는 대표적인 공공부조정책인 국민기초생활보장제도의 생계급여, 교육급여, 주거급여, 의료급여와 자활사업도 아동이 있는 빈곤가구가 수급할 수 있고, 결과적으로 아동가구의 빈곤 완화에 도움이 될 수 있다. 실업 상태에 대응하는 실업급여와 취업성공패키지 등도 아동가구의 빈곤을 예방하여 빈곤에 대

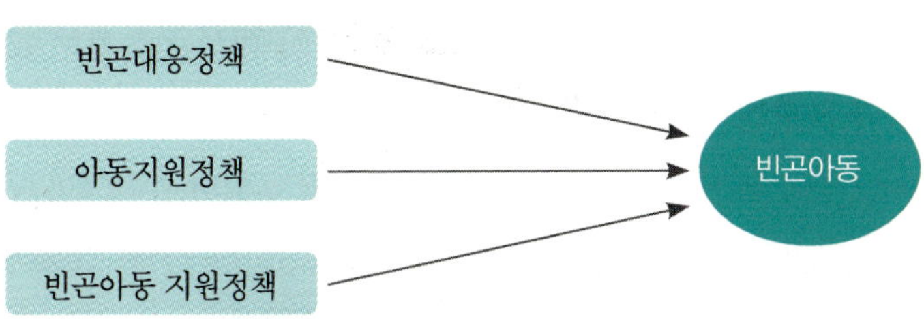

그림 8-4 빈곤아동에 영향을 주는 정책

응할 수 있다. 기타 빈곤층을 대상으로 하는 주거지원, 의료지원, 식품지원, 에너지지원, 문화지원 등의 정책은 아동 빈곤가구도 수급할 수 있는 중요한 제도이다.

아동가구를 지원하는 보편적 지원제도가 적지 않다. 다른 인구집단과 비교하여 아동에 대한 지원은 보편적 지원이 상대적으로 많다. 예를 들어, 아동수당은 보편적 지원으로서 빈곤아동가구의 소득 빈곤을 완화할 수 있다. 뿐만 아니라 아동가구를 대상으로 하는 보육서비스 등 돌봄서비스 지원이나 보건서비스, 의료서비스, 주거서비스는 빈곤아동가구의 지출 부담을 줄여 결과적으로 빈곤 완화를 도울 수 있다. 최근에는 다자녀가구에 대한 보편적 지원이 늘어났는데, 이러한 제도도 일부 빈곤아동가구의 빈곤을 완화하는 효과를 지닐 수 있다. 아동을 대상으로 하는 지원들은 빈곤한 아동가구만을 표적으로 하지 않지만 아동가구의 빈곤에 대응하는 효과를 갖는다.

이하에서는 주로 빈곤아동가구 및 빈곤아동을 대상으로 하는 대응정책으로 한정하여 정리하였다. 일반적으로 빈곤대응정책을 구분할 때 가구의 소득과 재산의 수준을 기준으로 하는 점을 고려하였다. 그럼에도 불구하고 앞서 지적하였듯이 보편적인 소득지원제도의 경우 빈곤 예방, 빈곤 완화의 효과가 있다는 점은 기억할 필요가 있다. 그리고 아동을 표적으로 하는 정책이 아니어도 결과적으로 아동에게 영향을 줄 수도 있다. 다만 이러한 정책들은 빈곤아동을 표적으로 설계된 것은 아니어서 협의의 아동 빈곤 대응 정책으로 보기가 쉽지 않을 수 있다.

빈곤가구의 아동을 지원하는 제도도 일정 소득 이하의 가구만을 대상으로 하지 않기도 한다. 경제 수준에 따라 지원을 차등하거나 또는 지원을 계층별로 줄이다가 일정 수준 이상은 정부가 재정적 지원을 하지 않는 방식으로 운영되기도 한다. 즉, 다음의 정책 중에는 빈곤아동가구, 빈곤아동만을 대상으로 하는 것은 아니지만 빈곤아동가구나 빈곤아동에게는 무료나 낮은 비용으로 서비스를 이용하도록 하거나 급여 수준을 높게 책정하는 제도들도 포함되어 있다.

빈곤아동을 지원하는 정책은 급여 형태를 기준으로 소득지원 정책과 서비스지원 정책으로 구분할 수 있다. 서비스지원으로 주거, 의료, 교육, 돌봄서비스, 그리고 기타 현물을 제공한다. 다음의 정책 사례는 중앙정부의 정책으로 한정하였다.

표 8-5 빈곤아동 지원 정책(중앙정부 주관 제도 중심)

급여 형태	정책 사례
현금지원	• 자녀장려금, 한부모가족 자녀양육비지원, 청소년부모 아동양육비 지원사업, 아동발달지원계좌 등 ※ 아동 및 아동가구 대상 현금지원은 보편적 지원이 다수
서비스 및 현물지원	• 의료 및 건강 지원으로 신생아 난청 조기진단, 산모 · 신생아 건강관리지원, 취학 전 아동 실명 예방, 미숙아 및 선천성 이상아 의료비지원, 영양플러스 등 • 교육지원으로 고교학비 지원, 교육복지우선지원사업, 방과후학교 자유수강권, 아동 대상 스포츠강좌 이용권 제도 등 • 돌봄서비스로 지역아동센터, 아이돌봄지원, 장애아동가족지원(발달재활서비스 제공) 등 • 주거지원으로 공공임대주택 우선 지원 등 • 기타 드림스타드, 기저귀 · 조제분유지원

(1) 빈곤아동에 대한 현금지원제도

빈곤아동에 대한 현금지원으로는 자녀장려금, 한부모가족 자녀양육비지원, 청소년부모 아동양육비지원사업, 아동발달지원계좌 등이 있다.

자녀장려금 제도는 국세청이 주관하는 제도로, 18세 미만의 자녀가 있고, 전년도 부모의 연간 총소득이 일정 수준 미만인 가구를 대상으로 한다. 재산 기준도 적용하며, 2025년 기준 부양 자녀 1명당 최대 100만 원이 지급된다. 한부모가족 자녀양육비지원은 여성가족부의 소관 제도로서 저소득 한부모가족(2025년 기준 기준중위소득[5] 63% 이하)의 자녀양육비용을 지원하는 제도이다. 지원 내용으로는 아동양육비 외에 학용품비를 지원하며, 복지시설에 입소한 가족에 대해서는 생활보조금을 지원한다. 청소년 한부모 아동 양육 및 자립 지원 역시 여성가족부가 주관하는 사업으로서 부 또는 모가 24세 이하이면서 아동을 양육하는 가구 중 소득

5) 기준중위소득은 가구소득의 중위 값을 의미하는 개념이지만 정부 지원의 기준으로 활용하기 위하여 중앙생활보장위원회가 심의, 의결하는 과정을 거쳐 결정, 고시하는 소득 기준이다.

인정액이 기준중위소득 65% 이하인 청소년 한부모가구를 지원 대상으로 한다. 급여는 아동양육비, 검정고시 등 학습비 등을 포괄한다.

아동발달지원계좌(디딤씨앗통장)는 저소득층 아동 및 보호 대상 아동의 사회진출 비용 마련을 위한 자산 형성을 지원하는 제도이다. 이 제도는 아동이 매월 일정 금액을 저축하면 국가가 1:1 매칭 지원금으로 같은 금액을 적립해 주는 방식으로 운영되었다. 2025년에는 대상 아동이 디딤씨앗통장에 적립하면 국가(지방자치단체)가 1:2 매칭 펀드로 월 10만 원 내에서 지원한다.

(2) 빈곤아동에 대한 서비스지원

빈곤아동을 대상으로 하는 서비스지원은 의료, 교육, 돌봄, 주거 등에서 다양하다. 의료 및 건강 지원으로는 신생아 난청 조기진단, 산모 · 신생아 건강관리지원, 취학 전 아동 실명 예방, 미숙아 및 선천성 이상아 의료비지원, 영양플러스 등의 제도가 운영 중이다. 교육지원으로는 고교학비지원, 교육복지우선지원사업, 방과후학교 자유수강권, 아동 대상 스포츠강좌 이용권 제도 등이 운영 중에 있다. 그리고 돌봄서비스로는 지역아동센터, 아이돌봄지원, 장애아동가족지원(발달재활서비스 제공) 등이 운영 중에 있다. 대부분의 제도는 대상 선정 기준으로 소득 기준을 두고 있으며, 국민기초생활보장제도 수급자 가구 아동과 차상위계층 아동을 대상으로 하는 제도도 다수이다. 대표적인 주거지원제도는 공공임대주택의 제공인데, 공공임대주택의 경우 아동 빈곤가구를 우선지원 대상으로 하고 있다.

기타 지원도 다양하다. 예를 들어, 저소득층 기저귀 · 조제분유지원제도는 기초생활보장제도 수급가구, 차상위계층, 한부모가족지원의 수급가구 등 저소득가구의 영아를 대상으로 기저귀와 조제분유 구매 비용을 바우처 형태로 지원한다. 기초생활보장제도 수급가구 중 영유아가 있는 가구는 에너지 비용도 바우처 형태로 지원받을 수 있다. 6세 이상, 초중고에 학령기 학생이나 동일한 연령의 기초생활수급자와 차상위계층의 아동은 과학문화바우처를 지원받을 수 있다.

아동을 대상으로 맞춤형 통합서비스를 제공하는 아동통합서비스지원(드림스타트사업)제도도 운영 중에 있다. 아동통합서비스지원은 주로 12세 이하의 취약계층 아동과 그 가족을 대상으로 건강검진 등 건강서비스, 인지 · 언어 서비스, 사회성 발달 등 정서 · 행동 지원서비스, 부모교육 등 부모와 가족을 대상으로 하는 서비스 등을 지원하는데, 동 제도는 아동가구의 욕구에 맞춘 통합서비스 제공을 목적으로 하는 제도이다. 앞에서 예시로 든 제도들은 2025년을 기준으로 하고 있다. 제도의 변화가 적지 않으므로 관심 있는 제도 현황을 수시로 살펴볼 필요가 있다.

앞에서 살펴본 정책들은 주로 중앙정부의 정책들이다. 지방자치단체에서 기획, 운영하는 아동복지 정책들이 적지 않다. 특히 주거지원의 경우에는 다수의 지원제도가 지방자치단체의 자체 사업으로 운영 중에 있다. 지역마다 자체적인 빈곤아동 지원사업을 별도로 살펴볼 필요가 있다.

(3) 아동 빈곤 대응 정책의 체계화

「아동의 빈곤예방 및 지원 등에 관한 법률」의 제6조에는 기본계획을 수립하도록 규정하고 있다. 기본계획에는 다음의 사항이 포함되도록 하여야 한다. ① 빈곤아동의 복지 · 교육 · 문화 등 지원 정책의 기본 방향, ② 빈곤아동 지원 관련 전달체계의 구축 및 제도의 개선, ③ 빈곤아동 지원에 관한 부처별 주요 시책과 협조에 관한 사항, ④ 그 밖에 빈곤아동 지원을 위하여 대통령령으로 정하는 사항 등이다. 한편 동 법 제8조 아동 빈곤예방위원회의 설치에서는 아동빈곤예방위원회가 '여러 부처가 협력하여 추진하여야 하는 빈곤아동정책에 관한 사항'을 심의, 조정하도록 규정하고 있다. 아동 빈곤에 대응하는 정책들의 역할, 효과, 그리고 조정의 필요성을 살피고 협의하도록 하는 정책 노력의 중요성을 확인하는 조항들이다.

앞에서 예시한 정책들 외에 빈곤아동에게 영향을 주는 정책들은 더 많다. 일부 정책은 중첩되고, 일부 대상은 지원에서 누락될 위험이 없다고 보기 어렵다. 전체적인 정책의 현황과 효과를 파악하여 보아야만 현재 제도의 한계와 문제, 그리고 필요한 개선사항을 알 수 있다. 아동 빈곤에 대한 정책 대응은 평가 등의 객관적 근거를 갖추고 정책 지향을 분명하게 하는 개선을 모색하여 정책 협의와 조정을 하여야 한다. 현재로서는 각 정책의 역할이 적절한지, 정책 관계는 체계적인지 등에 대한 판단도 쉽지 않다. 아동 빈곤에 대한 정책들은 개별 정책의 효과와 효율성뿐 아니라 관련 정책들과의 관계에서 종합적인 효과와 효율성에 대한 판단이 함께 이루어져야 하는 시점에 있다.

연구문제

1. 영화나 문학작품 등에서 본 빈곤아동의 사례를 찾아보고, 빈곤의 원인과 결과에 대하여 논의하여 봅시다.
2. 아동복지에서 보편적 지원의 예를 찾고, 그 지원방식이 선택된 배경, 이유를 생각하여 봅시다.
3. 최근 우리나라 아동 빈곤율의 변화를 찾아보고, 그 원인을 생각하여 봅시다.
4. 아동 빈곤에 대응하는 서비스 정책의 예를 들고, 해당 정책의 장단점을 논의하여 봅시다.
5. 빈곤아동에 관련된 제도들을 찾아보고, 제도들의 협의 및 조정의 필요성이 없는지를 살펴봅시다.

제9장 장애아동

1. 장애아동의 정의
2. 장애아동의 현황
3. 장애아동의 욕구
4. 장애아동 관련 제도
5. 장애아동과 관련된 주요 과제

… 연구문제

제 9 장

장애아동

장애아동은 장애인과 아동이라는 두 가지 특징을 모두 가진 존재이다. 장애아동은 사회적 고립과 낙인, 특수한 요구와 돌봄에의 의존으로 인해 비장애아동보다 방임, 신체적 · 성적 폭력에서 3~4배 더 많이 노출될 것으로 추정된다(원혜욱 외, 2022). 그래서 장애아동은 비장애아동, 성인 장애인과 다른 추가적인 지원이 필요하다. 그럼에도 장애아동은 아동복지영역, 장애인복지영역 모두에서 충분히 알려지지 않은 미지의 대상이다. 이 장에서는 장애아동의 정의, 현황, 욕구, 제도, 향후 과제에 대해 알아본다.

1. 장애아동의 정의

「장애아동복지지원법」 제2조(정의)에 의하면, '장애아동'이란 18세 미만의 사람 중 「장애인복지법」 제32조에 따라 등록한 장애인을 말한다. 다만, 9세 미만의 아동으로서 장애가 있다고 보건복지부장관이 별도로 인정하는 사람(장애 미등록 아동)을 포함한다.

2024년 1월 「장애인복지지원법」의 개정(2025년 1월 시행)으로 '장애 미등록 아동' 연령 기준이 6세 미만에서 9세 미만으로 상향되었다. 장애 미등록 아동 연령

기준 상향의 의미는 장애등록은 하지 못했지만, 발달재활서비스 등의 지원이 필요한 아동을 더 많이 인정한다는 뜻이다. 법 개정 이전에는 6세 미만까지만 지원대상으로 인정하여 6세가 넘어가는 경우에는 장애등록할 때까지 기존 서비스가 중단되는 문제가 있었다. 그러나 개정 이후에는 6세 이후부터 9세 미만까지는 서비스 이용 중지 없이 지속적인 이용이 가능해졌다.

한편, 장애아동은 특수교육대상자이기도 하다. 「장애인 등에 대한 특수교육법」 제2조에서는 시각장애, 청각장애, 지적장애, 지체장애, 정서 · 행동장애, 자폐성장애(이와 관련된 장애 포함), 의사소통장애, 학습장애, 건강장애, 발달지체에 따라 특수교육이 필요한 사람으로 선정된 사람을 특수교육대상자로 명시하고 있다. 모든 특수교육대상자가 장애아동은 아니지만, 장애아동은 특수교육대상자가 된다.

2. 장애아동의 현황

18세 미만의 장애아동 및 6세 미만의 장애영유아의 규모는 점차 증가하는 추세(황주희, 2022)이다. 전체 아동 및 영유아의 수는 감소한 것에 비해, 장애 등록 아동 및 장애 등록 영유아의 비율은 2011년 각각 0.79%, 0.29% 수준이었다가 2020년 0.98%, 0.46%로 증가하였다(박창현 외, 2021). 2022년에는 18세 미만의 장애 등록 아동 비율이 1%를 넘어 1.1%를 보였다. 장애 유형에서는 발달장애 비율이 매우 높다.

우리나라의 경우 발달장애는 「발달장애인 권리보장 및 지원에 관한 법률」에 근거할 때 '지적장애' '자폐성장애'의 두 유형이 해당한다. 미국의 경우에는 뇌성마비, 간질, 일본은 ADHD 등도 발달장애에 포함한다(관계부처합동, 2018).

장애아동 증가의 이유로는 2007년부터 시작된 영유아건강검진제도에 따라 영유아 및 아동기의 발달지연문제 등에 대한 민감성 증가(황주희, 2022), 그리고 발달장애아동의 증가 등이 있다.

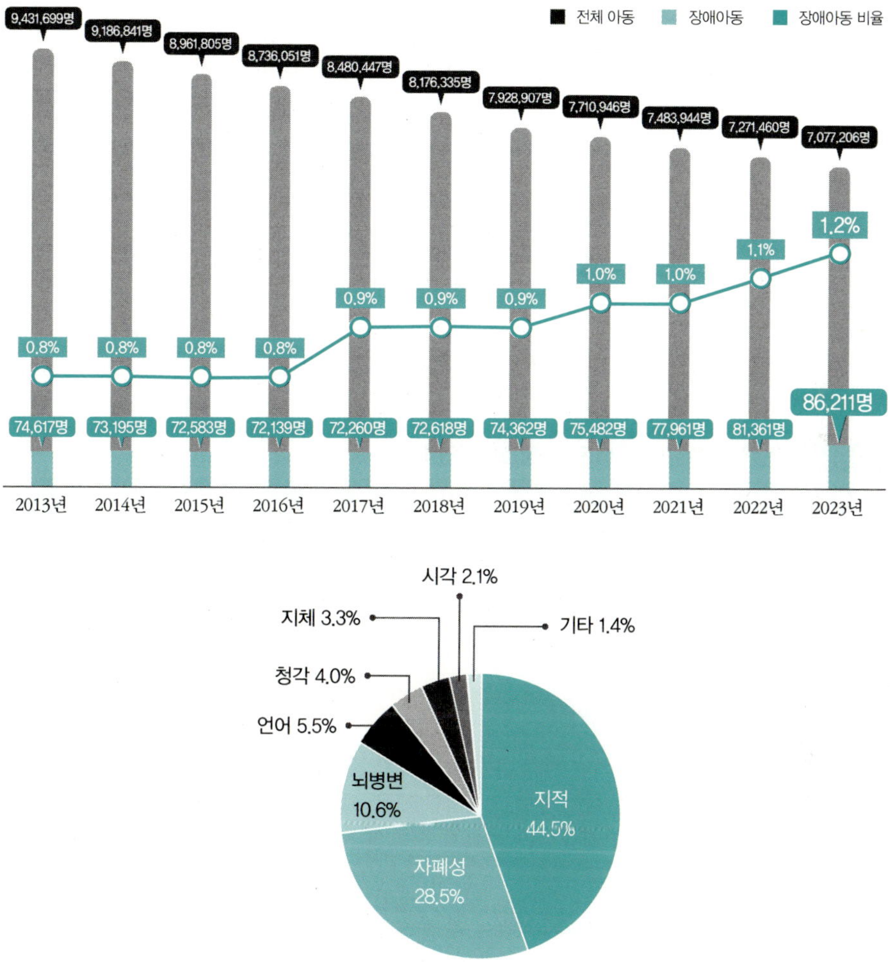

주: 1) 아동은 18세 미만인 사람

2) 장애아동 출현율=100×(장애아동 수/전체 아동 수), 발달장애아동 출현율=100×(발달장애아동 수/전체 아동 수)

자료: 한국장애인개발원 장애통계데이터포털(2024. 2.)

그림 9-1 장애아동 출현율 및 장애아동의 장애 유형

출처: 이은영, 강윤지(2024).

3. 장애아동의 욕구

장애아동은 아동으로서 유엔아동권리협약의 네 가지 권리인 생존권, 보호권, 발달권, 참여권이 비장애아동과 마찬가지로 차별없이 보장되어야 한다. 이에 덧붙여 장애인으로서 갖는 욕구 또한 중요하다. 다음에서는 장애아동 중 발달장애가 차지하는 비율이 높음을 고려하여 발달장애 영유아기, 발달장애 아동기·청소

표 9-1 발달장애 영유아기, 아동기·청소년기의 욕구

욕구 영역	영유아기	아동기·청소년기
안전 (학대로부터 보호)	• 장애아가족 양육지원 • 학대 대응(아동학대 대응, 장애인 권익 옹호, 발달장애인지원)	• 장애아가족 양육지원 • 학대 대응(아동학대 대응, 장애인 권익 옹호, 발달장애인지원)
놀이	• 통합놀이터	• 통합놀이터
의료·재활	• 정확하고 빠른 초기 진단과 판정 • 발달 정도에 맞는 적절한 재활치료 • 초기 진단부터 치료까지의 원스톱 서비스	• 연속적이고 지속가능한 치료·재활 서비스 • 발달 정도에 맞는 적절한 재활치료
보육 및 교육	• 특수교육시스템이 갖춰진 보육기관의 확보 • 통합돌봄 • 발달 정도에 따른 조기교육 및 통합교육	• 특수교사 확보 • 특수학급, 특수학교 확대 • 전환교육의 내실화 • 통합교육
돌봄	• 장애아가족 양육지원 • 보호자 양육 역량강화 • 장애인 가족 휴식	• 장애아가족 양육지원 • 보호자 양육 역량강화 • 장애인 가족 휴식
소득(가정)	• 장애 추가 비용(교통비, 보육·교육비, 재활기관 이용료 등)	• 장애 추가 비용(교통비, 보육·교육비, 재활기관 이용료 등)

* 출처: 김승연, 장동열(2017)을 바탕으로 추가 작성함.

년기의 욕구에 대해 알아보았다.

〈표 9-1〉에서 보듯이, 장애아동도 비장애아동과 마찬가지로 아동으로서 갖는 공통의 기초적 욕구, 즉 안전한 곳에서 생활하고 싶은 욕구, 자유롭고 즐겁게 놀고 싶은 욕구, 아플 때 병원에 가서 치료받고 싶은 욕구, 가까운 곳에서 배우고 싶은 욕구, 기본적인 의식주에 대한 걱정이 없었으면 하는 욕구 등이 있다. 이것은 비장애아동과 마찬가지로 공통이지만, 장애아동의 경우 이러한 공통 욕구 충족을 위해 추가적인 고려가 필요하다. 예를 들어, 가까운 곳에서 배우고 싶은 욕구가 충족되기 위해서는 비장애아동이 다니는 학교에 특수학급이 있어야 하고, 특수교사, 특수교육지원 인력 등도 더 필요하다. 비장애아동에게는 없지만 장애아동만이 갖는 특수한 욕구도 있는데, 여기에 해당하는 예로 장애아동의 의사소통, 운동, 감각 등의 기능 향상과 행동발달에 필요한 발달재활서비스 욕구가 있다.

한편, 장애아동, 발달장애아동의 지원은 장애아동 당사자의 복지 및 권익 보장뿐 아니라, 함께 생활하며 이들을 보호하는 가족 전체의 양육 부담 경감 차원에서도 추가적인 고려가 필요하다. 자폐성장애, 지적장애, 뇌병변장애의 경우 다른 장애 유형에 비해 일상생활지원의 필요 정도가 매우 높고, 일상생활을 주로 지원해 주는 사람이 부모인 경우가 (1순위 기준) 자폐성장애, 지적장애에서 각각 90.4%, 74.1%(이민경 외, 2023)로 나타났다. 장애아동을 둔 가족에 대한 돌봄 지원이 필요함을 보여 준다. 장애 유형별 장애 추가 비용에서도 18세 미만 아동의 장애 추가 비용이 다른 연령대에 비해서 높고, 장애 유형별로 보면 발달장애인의 추가 비용이 다른 장애 유형에 비해 높다(오욱찬, 2018). 이런 점에서 장애아동, 특히 발달장애아동이 있는 가족에 대한 양육지원 또한 매우 중요하다.

4. 장애아동 관련 제도

정부는 2021년 5월에 발표한 '장애아동지원 종합대책(안)(취학 전 아동을 중심으로)'(관계부처합동, 2021b)에서 취학 전부터 장애아동이 차별없이 권리를 존중받으며 건강하게 자라는 것을 목표로 조기 발견 및 개입 프로그램, 의료지원 등의 통합적 대책을 제시하였다. 2018년에 발표한 발달장애인 생애주기별 종합대책(관계부처합동, 2018)에서는 영유아기, 학령기(아동 · 청소년기), 청장년기, 중노년기의 생애주기에 따른 지원 대책과 전 주기에 걸친 돌봄 및 권익 옹호 강화, 치료 · 재활서비스 확대 등을 발표하였다. 이들 대책은 모두 조기 발견, 치료를 위한 지원, 양질의 맞춤형 교육 · 보육[1]서비스 제공, 양육 부담 경감을 위한 돌봄서비스 강화, 문화, 체육, 놀이 등을 즐길 권리 신장, 맞춤형 서비스 제공을 위한 통합지원체계 구축 등을 담았다. 제6차 장애인정책종합계획(2023~2027)에 담긴 장애아동 관련 과제 또한, ① 장애 조기 발견 및 영유아 교육지원 강화, ② 장애학생 맞춤형 특수교육지원 강화 등으로 유사하다.

「장애인 등에 대한 특수교육법」에 근거한 특수교육종합계획인 제6차 특수교육 발전 5개년 계획(2023~2027)에서 제시한 주요 과제는 1-1) 장애영유아 교육지원 확대, 1-2) 학생 중심 특수교육지원체계 강화, 1-3) 특수학교(급)의 다양화로 교육 선택권 확대, 2-1) 협력 기반 통합교육 여건 조성, 2-2) 학교 구성원의 통합교육 역량 강화, 2-3) 일상적 장애 공감 문화 정착, 3-1) 에듀테크 활용 맞춤형 교육과정 운영, 3-2) 장애 유형 · 정도에 따른 교육지원 확대, 3-3) 지역사회 연계 진로 · 직업 교육 다양화, 4-1) 장애인 고등교육지원체계 강화, 4-2) 장애인 평생교육 활성화 기반 조성 등이다.

정부가 발표한 정책들을 보면 장애영유아의 경우에는 조기 발견과 치료, 학령기 장애아동의 경우에는 통합교육과 맞춤형 특수교육, 장애아동을 둔 가족에 대해서는 양육지원을 강조함을 알 수 있다.

장애아동가족지원 서비스에는 돌봄서비스, 휴식지원, 발달재활서비스 등이 있다(보건복지부, 2025a). 돌봄서비스는 양육자의 질병, 사회활동 등 일시적 돌봄서비스가 필요할 때 일정한 교육을 마친 돌보미를 아동의 가정, 아동이 거주하는 장

---

1) 2025년 현재 유보 통합이 진행 중이지만, 기존 문헌에서 교육과 보육을 구분해서 사용한 경우 문헌의 표현을 그대로 사용하였다.

소(공간)에 파견하거나 돌보미 가정 등에서 장애아동을 돌보는 것이다. 휴식지원은 소득 기준에 상관없이 18세 미만의 모든 장애아 가족이 대상이 되며 돌봄서비스를 받지 않는 가정도 참여 가능한 프로그램이다(돌봄서비스를 받는 가정 우선 지원). 휴식지원으로는 부모교육, 자녀양육교육, 스트레스 관리 교육, 가족캠프, 체육활동, 장애아동가족 부모 동료상담, 자조모임 등이 있다.

발달재활서비스는 만 18세 미만의 장애아동에게 언어재활, 청능재활, 미술심리재활, 음악재활, 행동발달재활, 놀이심리재활, 재활심리, 감각발달재활, 운동발달재활 · 심리운동 등 발달재활서비스를 제공하는 바우처로서 장애아동의 인지, 의사소통, 적응행동, 감각, 운동 등의 정신적 · 감각적 기능 향상과 행동발달, 높은 발달재활서비스 비용으로 인한 장애아동가족의 경제적 부담 경감이 목적이다.

저소득 장애아동가구의 장애로 인한 추가 비용 보전을 위한 목적으로 지급하는 장애아동수당이 있다. 신청 자격은 기초생활수급자 및 차상위계층 가정의 18세 미만 장애아동이며, 중증장애아동 또는 경증장애아동 여부, 수급 유형(생계 또는 의료, 주거 또는 교육, 보장시설 수급 등)에 따라 수당 금액에 차이가 있는데, 중증장애아동수당은 월 9~22만 원, 경증장애아동수당은 월 3~11만 원(2025년 기준)이다.

5. 장애아동과 관련된 주요 과제

유엔아동권리위원회의 제5~6차 국가보고서에 대한 최종 견해 중 장애아동과 직접 관련한 권고사항은, 첫째, 장애에 대한 권리 기반 접근을 채택하도록 법과 정책을 검토하여 모든 장애아동의 포용을 보장할 것, 둘째, 난민신청 아동과 이주아동 등 모든 장애아동을 위하여 재활치료, 적절한 복지, 그리고 의료지원을 포함한 조기 발견 및 개입 프로그램을 전국적으로 제공하는 것을 보장할 것, 셋째, 장애아동이 사회적 낙인 및 차별을 받지 않도록 장애 이해 및 인식 개선을 위한 캠페인을 강화할 것 등이다(김진 외, 2024).

한편, 장애인권리협약 이행 당사국(2009년 협약 국내 발효)인 우리나라는 4년에

한 번씩 유엔장애인권리위원회에 국가보고서를 제출한다. 유엔장애인권리위원회는 우리나라가 제출(2019년 제출)한 유엔장애인권리협약 국가보고서에 대한 최종 견해(2022년 9월 5일)를 채택하였다. 2031년 1월 11일, 제4~6차 국가보고서 제출을 앞두고, 우리나라는 유엔장애인권리위원회의 최종 견해에 담긴 권고를 적극적으로 이행해야 한다. 최종 견해 중 장애아동과 직접적으로 관련된 권고사항은 다음과 같다. 첫째, 장애아동이 자신과 관련된 일에 의견을 내고 참여할 기회를 보장해야 하며, 장애아동이 낸 의견을 존중하고, 장애아동이 발달 및 성장하는 속도를 존중해야 한다는 것, 둘째, 장애아동이 동네에서 사람들과 함께 생활하면서 참여하는 프로그램이 많아져야 한다는 것, 셋째, 장애아동이 편하게 즐길 수 있는 놀이터를 만들고 「어린이놀이시설 안전관리법」이 장애아동도 즐길 수 있는 놀이터를 만드는 법이 되도록 해야 한다는 것, 넷째, 장애아동이 겪는 폭력에 대한 연구, 조사(장애아동학대 사례에 대한 조사)가 이루어져야 한다는 것 등이다.

유엔아동권리위원회, 유엔장애인권리위원회가 우리나라에 권고한 내용을 보면 장애아동의 참여, 장애아동의 통합, 포용을 강조한다. 즉, 장애아동이 자신이 느끼고 원하고 생각하는 것을 자유롭게 표현하도록 돕는 것, 그리고 사회는 이러한 장애아동의 의견을 잘 들을 것, 장애아동을 위한 지역사회 중심 재활 프로그램 개발을 통해 가정생활과 지역사회생활을 포함한 삶의 모든 영역에서 장애아동을 포용하는 정책을 시행할 것, 난민신청 아동과 이주아동 등 모든 장애아동을 차별하지 않고 지원할 것을 강조한다.

먼저, 장애아동, 발달장애아동의 참여를 보장하기 위해서는 장애아동을 능동적인 권리의 주체로 인식하는 것이 중요하다. 장애아동의 의견에 대해 연령과 성숙도를 고려하는 것은 장애아동의 의견을 제한하기 위해서가 아니라 장애아동의 이야기를 더 잘 듣기 위해서 어른이, 우리 사회가 노력해야 함을 의미한다. 따라서 장애아동과 소통하기 위해 이들의 언어능력 향상을 지원하는 재활치료적 접근과 더불어 비언어적 의사소통을 위한 아동 맞춤형 도구(예: 그림 상징) 개발 및 활용, 잘 듣기 위해 장애아동 관련 지원 인력의 역량강화가 필요하다.

통합, 포용의 측면에서는 장애아동에 대한 전문화된 지원을 이유로 장애아동에 대한 파편화된 서비스를 제공하는 문제(김진 외, 2024)를 검토해야 한다. 장애아동은 특별한 지원이 필요한 존재이다. 그러나 이러한 특별한 지원을 비장애아동과의 관계 속에서, 보통의 아동과 같은 일상적인 환경 속에서 제공하는 것을 우선적으로 고려해야 한다. 그러기 위해서는 일상, 보통의 학교환경에서 통합이 가능한 조건과 맥락을 먼저 만들어야 한다. 장애아동을 고려하지 않은 일상 세계, 보통의 학교환경을 바꾸지 않은 채 통합만을 강조하는 것은 장애아동, 비장애아동, 장애아동가족, 교육 및 돌봄 종사자 모두에게 해로우며, 서로에 대한 편견과 낙인을 강화할 가능성이 크다.

마지막으로 장애아동을 이해하고 지원하는 데서 인식 전환이 필요하다. 장애아동에 대한 무지는 낙인, 편견, 배제를 낳기 쉽다. 낙인과 편견을 재생산하는 언론의 변화 또한 필요하다. 대표적으로 용인 발달장애아동의 학교 내 장애아동학대 신고 사건에 대한 언론보도를 보면, 장애아동의 특별한 요구에 대한 이해가 없는 언론보도는 통합교육환경에서 장애아동이 왜 그런 행동을 하게 되었는지에 대한 맥락을 삭제하고, 아동의 선정적인 행동을 부각한 보도를 양산하여 발달장애아동이 위험한 존재라는 잘못된 인식을 퍼뜨린다(장애아동인권네트워크, 2023).

연구문제

1. 추가적인 특별한 도움이 필요한 장애아동을 특별하게 돕는다는 것은 무엇을 뜻하는 것인지에 관해 생각해 봅시다. 특별한 도움이 또 다른 이름의 소외나 배제를 낳을 위험성에 대해 생각해 봅시다.
2. 공립 지적장애 특수학교인 강서구에 위치한 '서울서진학교'의 설립과정을 다룬 『학교 가는 길』을 보고 장애아동 학습권 보장이라는 당연한 원칙이 현실에서 실현되기 위해서는 국가, 사회, 우리가 해야 할 일은 무엇인지 고민해 봅시다.

제10장 위기아동

1. 위기 유형
2. 가정 밖 아동 · 청소년
3. 가족돌봄청(소)년
4. 비행소년
5. 학교의 역할

… 연구문제

제10장

위기아동

위기아동은 어떤 아동인가? 보건복지부는 위기아동, 교육부는 위기학생, 여성가족부는 위기청소년으로 다양하게 불리는 이들은 개인적 이유, 가족·학교·지역사회 환경요인 등으로 인해 잘 자라는 데 어려움을 겪는다는 공통점이 있다. 이 장에서는 잘 자라는 데 어려움이 있는 18세 이하의 아동을 위기아동으로 정의하였고, 위기아동이 위기청소년, 위기학생으로 명명되는 현실을 감안하여 아동, 청소년, 학생 등을 혼용하여 사용하였다. 다음에서는, 먼저 여러 부처에서 다양하게 호명하는 위기 유형에 대해 알아본다. 뒤이어 다양한 위기 상황, 유형 중 분량의 제한으로 가정 밖 아동·청소년, 가족돌봄청(소)년, 비행소년에 대해서만 알아본다.

1. 위기 유형

아동복지영역에서는 위기아동 가정보호사업, e아동행복지원사업 등에서 위기아동이 등장한다. 위기아동 가정보호사업은 즉각분리 조치된 아동을 가정과 같은 환경에서 안전하고 전문적으로 보호하기 위해 도입된 제도인데, 이렇게 보면 위기아동은 즉각분리 조치된 아동을 뜻한다. e아동행복지원사업은 위기아동을 선별하여 복지 사각지대 해소 및 아동학대 예방의 효율성을 높이기 위해 2018년부터 운영하고 있는 제도이다. 이 사업은 장기 결석, 의료기관 진료기록, 예방접종 상태 등의 행정데이터를 기반으로 기계학습 예측모형을 통해 잠재적 위기 상태에 있는 아동을 선별하여 읍면동 공무원에게 제공하면, 명단을 받은 읍・면・동 공무원이 해당 가정을 방문하여 아동의 안전과 필요한 지원을 확인한 후에 서비스 의뢰, 서비스 제공 등을 시행한다(한은희 외, 2022). e아동행복지원사업에서 위기아동은 학대 위험이 있어(높아) 보이는 아동이다.

한편, 위기라는 단어는 청소년, 학생과 결합하여 위기청소년, 위기학생을 지칭할 때 더 자주 사용된다. 교육부나 교육청에서 호명하는 위기학생은 '정서행동 위기학생' '심리・정서 위기학생' '학업중단 위기학생' 등이며, 제7차 청소년정책기본계획(관계부처합동, 2023b)에서는 '학교부적응' '학업중단위기' '학교폭력 피해' 등을 위기학생 유형으로 보았다.

또한 위기청소년이라는 단어는 「청소년복지지원법」에 등장한다. 「청소년복지지원법」 제2조(정의)에 의하면, "위기청소년"이란 가정 문제가 있거나 학업 수행 또는 사회 적응에 어려움을 겪는 등 조화롭고 건강한 성장과 생활에 필요한 여건을 갖추지 못한 청소년을 말한다. 「청소년복지지원법」 제2조의 정의에 해당하는 청소년은, ① 위기청소년 지원체계 강화 방안(관계부처합동, 2021)에 따르면 가정 밖・학업중단(학교 밖) 청소년, 자살・자해, 비행・범죄 청소년이고, ② 제7차 청소년정책기본계획(관계부처합동, 2023b)에 따르면 정서 불안, 우울증 등 문제행동 평가를 통해 확인된 고위기청소년, 아동학대, 가정폭력, 재소자가정, 보호관찰대상 청소년, 자살사고사 유족 청소년, 인터넷・스마트폰 과의존 청소년, 은둔형 청소년, 수용자 자녀 등 쉽게 드러나지 않는 유형의 위기청소년 등이다. 그 밖에 '신소외 청소년'이라는 명칭도 있는데, 신소외 청소년에는 가족돌봄청(소)년, 채무상속 위기청소년 등이 속한다(관계부처합동, 2023b).

위기는 아동・청소년의 위기, 가족의 위기, 지역사회 위기 등으로 나눠 볼 수 있고, 수준에 따라 고위기, 중위기, 저위기로 구분되기도 한다. 위기 아동・청소년에 대한 이해에서 이들이 처한 환경의 맥락까지 포괄한 체계적인 접근이 필요하다.

2. 가정 밖 아동 · 청소년

1) 현황

2017년 1월, 국가인권위원회는 가출(탈가정)이라는 행동에 초점을 두기보다는 '가정 밖'이라는 상황에 초점을 둘 필요가 있고, 발생 원인, 맥락에 따른 예방적 접근이 중요하다고 판단하여 「청소년복지지원법」에 나오는 가출 청소년을 가정 밖 청소년으로 변경할 것을 권고하였고, 여성가족부는 이러한 권고를 4년이 흐른 2021년에 수용하여 현재는 '가정 밖 청소년'이 법률 용어이다.

여성가족부는 매해 초등 4~6학년, 중고등학생을 대상으로 최근 1년 내 가출 경험을 조사하는데, 2023년 가출 경험률은 2.7%였다. 주된 가출 사유로는 부모님과의 문제(52.0%)가 가장 많았고, 학업문제(21.8%), 기타(11.6%), 친구들과 함께하기 위함(10.8%) 등으로 나타났다(여성가족부 보도자료, 2024). 가출 경험률 2.7%를 2023년 기준 중고등학생 대상 재학생 391만 3,505명에 적용하면 총 10만 5,665명의 청소년이 가출 경험이 있는 것으로 볼 수 있다. 다만, 여성가족부의 조사는 조사 대상이 재학생으로, 학교 밖 청소년을 고려하면 가출 경험 청소년의 수는 이보다 클 것으로 예상된다.

가출 사유 중 부모님과의 문제를 좀 더 구체적으로 볼 수 있는 자료로, 위기청소년 지원기관(청소년상담복지센터, 청소년쉼터, 청소년자립지원관, 학교밖청소년지원센터, 국립청소년인터넷드림마을, 국립청소년디딤센터, 청소년회복지원시설, 아동보호전문기관, 소년원, 보호관찰소) 입소 · 이용 경험이 있는 9~18세 청소년을 대상으로 가출 경험, 집을 나오게 된 주된 이유에 대해 조사한 결과가 있다(여성가족부 보도자료, 2025). 이 결과에서 '가족과의 갈등(69.5%)' '가족의 학대 또는 폭력을 피하기 위해(26.3%)'가 주된 가출 이유로 나타났는데, 이를 통해 가정 밖으로의 선택이 생존, 안전, 가족 갈등 등과 일정 정도 관련됨을 알 수 있다.

2) 욕구

집을 나온 가정 밖 아동 · 청소년에게 가장 중요한 지원 중 하나는 생명, 안전과 직결되는 주거를 보장하는 것이다. 주거권이 보장되지 않은 상황에서 생명, 존엄, 안전은 심각한 훼손을 입을 가능성이 급증한다.

위기청소년의 생활 실태 파악을 목적으로 「청소년복지지원법」에 근거하여 3년마다 실시한 실태조사 결과에 따르면(황여정 외, 2022), 응답자(위기청소년 지원기관 이용자)의 44.4%가 부모(혹은 보호자)로부터 신체적 폭력 피해 경험이 있었고, 가출 경험을 보고한 응답자는 32.6%였다. 집을 나와서 주로 어디에서 지냈는지를 조사한 결과(복수응답), '친구 또는 선후배 집'(62.0%), '건물이나 길거리 노숙'(29.8%), '청소년쉼터'(27.5%) 등으로 나타났다. 가정 밖 생활 중 어렵고 힘들었던 점으로 '생활비 부족'(54.0%), '갈 곳이 없음'(42.4%), '우울, 불안, 좌절 등의 심리적 어려움'(33.3%)이었다. 가장 필요한 서비스는 생활비를 지원해 주는 '경제적 지원'(37.1%), 잠잘 곳과 먹을 것을 제공해 주는 '생활지원'(34.3%)으로 조사되었다.

3) 제도

여성가족부는 2021년에 개정된 「청소년복지지원법」에 따라 위기청소년지원의 공공성 강화를 위해 청소년안전망을 기존의 청소년상담복지센터 중심에서 지방자치단체 중심으로 개편하였다(여성가족부, 2021). 청소년안전망은 지방자치단체장이 위기청소년에게 상담, 보호, 의료, 자립 등 맞춤형 서비스를 제공하기 위해 청소년 관련 자원을 연계하는 지역협력 네크워크이다. 여성가족부는 청소년안전망 선도사업을 통해 지방자치단체의 청소년안전망팀을 단계적으로 확대하고 전담공무원 및 민간 전문 인력 배치를 추진하였으나, 2024년에 관련(국비) 예산이 대폭 삭감되면서 청소년 안전망 정책의 핵심 대상인 가정 밖 청소년의 보호와 지원에 관한 실효성 있는 방안을 제시하지 못하고 있다(최순종, 2021).

한편, 가정 밖 청소년을 보호하여 자립할 수 있도록 지원하기 위해 설립된 기관

표 10-1 청소년 복지시설

구분	정의
청소년쉼터	가정 밖 청소년에 대하여 가정 · 학교 · 사회로 복귀하여 생활할 수 있도록 일정 기간 보호하면서 상담 · 주거 · 학업 · 자립 등을 지원하는 시설
청소년자립지원관	일정 기간 청소년쉼터 또는 청소년회복지원시설의 지원을 받았는데도 가정 · 학교 · 사회로 복귀하여 생활할 수 없는 청소년에게 자립하여 생활할 수 있는 능력과 여건을 갖추도록 지원하는 시설
청소년치료재활센터	학습 · 정서 · 행동상의 장애를 가진 청소년을 대상으로 정상적인 성장과 생활을 할 수 있도록 해당 청소년에게 적합한 치료 · 교육 및 재활을 종합적으로 지원하는 거주형 시설
청소년회복지원시설	「소년법」 제32조 제1항 제1호에 따른 감호 위탁 처분을 받은 청소년에 대하여 보호자를 대신하여 그 청소년을 보호할 수 있는 자가 상담 · 주거 · 학업 · 자립 등 서비스를 제공하는 시설

으로는 청소년쉼터(일시청소년쉼터, 단기청소년쉼터, 중장기청소년쉼터), 청소년자립지원관, 청소년치료재활센터, 청소년회복지원시설 등[「청소년복지지원법」 제31조(청소년복지시설의 종류)]이 있다.

가정 밖 청소년 관련 정책은 원가정복귀 또는 청소년쉼터 등의 시설 입소라는 두 가지 선택지밖에 없으며, 이 두 선택지 바깥에 존재하는 청소년의 권리는 문자 그대로 제도 '바깥'에 놓이는 셈이다(남미자 외, 2023). 가정폭력이나 갈등으로 집을 나왔기에 그냥 그대로 원가정복귀가 어렵고, 청소년쉼터 이용도 제한적인 상황임을 고려하면 위기청소년의 위기 상황은 가정을 나온 이후에도 지속, 심화된다고 볼 수 있다.

4) 과제

주거는 지역사회의 시민으로 연결되기 위한 출발점이자 안정적인 정주 공간으로서 공간을 점유할 뿐 아니라 생명을 유지하고 삶을 지속하는 바탕이기 때문에 가정 밖 아동 · 청소년의 경우에도 주거를 기반으로 아동 · 청소년이 자기 삶을 재건할 수 있도록 돕는 지원(서비스)을 함께 고려해야 한다(남미자 외, 2023). 또한 가정 밖 아동 · 청소년의 원가족 관계 회복을 위한 아동 · 청소년, 가족에 대한 지원과 더불어 그것이 적절하지 않을 경우에는 원가족 관계 분리(정리) 지원(예를 들어, 친권 일부 제한, 일시 정지) 등도 제공해야 한다.

다음으로, 가정 밖 아동 · 청소년이 보호자로부터 이탈되는 경로에 따라 보건복지부, 여성가족부, 법무부, 교육부 등 관할 부처가 달라지고, 이에 따라 자립생활지원에서 차이가 발생한다([그림 10-1] 참조). 아동학대 신고 후 지방자치단체가 아동을 분리 보호하는 경우(보건복지부의 아동보호체계에서 보호)와 청소년이 자신의 안전을 위해 탈가정하여 쉼터의 보호를 받는 경우(여성가족부의 청소년보호체계에서 보호)에 따라 보호 중의 지원, 보호 종료 이후의 자립지원에서 차이가 크다. 위기아동 · 청소년이 똑같이 가정 내 학대로 위기를 경험했는데, 어떤 보호체계에 속하느냐에 따라 지원에서 차별이 발생하는 것은 옳지 않다.

물론 보호체계의 분절로 인한 보호 및 자립지원의 격차를 줄이기 위한 노력이 전혀 없는 것은 아니다. 보호아동이 18세가 되기 전에 「아동복지법」의 아동복지시설에서 중도 퇴소하여 「아동복지법」 외의 다른 법률상의 시설(청소년쉼터, 청소년자립생활관, 성폭력피해자보호시설, 장애인거주시설 등)에 입소하였다가 보호 종료되는 경우, 종전에는 「아동복지법」에 따른 자립지원(자립지원전담기관의 사례관리, 자립수당 등)을 받을 수가 없었다. 다행스럽게도 「아동복지법」의 개정으로, 2024년 2월부터 보호아동이 15세 이후(18세 이전)에 아동복지시설을 중도 퇴소하고 청소년쉼터 등에서 보호를 받다가 18세가 되어 보호 종료된 경우에도 「아동복지법」에 따른 자립지원이 가능해진 것이다. 그러나 이 경우도 「아동복지법」에서 지원하는 자립지원 대상을 확대한 것으로 여전히 사각지대가 존재한다.

아동 · 청소년의 건강한 성장과 발달을 지원하는 것이 국가의 책무인 이상, 부처에 따라 책무 이행의 내용과 수준이 달라지는 현행 아동 · 청소년 보호체계의 분절 문제는 반드시 해결되어야 한다.

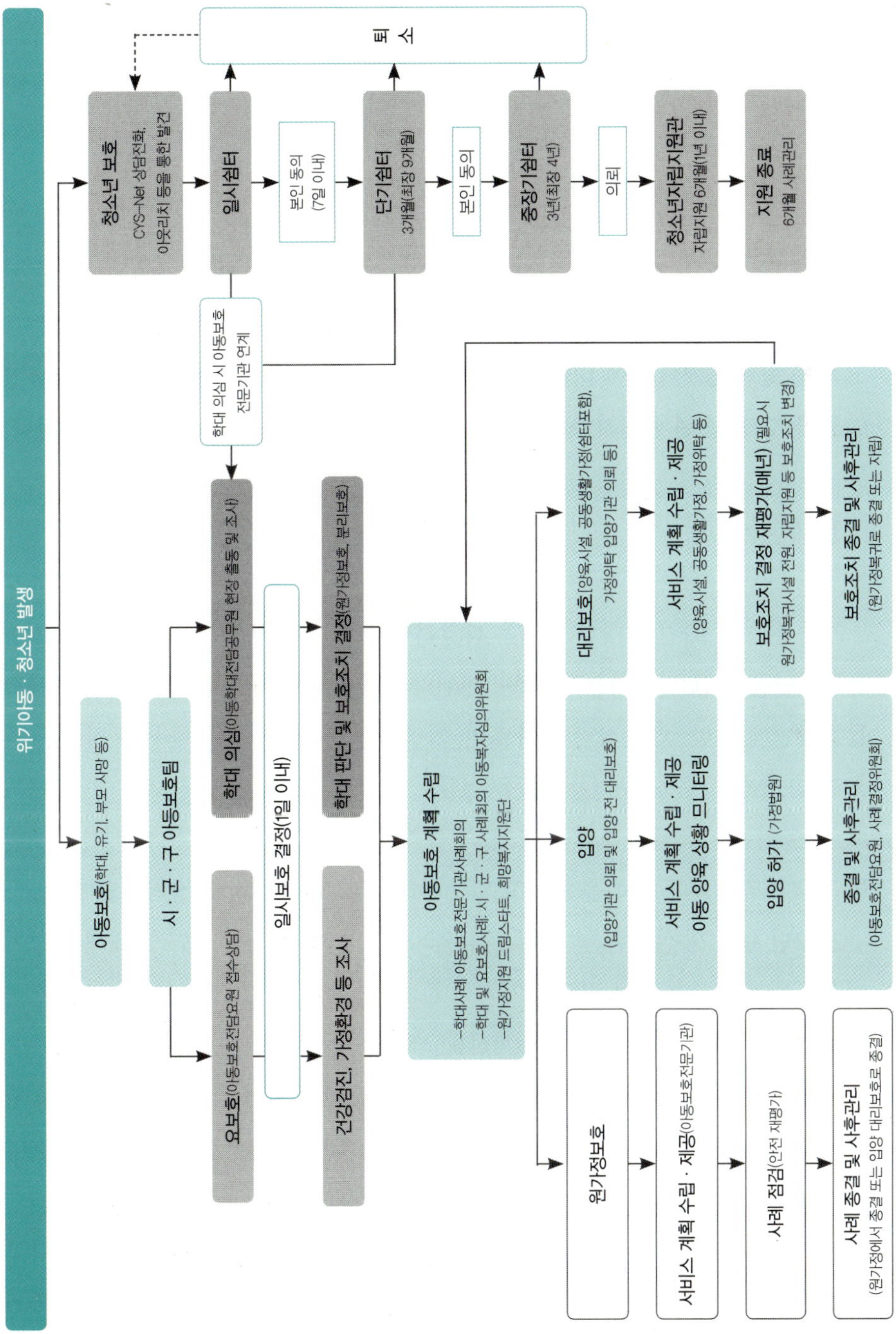

그림 10-1 아동 · 청소년 보호체계의 분절성

출처: 류정희, 이상정, 김지연, 김지민(2021).

3. 가족돌봄청(소)년

우리나라에서 가족돌봄청(소)년은 오래 전부터 소년소녀가장, 일찍 철이 든 기특한 아이 등으로 불렸다. 보지 못했던 이들을 정책의 지원 대상으로 논의한 것은 2022년 2월 제6차 청년정책조정위원회 회의에서 보건복지부가 '가족돌봄청년 지원대책 수립 방안'을 발표(보건복지부 보도자료, 2022)하면서부터이다. 가족을 돌보고 있는 청년(영케어러)에 대한 국가적 차원의 첫 대책이 발표된 이후, 가족돌봄청(소)년은 2025년 현재 국가가 관심을 집중하는 새로운 지원 대상 중 하나가 되었다.

1) 현황

가족돌봄청(소)년에 대한 정의는 다양하다. 보건복지부가 가족돌봄청년, 고립은둔청년을 전담 지원하는 2024년 '신취약청년 전담 시범사업'에서 제시한 가족돌봄청년에 대한 공통 정의에 따르면, 가족돌봄청(소)년은 ① 돌봄이 필요한 가족과 ② 함께 거주하면서 ③ 돌봄을 전담으로 책임지고 있는 13~34세 청(소)년이다. 서울시는 가족돌봄청년을 장애, 정신 및 신체의 질병 등의 문제를 가진, 「민법」 제779조에 따른 가족을 돌보고 있는 9세 이상, 34세 이하로 정의하였다.

2022년 정부가 실시한 첫 실태조사(온라인 조사)에 의하면, 13~18세에서 동거 여부와 관계없이 돌봄이 필요한 가족이 존재하는 비율은 6.2%, 18세 이하 청소년의 0.9%는 주 돌봄자로 추정된다(함선유, 2023).

실태조사 결과(함선유 외, 2022), 18세 이하 청소년 중에서 돌봄이 필요한 가족원이 없는 청년은 삶에 만족한다고 응답(약간 만족, 매우 만족)한 비율이 약 68%를 넘는 반면, 비돌봄청년(가족 중에 돌봄이 필요한 가족원이 있음+실제 돌봄을 제공하지 않음)은 약 60%, 돌봄청년은 약 56%로 현저한 차이를 보였다. 삶에 불만족한다고 응답한 비율 역시 각각 7.2%, 10.8%, 15.1%로 가족 중에서 돌봄이 필요한 가족원이 있는 경우, 그리고 이들에 대하여 실제 돌봄을 제공하고 있는 경우에는 삶에 대한 만족도가 감소하였다.

2) 욕구

가족돌봄청(소)년은 돌봄 자체의 어려움, 정신적 고립감 · 우울감을 경험하며, 돌봄과정에서 생계비, 의료비, 돌봄 비용 등의 경제적 어려움이 크다. 돌봄과 생계에 매달리는 상황, 사회적 관계에서 고립된 상황으로 인해 학업이나 진로에 들일 시간과 에너지가 제한적이다. 오랫동안 버겁게 감당해 온 돌봄 상황에서 자신을 돌보고 가꾸면서 미래를 꿈꾸기 어렵다.

한편, 가족돌봄청(소)년을 이해할 때 시간적 요인을 고려해야 한다. 아동, 청소년, 청년 등 인생의 어느 시점에서 가족 돌봄을 경험하는가에 따라 지원의 내용과 방식이 달라져야 하기 때문이다. 아동의 경우 돌봄대상자에 대한 직접적인 돌봄지원과 함께 아동 자신도 충분한 보호, 돌봄을 받고 있다는 것을 느낄 수 있도록 지원해야 한다. 청소년의 경우, 직접적인 돌봄지원과 함께 또래관계, 학업 및 진로 탐색, 정신건강 이슈, 돌봄이나 가사노동에 대한 적절한 정보 등에 대한 지원을 강조해야 한다.

3) 제도

「가족돌봄 등 위기아동 · 청년 지원에 관한 법률」이 2025년 2월에 국회를 통과하였고, 2026년에 시행된다. 이 법에 따르면, 위기아동 · 청년은 34세 이하의 사람으로, 가족돌봄 아동 · 청년(영케어러), 고립 · 은둔 아동 · 청년, 그 밖에 대통령령으로 정하는 위기 상황에 놓인 사람을 뜻한다. 2022년 가족돌봄청(소)년에 대한 정부의 첫 실태조사에서 배제됐던 13세 미만도 국가지원 대상으로 명문화되었다. 법률안의 주요 내용은 전담 지원 조직(청년미래센터) 지정 · 위탁, 조기 발굴체계 도입, 맞춤형 지원 강화(사례관리) 등이다.

표 10-2 **가족돌봄 주요 서비스**

분야	가족돌봄 5대 서비스 주요 내용	복지부, 광역시도
① 교육	대학 국가장학금 사업 및 민간단체 · 기업 장학금 연계	민간기관
② 금융	저소득 금융지원 사업, 가구 재무관리 컨설팅	국민연금공단 등
③ 주거	LH 공공임대주택 사업과 연계	LH, 지역공사 등
④ 법률	지역사회 변호사회, 마을변호사 사업 등	법률구조공단
⑤ 취업	고용부 청년도전지원사업, 청년성장 프로젝트 연계	고용센터, 청년센터 등

출처: 보건복지부 보도 참고자료(2025).

4) 과제

가족돌봄아동 또한 추가적인 지원이 필요하다. 이때 추가적인 지원은 모든 아동에 대한 기본적이고 기초적인 지원을 전제로 이루어져야 한다. 즉, 추가 지원은 기존 지원과 동시에, 그리고 연속적으로 고려해야 한다. 예를 들어, 사고를 당해 집에 누워 계신 아버지를 돌보게 되어서 기존에 다니던 지역아동센터를 그만두게 된 드림스타트 사례관리 아동이 있다면 이 아동을 가족돌봄아동으로 범주화하고 별도의 지원체계를 만들 것이 아니라, 기존의 드림스타트를 통해 가족돌봄과 아동 지원을 동시에 통합적으로 제공하는 것이 우선이다. 추가적이고 특별한 지원이 필요한 대상이 발견될 때마다 이들에 대한 별도의 조직, 전달체계를 만드는 것에 앞서 기존 체계, 기존 서비스와의 연결, 조정을 먼저 고려해야 한다.

가족돌봄아동은 부모(보호자)로부터 충분한 돌봄을 받지 못하고 있다는 측면에서 보면 고의는 아니지만 아동학대 상황에 있다고 볼 수 있다. 또한 보호대상아동 발생 원인으로 분류되는 '부모의 질병' '부모의 빈곤, 실직' 등도 가족 돌봄 상황과 직간접적으로 관련된다. 이러한 점을 고려하면 가벼운 돌봄부터 무거운 돌봄까지 모든 돌봄에 관심을 기울이고 사회적 돌봄이 지역사회에서 충분하게 지속적으로 이루어지는 체계를 만드는 것이 중요하고, 이는 최소한 보호대상아동 발생을 줄이는 길이기도 하다. 사회적 돌봄과 함께 돌봄이 가능한 지역사회를 만드는 것, 지역사회통합돌봄에 갖는 기대는 가족돌봄아동, 보호대상아동의 삶과도 관련된다. 2024년 3월 26일에 「의료 · 요양 등 지역 돌봄의 통합지원에 관한 법률」이 통과되었다. 이 법에서 정의한 '통합지원이 필요한 자' 곁에는 돌봄제공자로서 아동 · 청소년이 있을 수 있다. 돌봄제공자로서의 아동 · 청소년의 특성과 특별한 욕구도 개인별지원계획 등에서 포괄적으로 다뤄야 할 것이다.

4. 비행소년

이 절에서는 최근 아동 비행 현황, 비행 원인과 대응, 그리고 탈비행에 관해 살펴보고자 한다. 덧붙여 최근 이슈가 크게 됐던 형사책임 최저 연령 하향, 즉 촉법소년 연령 하향문제, 유엔아동권리위원회로부터 계속 권고받고 있는 우범소년 폐지문제에 대해 살펴본다.

1) 현황

비행소년은 「소년법」 제67조의 2(비행 예방정책)에 따르면, 죄를 범한 소년(범죄소년), 형벌 법령에 저촉되는 행위를 한 10세 이상 14세 미만인 소년(촉법소년), 우범소년을 포괄한다. 이 중 우범소년은 집단적으로 몰려다니며 주위 사람들에게 불안감을 조성하는 성벽이 있는 것, 정당한 이유 없이 가출하는 것, 술을 마시고 소란을 피우거나 유해환경에 접하는 성벽이 있는 것 등의 사유가 있고, 성격이나 환경에 비추어 앞으로 형벌 법령에 저촉되는 행위를 할 우려가 있는 10세 이상인 소년을 뜻(「소년법」 제4조 제1항 3호)한다.

비행소년의 정의와 달리 소년범죄는 범죄소년에 의한 범죄 행위, 촉법소년에 의한 촉법 행위만을 포함한다. 또한 소년범죄 통계를 산출할 때 2017년까지는 10세 이상 19세 미만의 소년을 분석 대상으로 하였으나, 2018년부터는 소년 형법범죄 집계 시 14세 미만은 분석 대상에서 제외하고 있다(법무연수원, 2024). 따라서 이를 감안하여 소년범죄 동향을 파악해야 한다.

대검찰청 범죄 분석(검찰, 2024)에서 전체 범죄의 연령별 발생비를 보면 소년범죄자(처분 인원 기준)의 발생비는 인구 10만 명당 862.1건으로, 다른 연령에 비해 가장 낮다. 연령별 발생비 추이의 경우 다른 연령에서는 지난 10년간 전체 범죄의 연령별 발생비가 감소한 반면, 소년범죄자의 발생비는 9.7%로 증가한 것으로 보인다. 그런데 이는 10세 이상 19세 미만이었던 소년범죄자 기준이 2018년부터 14세 이상 18세 이하로 바뀌어 집계하고 있어 기준 변경에 따라 발생비가 증가한 것으로 보이는 면이 있다. 이러한 점을 감안하더라도 2023년 18세 이하 범죄 발생비는 2022년에 비해 증가했다. 전체 범죄자 중 소년범죄자의 점유 비율[소년비, 소년비는 $\frac{\text{소년범}}{\text{소년범+성인범}} \times 100$]은 2019년 3.8%로, 지난 10년 최저치를 기록한 후 다시 증가하여 2022년에는 4.6%였다.

표 10-3 전체 범죄 범죄자 연령별 발생비 추이(2014~2023년) (단위: 발생비)

연도	18세 이하	19~30세	31~40세	41~50세	51~60세	61세 이상
2014	786.0	3,826.6	4,761.2	5,631.3	5,235.0	1,939.1
2015	737.4	4,043.1	4,816.7	5,560.1	5,315.3	2,073.3
2016	810.6	4,242.9	5,126.8	5,637.6	5,473.5	2,215.4
2017	799.5	3,949.2	4,588.8	5,023.8	5,059.5	2,173.5
2018	750.3	3,639.9	4,193.2	4,607.0	4,813.3	2,183.9
2019	780.5	3,681.2	4,138.8	4,588.1	4,818.9	2,340.2
2020	785.9	3,553.9	3,788.8	4,089.1	4,413.4	2,218.9
2021	677.2	3,129.6	3,212.2	3,351.6	3,563.2	1,911.3
2022	788.0	3,359.5	3,325.5	3,329.6	3,374.1	1,828.3
2023	862.1	3,199.7	3,324.5	3,330.0	3,325.7	1,906.4

출처: 검찰(2024). p. 19.

표 10-4 **소년범죄 인원, 소년범죄 발생비 및 소년비 현황(2013~2022년)** (단위: 명, %)

연도	소년범죄	소년범죄 발생비	성인범죄 발생비	소년비
2013	88,762	1,581.1(−)	4,520.3(−)	4.5
2014	77,594	1,440.4(91.1)	4,338.3(96.0)	4.2
2015	71,035	1,411.8(89.3)	4,482.4(99.2)	3.8
2016	76,000	1,547.9(97.9)	4,373.5(96.8)	3.9
2017	72,759	1,559.7(98.6)	4,089.8(90.5)	4.0
2018	66,142	2,486.0(157.2)	3,808.2(84.2)	3.9
2019	66,247	2,696.1(170.5)	3,821.9(84.5)	3.8
2020	64,480	2,747.0(173.7)	3,511.8(77.7)	4.0
2021	54,017	2,305.9(145.8)	2,932.9(64.9)	4.0
2022	61,026	2,614.6(165.4)	2,910.3(64.4)	4.6

출처: 법무연수원(2024). p. 540.

다음으로 소년범죄 발생비를 유형별로 살펴보면, 재산범죄(절도, 사기 등), 강력범죄(흉악; 살인, 강도, 방화, 성폭력), 강력범죄(폭력; 폭행, 상해, 협박, 공갈, 약취와 유인 등), 교통범죄 발생비는 지난 10년간 증가하였다. 이 경우에도 기준 연령 변경에 따라 발생비가 증가한 것으로 보이는 측면이 있다. 이를 고려한 해석이 필요하다. 재산범죄 발생비는 2021년 감소했다가 증가한 것으로 보이고, 강력범죄(폭력)의 경우 2021년 이후 발생비가 증가했지만 2019년 이전만큼은 아니다. 강력범죄(흉악)는 2021년 이후 발생비가 증가하였다.

촉법 소년범죄 증가, 흉포화 경향(법무부, 2022)을 완전히 부인할 수는 없지만, 한편으로 소년범죄자 발생비, 유형별 발생비가 계속 증가한 것만은 아님을 알 수 있다. 앞서 밝혔듯이, 기준 연령의 변화를 고려해야 한다. 또한 소년범죄 발생비 증가가 '그물망의 확대(net widening) 효과'라는 해석도 있다. 이것은 "과거에는 처벌하지 않았던 성추행, 학교폭력 등에 대한 처벌이 강화됐고, 과거에는 없던 범죄 유형인 불법 촬영, 통신매체 이용 음란죄, 중고나라 사기, 무인점포 절도 등 새로운 범죄 기회가 증가"(박선영, 2022)했기 때문에 소년범죄 발생이 증가했다는 것이다. 소년범죄 발생 수치의 증가를 요즘 아동 · 청소년이 나빠서 더 범죄를 많이 저지른다고 볼 수는 없으며, 사회가 그만큼 더 위험해졌다는 것, 아동 · 청소년이 범죄를 저지를 수 있는 동기, 기회가 늘어난 것으로 해석할 수 있다(박선영, 2022)고 보기도 한다.

한편, 소년범죄 흉포화 주장에 대해서도 발생비 증가는 맞지만, 강력범죄(흉악) 중에서 어떤 범죄가 증가했는지를 더 세밀히 들여다봐야 한다는 반박이 있다. 2013년과 2022년의 강력범죄(흉악) 죄명별 구성비의 변화(법무연수원, 2024)를 살펴보면 살인은 0.6%에서 0.3%로 소폭 감소하였고, 절도는 17.4%에서 3.5%로 대폭 감소하였으며, 방화는 4.0%에서 1.9%로 감소하였다. 성폭력은 78.0%에서 94.3%로 증가하였다. 소년 성폭력 범죄의 증가 또한 성폭력 위험 정도가 높은 우리나라의 현실과 무관하지 않다는 해석이다.

이러한 점을 고려할 때, 다른 통계도 마찬가지겠지만 소년범죄 관련 수치를 해석할 때는 무엇을 기준으로 어떻게 산출되었는지를 잘 살펴보는 것이 중요하다. 또한

표 10-5 소년 강력범죄(흉악) 죄명별 현황(2013~2022년) (단위: 명, %)

연도 \ 죄명	계	살인	강도	방화	성폭력
2013	3,489(100)	21(0.6)	607(17.4)	140(4.0)	2,721(78.0)
2014	3,158(100)	33(1.0)	405(12.8)	156(4.9)	2,564(81.2)
2015	2,713(100)	16(0.6)	432(15.9)	58(2.1)	2,207(81.3)
2016	3,343(100)	19(0.6)	317(9.5)	147(4.4)	2,860(85.6)
2017	3,463(100)	18(0.5)	244(7.0)	118(3.4)	3,083(89.0)
2018	3,509(100)	11(0.3)	215(6.1)	110(3.1)	3,173(90.4)
2019	3,665(100)	20(0.5)	366(10.0)	99(2.7)	3,180(86.8)
2020	3,134(100)	9(0.3)	324(10.3)	99(3.2)	2,702(86.2)
2021	3,606(100)	11(0.3)	178(4.9)	76(2.1)	3,341(92.7)
2022	4,893(100)	15(0.3)	169(3.5)	95(1.9)	4,614(94.3)

출처: 법무연수원(2024). p. 556.

수치를 어떻게 읽느냐에 따라 소년범죄에 대한 해법이 달라질 수 있다. 사회의 높은 위험을 반영하는 것으로 보는 경우, 소년범죄에 대한 대응은 아동·청소년에게 어렸을 때부터 엄벌을 가하는 것을 넘어 아동·청소년이 잘 자랄 수 있는 더 안전한 사회를 만드는 것, 그러한 사회를 만드는 데 있어 어른의 책임을 더 강조하게 된다.

2) 비행 원인과 대응

비행에 영향을 미치는 요인에 대한 이해를 통해 비행을 사전에 예방하고 재비행을 줄일 수 있다. 비행에 기여 혹은 완화하는 요인에 대한 체계적 문헌고찰 결과(Aazami et al., 2023)를 보면, 가족 갈등과 역기능이 비행 위험요인으로 나타났다. 부모 및 친구와의 강한 사회적 유대감을 형성하지 못하고 학업 및 사회 커뮤니티에 참여하지 못하는 것이 비행과 관련된다는 사회통제이론과 맥을 같이한다. 신체적 또는 정서적 학대, 방임, 부모의 음주 또는 범죄 행위, 가정폭력 경험과 같은 아동기의 부정적 경험(adverse childhood experience)도 아동의 비행 행동 가담 가능성을 높인다.

표 10-6 아동기의 부정적 경험 범주

학대	방임	가정의 역경
정서적 학대, 신체적 학대, 성 학대	정서적 방임, 신체적 방임	가정폭력, 약물오용, 정신질환, 범죄, 별거(분리), 보호조치

출처: Scottish Public Health Network(ScotPHN). (2016).

법무부 자료에 의하면, 소년보호관찰대상자 중 아동기에 부정적 경험이 있는 대상자 비율이 43.4%이다(법무부 보도자료, 2021).

표 10-7 **소년보호관찰대상자 중 아동기의 부정적 경험 현황** (단위: 명, %)

<table>
<tr><th rowspan="2">구분</th><th rowspan="2">2020년 12월 1일~
2020년 12월 31일(1개월)
보고관찰 개시 인원</th><th rowspan="2">조사 실시
인원</th><th colspan="4">아동기의 부정적 경험 유형</th></tr>
<tr><th>신체 학대</th><th>방임</th><th>성 학대</th><th>정서 학대</th></tr>
<tr><td rowspan="2">총계</td><td rowspan="2">1,081</td><td rowspan="2">915</td><td>177(19.3)</td><td>77(8.4)</td><td>17(1.9)</td><td>126(13.8)</td></tr>
<tr><td colspan="4">397(43.4)</td></tr>
</table>

출처: 법무부 보도자료(2021).

한편, 비행 행동을 예방하고 긍정적인 발달을 촉진하는 데 도움이 되는 요인으로는 가족 기반 서비스에 대한 접근성, 가정에서의 일관된 훈육, 가족과의 강한 유대, 강력한 가족관계, 학교 기반 활동 참여, 운동 · 음악 · 커뮤니티 활동과 같은 친사회적 활동, 건설적인 또래와의 상호작용 참여, 학업성취도 등이 있다.

이러한 점에서 가족-지역사회 기반 서비스는 청소년 비행문제 해결에 도움이 되는데, 몇 가지 근거 기반(evidence-based) 치료를 소개하면 다음과 같다. 다중체계치료(multi-systemic therapy)는 아동 · 청소년을 둘러싼 다양한 체계(가족, 학교, 지역사회)를 대상으로 위험요인을 해결하고 비행 예방을 위한 보호요인을 강화하는 체계적 접근 방식으로 비행문제 해결에 효과적이다. 역기능적 가족 역동을 표적으로 하는 기능적 가족치료(functional family therapy)는 의사소통, 문제해결 및 갈등해결 기술 향상을 목표로 한다. 다차원적 가족치료(multidimensional family therapy)는 개인 및 가족 요인에 초점을 맞추고 인지행동 및 생태체계 접근을 결합하여 비행 위험요인을 포괄적으로 다룬다. 청소년 집단 치료(adolescent group treatment)는 사회 기술(social skill) 개발, 정서 조절 및 긍정적인 또래 영향을 강조하는 또래 지향적 그룹치료(peer oriented group therapy)를 포함한다.

이 중 다중체계치료는 소년 법률체계나 감금이나 거주치료 등의 가정 밖 시설에서 위험성으로 의뢰되는 청소년에게 가장 적절하고 비용 효율적인 방법이다(오경자 외, 2019). 이 다중체계치료는 브론펜브레너(Bronfenbrenner)의 생태모델에 근거하여, 심각한 반사회적 행동에 효과적으로 개입하기 위해 개인(예: 인지적 오류, 주의 결함문제), 가족(예: 느슨한 부모의 감독, 양육자의 약물남용), 또래(예: 일탈 또래와의 관계), 학교(예: 낮은 성취 수준, 학교에 대한 낮은 애착), 이웃(예: 친사회적 활동에 대한 기회, 약물 접근성)을 포함하는 다중 수준의 위기요인과 체계 수준 간의 어려움(오경자 외, 2019)에 집중한다. 또한 다중체계치료는 변화의 핵심 요인이 가족에게 있다고 본다. 그래서 부모의 양육 능력을 높이고, 부모가 10대 자녀를 일탈 또래로부터 분리하여 학교 수행을 증진하기 위한 노력을 강조한다.

3) 탈비행

탈비행은 '비행에서 벗어남'으로 볼 수 있으며, 그러기에 비행경력(career)과 떼놓고 생각할 수 없다. 비행경력을 다룬 기존의 이론들은 비행원인론에 초점을 두고 어떤 사람이 비행을 저지르는지, 또는 범죄를 저지르는 상황이 무엇인지 등 비행의 원인과 비행 및 재비행 예방에 초점을 두고 비행경력문제를 다루면서 탈비행은 간과한 경향이 있다(이희연, 2004).

기존의 범죄학 이론은 낙인 · 통제 · 긴장 · 학습 이론 등 비행 촉발요인이 존재하는 한 비행은 계속될 수밖에 없다는 '비행의 지속성'을 강조하거나, 이와 반대로 성숙과 노화 이론과 같이 나이 들어 철이 들면 저절로 탈비행에 이르게 된다고 보아 탈비행에 대한 관심이 적었다. 그러나 탈비행에 관심을 갖는 학자들은 '비행의 지속성'보다 '변화 가능성'에 초점을 둔다(권해수, 윤일홍, 2015). '변화 가능성'에 초점을 둔다는 점은 사회복지실천의 가치와 닿아 있다.

탈비행 관점은 범죄를 줄이는 방법으로 비행의 원인을 제거하는 정책보다는 지금 상황에서 비공식적 통제(사회적 유대, 사회적 자본 등) 가능성을 높일 수 있는 탈비행 정책, 탈비행 환경 조성을 강조한다(권해수, 윤일홍, 2015).

탈비행의 핵심 동력은 애착, 사회적 자본을 통한 비공식적 통제의 형성, 일상활동(생활)의 변화(예: 이사, 취업, 결혼, 군 입대 등으로 인한 환경 변화), 그리고 개인의 주체성(agency) 등이다(이희연, 2004; 권해수, 윤일홍, 2015). 여기서 개인의 주체성은 탈비행자로서의 정체성, 용서를 구하는 말이나 행동을 통해 준법 시민으로 복귀하기 위해 노력하는 과정에서 오는 수치심, 미래에 대한 포부 등을 뜻한다(권해수, 강호성, 2020).

인생의 전환점(turning point)을 통해 이들 요인을 적절한 시기에 경험하는 비행청소년은 탈비행에 이를 가능성이 크다. 반대로 이런 기회를 얻지 못한 비행청소년(예: 장기 수감)은 어린 시절에 약화됐던 애착과 유대가 친사회적 성인으로 성장할 수 있는 발전 기회를 축소하며, 기회의 축소는 다시 비행을 부추기는 방식으로 누적적 지속성이 강화되어 계속 범죄자로서의 일생을 살게 될 가능성이 크다(권해수, 윤일홍, 2015). 정리하면, 탈비행 요인은 가족, 또래, 사회적 제도 등 환경과의 상호작용을 통한 긍정적 사회적 연대, 비행경로에서 쌓은 누적적 불이익에서 벗어날 수 있는 변화를 위한 선택 기회와 전환점, 그리고 개인의 특성 등으로 다양하고 복합적이다.

이상의 내용을 비행청소년 지원에 적용하면 탈비행의 기회와 전환점이 되는 개입 프로그램을 개발하는 것, 기본적인 성장 욕구에 초점을 두어 이들의 심리적 · 사회적 성장과정을 돕는 것, 이해와 존중을 기반으로 지속적인 관심과 수용적 태도를 갖고 청소년이 적응적 일상으로 회귀할 수 있도록 기다리고 지켜봐 주는 것 등이 필요하다(이희연, 2004).

4) 과제

(1) 촉법소년 처우

비행 · 범죄 청소년에서 가장 많이 연관되는 단어는 촉법소년 연령 하향 이슈일 것이다. 「소년법」 제4조 제1항의 2에 따르면, 촉법소년은 형벌 법령에 저촉되는 행위를 한 10세 이상 14세 미만인 소년이다.

14세 미만의 소년은 형사미성년자로서 미성숙으로 인해 책임능력이 부정되어 원칙적으로 일체의 형사책임이 면제되고, 14세 이상 19세 미만의 소년은 형사성년자로서 책임능력이 인정되어 일반 성인과 동일하게 형사책임을 진다(〈표 10-8〉 참조; 김성은, 2016). 다만, 소년법상 14세 미만의 소년은 촉법소년으로서, 그리고 14세 이상의 소년은 범죄소년으로서 각각 보호처분(〈표 10-9〉와 [그림 10-2] 참조)

의 대상이 될 수 있다(김성은, 2016).

촉법소년 연령 하향은 형사미성년 연령인 14세를 13세, 12세 등으로 낮추는 것으로, 이는 형사성년자로서의 책임능력을 일찍부터 인정, 형법에 따라 책임을 묻고 형사 처벌하겠다는 것을 뜻한다.

2022년 법무부는 촉법소년 연령 상한을 14세에서 13세로 낮추는 내용 등을 담은 '소년범죄 종합대책'을 발표(법무부 보도자료, 2022)하였다. 이는 촉법소년 범죄 증가, 소년범죄 흉포화(소년범죄 중 강력범죄 비율의 증가, 특히 성범죄 비율이 급증), 촉법소년제도의 범죄 악용 등으로 인해 형사 미성년자 연령을 낮춰야 한다는 여론에 대한 엄벌주의, 응보주의적 관점의 대응인 셈이다. 이때 상한 연령을 13세로 정한 근거는 보호처분을 받는 촉법소년 중 13세가 차지하는 비중이 약 70%이며, 우리나라 학제에서 초등학교와 중학교 구분이 13세에 있다는 이유이다.

이러한 정부 대응에 대해 국가인권위원회 등은 촉법소년 연령 하향에 대한 우려를 전달하였다. 국가인권위원회는 형사미성년자의 연령을 하향하고, 촉법소년 상한 연령을 하향 조정하는 것은 어린 소년범에 대한 부정적 낙인효과를 확대하여 소년의 사회 복귀와 회복을 저해하고, 건전한 사회인으로서의 성장을 방해할 우려가 있으며, 소년범죄 발생의 근본적인 원인에 적절히 대응하는 실효적 대안

표 10-8 「형법」과 「소년법」의 대응 및 적용 연령

대응 대상	적용 연령	책임능력	형사성년성	「형법」	「소년법」
우범 행위	만 10세 이상 만 19세 미만	–	–	–	보호처분
범죄 행위	만 10세 이상 만 14세 미만	책임 무능력자	절대적 형사미성년	불가벌 (형사처벌 대상이 아님을 뜻함)	보호처분 (촉법소년)
범죄 행위	만 14세 이상 만 19세 미만	책임 능력자	절대적 형사 성년	처벌 (「형법」상의 형벌) (소년 형사사건에서 특례 인정)	보호처분 (범죄소년)

출처: 김성은(2016). p. 31: 박선영(2022), p. 15에서 재구성.

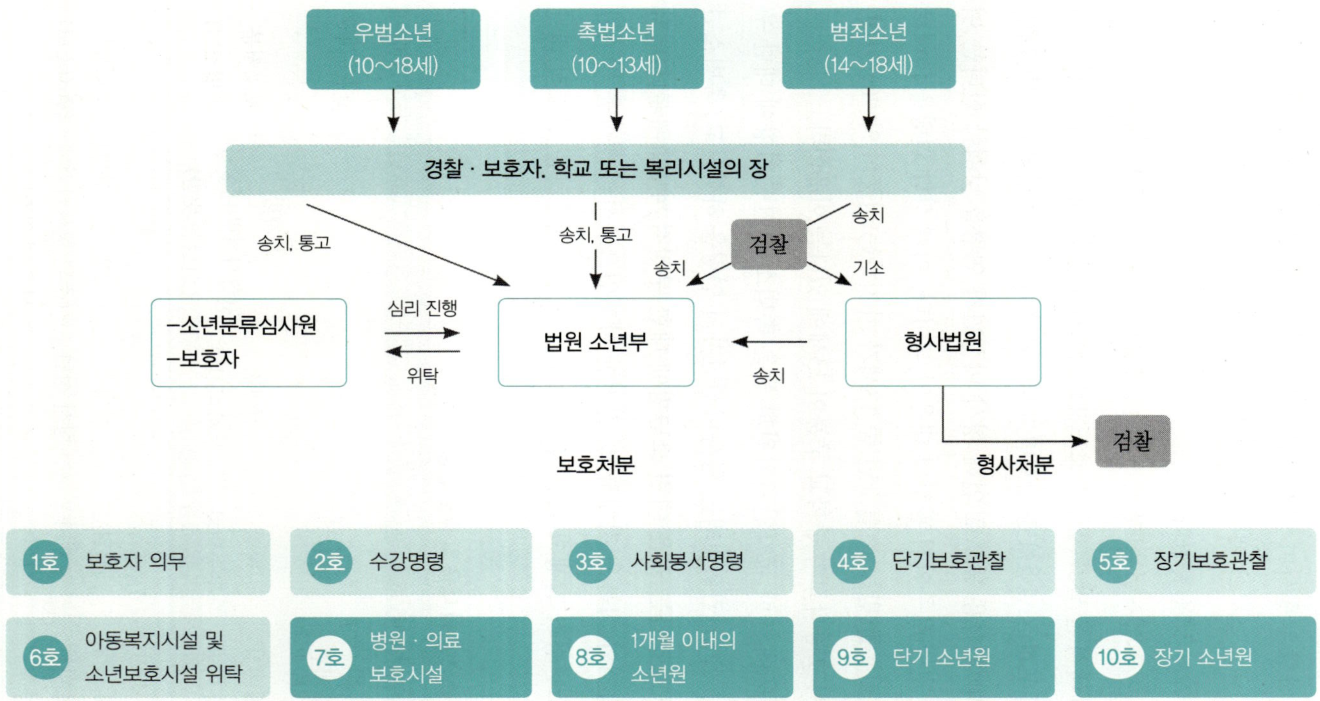

그림 10-2 소년보호사건 처리절차

출처: 법무부 범죄예방정책국 홈페이지.

표 10-9 보호처분의 종류

종류	내용	기간	적용 연령
1호	보호자 또는 보호자를 대신하여 소년을 보호할 수 있는 자에게 감호 위탁	6개월 (6개월 연장 가능)	10세 이상
2호	수강명령	100시간 이내	12세 이상
3호	사회봉사명령	200시간 이내	14세 이상
4호	단기보호관찰	1년	10세 이상
5호	장기보호관찰	2년+1년	10세 이상
6호	「아동복지법」상의 아동복지시설이나 그 밖의 소년보호시설에 감호 위탁	6개월 (6개월 연장 가능)	10세 이상
7호	법원, 요양소 또는 「보호소년 등의 처우에 관한 법률」에 따른 소년의료보호시설에 위탁	16개월 (6개월 연장 가능)	10세 이상
8호	1개월 이내 소년원 송치	1월 이내	10세 이상
9호	단기 소년원 송치	6월 이내	10세 이상
10호	장기 소년원 송치	2년 이내	12세 이상

출처: 박선영(2022), p. 15.

이라고 평가하기 어렵다고 보았다(국가인권위원회 보도자료, 2022). 또한 유엔아동권리위원회가 형사책임 최저 연령을 14세로 유지하고 14세 아동을 범죄자로 취급하거나 구금하지 않을 것을 권고하였는데, 촉법소년 상한 연령을 하향 조정하는 것은 유엔아동권리위원회 권고 등 국제 기준에 반한다고 보았다(국가인권위원회 보도자료, 2022).

우리의 관심은 최근의 촉법소년은 예전과 어떻게 다른가, 촉법소년을 어떻게 처우할 것인가, 어떻게 탈비행하도록 할 것인가, 촉법소년 발생을 어떻게 예방할 것인가 등에 있다. 이러한 질문에 대한 해답을 찾는 것이 중요하다. 촉법소년 관련 문제의 해결은 어렵고 복잡한데, 연령 하향, 엄벌주의가 그 어려움을 해결하는 가장 좋은 방법인지에 관해 재고할 필요가 있다.

(2) 우범소년 규정 폐지

유엔아동권리위원회는 우리나라가 제출한 제5~6차 국가보고서에 대한 심의 후, 소년사법 분야에서 ① 법에 저촉된 아동과 관련된 모든 사건을 다루는 아동사법전문법원을 설립할 것(아동 전담 법관 및 법 위반 아동과 함께 일하는 전문가들이 아동권리에 대한 적절한 교육과 지속적인 훈련을 받을 수 있도록 하는 것), ② 형사책임 최저 연령을 만 14세로 유지하고 만 14세 미만 아동을 범죄자로 취급하거나 구금하지 않을 것, ③ 아동과 관련된 사건의 공정한 재판을 보장할 것(아동 관련 사건의 공판에서 일반 청중을 배제하고 재판 시작단계에서부터 아동의 법정 후견인의 참여를 보장할 것, 침해를 보고함에 있어 비밀이 보장되는 경로를 제공 및 증진하고, 아동 관련 사건을 위한 언론보도 지침을 준수할 것), ④ 우범소년에 관한 「소년법」 제4조 제1항 제3호를 폐지할 것, ⑤ 다이버전 제도(diversion programmes)를 위한 법적 근거를 마련하고 비구금형을 촉진할 것, ⑥ 구금된 아동의 사생활을 존중할 것, ⑦ 범죄 재발 방지를 위한 비구금 조치를 강화할 것 등을 포함하여 14개를 권고하였다(보건복지부, 국제아동인권센터, 2020).

이들 권고사항 중 하나가 '우범소년에 관한 「소년법」 제4조 제1항 제3호를 폐지할 것'이다. 「소년법」에 우범소년 규정이 처음 마련된 것은 1958년 「소년법」 제정 당시이며, 그 이후 우범소년 연령이 12세 이상에서 10세 이상으로 하향되었고, 우범사유도 구체화되었다(이승현, 2021). 현행 「소년법」의 우범 사유는 ① 집단적으로 몰려다니며 주위 사람들에게 불안감을 조성하는 성벽이 있는 것, ② 정당한 이유 없이 가출하는 것, ③ 술을 마시고 소란을 피우거나 유해환경에 접하는 성벽이 있는 것이다.

국가인권위원회는 우범소년 규정이 성인과 달리 명백한 범죄이지 않더라도 비행의 가능성을 이유로 소년에게 보호처분을 부과하는 것으로, 비차별원칙에 어긋나며, 그 사유도 불명확하여 법률유보원칙과 적법절차원칙에 위배될 수 있으며, 통고제도와 결합하여 오남용될 수 있는 등 여러 문제가 있다고 보았다(국가인권위원회 보도자료, 2021). 또한 우범소년 규정은 소년보호 이념의 취지와는 달리 소년사법 절차로 조기에 진입하게 하면서 사회적 낙인을 가중시키는 요소가 된다(이승현, 2021).

「소년법」 제정 당시인 1958년에는 보호를 받아야 할 이른바 위기청소년을 보호할 복지 입법이 없었기 때문에 우범소년 규정을 통해서라도 보호해야 할 대상인 다수의 우범소년이 존재하였다(이승현, 2021). 그러나 현재는 우범 사유에 해당하는 대상에 대한 보호 관련 법률이 다수 존재하고, 해당 법률과 정책에 따라 관련 시설로의 연계나 특별한 지원을 할 수 있는 보호 · 복지 영역이 얼마든지 마련되어 있다(이승현, 2021). 예를 들어, 「아동복지법」, 「청소년복지 지원법」 등을 통해 보호가 필요한 아동이나 가정 밖 청소년을 위한 대책을 강화할 수 있다. 이에 우범소년 규정은 폐지하고 현행 「아동복지법」의 '보호대상아동', 「학교 밖 청소년 지원에 관한 법률」의 '학교 밖 청소년', 「청소년복지 지원법」의 '위기청소년' 규정의 적용과 관련 대책의 시행계획을 구체적으로 마련함으로써 「소년법」상 우범소년 규정의 삭제로 인한 공백을 해결(이승현, 2021)해야 한다.

5. 학교의 역할

아동이 잘 자라기 위해서는 아동을 둘러싼 체계, 즉 가정, 학교, 사회의 역할 중, 특히 학교의 역할이 중요하다. 학교는 아동이 학령기에 접어들면서부터 가장 많은 시간을 보내는 곳이며, 법률에 근거한 표준화된 교육과정과 체계를 갖고 운영되므로 가정환경의 영향을 완충할 수 있는 사회적 장치이기도 하기 때문이다.

교육부는 2023년부터 위기에 놓인 학생을 발굴부터 지원 신청, 접수, 진단, 지원, 관리까지 개인별 맞춤형으로 지원하는 체계인 학생맞춤통합지원 방안을 추진해 왔다. 이를 위한 법적 근거인 「학생맞춤통합지원법」이 2024년 12월 26일 국회 본회의를 통과하여 2025년 1월 21일에 제정(공포)되었고, 2026년 3월 1일 시행을 앞두고 있다.

「학생맞춤통합지원법」 제2조(정의)에서 "학생맞춤통합지원"은 학생의 학습참여를 어렵게 하는 기초학력 미달, 경제적 · 심리적 · 정서적 어려움, 학교폭력, 경계선 지능, 아동학대 등 다양한 문제를 통합적으로 해소하고 학생의 전인적 성장과 교육받을 권리 향상을 위하여 이루어지는 지원으로서, ① 학습 · 복지 · 건강 · 진로 · 상담 등의 지원, ② 그 밖의 학생 등의 학습참여를 도모하기 위하여 직접적 또는 간접적으로 이루어지는 지원 등이 해당한다.

학생맞춤통합지원 정책은 학교가 단순히 지식을 배우는 공간을 넘어서 복합적인 어려움을 가진 학생을 돕는 데 구심점이 되어 모든 아동이 비차별적으로 교육받을 권리, 안전하고 적절한 환경에서 성장 및 발달할 권리, 행복할 권리를 여러 기관[교육복지안전망센터, 위(Wee)센터, 특수교육지원센터, 기초학습지원센터, 청소년상담복지센터, 드림스타트, 아동보호전문기관 등]과 협력하여 보장하겠다는 의지로 읽힌다.

학생의 교육권 · 복지권 보장을 위한 학생맞춤통합지원이 실제 어려움에 처한 학생을 적시에, 적절하게 돕는 체계로 작동하기 위해서는 기존의 다양한 사업을 통합, 연계, 조정하는 컨트롤타워로서의 학교의 역할이 중요하며, 이는 그 역할을 담당할 전문인력의 손에 달려 있다고 볼 수 있다.

학교사회복지사는 학생맞춤통합지원 실시 전부터 학생이 학교에 등교하기 이전과 하교한 이후의 모든 시간, 학생이 살고 활동하는 가정과 가정 밖 모든 공간에 귀 기울이고 필요한 지원을 지역사회 내의 다양한 기관과 연계한 경험이 많다.

학교사회복지사는 2024년 11월 기준으로 1,920명에 달하고, 전체 학교(12,028교) 대비 배치율은 15.9%이다(노경은, 2025). 학교사회복지사는 「사회복지사업법」 제11조 제2항에 따라 "학교영역의 사회복지에 관한 전문지식과 기술을 가진 전문가"로 국가 자격이 되었지만, 「초 · 중등교육법」상 '학교사회복지사 배치'에 대한 명확한 법률이 존재하지는 않는다(노경은, 2025).

학생맞춤통합지원이 학생 중심으로, 실질적 권리 보장으로 이어지기 위해서는 전문인력에 대한 논의가 중요하며, 전문인력의 하나로 학교사회복지사의 존재, 역할이 중요하게 다뤄져야 할 것이다.

연구문제

1. 스스로 생각하는 위기아동, 위기청소년, 위기학생을 정의하고, 실태와 욕구, 정책과 서비스, 개선 방안을 조사해 봅시다.
2. 촉법소년 연령 하향 이슈에 대해 토의해 봅시다.
3. 우범소년제도 폐지가 필요한 이유에 대해 알아봅시다.
4. 가정 밖 청소년의 주거권 보장을 위한 당사자 활동이 이루어지고 있습니다. 당사자 중심의 청소년 주거권 보장 운동에 대해 조사해 봅시다.
5. 영케어러 관련 도서나 영화를 읽거나 본 후, 영케어러로 살아가는 삶을 이해해 봅시다.

제11장 아동 안전 및 건강

1. 아동의 안전
2. 아동의 신체적 · 정신적 건강

… 연구문제

제11장

아동 안전 및 건강

아동 안전과 건강은 생존뿐 아니라, 개인의 정체성, 삶의 질 등과 밀접히 관련된 영역이다. 이 장에서는 「아동복지법」 제4장 제1절(아동 안전 및 건강지원)의 내용을 근거로 안전영역에서는 안전사고, 재난, 실종 관련 내용을 다루고, 건강영역에서는 신체적 건강, 정신적 건강, 결식 등의 이슈를 살펴본다. 마지막으로 디지털 환경에서의 안전, 건강에 대해서도 간략히 검토한다.

1. 아동의 안전

안전은 소극적 의미로 '위험이 없는 상태'로 정의할 수 있다. 이때 '위험'은 아동의 건강한 성장과 발달에 부정적 영향을 미치는 것으로, 학대, 폭력, 사고, 중독, 재난, 인간이 만든 유해환경[물질(제품, 식품)], 공간(교통, 시설), 오염, 인간이 훼손한 자연(지구)환경 등을 뜻한다.

1) 안전사고

(1) 현황

「어린이안전관리에 관한 법률」에 따라 수립된 제1차 어린이 안전종합계획(2022~2026)에서 포괄하는 안전 분야는 교통, 제품, 식품, 환경, 시설 등이다. 이에 따라 어린이 안전사고 분야별 현황을 살펴보았다.

첫째, 어린이 교통·안전사고 현황을 살펴보면 2016~2020년 어린이(12세 이하) 교통사고 발생 건수와 사상자는 계속 증가하였으나, 발생 건수는 2020년 감소 후 소폭 증감을 반복하고 있으며, 사망자는 2020년 이후 감소하여 2023년 사망자는 14명(2019년 28명)이다. 어린이 교통사고 사망자의 감소는 아동인구 감소에 기인한 점도 있으나, 어린이 보호구역 도입(1995년), 어린이 보호구역 내 사고에 대한 운전자 처벌 기준 등 강화[예: 「특정범죄 가중처벌 등에 관한 법률」 제5조의 13](일명 민식이법)의 영향과 관련된다.

둘째, 어린이 제품 안전사고는 전체 제품 안전사고 연평균 건수 67,173건의 1/3 이상에 해당하는 높은 수준이다(관계부처합동, 2022). 이때 어린이제품은 13세 이하 어린이가 사용하거나 13세 이하 어린이를 위하여 사용되는 물품 및 부속품(놀이기구, 완구, 학용품, 유아동복 등)을 뜻한다. 어린이 제품 안전사고의 경우, 발생 장소는 가정 내(69%)가, 사고 원인은 미끄러짐, 넘어짐(28%)이 가장 높았다. 연령대는 1~3세의 걸음마기(46%), 4~6세의 유아기(23%)가 높게 나타났다.

셋째, 어린이 식품 안전사고의 경우 식생활 개선과 식품 안전에 대한 인식이 높아짐에 따라 어린이 기호식품 조리·판매 업소의 위생 기준 위반율은 지속적으로 감소하였다. 그러나 어린이가 주로 섭취하는 과자 등 수입식품에서 세균수, 산가(유탕·유처리한 과자에 한함, 식품의 산패 정도를 나타내는 척도) 등 기준 규격 부적합이 지속되고 있어 식품에 대한 안전관리도 계속 강화되어야 한다.

넷째, 어린이 유해환경물질의 경우 어린이용품 특성상 화려한 색상 및 촉감적으로 즐거움을 주는 제품을 제작하기 위해 유해 화학물질을 사용하기도 함으로써 환경 유해 인자로 인한 건강 피해가 증가하고 있다(관계부처합동, 2022a). 연령대가 낮을수록 장난감을 빨거나 바닥에서 노는 등의 행동 특성으로 인해 유해환경물질의 몸속 노출 수준이 높고, 어린이의 대사량은 어른보다 훨씬 높아 환경호르몬에 노출될 경우 환경성 질환(아토피피부염, 천식, 알레르기비염, 성조숙증, 환경성 호흡기질환 등) 유병율이 더욱 높기 때문에 유해환경물질에 대한 지속적 관리가 필요하다.

다섯째, 어린이 이용시설(어린이집, 유치원, 초등학교, 특수학교, 학원, 아동복지시설, 유원시설, 전문체육시설, 공연장, 박물관 및 미술관 등 어린이가 빈번하게 왕래하는 시설) 안전사고는 매년 증가하고 있다. 2020년 기준, 시간별 · 장소별 안전사고 발생 빈도를 살펴보면, 유치원은 수업시간(58.4%), 교실(52.4%), 초등학교는 체육수업(30.6%)과 부속시설(34.6%)에서 많이 발생하였고, 사고 형태로는 물체와의 충돌, 부딪힘, 받힘 사고가 가장 많았다. 한편, 어린이집 보육 아동수는 매년 감소하는데, 안전사고는 증가 추세에 있다.

안전에 대한 관심이 증가하면서 아동 안전사고 사망률(14세 이하 아동인구 10만 명당 안전사고(운수사고, 추락, 익사, 질식, 화상, 중독 등 포함, 자살 및 타살(의도적 사고)은 제외) 사망자 수는 2015년 3.1명에서 2023년 2.3명으로 감소하였다. 그러나 어린이 안전사고 사망은 OECD 주요국의 수준과 비교할 때 비교적 높은 수준이다(관계부처합동, 2022a).

사망의 외인[질병 이외의 외부 요인(고의적 자해 혹은 자살), 운수사고, 추락사고 등에 의한 사망]에 의한 사망률에서 연령별 차이가 있다. 0세의 경우 질병으로 사망한 경우를 제외하고 사망률이 가장 높은 사망의 외인은 타살이고, 연령이 증가하면서 사망의 외인은 여러 가지로 증가했다가 10대에 들어서는 사망률이 가장 높은

표 11-1 연령별 사망률(인구 10만 명당 명)이 높은 사망의 외인(2023년)

연령	사망률이 높은 사망의 외인
0세	타살(유기 등) 4.3명, 운수사고(기계 장치 관련 사고) 0.9명
1~9세	타살(유기 등) 0.7명, 익사사고 0.6명, 운수사고, 추락사고(미끄러지거나 넘어지는 사고 포함) 0.4명
10~19세	자살 7.9명, 운수사고 1.3명, 타살 0.4명, 익사사고 0.3명

출처: 통계청 보도자료(2024. 10. 04.)에서 재구성.

사망의 외인은 자살이다.

영아 사망률(출생아 천 명당 출생 후 1년 이내 사망자 수)은 2.5명으로, 2022년에 비해 0.2명(8.1%)이 증가하였다. OECD 평균 4.2명과 비교할 때 낮은 수준이라고 할 수 있지만, 노르웨이 2명, 일본 1.9명, 아이슬란드 1.1명보다 높은 수준이다. 청소년(10~24세)의 10만 명당 자살률은 10.4명으로, OECD 평균 6.4명보다 높다(이상균 외, 2024).

(2) 과제

우선, 어린이 교통사고 사상자가 한 명도 발생하지 않도록 운전자(어른) 중심의 교통문화 개선을 위한 노력을 계속해야 한다. 1명의 심각한 인명사고가 발생하기 전에 29명의 경상자가 발생했고, 같은 원인으로 다칠 뻔한 잠재적인 부상자가 300명이 있었음을 발견한 하인리히의 이름을 딴 1:29:300이라는 하인리히 법칙(Heinrich's law)이 있다(최호철, 2020). 이 법칙에서 주목할 점은 사소해 보이는 위험을 간과하지 말라는 것이다. 아동이 길을 건널 때 무서워서 도로에 털썩 주저앉은 적이 있다면, 운전의 편의성, 잘 대처할 수 있는 어른의 입장에서 이러한 위험을 방치해서는 안 된다. 아동의 입장에서 위험을 인식하고 사전에 대비책을 마련하는 것이 운전자(어른) 중심의 교통문화를 개선하는 길이다.

덧붙여, 어린이 보호구역제도의 실효성을 높여야 한다. 현행 어린이 보호구역은 출입문 기준으로 획일적으로 지정・운영되는데, 아동의 실제 통학 동선(실제 보행 경로)을 파악하여 실제 동선과 어린이 보호구역(스쿨존) 간의 차이를 없애야 한다. 보도・차도 미분리로 학교 담벼락을 따라 걷는 시간을 없애는 노력(보행자 우선도로 지정, 보행자우선도로에 안전표지 및 안내표지, 속도 저감 장치, 보행 친화적 도로포장 등)도 기울여야 하며, 운전이 불편해서 속도 내기 힘든 길 만들기 등(변진경, 2023)의 추가적인 조치도 적극적으로 검토할 필요가 있다.

다음으로, 아동 사망 전반에 대한 검토를 통해 아동 사망 예방에 힘을 기울여야 한다. 이를 위해 잉글랜드, 미국, 일본 등에서 실시하고 있는 아동사망검토(child death review) 도입을 적극 고려해야 한다.

2) 재난

2020년 1월 30일 세계보건기구가 국제공중보건위기 상황을 선포한 이후, 3년 4개월 만인 2023년 5월에 우리 정부는 코로나19 종식을 선언하였다. 3년 4개월여 동안 사회 구성원 모두의 일상이 무너졌다. 모두의 시간은 소중하지만, 성장하고 발달하는 과정에 있는 아동기에 경험한 셧다운의 영향에 특별히 주목해야 한다. 또 언제 다시 발생할지 모르는 재난에 대비하기 위해 코로나19의 영향, 대응으로부터 배울 점을 찾는 것이 필요하다.

2021년 유니세프는 "기후 위기는 아동 권리의 위기"라고 보았다. 2023년 9월, 유엔아동권리위원회는 일반논평 제26호 『기후변화에 중점을 둔 아동 권리와 환경』을 발간하였다. 일반논평에는 환경과 기후 변화에 대해 즉각적인 대응이 필요한 이유, 아동이 가진 모든 권리를 보호하기 위해 국가가 해야 할 일 등이 담겼다. 기후 위기에 대응하는 것은 현재의 아동뿐 아니라, 미래 세대의 아동 권리 보장을 위해서도 매우 중요하다.

(1) 감염병 재난

재난이 발생하면 취약계층인 아동은 생존권, 발달권, 보호권, 참여권이 위협받을 수 있다. 특히 재난 상황에서 아동은 생존 자체가 위태로울 수 있으며, 일상적인 아동서비스(교육, 돌봄 등)가 작동하지 않아 발달권을 보장받지 못할 수 있다(임세희 외, 2021). 그리고 재난으로 인한 양육자(보호자)의 부재(Sapir, 1993: 이재은, 2022에서 재인용), 기존 사회적 관계의 단절이 발생하여 보호권이 위협받을 수 있고, 재정적 지원, 교통, 의료 서비스, 복지 서비스에 대한 접근도 어려울 수 있다(Fatemi et al., 2017; Zhou et al., 2014: 이재은, 2022에서 재인용).

코로나19로 인해 발생한 학습, 심리 · 정서, 사회성, 신체건강 등의 변화를 살펴보면 기초학력부진학생 비율 증가, 원격수업으로 학습 격차 심화, 정신건강 관련 온라인 상담 건수 증가, 사회성 발달 기회 제한, 신체활동 시간 감소 등이 나타났다(교육부, 2022).

한편, 이러한 재난의 영향이 계층 및 나이에 따라 다르듯, 아동들 사이에도 재난의 영향은 다르다. 그 시기를 부모의 지원을 받으면서 활용한 아동이 있는가 하면, 안전하지 않은 가정에 계속 머물면서 가정폭력과 아동학대 위험에 노출된 아동도 있다. 코로나19는 배움의 지체와 교육격차 심화를 초래했다. 특히 온라인 교육은 빈익빈 부익부, 즉 마태효과[1]를 낳았다. 또한 장애 학생, 다문화 학생, 부모가 자녀의 학습을 돌보지 못하는 학생은 배움의 사각지대에 놓이게 되면서 배움 지체 현상은 가속화되었다(조윤정, 박휴용, 2020). 아동복지시설 보호아동은 '코호트 격리 조치' 되어 외출금지, 시설 밖에서 이루어졌던 다양한 서비스 이용의 전면 중단, 부모 면접 금지 등으로 발달권, 자유권이 크게 침해당했다(장영인, 2021).

(2) 기후 위기

유엔아동권리위원회는 일반논평 제26호『기후변화에 중점을 둔 아동 권리와 환경』을 작성할 때, 국제 아동 자문단과 함께 일반논평 아동 친화 버전을 제작하였다. 여기서 여러 나라 아동의 이야기를 들을 수 있다. 깨끗하고 건강하며 지속

기후 위기(대응)에 대한 아동의 목소리

"그분들[어른들]에게 우리는 미래 세대라는 점을 말하고 싶어요. 여러분이 지구를 파괴한다면 우리는 어디에서 살아야 하나요?" (인도에 사는 13세 소년)

"어른들이 경험하지 않을 미래에 대해 결정을 내리는 것을 그만해야 해요. [우리의] 삶이 기후변화로 인해 위협받고 있기 때문에 기후변화 문제를 해결하는 데 [우리가] 가장 중요한 열쇠예요." (크로아티아에 사는 17세 소녀)

출처: 유엔아동권리위원회(2023).

1) 마태효과는 '무릇 있는 자는 받아 넉넉하게 되되 없는 자는 그 있는 것도 빼앗기리라.'라는 마태복음 구절에서 유래하였다.

가능한 환경은 그 자체로 인간의 권리이자, 아동이 자신의 권리를 누리기 위해 반드시 필요한 것이다(유엔아동권리위원회, 2023).

(3) 아동 중심의 재난 대응

재난 상황에서도 아동은 계속 자란다. 그러기에 아동의 생존 · 보호 · 발달 지원 또한 중단없이 지속되어야 한다. 한편 재난 대응에서도 아동의 특성을 고려하여 긴급돌봄 지원 관련 예산, 인력, 기관(장소), 물품(장비, 자재 등) 등의 자원을 마련해야 한다(〈표 11-2〉 참조). 즉, 아동 중심의 재난 대응체계를 정비해야 한다. 아동 중심의 재난 대응(관리)의 주요 원칙으로는, ① 재난 발생 시 아동의 생존권을 우선으로 보호, ② 재난관리 시 아동의 발달을 위한 환경 유지, ③ 재난관리 시 아동의 건강을 위한 지원체계 추진, ④ 재난관리 시 아동 안전을 위한 지역사회 보호 강화, ⑤ 재난관리 시 아동은 능동적 참여자로 관여, ⑥ 재난 복귀 시 회복력 기반으로 단계적 지원 등(김선숙 외, 2021)이 있다. 우리나라 아동이 원하는 아동 중심의 재난 대응의 구체적 내용은 재난에 대한 아동 664명의 목소리(〈표 11-3〉 참조; 세이브더칠드런, 2025)에서도 확인할 수 있다.

표 11-2 아동 중심 재난관리 자원 분류

아동 중심 재난관리 자원 목록	
인력	• 지방자치단체의 주관부서(아동 관련, 재난 대응, 복지 관련, 자원 재발 관련 부서 등) 담당자 • 의료 및 심리지원 전문가(병원, 보건소, 국가트라우마센터, 정신건강복지센터, 자살예방센터, 상담복지센터, 사회복지기관 등에 종사하는 의사, 간호사, 사회복지사, 심리사 등의 전문인력) • 학교 교직원(교사, 학교사회복지사, 교육복지사, 보건교사 등) • 자원봉사자(자원봉사센터 활용 또는 정신건강 전문자격, 교원 전문자격, 돌봄 관련 자격이나 경험을 갖고 있는 시간제 근무나 자원봉사 가능 인력)

기관, 장소	• 지방자치단체 부서 및 위탁기관 • 의료기관(대학병원, 의원, 보건소, 트라우마센터, 정신건강복지센터 등) • 복지 · 상담 기관(종합복지관, 아동보호전문기관, 건강가정지원센터, 상담소, 심리치료센터 등 심리검사 진행이나 상담, 가족지원, 자원 연계 가능 기관) • 돌봄 관련 기관(지역아동센터, 다함께돌봄센터, 육아종합지원센터, 아동돌봄공동체, 육아나눔터 등) • 감염자 발생 시 격리 보호 가능 공간(이용시설 내 공간, 별도 공간 확보 등)
장비	• 구급차, 운송차, 급식차 • 체온계, 발열체크기 등 • (장애아동을 위한) 휠체어 등
자재	• 아동 물품(기저귀, 젖병, 분유, 물티슈, 애착인형, 담요, 의류 등) • 감염 관련 지원 물품(마스크, 소독제, 보호복 등)
예산	• 아동 물품이나 감염 관련 지원 물품 등 직접 구입을 위한 예산 또는 가족 지원금 • 시설 담당자나 자원봉사자 등 지원 인력 활동비, 유관기관 회의비 등

출처: 김선숙 외(2021).

표 11-3 아동이 원하는 아동 중심의 재난 대응체계

아동의 목소리	정책 제안	아동 중심 재난 대응
"집에 사람이 별로 없어서 할 게 없고 힘이 없었다." "아침에 일어나 동생을 학교에 데려다준다. 아침밥을 먹으려 했지만 8시 40분에 기기가 바로 줌에 들어간다. 아이들이 바라는 것은 어른들이 공부를 도와주고 혼자 있을 시간을 조금이라도 줄여 주는 것이다."	• 돌봄은 생명과 직결되는 문제임. 돌봄이 사각지대 없이 지속될 수 있도록 돌봄 컨트롤타워를 지정할 필요성이 있음. • 돌봄 종사자가 감염되어 서비스 제공이 어려울 경우에 대비하여 긴급돌봄 인력, 예산 등의 자원이 사전에 준비되어야 함.	재난에 대응하는 긴급돌봄체계 구축

"고요하고 적막했다. 외롭고 쓸쓸했다. 이 세상에 나 혼자만 있는 것 같았다." "코로나19 팬데믹으로 인해 다른 사람과 마음을 나누거나 소통할 기회가 줄었기 때문에 내가 무슨 기분, 무슨 감정으로 지내고 있는지, 무엇을 원하는지, 나 자신을 너무 몰랐고 챙길 시간이 없었다."	• 재난에 취약한 인구집단에 대한 심리지원, 정신건강체계 마련	재난 시 아동의 정신건강과 심리 · 사회적 지원을 위한 체계 마련
"계속 하루 종일 같이 있어야 하니까 같이 사는 친구들이랑 많이 싸웠어요." (시설 거주 아동) "친구들이 마스크를 쓰고 있으니까 뭐라고 말하는데 입이 안 보여서 불편했어요." (청각장애아동)	• 아동 · 청소년이 이용하는 시설별 특성을 고려한 재난 대응 아동보호 매뉴얼 개발 · 정기적인 교육과 이행 모니터링 체계 구축	재난 대응 아동보호 매뉴얼 마련 및 보급
"이 시기를 기회로 여기며 자신의 학습 공백을 메꾼 친구가 있는 반면에, 나의 경우 그간 쌓아 왔던 학습활동이 무너지는 시간을 겪었다. 특히 나는 당시 조부모님과 함께 살았는데, …졸업과 함께 학습이 중단된 이후, … 코로나19 이후 뒤처진 아이가 되었다."	• 아동발달 및 학습 격차 해소를 위한 적극적 조치 • 특수교육, 학교 기반 상담, 서비스 등을 지원받고 있는 아동에게 학습 · 발달 공백이 생기지 않도록 사전 대비 필요	재난 시 발달 격차 해소를 위한 예산 할당
"아이들은 재난에 가장 취약한 존재이지만 변화의 주체이기도 합니다. 앞으로 10년 안에 모든 국가의 재난관리 과정에 아이들이 참여하는 모습을 꼭 보고 싶습니다."	• 아동이 쉽게 이해할 수 있고 접근 가능한 방식으로 재난에 대한 정보를 제공해야 함.	재난 대응체계 내 아동의 참여 과정 마련

출처: 세이브더칠드런(2025).

3) 실종

2013년 6월 4일, 「실종아동등의 보호 및 지원에 관한 법률」의 개정으로 실종아동의 범위가 실종 당시 14세 미만에서 실종 당시 18세 미만으로 확대되고, 치매환자가 추가되었다. 실종아동의 범위가 14세에서 18세로 상향 조정됨에 따라 청소년 가출이 차지하는 비중이 높아졌다. 이 법에서 정의(제2조)하는 "실종아동등"은 실종 당시 18세 미만인 아동, 지적 · 자폐성 · 정신장애인, 치매환자로, 약취(略取) · 유인(誘引) 또는 유기(遺棄)되거나 사고를 당하거나 가출하거나 길을 잃는 등의 사유로 인하여 보호자로부터 이탈(離脫)된 아동 등을 말한다.

(1) 현황

〈표 11-4〉를 보면, 실종 접수된 아동은 2022년부터 2만5천여 명 수준이고 실종 후 발견하지 못한 미해제 건수는 매년 10명 이하로, 1년 이내 발견되는 아동이 많은 편이다. 이처럼 최근 5년간 발생한 실종아동은 대다수가 실종 신고 접수 이

표 11-4 실종아동 등 신고 접수 및 처리 현황 (단위: 명, 건)

		2020	2021	2022	2023	2024
총계	접수	38,496	41,122	49,287	48,745	49,624
	해제	38,426	40,987	49,219	48,604	49,497
	미해제	12	14	23	29	121
18세 미만 아동	접수	19,146	21,379	26,416	25,628	25,692
	해제	19,054	21,257	26,357	25,516	25,602
	미해제	4	1	10	7	64
지적 · 자폐성 · 정신장애인 (연령 불문)	접수	7,078	7,166	8,344	8,440	8,430
	해제	7,089	7,168	8,337	8,434	8,404
	미해제	6	4	5	11	41

* 미해제 현황은 2024. 12. 31. 기준임. 미해제는 계속해서 추적, 수사 중인 사건을 뜻함.
출처: e-나라지표(2025년 7월 5일 검색).

후 12개월 내에 발견되어 가정으로 돌아왔으나, 여전히 1년 이상 장기실종아동이 1,336명이고, 이 가운데 20년 이상의 장기 실종아동은 1,044명에 이른다(보건복지부 보도자료, 2024).

(2) 실종이 아동, 가족에게 미치는 영향

앞서 실종을 훔쳐 빼앗는 약취, 꾀어내는 유인 또는 내다 버리는 유기, 사고, 가출, 그리고 길이나 집을 잃고 헤매는 등의 이유로 보호자로부터 이탈된 것이라고 보았다. 이를 아동의 입장에서 보면 여러 이유로 보호자가 없어진(없는) 상황이다. 아동의 안전하고 건강한 성장을 위해서는 보호자가 필요한데, 안전 기지로서의 보호자가 사라진 상황은 아동에게 매우 큰 불안과 스트레스를 일으키며 생존과 안전의 위협, 성장과 발달의 기회를 제한한다. 특히 보호자의 존재가 절대적인 어린 아동의 경우 실종이 아동에게 미치는 부정적 영향은 매우 심각하다. 한편 같은 실종이라도 사유가 가출인 경우는 아동이 가정 밖으로 나와 보호자로부터 이탈한 것으로, 이들의 경험은 다른 실종 사유와 다르다.

한편, 보호자 입장에서 실종은 키우고 살펴 온 사랑하는 존재가 없어진(없는) 상황이다. 실종자 가족은 물리적으로 부재하더라도 여전히 살아 있을 것이라고 강하게 믿기 때문에 풀 수 없는 숙제를 안고 살아가며(김진숙, 2013), 상실감, 외상후 스트레스장애, 경제적 어려움, 가족 갈등, 가족해체 등을 경험한다. 다른 한편으로, 장기실종아동 부모의 경우 인생의 의미를 재구성하는 힘을 갖게 되었다는 경험에서 외상 후 성장(posttrauma growth)도 발견된다(김진숙, 2013). 보호자의 실종 경험도 당사자의 특성 이외에 실종 전의 상황(맥락), 실종 사유, 실종 사건 이후의 시간적 경과 등에 따라 달라짐을 알 수 있다.

실종이 아동, 보호자 및 가족에게 심각한 고통을 주는 위기 사건이라는 점은 분명하다. 그러기에 국가의 책무는 실종 사건 또한 아동 최상의 이익에 따라 실종아동, 보호자 및 가족을 적시에 충분히 지원해야 한다. 우선 실종 사건이 발생하지 않도록 적극적으로 예방하고, 실종 후 위험 사고와 장기실종(「실종아동등 및 가출인 업무처리 규칙」에 따르면, 보호자로부터 신고를 접수한 지 48시간이 경과한 후에도 발견되지 않는 실종아동을 뜻함.)을 막기 위한 초기 대응이 매우 중요하다. 특히 미취학아동의 경우, 골든타임 내에 찾지 못하면 장기실종으로 이어질 가능성이 크기 때문이다.

(3) 제도

정부의 실종아동 정책에는 예방 사업, 찾기 사업 등이 있다. 예방 사업으로는 아동, 일반인 및 교사 · 부모 대상 예방교육, 예방캠페인, '실종아동 예방을 위한 사전 등록' 등이 있다. '실종아동 예방을 위한 사전등록'은 「실종아동등의 보호 및 지원에 관한 법률」에 근거하여 2012년부터 운영 중인 제도로, 아동의 지문, 사진, 보호자 연락처 등을 경찰시스템에 미리 등록한 후, 유사시 등록된 정보를 활용하여 신원을 확인하는 제도이다.

찾기 사업으로는 신고전화 182(아이 빨리), '유괴 · 실종 경보발령시스템', 실종자 정보(프로파일링) 시스템, 유전자(DNA) 분석, 복합인지기술을 활용한 과거 사진 변환 · 대조 사업 등을 운영 중이다.

실종아동 보호 및 지원 정책은 보건복지부, 경찰청으로 이원화된 체계를 통해 전달된다. 보건복지부는 실종 관련 정책을 수립 및 시행하고, 아동권리보장원에 위탁하여 아동 및 장애인의 실종 예방, 실종아동 · 장애인 찾기 및 복귀 지원 등의 업무를 수행한다. 아동권리보장원은 경찰청, 지방자치단체, 국립과학수사원 등 관계 기관 간 협업에 기반하여 실종아동 · 장애인 보호 및 지원 업무를 수행하고 있다. 또 다른 체계인 경찰청은 실종아동찾기센터를 설치하여 실종자 수색 및 수사와 유전자 검사 대상물 채취 등 실종자 찾기 업무를 담당한다(임성은, 2024).

(4) 과제

실종아동 보호 및 지원에서 개선할 점을 살펴보면, 첫째, 지방자치단체 및 보호시설에 실종 관련 체계 구축이 필요하다. 지방자치단체나 보호시설에는 실종 관련 업무를 담당하는 부서나 담당자가 지정되어 있지 않고 '실종아동 등 보호 및 지원사업'을 인지하지 못해 실종아동에 대한 보호 및 지원, 기관 간의 협력이 원활하게 이루어지기 어렵다. 우선, 지방자치단체에 실종 담당자 지정 등을 통해 실종아동 · 장애인 보호 및 지원체계에서 지방자치단체의 역할과 책임(예: 실종아동 · 장애인 발생 현황을 정기적으로 확인)을 강화해야 한다(임성은, 2024).

둘째, 부모의 입장에서는 실종이지만, 아동 · 청소년의 입장에서는 가정에서 벗어난 상황일 수 있으므로, 가정 밖 아동의 목소리에 귀를 기울이고 아동 최상의 이익이라는 관점에서 당사자의 의견을 반영해야 한다.

가정 밖 아동 · 청소년을 지원하는 현장에서는 오히려 아동 및 청소년을 적시에 충분히 지원하지 못하는 상황이 발생한다. 그 이유는 「실종아동등의 보호 및 지원에 관한 법률」에 따라 실종아동에 해당하는 가출아동을 경찰에 '지체 없이' 신고해야 하며, 여성가족부 업무 지침에 따라서는 청소년쉼터 내방 청소년 중 입소를 희망하는 경우 「민법」 제914조에 따른 친권자의 거소지정권 보장을 위한 조치로, "가정 밖 청소년 입소 시 보호자에게 연락하는 것을 원칙"으로, 보호자에게 연락하여 입소 동의를 구해야 하는 상황과 관련된다.

가정 밖 아동 · 청소년이 부모의 폭력 및 학대로부터 가출한 경우 경찰에 '지체 없이' 신고하는 것, 청소년쉼터 이용을 위해서는 보호자의 동의를 구해야 하는 것 등이 가정 밖 아동 · 청소년을 거리로 내모는 상황을 초래하기도 한다.

가정 밖 아동 · 청소년이 되는 주요 원인이 가정폭력 및 학대임을 고려할 때, 학대 가해자가 단지 '부모'라는 이유로 피해자의 쉼터 입소 동의권을 전유하는 것은 마땅하지 않다(허민숙, 2024). 향후 「실종아동등의 보호 및 지원에 관한 법률」 제6조에 단서조항을 마련하여 가정 밖 아동 · 청소년이 스스로 찾아와 부모 가해자로부터 자신의 안전을 도모하고자 하는 청소년쉼터는 신고 의무 대상 기관에서 제외하는 방안, 제7조의 정당한 사유를 구체화하여 가정 내 학대 피해자인 가정 밖 아동 · 청소년의 경우 '보호자 동의' 없이도 일정 기간 보호시설이 가정 밖 아동 · 청소년을 보호할 수 있도록 허용하는 방안 등을 모색해야 한다(허민숙, 2024). 나아가 미국의 사례에서와 같이 아직 성년의 연령에 이르지 못하였으나, 부모로부터 분리되어 개별적으로 생활해야 할 사유가 있는 청소년의 독립(minor emancipation)에 관한 내용(허민숙, 2024)도 적극적으로 검토할 필요가 있다.

2. 아동의 신체적 · 정신적 건강

1) 건강

(1) 현황

아동기 및 청소년기의 건강은 평생 건강에 중대한 영향을 미친다. 그러므로 아동 · 청소년의 건강실태를 정확히 파악하여 조기 지원책을 마련하는 것이 중요하다. 다음에서는 아동 · 청소년의 건강과 관련한 여러 조사를 통해 건강문제의 심각성과 시급한 대책 마련의 필요성을 알아본다.

우선, '2023 아동종합실태조사'에 나타난 건강 분야 결과(이상정 외, 2023b)를 보면, 아동의 건강행동과 건강상태는 2018년 대비 전반적으로 개선되었으나, 비만, 정신건강 고위험군 등은 증가하였다. 아동의 체중이 점점 증가하면서 전 연령대에서 과체중, 비만율이 20%를 넘어선 상황이다. 특히 3~8세 아동의 비만율(12.3%)은 지난 조사(12.2%)와 유사하게 응답되었으나, 9~17세 아동의 비만율은 14.3%로 2018년(3.4%) 대비 약 3.5배 높아졌다.

정신건강 고위험군 아동 또한 증가하였다. 스트레스가 대단히 많은 아동(9~17세)은 1.2%로 2018년(0.9%)에 비해 증가했고, 우울감을 경험(4.9%, 9~17세)하거나 자살 생각을 한 아동(2.0%, 9~17세) 등도 증가하였다.

2001년부터 5년 주기로 5차례 실시된 정신건강실태조사에서 소아 · 청소년 대상 조사가 이루어진 것은 2022년이 처음이다. 2022년 정신건강실태조사(소아 · 청소년) 결과, 우리나라 소아 · 청소년의 정신장애 평생 유병률은 16.1%(소아 14.3%, 청소년 18.0%)로 나타났고, 현재 유병률(조사 시점에서 증상 지속 기간을 포함하여 장애진단 기준을 충족한 경우)은 7.1%이며, 소아 4.7%, 청소년 9.5%로 청소년의 유병률이 소아의 유병률에 비해 약 2배 높은 것으로 조사되었다(국립정신건강센터, 2024a). 이러한 결과는 우리나라 아동 · 청소년의 7.1%는 전문가의 도움이 시급함을 보여 준다.

다음으로 청소년건강행태조사 결과를 알아보았다. 이 조사는 「국민건강증진법」 제19조에 근거하여 2005년부터 매년 전국 중고등학교 재학생을 대상으로 실시된다. 2024년 제20차 청소년건강행태조사 결과(정선재, 2024)에 의하면, 스트레스 인지율, 우울감 경험률은 2023년 조사에 비해 모두 증가하여 전체 청소년의 42.3%가 스트레스에 시달리고(2.3명당 1명), 27.7%는 우울감을 경험하는 것(3.6명당 1명)으로 나타났다. 자살생각율은 2020년 10.9%였는데, 2024년에는 12.7%로 청소년 10명 중 1명 이상이 최근 12개월 동안 심각하게 자살을 생각한 적이 있는 것으로 조사되었다. 외로움 경험률(최근 12개월 동안 '자주' 또는 '항상' 외로움을 느낀 사람의 분율)도 계속 높아져서 2020년에는 14.1%였던 것이 2024년 조사에서는 18.8%(5.3명당 1명)로 나타났다.

한편, 세계보건기구(WHO)에서는 전 세계적인 정신건강문제의 급증을 지적하면서 우선 추진해야 하는 3가지 전략 중 하나로 '아동 · 청소년의 정신건강 증진'을 제시하였다(관계부처합동, 2024). 아동 · 청소년의 정신건강에 대한 전 세계적인 관심이 증가하고 있는데, 청소년 자살이 2011년 이후 10대 사망 원인 1위를 차지하는 현실, 그리고 아동종합실태조사와 정신건강실태조사 등의 결과에서 우리나라도 예외가 아님을 알 수 있다.

(2) 제도와 과제

표 11-5 아동 · 청소년 건강 관련 국가법정계획 개요

구분	국가법정계획 (현행 계획)	근거 법령	수립 주체	아동 · 청소년 건강 관련 내용
건강 분야	국민건강증진 종합계획(5차) (2021~2030)	「국민건강 증진법」	보건복지부	• 건강생활 실천: 청소년 흡연 및 고위험 음주 예방, 맞춤형 영양관리 서비스 확대, 학교 스포츠클럽 활성화, 아동치과주치의 사업 • 정신건강관리: 자살 및 약물중독에 대한 생애주기별 교육의 활성화 • 비감염성질환 예방관리: 아동 · 청소년 비만 유발 환경 및 생활습관 개선 등

	국민건강보험 종합계획(2차) (2024~2028)	「국민건강보험법」	보건복지부	• 소아 진료에 대한 수가 인상 등 지불제도 개선, 아동의 건강관리 서비스 확대, 건강검진체계 통합 등 • 중증 소아 아동 진료(소아중환자실 입원료 인상, 중증 소아재택의료 시범사업 확대 등)
	학생건강증진 기본계획(2차) (2024~2028)	「학교보건법」	교육부	• 보편적 과제: 학교 체육 활성화, 학생 건강진단체계 강화, 학교 내외 건강한 교육환경 조성, 건강 교육 활성화 등 • 정신건강 위기 학생에 대한 지원, 장애학생 건강검진 및 의료서비스 강화, 만성 · 희귀질환 학생의 보호 및 지원 등
	정신건강복지 기본계획(2차) (2021~2025)	「정신건강 증진 및 정신질환자 복지서비스 지원에 관한 법률」	보건복지부	• 찾아가는 정신건강서비스 등 아동 · 청소년 맞춤형 상담과 교육 강화, 청소년을 대상으로 한 상담기관과의 연계, 아동학대 피해자 등 정신질환 고위험군 관리 및 지원, 디지털기기 등 이용 장애 대응을 위한 상담, 교육, 치료 연계 등
	자살예방기본계획(5차) (2023~2027)	「자살예방 및 생명존중문화 조성을 위한 법률」	보건복지부	• 학교폭력 피해자 대상 상담 및 정신건강서비스 제공, 자살 고위기 청소년 조기 발굴 및 청소년 특화 심리 지원, 학교 기반 자살예방 및 생명존중 교육, 학교 기반 자살 위기자 조기 발굴을 위한 검사 시행 및 전문가 연계 상담, 비용 지원 등

<table>
<tr>
<td rowspan="2">아동 · 청소년 일반 분야</td>
<td>아동정책기본계획(2차) (2020~2024)</td>
<td>「아동복지법」</td>
<td>보건복지부</td>
<td>• 신체건강: 질병 예방을 위한 생활위생 관리 강화, 효과적 건강관리를 위한 3대 시범사업 실시(모바일 헬스케어, 아동 치과주치의제도, 만성질환 일차의료 관리), 중증 소아 환자와 장애아동 치료 관리 및 부모 돌봄지원 강화 포함
• 정신건강: 아동 · 청소년 마음건강 돌봄 인프라 확대 및 교육 강화, 스마트폰 · 인터넷 과의존, 미세먼지, 신종 담배를 아동 · 청소년에 대한 새로운 건강 위험으로 규정하고 이에 대한 다양한 대응 정책 포함
• 취약계층 아동에 대한 지원: 저소득층 아동에 대한 마음건강서비스 바우처지원 확대, 한부모가족 자녀 양육비, 건강, 주거 등의 지원 강화, 미등록이주민 자녀 의료비지원 요건 완화 추진 등</td>
</tr>
<tr>
<td>청소년정책기본계획(7차) (2023~2027)</td>
<td>「청소년기본법」외 청소년 관계법</td>
<td>여성가족부</td>
<td>• 정서불안, 우울증 등을 앓고 있는 고위기 청소년의 발굴과 이들의 상담 및 치유 지원, 청소년 건강검진 및 예방접종 지원 확대, 건강한 생활습관지원 및 급식 사각지대 완화, 흡연, 음주, 마약류 등 유해약물 유통 차단 및 오남용 예방 강화 등</td>
</tr>
</table>

1	2	3	4	5
장애 아동 · 청소년 분야	장애인정책 종합계획(6차) (2023~2027)	「장애인 복지법」	보건복지부	• 공공 어린이 재활병원 · 의료센터의 단계적 개원과 어린이 재활의료기관 시범사업을 전국적으로 확대, 장애인 건강주치의 확대, 장애 조기 발견을 위해 영유아 발달 정밀검사지원 대상을 확대
	특수교육발전 5개년 계획(6차) (2023~2027)	「장애인 등에 대한 특수교육법」	교육부	• 건강장애 학생[2]의 학습권 보장을 위한 원격교육 플랫폼 운영, 학교 내 의료인력지원 및 안정적 업무 수행을 위한 제도 개선, 지역 간 치료지원 서비스 격차 완화 및 질 관리를 위한 모니터링 체계 마련

출처: 정연(2024)에서 재구성.

2024년을 기준으로 현재 시행 중인 아동 · 청소년 건강 관련 국가법정계획은 9개(〈표 11-5〉 참조)이다.

이상의 국가법정계획이 제시한 내용을 중심으로 볼 때, 우리나라 아동 · 청소년 건강정책은 학교 중심의 보편적 건강증진정책이 대부분을 차지하고 있으며, 주로 질병을 예방하고 고위험군을 발굴하는 데 집중된 가운데 아동 · 청소년의 사회경제적, 혹은 건강의 취약성을 고려한 정책은 소수에 불과하다(정연, 2024).

한편, 국가법정계획에서 질병 예방, 고위험군 발굴을 강조하는 것을 보면, 오히려 지금의 아동 · 청소년 건강정책이 질병에 대한 사후적 · 제한적 대응에 머물러 있음을 알 수 있다. 종합하면, 우리나라 아동 · 청소년 건강정책은 예방, 질병 치료, 관리, 재활 등의 측면에서 모두 개선이 필요하다고 할 수 있겠다.

중증환자 및 일부 만성질환 아동에 대한 논의를 제외하면, 질병을 가진 아동에

2) 「장애인 등에 대한 특수교육법」에서 특수교육이 필요한 사람 중의 하나이다. 건강장애를 지닌 특수교육대상자는 만성질환으로 인하여 3개월 이상의 장기 입원 또는 통원 치료 등 계속적 지원이 필요하여 학교생활 및 학업 수행에 어려움이 있는 사람이다.

대한 정책이 미미하다는 의견(정연, 2024)과 질병 중심에서 질병 발생 이전 중재/예방관리로 정책 패러다임 전환(올바른 육아 및 균형 잡힌 운동, 영향, 섭식 교육 기반 구축 등 강조)이 필요하다는 의견(김지홍, 2022)에 주의를 기울여야 할 것이다.

아동 · 청소년 건강정책은 예방에 대한 지속적이고 실효성 높은 지원과 함께, 아픈 아동이 집 가까운 곳에서 제때 치료를 받고 학교와 지역사회에서 안전하고 건강하게 생활할 수 있는 포괄적 지원체계 마련을 더욱 강조해야 한다(정연, 2024). 특히 소아 · 청소년과 부족에 따른 '소아청소년과 오픈런' 문제 해결, 소아 · 청소년 정신질환자를 위한 입원 병동 및 재활 시설의 확충, 학교 밖 아동 · 청소년의 건강문제에 대한 대응 강화(정연, 2024), 아동 · 청소년 건강 관련 인프라에서 지역 간 격차 해소 등도 우선적인 개입이 필요한 영역이다.

특히 그 심각성이 점차 커지고 있는 정신건강의 경우, 심리적으로 피폐해져 가지만, 내색하지 않고 누구에게도 털어놓지 못하면서 어디에서 도움을 받아야 할지 모르는 청소년에게 도움을 제공할 수 있는 가장 접근하기 쉬운 경로를 마련해야 한다(박진우, 허민숙, 2021). 보건복지부 소관 기관을 중심으로 했을 때 아동 · 청소년 관련 정신건강기관은 서울의 아이존 8개(동작, 서대문, 서초, 송파, 영등포, 종로, 중구, 중랑), 기초정신건강복지센터 4개(고양시, 성남시, 수원시, 화성시), 정신재활시설은 4개(대전 서구, 안산시 단원구, 제주시 2개) 정도뿐이다(국립정신건강센터, 2024b).

교육부를 중심으로 '학생 맞춤형 마음건강 통합지원방안'(관계부처합동, 2024)이 2024년에 발표되었다. 여기서도 학생의 마음건강문제 및 상담지원 수요가 증가하였으나, 지원 기관 등 마음건강 지원체계가 불충분하다는 점을 지적하였다. 이 방안은 학생맞춤통합지원 체계와의 연계, 학교 위(Wee) 클래스의 전문상담교사 배치 확대 및 역량강화, 위(Wee) 센터별 전담인력 추가 배치를 통해 일선 학교를 지원하는 마음건강 전담지원 기관으로 강화, 교육지원청 단위로 정신건강전문가 지원팀을 도입하여 학교를 상시 · 긴급 지원하는 체계 구축 등의 내용을 담았다. 또한 모든 학생의 사회정서역량 함양을 위한 프로그램 개발 및 도입, 매년(4월) 학교 주관으로 정기적으로 실시하는 정서 · 행동특성검사(초1 · 4, 중1, 고1 학생 대상)

에 덧붙여 수시로 실시 가능한 마음이지(EASY) 검사를 도입하여 정서 · 행동 문제의 조기발견 등을 강조하였다. 위기학생에게 정신과 진료비 · 치료비, 자살 · 자해 · 신체상해 치료비, 전문기관 상담비 등을 지원하는 '학생 마음바우처' 지원도 확대할 계획이다.

'학생 맞춤형 마음건강 통합지원방안'이 잘 작동하기 위해서는 몇 가지 해결되어야 할 과제가 있다. 우선 마음건강 전문 · 전담 인력을 충분히 확보해야 한다. 학생이 겪는 마음건강의 어려움을 제대로 다룰 수 있는 전문 · 전담 인력이 있어야 조기 발견도 의미를 찾을 수 있기 때문이다. 다음으로, 가정, 학교 및 지역사회와의 협력 관계가 현실에서 작동해야 한다. 정서 · 행동특성검사 이후, 정서 · 행동 위기 관심군으로 진단되고도 전문기관인 2차 기관으로 연계되지 않은 학생의 비율이 27.3%였는데, 그 이유로 학부모의 거부가 80% 이상으로 많았다(홍인기, 2023. 11. 29.)는 사실은 부모와의 협력이 매우 중요함을 보여 준다. 한편, 학교에 다니든 다니지 않든 정신건강상의 어려움이 있는 모든 아동이 필요한 시기에 적절한 치료 및 지원을 받을 수 있는 지역사회 기반의 서비스 강화, 가정-학교-지역사회 간의 긴밀한 연계체계 구축도 시급히 해결해야 할 과제이다.

2) 결식

결식, 식품 미보장(food insecurity)은 상대적으로 풍요로운 사회에서 경험되는 불평등, 사회적 박탈을 보여 주는 중요한 현상(정정호, 2012)이다. 2005년에 아동급식지원사업이 지방사무로 이양됨에 따라 각 지방자치단체는 현행 「아동복지법」에 의해 아동급식지원사업을 실시하고 있으나, 아동급식지원 단가, 지원 대상, 급식 식단 점검 등을 지방자치단체별 아동급식위원회에서 결정하기 때문에 지방자치단체마다 1식 단가의 편차가 급식 수준 편차로 이어지는 문제가 발생한다(이세훈, 2024. 07. 15.).

가구소득에 따라 아동결핍지수가 차이가 나는데, 가장 큰 차이를 보이는 것이 의식주 가운데 '식(食)', 즉 먹는 것이다(변진경, 2020). 일주일에 한 번 이상 고기나 생선을 사 먹지 못하는 아동의 비율은 전체 평균 2.87%인 데 비해, 기초수급 빈곤아동가구는 25.55%에 이르고, 일주일에 한 번 이상 신선한 과일을 먹지 못하는 아동의 비율도 전체 평균은 3.24%인 데 비해, 빈곤아동은 32.39%(변진경, 2020)이다. 이러한 점을 고려할 때 아동기의 양질의 식사를 보장하는 것에 관심을 기울여야 한다. 특히 코로나19 시기 동안 학교가 문을 닫는 상황에서 식사 공급은 단절과 고립을 넘어 사회적 관계가 살아 있음을 보여 주는 기능도 담당하였다.

가구소득에 따라 먹는 것에서 차이가 발생하고, 급식지원에서 지방자치단체마다 차이가 있다는 것은 비차별의 원칙에 어긋나는 것이다. 아동급식지원사업의 목적이 아동의 결식을 예방하고 영양 상태를 개선하는 것(보건복지부, 2025d)에 있음을 고려할 때, 양질의 급식 제공을 위해 아동 급식 비용의 일부를 국비로 지원해서라도 격차를 줄이는 노력을 기울여야 한다.

한편, 양질의 식사는 건강에 기여할 뿐 아니라 사람의 온기, 세상과의 연결을 경험하는 시간이다. 식사가 가난하다는 낙인을 찍는 시간으로 기억되지 않고, 균형 잡힌 식습관을 형성하며, 사람을 만나고 즐거움을 나누는 시간으로 기억될 수 있도록 사업 설계에서 세심한 주의 또한 필요하다.

3) 디지털 환경과 중독

아동이 활동하고 경험하는 세상은 온라인까지 확대되었다. 아동에게 유익한 환경을 적극적으로 제공하고 해로운 것으로부터 보호하는 것은 국가의 당연한 책무로 온라인 디지털 환경이라고 해서 다를 것이 없으며, 엄청난 속도로 진화하는 디지털 세상의 유익성과 위험성을 고려할 때 국가의 책무 이행은 더욱 중요하다. 디지털 환경에서 아동이 경험하는 문제는 인터넷 중독 혹은 의존뿐만 아니라 사이버폭력(cyber bullying), 사이버도박, 개인정보 유출, 유해 콘텐츠 노출 등으로 확대(민소영 외, 2024)되고 있어 시급한 대응이 필요하다.

2023년 스마트폰 과의존 실태조사(과학기술정보통신부, 한국지능정보사회진흥원, 2024)에 의하면, 청소년들의 스마트폰 과의존 잠재적 위험군은 34.9%, 고위험군은 5.2%로, 총 40.1%의 청소년들이 스마트폰 과의존 경향을 보였다. 초4~고3의 사이버폭력 피해 경험은 2021년 23.4%에서 37.5%로 증가했고(방송통신위원회, 한국지능정보사회진흥원, 2023) 디지털 관련 성범죄도 아동·청소년의 성폭력 피해율이 2018년 2.8%에서 2022년 5.5%로 증가했다. 특히 온라인에서 새로 알게 된 사람이 성폭력 가해자인 경우는 2018년 6.2%에서 17.3%로 대폭 증가하였다(여성가족부, 2023).

한편, 코로나19를 거치면서 청소년 도박문제가 심각해졌다. '낮아진 연령' '2차 범죄 연루(예: 돈에 얽힌 재정문제)'라는 특징을 갖는 아동·청소년 온라인 도박(나경희, 2024)의 경우, 온라인 도박성 게임 이용률은 아직은 낮은 수치이지만 그 피해는 심각해서 예방, 치유와 함께 근절 대책이 시급하다.

유엔아동권리위원회는 2021년 3월에 발표된 일반논평[3] 제25호에서 '디지털 환경 속 아동권리'를 다루었다(유니세프 홈페이지).[4] 주요 내용으로는, ① 유해한 콘텐츠로부터 아동을 보호하기 위해 강력한 입법 및 행정 조치를 취하고, 디지털 환경에서 발생하는 모든 형태의 폭력으로부터 아동을 보호하기, ② 아동의 개인정보를 다루는 모든 곳에서 아동의 사생활이 존중되고 보호받을 수 있도록 입법, 행정, 그 밖의 필요한 조치 취하기, ③ 아동의 건강한 신체적·사회적 활동을 촉진하고, 특정 음식과 음료, 술, 약물, 담배 등 건강에 해로운 제품에 아동이 노출되는 것을 방지하기 위해 대상이나 연령에 부적합한 광고, 마케팅 및 기타 관련 디지털 서비스를 규제하기 등이다(유니세프 홈페이지).

세계보건기구는 헌장에서 "도달 가능한 최고 수준의 건강을 누리는 것은 모든 사람의 기본적인 권리"라고 선언하고, 이는 "인종, 종교, 정치적 신념, 경제적 또는 사회적 조건의 차이에 상관없이" 모든 사람에게 인정되어야 한다고 명시하고

---

3) 유엔아동권리위원회는 아동 권리에 관한 특정 주제의 이해와 이행을 촉진하기 위해 협약의 해당 내용을 자세히 설명하는 일반논평을 발표한다.

4) https://www.unicef.or.kr/what-we-do/news/136956/

있다. 건강권은 단순히 질병을 예방하거나 치료를 받을 권리가 아니라 "도달 가능한 최고 수준의 건강을 누릴 권리"(임희진, 2022)이며, 이는 대한민국의 모든 아동에게 똑같이 적용되어야 한다.

연구문제

1. 「특정범죄 가중처벌 등에 관한 법률」 개정(일명 '민식이법'), 「도로교통법」 「도로법」 개정(일명 '동원이법')과정 및 시행 이후에 드러난 우리 사회의 운전자(어른) 중심 교통 문화에 관해 조사해 봅시다.
2. 아동 중심의 재난 대응이 기존의 재난 대응과 어떻게 다른지 알아봅시다.
3. 코로나19의 영향이 아동의 삶에 미친 부정적 영향과 해결 방안에 대해 생각해 봅시다.
4. 중고등학교 재학 시절에 직간접적으로 경험한 위(Wee) 프로젝트에 관해 이야기하고, 학생 당사자 중심에서 개선 방안을 찾아봅시다.

제12장 아동돌봄

제12장

아동돌봄

아동돌봄서비스는 기혼여성의 취업 확대 및 사회구조의 변화와 더불어 그 중요성이 증대해 왔다. 오늘날 돌봄서비스는 아동에 대한 보호 기능과 함께 양육과 교육의 기능을 동시에 포함하고 있다. 가족 구조와 기능이 변화하고 여성의 사회진출이 늘어나는 추세에 비추어 앞으로 돌봄서비스에 대한 수요는 더욱 증가할 것이며, 우리나라의 저출생의 문제를 해결하기 위해 아동 양육의 책임을 국가의 책임으로 전환하는 과정에 있으므로 앞으로도 아동복지사업의 중요한 부분으로 발전할 것으로 전망된다.

이 장에서는 돌봄서비스에 대한 기초적 이해로서 돌봄서비스의 개념과 유형, 아동돌봄의 현황과 과제 등을 검토해 보기로 한다.

1. 아동돌봄의 이해

1) 돌봄의 이해

모든 사람은 누구나 타인으로부터 돌봄을 받아야 하는 돌봄 의존성을 지닌 동시에 타인을 돌보와야 할 돌봄 의무가 있다. 인간이 태어난 이후 노인이 되어 가는 과정에서 보편적으로 경험하는 생애주기별로 돌봄의 필요성이 나타나고 있다. 아동의 경우 부모나 사회로부터 돌봄이 제공되지 않을 경우에는 생존이 불가능하기 때문에 돌봄이 필수적이다. 돌봄과 관련된 권리는 직접 아동을 돌볼 수 있는 권리와 함께 직접 아동을 돌볼 수 없는 경우에 믿을 만한 기관에 아동을 안심하고 보낼 수 있는 권리를 포함하며, 방과후 보호, 아동학대 및 방임으로부터의 보호, 지역사회내 예방적 보호, 가정외 보호 등을 포함하는 것으로, 아동의 발달권과 밀접하게 관련되어 있다(장수정, 2020). 따라서 아동의 건강한 성장과 발달을 위해서는 아동을 양육하는 부모가 자녀 양육에 필요한 일정 수준 이상의 양육시간을 확보할 수 있도록 지원하고(예: 육아휴직), 아동의 발달을 지원하는 교육과 돌봄을 보편적으로 제공하며(예: 보편적인 교육 · 돌봄), 특수한 욕구를 가진 아동에 대해서는 욕구에 대응하는 맞춤형 지원 등이 제공되어야 한다. 특히 사회 변화와 발전에 따라 돌봄은 개인과 부모가 책임지는 사적 영역에서 사회 전체가 돌봄을 책임지는 사회적 돌봄영역으로 전환되고 있다.

2) 돌봄서비스의 필요성

현대 산업사회에서의 다양한 사회변화는 가족구조의 변화와 사회 구성원들의 가치관에 영향을 미쳤으며, 이는 돌봄서비스의 필요성을 야기했다. 출산율의 저하, 취업모의 증가, 가족구조의 핵가족화 및 한부모 및 조손 가정의 증가, 자녀 양육에 대한 가족 기능의 약화, 여성의 가치관 변화 등으로 인해 돌봄이 사회적 관심사가 되었다.

(1) 출산율의 저하와 소자녀화

현재 우리나라 여성의 합계출산율은 2023년 0.72(통계청, 2023)명으로, OECD 가입 국가 중 가장 낮은 출산율을 기록하고 있으며, 지속적인 저출산의 영향으로 총인구에 대한 아동인구의 비율은 감소하는 반면, 노인인구의 비율은 급증하고 있다. 아동인구의 감소는 앞으로 노동력 부족 및 사회보장 비용 부담의 증가로 이어질 것이다. 여성이 출산을 꺼리는 요인 중 하나인 사회적으로 적절한 돌봄서비스가 부족하다는 점과 아동은 우리 사회의 미래를 이끌어 갈 주역이라는 점에서 다음 세대를 보호하고 교육하는 데 필요한 돌봄서비스가 요구된다.

(2) 부모의 맞벌이 증가

우리나라 여성의 경제활동 참여 정도는 계속적인 증가 추세를 보이고 있다. 미혼여성들이 결혼 전에 일시적으로 취업하는 형태가 주를 이루던 것에서 이제는 결혼 후에도 계속 취업을 하는 추세이다. 여성의 경제활동 참여율이 높아지고 있는 것은, 여성이 가정주부로서 자녀 양육과 가사노동에 전념하던 시대와는 달리 사회적 존재로서의 의식이 강화되면서 경제적 이유와 더불어 자신의 발전을 위해서 취업을 원하고 있기 때문이다. 여성의 취업 증가로 아동은 이전처럼 자신의 집에서 어머니의 직접적인 양육을 받기 어려워졌으며, 자녀를 돌봐 주는 이가 없을 경우 방치되어 아동의 전반적인 발달에 위협이 될 가능성이 높아졌다. 따라서 어머니와 가족의 양육을 보충해 줄 사회적 서비스가 필요하게 되었다.

(3) 가족 구조 및 기능의 변화

우리 사회는 급속한 경제발전과 더불어 핵가족화가 심화되었다. 전통적인 대가족이 핵가족화되면서 예전처럼 도움을 줄 수 있는 친척이 줄어들었고, 지역 간 이동의 증가로 그나마 가능한 친인척의 도움도 받기 힘들어졌다. 조모나 이모 등도 자기 직업을 가진 경우가 많아져서 아이를 돌볼 가능성이 줄어들었다. 또한 대부분의 가족이 한두 명의 자녀를 두기 때문에 어린 동생을 돌볼 수 있을 정도의 형제자매도 없는 실정이다. 조모나 이웃어른이 없어 아동 양육에 대한 지원을 가족 외부에서 찾고 있고, 한두 명의 자녀뿐인 가정에서는 자녀들이 다른 아이와 어울릴 수 있는 기회를 가정 밖에서 마련하고 있다.

부모의 이혼, 별거, 가출, 수형 등으로 맞벌이가 아닌 경우에도 친부모의 자녀 양육이 어려운 불안정한 가정이 증가하고 있는 것도 돌봄의 필요성을 증대시킨다. 현재 배우자의 사망이나 이혼 등의 사유로 한부모가 미혼 자녀를 양육하고 있는 한부모가구는 혼자된 부나 모가 아이를 양육하면서 경제활동도 해야 하므로 돌봄서비스의 필요성은 더욱 절실한 형편이다.

(4) 가치관의 변화

적절한 부모-자녀 역할에 대한 사회적인 가치관의 변화가 새로운 돌봄 수요를 불러일으키는 한 요인이 되고 있다. 이전에는 자녀가 잘되기 위해서는 부모가 자신의 편안함이나 사생활을 희생하면서 자녀에게 평생 헌신해야 한다는 생각을 가지고 있었다. 그러나 현재의 부모들은 이전 세대보다 자녀중심적인 경향이 줄어들고 자기중심적인 경향이 높아졌으며, 자신의 발전을 위한 시간을 내기 위해서 돌봄서비스를 이용하려고 하는 경향이 늘어나고 있다.

(5) 아동 양육과 교육의 전문화에 대한 요구 증가

자녀 양육에 대한 부모의 관심이 커지면서 점차 아동 양육 및 교육에 대해 전문적이고 체계적인 보호와 교육서비스에 대한 욕구가 증대하고 있다.

2. 아동 보육 및 돌봄의 유형

1) 돌봄 정책 및 제도에 따른 구분

아동에 대한 양육, 보호 및 교육에 대한 사회적 책임의 표현 형태는 그 나라의 정치, 경제, 사회, 문화의 이념과 상황에 영향을 받으며, 돌봄정책과 제도를 통해서 드러난다. 육아의 책임, 돌봄문제의 원인, 돌봄서비스의 수급 자격, 재원 등에 따라 자유주의형, 보수주의형, 사회민주주의형으로 나뉜다. 각 모형의 특성은 〈표 12-1〉과 같다.

표 12-1 **돌봄 관련 제도모형**

구분	자유주의형	보수주의형	사회민주주의형
육아 책임	가족 책임 강조	가족 책임 많음	사회 책임 강조
문제 원인	개별 가족의 문제, 빈곤, 계층 격차	개별 가족의 문제, 여성 참여	사회문제, 아동 기본권
급여 대상	제한적이며, 요구호자 및 빈곤 취업모 우선	피용자 중심, 취업모 우선	모든 국민, 모든 아동
급여 수준	최저 수준, 양적 선별주의	계층에 따른 차이, 양적 보편주의	보편적, 평균 수준, 질적 보편주의
본인 비용 부담	많음	많음	적음

출처: 김의영(1997), p. 129.

2) 이용 아동의 연령에 따른 구분

아동의 연령에 따라 돌봄의 유형을 살펴보면, 2세까지의 영아를 위한 영아돌봄, 2세에서 초등학교 취학 전까지의 아동을 대상으로 하는 유아돌봄, 그리고 초등학교에 재학 중인 아동을 위한 방과후돌봄, 그리고 청소년을 대상으로 하는 청소년돌봄 등으로 구분할 수 있다.

3) 전달체계(주관 부처)에 따른 구분

우리나라의 돌봄기관은 교육부, 복지부, 여성가족부 등 3개 부처에 따라 교육 · 보육 · 돌봄 기관으로 구분할 수 있다. 교육부에는 학교, 유치원, 어린이집, 육아종합지원센터 등의 교육 및 보육 기관이, 보건복지부에는 지역아동센터와 다함께돌봄센터 등의 돌봄기관이, 여성가족부에는 아이돌봄서비스, 공동육아나눔터, 청소년방과후 아카데미 등 보육과 돌봄서비스를 제공하는 기관 등으로 매우 다양하게 이루어지고 있다.

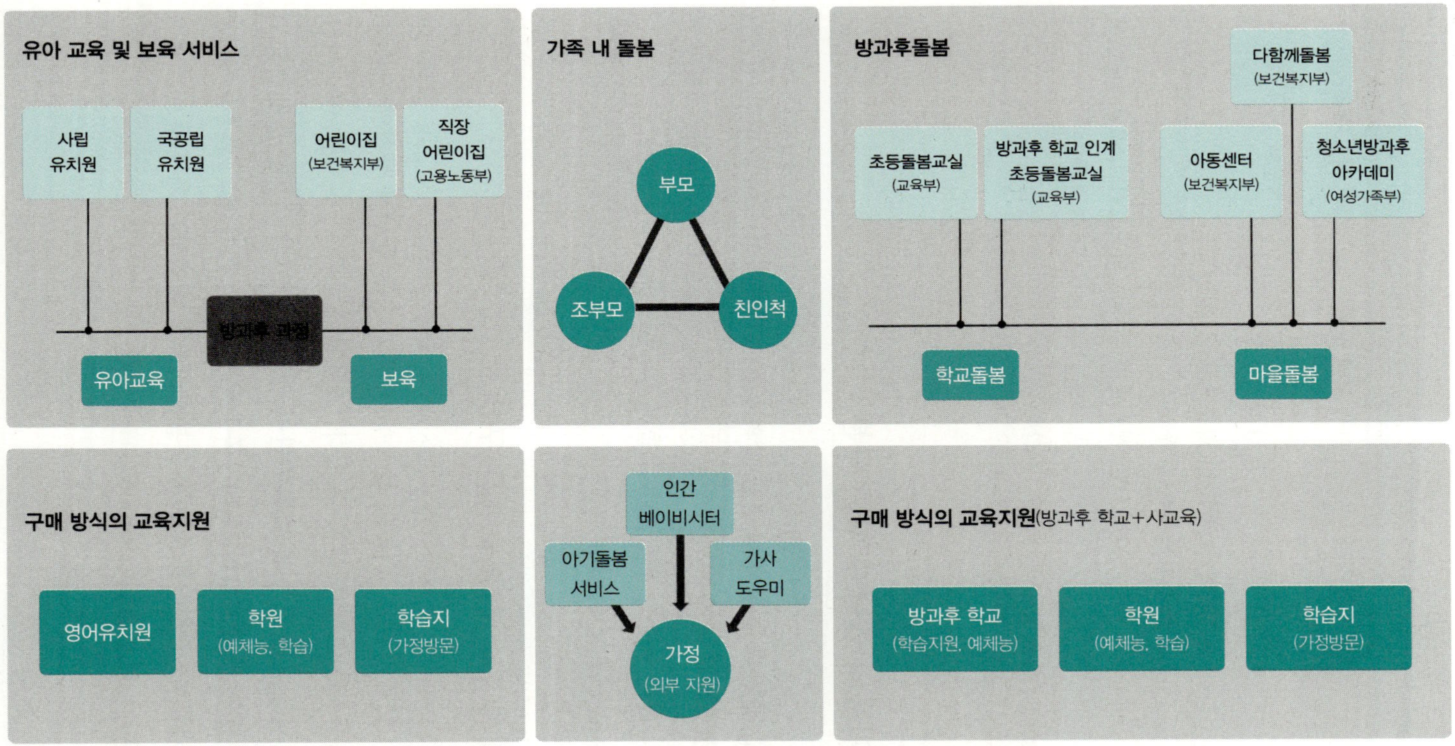

그림 12-1 아동기의 보편적인 교육 · 돌봄 체계

출처: 강지원 외(2021a) 수정 · 보완함.

4) 돌봄 제공 장소에 따른 돌봄기관 유형

돌봄이 어디에서 이루어지는가에 따라서도 다양하게 분류하는데, 가정 내에서 이루어지는 경우와 가정 외에서 이루어지는 경우 등으로 나눌 수 있다.

(1) 가정 돌봄

가정 돌봄은 가정 내에서 직접 아동돌봄을 제공하는 경우이다. 전업주부 등 가정 내의 주 양육자가 있는 경우에는 가정 내에서 직접 돌봄을 제공할 수 있으며, 외부 자원을 활용하여, 즉 가정으로 돌봄서비스 제공자가 방문하여 아동에게 돌봄서비스를 제공하는 경우도 있다.

(2) 가정 외 돌봄

가정 외 돌봄은 아동이 가정 밖의 학교나 마을의 돌봄기관을 이용하는 것이다. 학교돌봄으로는 유치원과 초등돌봄이 있으며, 마을돌봄으로는 어린이집, 지역아동센터, 청소년방과후아카데미 등 전문기관 등의 돌봄을 이용하는 것이다.

3. 취학전 아동돌봄

1) 취학전 아동돌봄의 개념

우리나라의 취학전 아동돌봄을 총괄하는 법률적 체계는 존재하지 않으며, 교육부가 보육(탁아)사업과 유아교육(유치원)으로 이원화하여 지원하고 있으며, 여성가족부는 아이돌보미와 시간제 보육 등을 지원하는 다부처 관여사업이다.

영유아 보육이란 "7세 이하의 취학전 아동을 건강하고 안전하게 보호·양육하고 영유아의 발달 특성에 맞는 교육을 제공하는 어린이집 및 가정양육 지원에 관한 사회복지서비스"로 규정하고 있다(「영유아보육법」 제2조). 유아교육은 「유아교육법」에 따른 유치원에서의 유아에 대한 교육을 말하며, 유치원은 「유아교육법」에 따라 만 3세부터 초등학교 취학전 어린이를 교육하기 위하여 설립 · 운영되는 학교를 말한다. 이렇게 영유아 보육과 유아교육은 교육과 사회복지서비스라는 점에서 차이가 있으나, 만 3~5세까지의 아동이 중복되어 서비스를 이용할 수 있다는 점과 아동에 대한 교육과 보호라는 유사한 지향점을 가지고 있다는 점에 통합이 진행되고 있다.

영유아 돌봄에 있어 보육과 교육의 이원화된 체계의 문제점을 해결하기 위해 박근혜 정부 이후 지속적인 체계 통합 노력이 지속되고 있다. 박근혜 정부는 '만 0~5세의 보육 및 유아교육 국가완전책임제 실현' 정책을 발표하고, 유아교육 · 보육 체계 통합을 시도하였다. 2019년에는 표준교육과정인 누리과정이 도입되었는데, 누리과정은 양 기관의 서비스 격차를 해소하기 위하여 3~5세 아동을 위한 국가 수준의 공통 교육과정으로, 유치원이나 어린이집 중 어떤 시설을 선택하든 동일한 연령대의 아동들이 동일한 교육과정을 받을 수 있도록 하는 교육과정이다. 또한 3~5세 어린이집 보육료와 유치원 교육비 지원의 재정을 '유아교육비 지원 특별회계'로 통합하였으며, 윤석열 정부 출범 이후 2024년 보건복지부에서 관리하던 어린이집 업무가 교육부로 이관되어 주관 부처가 교육부로 통합되었다. 향후 유보 통합 정책에 따라 기관의 통합과 인력의 자격 기준의 단일화 등이 추진될 예정이다.

2) 취학전 아동돌봄 유형

(1) 보육시설(어린이집)

어린이집은 보호자의 위탁을 받아 영유아를 건강하고 안전하게 보호 · 양육하고 영유아의 발달 특성에 맞는 교육을 제공하기 위해 「영유아보육법」에 따라 설립 · 운영되는 시설을 말한다. 돌봄이 필요한 만 7세 이하의 영유아를 이용 대상으로 하되, 필요한 경우 만 12세까지 연장하여 보육할 수 있다.

보육시설은 설치 주체에 따라 국공립 어린이집, 사회복지법인 어린이집, 법인 · 단체 등 어린이집, 민간어린이집, 가정어린이집, 직장어린이집, 협동어린이집 등으로 구분된다.

보육과정은 영유아의 신체·정서·언어·사회성 및 인지 발달을 도모할 수 있는 내용이 포함되어야 하며, 이를 위해 교육부장관은 표준보육과정을 개발 및 보급하도록 규정되어 있다. 표준보육과정은 0~5세의 영유아를 위한 국가 수준의 보육과정이며, 0~1세 보육과정, 2세 보육과정, 3~5세 보육과정(누리과정)으로 연령에 따라 구분된다. 또한 보호자의 동의를 받아 24개월 이상의 아동에게 낮 12시부터 오후 6시까지의 보육과정 외에 어린이집 내외에서 이루어지는 특별활동 프로그램을 실시할 수 있는데, 이 활동은 영유아를 건강한 사회 구성원으로 육성하는 데 필요한 내용으로 구성하되 표준보육과정에서 제공하지 않는 내용으로 이루어진다. 구체적으로는 예체능 분야, 언어 분야, 창의 분야 등이다.

(2) 유치원

유치원은 만 3세부터 초등학교 취학 전까지의 유아의 교육을 위해 「유아교육법」에 따라 설립·운영되는 학교를 말한다. 설립 주체에 따라 국립·공립·사립유치원 등으로 구분할 수 있으며, 「초·중등교육법」에 따라 학교에 병설로 설치될 수 있다.

유치원은 3~5세 유아를 위한 국가 수준의 공통 교육과정인 누리과정에 따라 교육과정을 운영하고 있으며, 누리과정의 교육영역 및 영역별 교육목표는 〈표 12-2〉와 같다.

표 12-2 누리과정 교육영역 및 영역별 교육목표

교육영역	영역별 교육목표
신체 운동·건강	실내외에서 신체활동을 즐기고, 건강하고 안전한 생활습관을 기르기 위한 영역으로서 ① 신체활동에 즐겁게 참여하기, ② 건강한 생활습관 기르기, ③ 안전한 생활습관 기르기의 세 가지 교육목표
의사소통	일상생활에 필요한 의사소통능력과 상상력을 기르기 위한 영역으로서 ① 일상생활에서 듣고 말하기를 즐기기, ② 읽기와 쓰기에 관심을 갖기, ③ 책이나 이야기를 통해 상상하기를 즐기기의 세 가지 교육목표

사회관계	자신을 존중하고 다른 사람과 더불어 생활하는 태도를 기르기 위한 영역으로서, ① 자신을 이해하고 존중하기, ② 다른 사람과 사이좋게 지내기, ③ 우리가 사는 사회와 다양한 문화에 관심을 갖기의 세 가지 교육목표
예술경험	아름다움에 관심을 가지고 예술 경험을 즐기며, 창의적으로 표현하는 능력을 기르기 위한 영역으로서, ① 자연과 생활 및 예술에서 아름다움을 느끼기, ② 예술을 통해 창의적으로 표현하는 과정을 즐기기, ③ 다양한 예술 표현을 존중하기의 세 가지 교육목표
자연탐구	탐구하는 과정을 즐기고, 자연과 더불어 살아가는 태도를 기르기 위한 영역으로서, ① 일상에서 호기심을 가지고 탐구하는 과정을 즐기기, ② 생활 속의 문제를 수학적, 과학적으로 탐구하기, ③ 생명과 자연을 존중하기의 세 가지 교육목표

(3) 가정 양육(양육수당)과 시간제 보육서비스

어린이집과 유치원 등 보육 및 교육 기관을 이용하지 않고 가정에서 양육되는 아동에게 가정양육수당과 시간제 보육서비스 등을 제공함으로써 가정 양육을 지원하고 있다.

첫째, 국가와 지방자치단체는 어린이집을 이용하지 않는 아동에 대하여 아동의 연령을 고려하여 양육에 필요한 비용을 지원하고 있다. 이에 따라 23개월 이하의 아동에게는 부모급여를, 어린이집, 유치원, 종일제 아이돌봄서비스 등을 이용하지 않고 가정에서 양육되는 초등학교 미취학 24개월 이상 86개월 미만의 아동에게는 가정양육수당을 지급하고 있다. 한편, 장애인으로 등록된 아동에게는 장애아동양육수당이, 농어촌 지원 자격 요건을 갖춘 아동에게는 농어촌양육수당이 지급된다.

둘째, 어린이집이나 유치원 등을 이용하지 않고 6~36개월 미만의 부모급여(현금) 또는 양육수당을 지원받는 영유아는 필요한 경우, 시간제 보육서비스를 이용할 수 있다. 시간제 보육서비스는 보육기관에 시간 단위로 보육서비스를 이용하고, 이용한 시간만큼 보육료를 지불하는 보육서비스이다.

시간제 보육에서는 시간 단위로 정기적으로 이용하며, 주 6일, 하루 12시간 미만으로 이용하는 일반시간제 보육과 긴급한 보육서비스 수요가 발생한 경우 비정기적으로 이용하는 긴급시간제 보육서비스 등이 있다.

3) 취학전 아동돌봄 현황

취학전 아동돌봄기관 현황을 살펴보면, 2023년 기준 유치원 8,441개소와 어린이집 28,954개소 등 37,395개소에서 1,533,607명의 영유아에게 돌봄을 제공하는 것으로 나타났다. 유치원은 공립유치원 60.8%, 사립유치원 39.2%로 공립이 대부분을 차지하는 것으로 나타났다. 어린이집은 가정어린이집이 36.9%, 민간어린이집이 30.7%로, 민간영역이 67.6%로 전체 보육시설의 2/3를 차지하고 있으며, 국공립은 21.4%에 불과했다.

표 12-3 취학전 아동돌봄 현황

구분	유치원				어린이집							
	계	국립	공립	사립	계	국공립	사회복지법인	법인단체 등	민간	가정	협동	직장
개소 (개, %)	8,441	3	5,130	3,308	28,954	6,187	1,206	551	8,886	10,692	124	1,308
	100.0	0.0	60.8	39.2	100	21.4	4.2	1.9	30.7	36.9	0.4	4.5
이용 인원 (명, %)	521,794	232	152,429	369,133	1,011,913	286,487	56,812	24,010	420,219	159,864	2,851	61,670
	100	0.0	29.2	70.7	100	28.3	5.6	2.4	41.5	15.8	0.3	6.1

출처: 육아정책연구소(2024) 재구성.

아동의 연령에 따른 돌봄기관 이용률을 살펴보면 2세가 94.3%로 가장 높고, 3세 90.4%, 4세 89.6%, 5세 89.3%, 1세 89.2%, 그리고 0세 25.7%로 나타나 0세가 가장 낮게 나타났으며, 0~5세의 평균 이용률은 75.2%로 나타났다. 4세와 5세의 경우 유치원 이용 비율이 높게 나타난 반면, 3세는 어린이집이 높게 나타났다. 0세 아동의 돌봄기관 이용률이 낮게 나타난 것은 부모급여 제공 시 현금 또는 돌봄바우처로 지급되는데, 부모들이 돌봄기관 돌봄보다는 직접 양육을 통한 현금 급여를 선택하는 것으로 보인다.

표 12-4 연령별 유치원 · 어린이집 이용률(2023년)

(단위: 명, %)

구분	인구수(A)	어린이집(B)	유치원(C)	계(B+C)	어린이집 이용 비율(B/A)	유치원 이용 비율(C/A)	전체 이용 비율[(B+C)/A)]
0세	479,553	123,453		123,453	25.7		25.7
1세	266,619	237,848		237,848	89.2		89.2
2세	279,134	263,162		263,162	94.3		94.3
0~2세 소계	1,025,306	624,463		624,463	60.9		60.9
3세	309,282	147,933	131,691	279,624	47.8	42.6	90.4
4세	333,705	118,192	180,701	298,893	35.4	54.1	89.6
5세	364,740	116,687	209,202	325,889	32.0	57.4	89.3
3~5세 소계	1,007,727	382,812	521,594	904,406	38.0	51.8	89.7
0~5세 전체	2,033,033	1,007,275	521,594	1,528,869	49.5	25.7	75.2

출처: 육아정책연구소(2024), p. 27.

4. 방과후돌봄

1) 방과후돌봄의 개념

OECD 등 국제기구에서는 방과후돌봄서비스(out of school hour care)가 공식 용어로 사용되고 있지만, 우리나라는 초등 아동의 방과후돌봄에 대한 공식적인 명칭을 가지고 있지 않으며, 각 부처별로 상이한 제도를 운영하고 있다.

아동 방과후돌봄의 역사를 살펴보면, 도시 빈곤 지역에서 부모의 맞벌이로 인해 방치된 아동을 위한 공부방이 1990년대 이전부터 운영되고 있었으며, 이러한 공부방은 1994년 지역아동센터로 법제화되었다. 1991년에는 「영유아보육법」 개정을 통해 보육시설에서 12세 이하의 초등학생을 대상으로 하는 방과후보육의 근거를 마련하였다. 1995년에는 맞벌이 부모에게 방과후에 돌봄을 제공하는 방과후교실을 초등학교에 설치하여 운영하는 방과후 아동지도를 도입하였다. 2004년에는 '소득 격차 해소와 소외계층을 위한 복지정책 내실화'를 정책목표로 수립하고 방과후돌봄을 제도화하였는데, 방과후보육 업무는 학교에서 진행되는 교육부의 초등학교 방과후교실과 보건복지부의 지역아동센터에서 수행하였고, 청소년방과후아카데미는 여성가족부에서 수행하게 되었다.

2018년에는 기존의 방과후돌봄서비스가 사교육비 부담을 경감하기 위한 차원에서 방과후 학교를 확대하거나 방과후에 나홀로 있는 아동에 대한 보호 차원에서 취학 아동에 대한 방과후돌봄서비스 지원을 확대하는 등의 정책목표를 넘어서 초등 1~2학년에 대한 돌봄지원체계를 강화하였다. 또한 등하교 시간과 출퇴근 시간의 불일치로 인한 양육 공백을 방지하기 위하여 지역사회 내의 돌봄 여건을 확충하고, 아이돌봄서비스를 내실화하겠다는 '온종일 돌봄체계 추축 운영계획'을 수립하였는데, 이러한 정책에 기초하여 방과후돌봄서비스 정책이 추진되었다(강지원 외, 2021). 이러한 정책추진으로 다함께돌봄센터가 2018년에 도입되었고, 학교돌봄과 마을돌봄으로 '학교돌봄터' 정책이 2020년에 도입되었다.

현재 우리나라의 초등학교 이상의 학령기 아동을 위한 돌봄체계는 크게 학교돌봄과 지역사회돌봄으로 나눌 수 있다. 학교돌봄은 교육부 주관으로 시행되고 있는데, 기존에 학교에서 실시되던 초등돌봄교실과 학교돌봄터를 통합한 '늘봄학교' 정책으로서 초등학생을 대상으로 실시되는 돌봄이다. 지역사회(마을)돌봄은

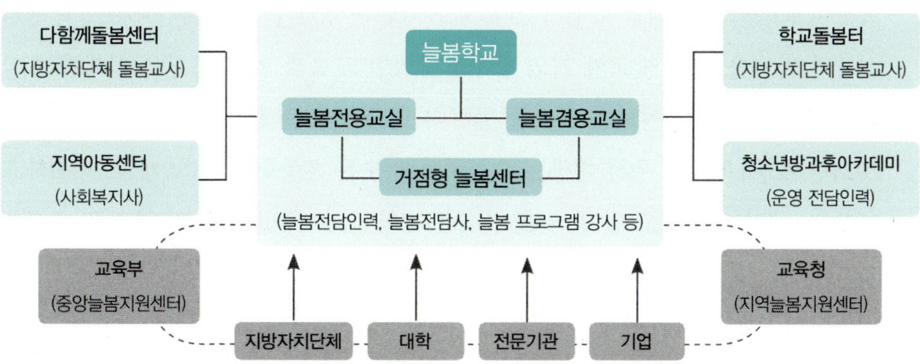

그림 12-2 학령기 아동돌봄체계

보건복지부에서 지원하는 지역아동센터와 다함께돌봄센터, 여성가족부에서 지원하는 청소년방과후아카데미 등의 돌봄기관을 통해서 방과후돌봄이 필요한 아동과 청소년에게 돌봄을 제공하는 프로그램이다.

2) 방과후돌봄 유형

(1) 늘봄학교

학교에서의 돌봄은 핵가족화와 여성의 경제활동 증가 등 양육환경의 변화로 돌봄에 대한 사회적 요구는 증가한 반면, 공급은 부족한 현실에 대한 문제제기에서 출발하였다. 초등학생에 대한 돌봄의 공백은 학부모의 일, 육아 병행을 어렵게 하고, 여성에게는 출산 이후 소득활동을 포기하는 제2의 위기로 이어지는 원인이 되기도 한다. 이러한 문제를 해결하기 위해 12세 이하의 초등학생에 대한 방과후돌봄의 문제를 해결하기 위해 초등학교를 활용한 돌봄정책이 나타나게 되었다.

교육부는 2004년부터 맞벌이 저소득층 한부모가정 등 돌봄이 꼭 필요한 학생을 대상으로 별도의 공간에서 돌봄을 제공하는 초등돌봄교실 정책을 도입하였고, 2020년에는 초등돌봄 사각지대 해소 및 맞벌이가구의 양육 부담 완화를 위해 학교 내 유휴 공간을 활용하여 지역 내 초등학생을 대상으로 돌봄을 제공한 학교돌봄터 정책을 추가로 도입하였다. 또한 윤석열 정부에서는 앞의 두 가지 정책을 통합하여 늘봄학교 정책을 도입하였다. 늘봄학교는 정규수업 외 시간에 초등학생의 성장과 발달을 위해 학교와 지역사회의 다양한 교육과 돌봄 자원을 연계한 종합교육 프로그램을 운영하는 체제를 말한다. 늘봄학교는 2023년 시범운영을 통해 2024년 초등1학년을 우선 대상으로 실시하여 모든 초등학교 6,185개교, 특수학교 178개교에서 운영되고 있고, 2025년 초1~2학년, 2026년 초등 전 학년을 대상으로 확대 실시할 예정이다(교육부, 2025).

늘봄학교는 늘봄과정에 따라 운영되는데, 정규수업 외 학생의 방과후 및 방학 중(아침, 저녁, 주말 포함) 활동을 위하여 편성 · 운영하는 교육 또는 돌봄 관련 프로그램을 말하며, 맞춤형 프로그램과 선택형 프로그램으로 구분되어 운영된다. 맞춤형 프로그램은 초등 1~2학년 학생의 발달단계와 특성을 고려하여 학교 적응, 놀이 · 체험 · 학습 활동 등을 매일 2시간(차시) 이상으로 편성 · 운영하는 무상돌봄 프로그램이다. 선택형 프로그램은 초등 1~6학년 학생 학부모의 수요와 참여 희망을 기반으로 정규수업 외 시간에 학교 자체 계획에 따라 편성 · 운영하는 교육 또는 돌봄 중심의 늘봄 프로그램으로서 기존의 방과후 학교 강좌 프로그램과 늘봄전담인력이 운영하는 늘봄 프로그램 두 가지로 나뉜다.

늘봄학교 참여 대상은 해당 학교 학생과 타교 학생도 포함할 수 있으며, 1개 교실당 학생 수는 단위학교별 여건이나 프로그램 특성에 따라 정할 수 있다. 늘봄과정은 학생 및 학부모의 요구에 따라 정규수업 시간 외에 기간별로 학기 중(주말 포함), 방학 중으로 구분하고, 시간대별로 아침, 오후, 저녁으로 구분하여 운영할 수 있다. 늘봄 프로그램의 1차시는 40분 이상으로 편성 · 운영하되, 프로그램의 내용과 수준, 운영 시기에 따라 단위학교별로 달리 정할 수 있다. 또한 학교 회계에서 지원하는 무상 프로그램과 학부모 경비 부담이 있는 유상 프로그램으로 구분하여 운영될 수 있다.

정규수업 외 시간에 늘봄과정을 운영하는 모든 학교 내 공간을 늘봄교실이라고 하며, 학생의 늘봄과정을 운영하기 위해 전용으로 사용되는 늘봄전용교실과 정규수업 시간과 함께 사용되는 늘봄겸용교실의 공간이 있다.

늘봄학교 운영을 위해 늘봄지원실장(임기제 교육연구사), 늘봄실무사, 늘봄전담사, 늘봄 프로그램 강사, 늘봄지원인력 등 다양한 인력이 추가로 채용되어 운영된다. 또한 늘봄학교를 지원하기 위하여 중앙단위, 교육청 또는 교육지원청에 전담조직인 늘봄지원센터를 설치하여 운영한다.

(2) 지역사회(마을)돌봄

① 지역아동센터

지역아동센터는 공부방이라는 이름으로 민간에서 자생적으로 시작한 지역사회 내의 대표적인 아동돌봄기관으로, 방과후돌봄이 필요한 지역사회 아동의 건전한 육성을 위하여 보호 및 교육, 건전한 놀이와 오락의 제공, 보호자와 지역사회와의 연계 등 종합적인 복지서비스를 제공하는 아동복지시설이다. 2004년 「아동복지법」의 개정을 통해 아동복지시설로 법제화되었으며, 「아동복지법」 제52조 제1항 제8호에 의거하여 설치되었다. 2022년 기준 4,253개소에서 105,210명의 아동이 이용 중에 있다.

지역아동센터 이용 대상은 18세 미만의 아동으로서 초등학교 및 중학교에 재학 중인 아동이 이용할 수 있으며, 고등학생이나 학교밖청소년, 그리고 미취학 아동의 경우에도 이용 기준에 따라 이용이 가능하다. 아동은 증명서나 확인서 등을 통해 우선돌봄이 필요한 아동과 일반아동 등으로 구별되며, 시설별 신고 정원의 50% 이상은 우선돌봄 아동이어야 하며, 일반아동은 50% 범위 내에서 이용이 가능하다.

센터는 월요일부터 금요일을 포함하여 주 5일, 1일 8시간 이상을 상시 운영하여야 하며, 학기 중에는 13:00~20:00까지의 필수 운영시간, 방학(단기방학 포함) 동안에는 12:00~17:00까지의 필수 운영시간을 포함하여 운영한다.

지역아동센터의 종사자 배치 기준을 살펴보면 이용 아동 수에 따라 배치 기준이 상이하며, 아동 25명 미만 10명 이상의 경우 센터장 1인과 생활복지사 1인을, 아동 30명 이상의 경우 센터장 1인과 생활복지사 3인을 배치하도록 규정하고 있다. 아동 50명 이상의 경우 생활복지사 1인과 영양사 1인을 추가 배치하도록 규정하고 있다.

지역아동센터에서 제공되는 서비스는 기본 프로그램과 특화 프로그램으로 구성되며, 기본 프로그램은 보호, 교육, 문화, 정서지원, 지역사회영역으로 구성되며, 특화 프로그램은 지역사회의 특수성 및 주요 대상의 특성을 고려한 맞춤형 운영 프로그램을 의미한다.

② 다함께돌봄센터

다함께돌봄센터는 지역사회 중심의 자발적이고 주도적인 아동돌봄 공동체 기반을 조성하고, 지역사회 내의 돌봄 수요 및 자원을 고려하여 아동돌봄 계획을 수립하여, 이를 바탕으로 지역사회 내의 틈새 돌봄 기능을 강화하여 돌봄의 사각지대를 해소하기 위해 설치된 사회복지시설로서 「아동복지법」에 근거하여 설치, 운영되고 있다.

다함께돌봄센터는 초등학교의 정규교육 이외의 시간 동안, ① 아동의 안전한 보호, ② 안전하고 균형 있는 급식 및 간식의 제공, ③ 등하교 전후, 야간 또는 긴급상황 발생 시 돌봄서비스 운영, ④ 체험활동 및 교육 · 문화 · 예술 · 체육 프로그램의 연계 제공, ⑤ 돌봄상담, 관련 정보의 제공 및 서비스의 연계, ⑥ 그 밖의 보건복지부령으로 정하는 방과후돌봄서비스의 제공을 목적으로 한다.

2017년에 다함께돌봄시범사업 10개소 시범사업을 시작하여 2018년에 다함께돌봄센터 17개소를 설치 · 운영하였고, 2019년에는 「아동복지법」을 개정하여 다함께돌봄센터의 설치 · 운영에 관한 법적 근거를 마련하였다. 2021년 500세대 이상 주택단지 내에 다함께돌봄센터 설치를 의무화하였고, 초등학교에 학교돌봄터 19개교 49실을 설치 · 운영하였다. 2024년 기준 다함께돌봄센터 1,201개소와 학교돌봄터 32개교 76실을 설치하여 운영 중에 있다. 학교돌봄터는 2024년 이후 별도로 지정하지 않고 있다.

이용 대상은 돌봄이 필요한 6~12세의 아동 혹은 초등학생이며, 소득수준과 무관하고, 각 지방자치단체별 지역여건에 따라 이용 우선순위를 정할 수 있다. 지역의 특성 및 센터 정원을 고려하여 다함께돌봄센터 이용 아동의 형제자매로, 그 형제 자매가 미취학 아동인 경우에는 이용 대상에 포함가능하다. 학교돌봄터의 경우에 설치된 학교의 재학생이 우선 이용하도록 할 수 있으나, 모든 이용 아동을 학교의 재학생으로만 구성하는 것은 지양된다.

센터의 이용 아동 수는 면적 기준(아동 1인당 3.3m^2)을 고려하여 산정하되, 동 시간대에 돌봄선생님 1인당 아동 20명 내외로 돌보도록 규정하고 있다. 돌봄서비스는 각 센터별 운영위원회를 통해 일정한 기간이 정해지는 '정기돌봄'과 일정한 기간을 정하지 않고 갑자기 발생한 사유에 의한 비정기적 돌봄인 '일시돌봄'의 두 가지 돌봄이 있으며, 운영시간은 표준 서비스 제공시간을 포함하여 주 5일(월~금요일 포함), 1일 8시간 이상을 상시 운영하여야 한다.

다함께돌봄센터에서 제공되는 돌봄서비스는 기본서비스(기본적인 돌봄에 관련된 활동), 공통 프로그램(아동 및 돌봄선생님을 중심으로 상시적으로 운영되는 놀이와 휴식, 신체활동, 숙제지도 및 일상생활교육), 그리고 특별활동 프로그램(아동별로 흥미 적성을 고려하여 외부 강사 및 분야별 전문가 등 외부 인력과 자원을 활용한 아동의 창의성 신장을 위한 프로그램) 등으로 구성된다.

센터의 종사자는 센터장 1인과 돌봄교사 1인을 필수 인력으로 배치하되, 이용 아동 수와 운영시간 등을 고려하여 돌봄교사 배치를 탄력적으로 운영할 수 있다. 학교돌봄터의 경우에도 설치 학교당 센터장 1인과 교실당 돌봄교사 1인을 필수 인력으로 배치하고 있다. 센터의 동 시간대 이용 아동 20명을 기준으로 1명의 돌봄교사를 배치하여야 하며, 돌봄서비스를 제공하는 시간 동안은 돌봄교사 1인을 포함하여 센터장, 자원봉사자 등 가급적 2명 이상이 상주하여야 한다.

③ 청소년방과후아카데미

청소년방과후아카데미는 방과후돌봄이 필요한 청소년에게 체험활동, 학습지원, 급식, 상담 등 종합서비스를 제공하는 기관으로서 청소년 활동, 복지, 보호, 지도 등을 통해 청소년의 전인적 성장을 지원하고 가정의 사교육비 경감 및 양육 부담 완화에 기여함을 목적으로 하며, 「청소년기본법」 제48조의2에 근거하여 설치 · 운영되고 있다.

청소년방과후아카데미는 2005년 청소년위원회의 주요 정책 과제로 채택되어 46개소의 시범사업을 실시한 후 도입하였고, 2011년 「청소년기본법」 개정을 통해 추진 근거를 마련하였으며, 2024년 현재 355개소의 시설에서 14,712명의 청소년이 이용하고 있다.

아카데미는 청소년수련시설(청소년수련관, 청소년문화의 집 등) 및 지방자치단체 · 교육(지원)청 관할 공공시설, 민간운영시설 등 안전 기준을 충족하는 시설 내에 설치되며, 전용 공간인 교실과 지도자실, 활동실, 북카페 및 휴게실 등을 갖추도록 권장되고 있다. 전용 공간은 30명 반은 1개 교실, 40명 반은 2개 교실, 60명 반은 3개 교실을 마련하도록 규정되어 있다.

운영 유형을 살펴보면, 평일 기준으로 운영되는 일반형과 주말형으로 구분되는 데, 일반형은 기본형, 농산어촌형, 장애형, 다문화형, 탄력운영형 등으로 구분되며, 각 유형별 이용 인원도 상이하다.

일반형의 경우 일 4시수 주 5~6일을 운영하여 연간 총 230일을 운영하며, 주중활동은 1주에 20시수 이상을, 주말활동은 반기별 2회 5시수 이상 포함하도록 운영된다. 주말형은 일 5시수 주 1~2일 주말에 운영되며, 연간 총 70일 운영과 주말활동으로는 일 5시수 이상을 운영하도록 규정되어 있다.

프로그램의 운영 기준을 살펴보면, 과정 편성은 1일 최소 4시수 이상 편성되며, 기관 상황에 따라 운영과정은 자율적으로 선택된다. 급식 및 귀가지도 상담 등 기본적인 생활지원과정인 공통 운영과정으로 5시수가 운영되며, 지역의 특성 및 참여 청소년의 수용에 따라 선택운영과정 15시수 등이 운영된다.

청소년방과후아카데미 이용 대상은 방과후돌봄이 필요한 청소년(초등 4학년~중등 3학년)이며, 지방자치단체별로 지역 여건에 맞게 자율적으로 대상 학년을 선택할 수 있다. 이용 대상자 선정 기준으로는 기본형과 농산어촌형, 탄력운영형에서는 돌봄이 필요한 아동이 우선 이용 대상자이며, 장애형은 장애청소년, 다문화형은 다문화청소년이 이용 대상의 50% 이상을 포함하게 된다.

종사자 배치 기준을 살펴보면, 팀장 1인과 교실별 담임 1인을 필수적으로 배치하며, 탄력운영형은 팀장 1인을, 주말형은 담당자 1명 이상을 배치하도록 규정되어 있다.

지금까지 살펴본 지역아동센터와 다함께돌봄센터, 그리고 청소년방과후아카데미의 특성을 요약정리하면 〈표 12-5〉와 같다.

표 12-5 지역아동센터, 다함께돌봄센터, 청소년방과후 아카데미의 특성 비교

구분	지역아동센터	다함께돌봄센터	청소년방과후아카데미
근거법	「아동복지법」 제50~제52조	「아동복지법」 제44조의2 제1항	「청소년기본법」 제48조의2
설치 목적	지역사회 아동의 보호 및 교육, 건전한 놀이와 오락의 제공, 보호자와 지역사회와의 연계 등 아동의 건전 육성		방과후돌봄이 필요한 청소년에게 체험활동, 학습지원, 급식, 상담 등 종합서비스 제공
주관 부처	보건복지부	보건복지부	여성가족부
종류	아동복지시설, 사회복지시설	사회복지시설	청소년시설
설치	신고제: 누구인가가 신고하고 설치 가능	설치 운영 주체는 지방자치단체이므로 직영방식의 운영이 기본 원칙 (위탁 운영 가능)	청소년수련시설 및 공공시설, 민간운영시설 등 안전기준을 충족하는 시설 내에 설치(위탁 운영 가능)
명칭	지역아동센터	다함께돌봄센터(서울: 우리동네키움돌봄센터)	청소년방과후아카데미
이용 대상자	• 연령: 18세 미만의 아동으로, 초등학교 및 중학교에 재학 중인 아동 또는 18세미만의 아동으로서 특별한 상황인 경우 • 우선 등록 아동 • 일반아동 및 돌봄특례아동 –신고 정원의 50% 이상이 우선돌봄아동 등록 –일반아동은 50% 이내에서 등록 –지역에 따라 일반아동을 70%까지 등록 가능	돌봄이 필요한 만 6~12세(초등학생) 아동: 소득에 상관없이 이용 가능	초등 4학년~중등 3학년: 우선 이용 아동이 규정되어 있으나 이용 비율 제한은 없음
정원	• 시설 면적 기준에 따라 산정 • 10명 미만, 10명 이상 25명 미만, 25명 이상 30명 미만, 30명 이상	면적 기준을 고려하여 산정	1개 반 30명, 2개 반 40명, 3개 반 60명
비용	무료	월 10만 원	무료

출처: 2025년 지역아동센터 · 다함께돌봄센터 · 청소년방과후아카데미 각 운영 안내를 참조함.

3) 돌봄서비스의 통합: 늘봄체제로의 개편

2024년 6월 윤석열 정부는 '저출생 반전을 위한 대책(관계 부처 합동)'에서 마을 돌봄을 제공하는 학교 밖 돌봄시설에 대해 늘봄학교 수준의 양질의 공간 인력 프로그램 기준을 마련하고, 학교 밖 돌봄시설 명칭을 '늘봄센터(가칭)'로 통일하여 '늘봄'을 초등돌봄 브랜드로 일원화한다는 계획을 발표하고 이를 추진하고 있다.

5. 돌봄기관에서 사회복지사의 역할

돌봄기관의 유형에 따라 시설장(센터장, 원장), 보육교사(유아교사, 돌봄전담사 등), 사회복지사(생활복지사), 청소년상담사, 영양사, 사무원, 취사원, 관리인 등 다양한 전문가가 배치되어 있으며, 각 직종에 따라 사회복지사, 보육교사, 교사, 청소년상담사 등 별도의 전문자격이 요구된다. 취학 전 돌봄기관인 유치원과 어린이집의 경우에는 교사와 보육교사 자격증 소지자를 필수적으로 요구하기 때문에 사회복지사의 경우에는 마을 돌봄기관에서 활동하게 된다.

돌봄기관에서 일하는 사회복지사는 아동의 보호와 교육에 일차적인 책임을 지며, 안전관리, 프로그램 운영, 간식 및 급식 관리, 등하교 지원, 지역사회 네트워크 구축 등 매우 다양한 역할을 수행하고 있다. 사회복지사의 역할을 살펴보면 다음과 같다(지역아동센터 운영사업안내, 2025).

아동에 대한 사회복지사의 역할은 심리적 · 사회적 · 경제적인 문제로 어려움을 경험하는 아동을 대상으로 이들의 문제와 욕구를 해결하여 궁극적으로 돌봄의 목적이 달성되도록 하는 것이다. 사회복지사는 아동의 문제와 욕구를 사정하고, 문제를 나타내는 아동을 상담하며, 적합한 지역사회 자원을 개발하고 연계하는 역할을 해야 한다. 방과후에 안전한 보호 공간을 제공하고, 급식 · 간식 제공을 통해 아동의 기본적인 건강발달을 도모한다. 더 나아가 위생지도, 건강검진, 그리고 안전지도 등을 통해 아동이 안전하고 건강한 생활을 할 수 있도록 지원한다.

둘째, 아동에게 다양한 교육 관련 프로그램을 제공함으로써 학습능력 향상 및 재능 개발 기회를 제공하여 스스로 학습 동기를 부여하고 바른 학습태도를 갖게 함으로써 학교적응력을 향상시킨다.

셋째, 문화와 예술 관련 프로그램을 제공함으로써 문화·예술과 관련된 다양한 체험의 기회를 제공하고, 또래와의 상호작용활동과 공동체활동을 제공함으로써 책임감을 기르며, 유연한 사고로 문화적 흡수력을 높인다.

넷째, 정서지원 프로그램과 가족지원 프로그램을 통해 아동과 가족이 건강한 가족체계를 유지해 나가고 아동의 건강한 정서적 발달을 지원한다. 필요한 경우 가정방문을 통하여 가족의 문제와 욕구를 파악하고, 부모교육과 부모상담을 통해 가정의 심리적·정서적인 문제를 해결할 수 있도록 하는 것이다. 경제적인 어려움을 겪고 있는 가족에게는 정보를 제공하거나 지역사회 자원을 연결해 주도록 한다.

다섯째, 지역사회 연계활동을 통해 아동 및 가족에 대한 통합적인 접근과 다양한 서비스를 제공하며, 지역아동센터 운영과 아동지원을 위한 인적·물적 자원을 확보한다. 더 나아가 돌봄기관이 지역사회에 대한 서비스 제공 역할을 담당할 수 있도록 지역 주민이 돌봄기관을 활용하도록 하고, 돌봄시설도 지역의 자원 활용이나 지역 행사에 적극 참여할 수 있도록 한다.

6. 아동돌봄과 관련된 주요 과제

1) 돌봄의 공공성 확보

돌봄이 국가의 책임하에 보편적인 관점에서 추진되어야 함에도 불구하고, 우리나라에서는 돌봄의 주요 영역에서 민간이 주도하여 왔다. 현재 부모들은 국공립시설을 선호하지만 국공립 유치원과 어린이집 이용률은 30%에 불과하여 국공립시설의 확대가 필수적이다. 특별히 돌봄이 필요하지만 아동의 수가 적어 민간이 시설을 설치하지 못하는 농어촌 지역과 도시의 저소득층 밀집 지역에 국공립 시설을 확충하고, 민간시설의 국공립시설로의 전환, 민간 보육시설에 대한 지원 확대를 통한 서비스의 질 확대 등 정부의 지원을 확대하여야 한다.

또한 방과후돌봄과 관련하여서는 지역사회 내 돌봄 수요가 있지만 돌봄기관이 존재하지 않는 곳에 돌봄기관을 확충하여 지역 간의 돌봄 격차를 해소하는 것이 필수적이다. 또한 방과후돌봄기관이 늘봄학교 수준의 양질의 서비스를 제공하기 위한 인력과 공간 지원 등이 필요하다.

2) 돌봄기관으로서 학교의 역할

최근 들어 돌봄기관으로서 학교의 역할에 대한 관심이 확대되고 있고, 늘봄학교 정책을 통해 초등 전 학년으로 늘봄학교 정책이 확대되고 있다. 학부모들의 경우 초등학교를 활용한 돌봄정책에 찬성하는 비율이 높게 나타나고 있으나, 아동이 학교에서 오랜 기간 동안 머무는 것의 장단점에 대한 면밀한 검토가 필요하다. 초등돌봄교실을 통한 사교육 시간의 감소와 비용 절감 등의 효과(백순근 외, 2019; 정설미 외, 2021)와 취약계층 어머니의 경제활동 참여 증가와 같은 긍정적인 효과(이성희 외, 2020)가 있는 것으로 나타난 반면, 초등돌봄교실 이용 시간이 길어질수록 학업수행능력이 떨어질 확률이 높고(백순근 외, 2019), 아동의 정서발달에 유의미한 도움을 주지는 못하는 것으로 나타났다(이성희 외, 2020).

특별히 학교돌봄에 있어서 학습의 강조는 아동의 놀이권과 휴식권을 침해할 가능성이 높기 때문에 교육과 돌봄이 결합되는 늘봄학교(초등돌봄교실)의 확대는 무작정 이루어지기보다는 아동의 발달에 기여할 수 있는 방향으로 신중하게 접근할 필요가 있다.

3) 돌봄기관의 정의와 역할 재정립 및 돌봄 관련 전달체계의 재구축

우리나라의 돌봄서비스는 교육, 보육, 돌봄이라는 명칭으로 교육부, 보건복지부, 여성가족부에서 다양한 기관을 통해 제공되고 있다. 이러한 전달체계의 다양화는 제공기관 간의 돌봄서비스의 격차를 발생시키게 된다. 또한 각 서비스 제공인력의 차이, 이용시간과 프로그램의 상이성으로 인해 돌봄서비스의 전문성을 낮추는 원인이 되고 있다.

유보 통합 및 방과후돌봄정책의 통합과 관련하여 무엇보다 학교와 지역사회 간의 돌봄서비스 연계를 강화하고, 장기적으로 전달체계를 통합하고 개편하는 것이 필요하다. 특히 돌봄이 제공되는 지역사회 내에서는 돌봄과 관련된 수요와 공급을 조정하기 위해서 각종 협의회(마을돌봄협의회, 학교 내 협의회, 기초단체협의회, 광역단체협의회) 등을 활성화하는 것이 필수적이다.

유보 통합과 관련하여서는 국가의 재정 투자와 지방자치단체의 영유아보육과 관련된 조직 재구축, 통합기관의 교원 자격 기준 및 양성 계획, 처우 개선 및 시설 개선방안 등 다양한 과제가 제시되고 있다.

마을돌봄과 관련하여서는 기존의 마을돌봄 관련 기관과 운영의 통일성을 확보할 필요가 있다. 사업의 목적이나 정책 대상을 기준으로 할 때 '방과후 만 18세 이하 아동에게 돌봄서비스를 제공한다'는 공통점에도 불구하고, 세부적인 정책 대상의 선정기준과 운영주체, 예산지원방식 등에 차이가 있다. 이용대상아동에 있어서도 지역아동센터의 경우 우선이용아동의 비율이 정해져서 운영되는 반면, 다른 곳은 이 비율이 적용되지 않고 있다. 비용 수납과 관련하여서는 다함께돌봄센터를 제외하고는 무상으로 이용되고 있으며, 종사자 급여기준도 각 센터별로 상이하게 지급되고 있다. 이러한 돌봄기관 간의 운영상의 상이점은 각 기관의 실제적 운영에 어려움을 발생시키고 있으며, 지역 내 돌봄기관이 밀집된 경우 이용이 선호되는 기관과 비선호되는 돌봄기관 간의 차이를 발생시켜서 돌봄기관 간의 갈등의 원인이 되기도 한다. 따라서 이러한 문제점을 해결하기 위해 돌봄기관 간의 기본적인 운영기준을 표준화하고, 지역의 특성을 반영할 수 있는 제도적 장치 마련 등이 필요하다.

연구문제

1. 돌봄서비스가 아동에게 주는 긍정적인 효과는 어떤 점이 있는지 알아봅시다.
2. 돌봄의 주 제공기관으로서 학교돌봄(초등돌봄)이 가지는 장단점에 대해 토론해 봅시다.
3. 지역아동센터의 사회복지사의 활동에 대해 토론해 봅시다.
4. 우리 지역에서 방과후돌봄의 현황을 알아보고, 문제점과 발전 과제는 무엇인지 토론해 봅시다.

제 13 장 아동학대와 아동보호서비스

제13장

아동학대와 아동보호서비스

아동학대가 사회문제로 인식된 역사는 길지 않지만 아동학대는 가장 비인간적인 행위이다. 그렇기에 대중은 아동학대 사례가 보도될 때 공분하면서 강력한 대응이 필요하다고 인식한다. 그러나 공론화되거나 보도되지 않는 다수의 아동학대 사례를 둘러싼 당사자 및 관계자들의 태도와 인식은 사안과 상황에 따라 사뭇 다르게 나타난다.

아동학대가 심각한 사회문제라는 점은 인정해도 정작 발생한 주변의 실제 학대 사례에 대해서는 유교적 문화의 영향으로 좀 더 관용적인 접근을 취하거나 가족의 문제로 한정하고 가족 내 해결을 기대하는 경향이 있다. 그러나 아동학대는 아동과 가족만의 문제가 아니며 안일하고 소극적으로 대응해서도 안 된다. 아동학대를 바르게 이해하기 위하여 아동학대의 심각성, 사회적 대응의 필요성, 아동학대 예방과 대응을 위한 제도적 대안에 대하여 살펴보고자 한다.

1. 아동학대의 개념과 유형

아동학대에 대한 개념 정의는 여러 측면에서 중요하다. 개념을 어떻게 정의하는가에 따라 아동학대 사례의 판정이 달라질 수 있고, 아동학대의 현황 분석, 아동학대에 대한 개입방법, 아동보호 정책 등이 달라지기 때문이다.

1) 아동학대의 개념 정의

아동학대에 대한 정의는 일련의 아동보호에 중요한 기반이 되기 때문에 합의된 개념 정의를 찾는 것이 필요하다. 아동학대의 개념 정의를 이해하기 위해서는 학대의 정의와 관련된 이슈들에 대한 정리가 필요하다.

정진영(1992, pp. 7-8)은 아동학대 개념 정의와 관련된 논점을 세 가지로 구분한 바 있다. 아동학대를 광의로 해석할 것인지 또는 협의로 볼 것인지의 문제가 첫 번째 논점이다. 가정 내로만 국한시킬 것인가 아니면 가정 밖의 영역으로까지 확대시킬 것인가에 따라 달라질 수 있다. 또 학대를 개인의 차원으로 볼 것인가 아니면 사회 및 제도의 문제로 확대할 것인가도 관련된다. 아울러 아동학대 유형을 신체학대를 포함해 방임이나 정서학대를 학대의 범주로 인정할 것인가도 이 논점과 관련될 수 있다.

두 번째 논점은 부모의 행동 동기에 초점을 둘 것인가 아니면 아동에게 미치는 결과를 초점으로 할 것인가와 관련된다. 부모를 포함해 주 보호자의 고의성이 없어도 아동에게 부정적 결과를 초래하는 행위를 아동학대로 포함시켜야 하는가가 이 논점의 핵심으로 이해된다. 세 번째 논점은 학대 행위의 강도나 크기에 초점을 맞출 것인가 아니면 빈도가 더 중요한 기준이 되는가이다. 이상의 논점들에 대해 어떻게 정리하느냐에 따라 아동학대 개념 정의는 시대에 따라 또 사회마다 달라져 왔다.

아동학대라는 용어는 1961년 미국에서 최초로 사용되었다. 당시에는 기준과 범위에 대한 규정이 용이하고, 과학적 연구에 적합하다는 점 때문에 아동학대는 신체학대에 국한되었다. 그 뒤 아동학대에 대한 정의는 시대와 사회에 따라 다양하게 이루어져 왔다. 우선 일반적인 아동학대의 개념 정의를 살펴보면 다음과 같다.

아동학대는 학대의 범위를 어떻게 잡느냐에 따라 협의의 정의와 광의의 정의로 나눈다. 협의의 정의란 아동학대를 신체학대에 한정하여 설명하는 것으로서 비우발적이고 객관적으로 관찰 가능한 상처를 초래하는 행위를 의미한다(National Center on Child Abuse and Neglect, 1978; 허남순, 1993, p. 24에서 재인용). 아동학대를 협의로 정의하게 되면 아동학대에 대한 판정에서 모호한 점이 적어서 아동학대 대응체계의 운용이 좀 더 단순화될 수 있다. 그러나 아동학대에 대한 협의의 정의는 상처를 남기지 않는 신체학대와 비신체학대를 포괄하지 못하고, 고의적인 것과 우발적인 것을 제대로 구분하지 못한다.

광의의 정의는 아동학대를 아동발달상의 욕구를 충족시키는 데 실패한 모든 환경이라고 보아 아동방치와 냉대까지도 포함시키고 있다. 폰타나(Fontana, 1973)는 아동의 건강한 발달에 필요한 정서적 · 물질적 요구의 결손은 소극적 형태의 학대이며, 언어적 학대나 구타는 적극적 형태의 학대로 정의하였다. 질(Gil, 1970)은 아동의 평등한 권리와 자유를 박탈하거나 아동의 적절한 발달을 저해하는 행위를 포함해 방임의 조건과 제도를 모두 아동학대라고 정의하였다. 또한 가정 내외를 포함해 사회, 제도 및 기타 환경에서 벌어지는 것까지 모두 아동학대에 포함시켰다.

최근 아동학대의 개념은 신체학대뿐 아니라 소극적인 보호의 부작위(不作爲)로 인한 방임과 성 학대, 정서학대까지 포함하는 광의의 개념으로 확대되고 있다(김승권, 조애저, 1998). 아동학대에 대한 광의의 정의는 아동의 성장 및 발달을 보장하고 더 심각한 아동학대의 발생을 예방하는 데 있어 강력한 힘을 발휘한다. 하지만 특정 사회의 가치나 문화에서 쉽게 합의되기 어려울 수 있기에 구체적인 정의가 규정되기 전에는 사실상 아동학대문제에 대응하는 데 큰 도움이 되기 어렵다. 미국은 「아동학대 방지 및 치료법(Child Abuse Prevention and Treatment Act: CAPTA)」에서 아동학대에 대하여 비교적 명확하게 정의하고 있는데, "어린이의 복지에 책임이 있는 사람으로부터 건강과 복지에 해를 입거나 이를 위협하는 환경 아래에서 신체적 · 정신적 손상, 성학대, 방임 혹은 냉대를 받는 것"이라고 정의되어 있다(허남순, 1993b: 25).

우리나라 역시 아동학대에 대한 정의가 연구자에 따라 달리 이루어지고 있지만 대부분 광의의 개념으로 정의 내리고 있다. 주영희(1984)는 아동학대란 아동을 돌보는 부모 또는 양육자의 의도성 여부나 체벌에 관계없이 아동의 최적 발달을 저해하는 행위라고 정의한 바 있다. 신영화(1986)는 부모나 양육에 책임이 있는 사람이 아동의 적절한 발달을 저해하는 적극적인 행위로 아동학대를 정의하였다.

공식적으로 우리나라의 아동학대는 「아동복지법」에 따라 정의된다. 「아동복지법」 제3조 제7호에서는 "아동학대란 보호자를 포함한 성인이 아동의 건강 · 복지를 해치거나 정상적 발달을 저해할 수 있는 신체적 · 정신적 · 성적 폭력 또는 가혹행위나 아동의 보호자에 의하여 이루어지는 유기와 방임을 말한다."라고 아동학대를 광의로 정의하고 있다.

동법 제17조에서는 아동의 신체에 손상을 주거나 신체의 건강 및 발달을 해치는 **신체적 학대행위**, 아동에게 음란한 행위를 시키거나 이를 매개하는 행위 또는 아동을 대상으로 하는 성희롱 등의 **성적 학대행위**, 정신건강 및 발달에 해를 끼치는 **정서적 학대행위**, 자신의 보호 · 감독을 받는 아동을 유기하거나 의식주를 포함한 기본적 보호, 양육 및 치료를 소홀히 하는 **방임행위** 등 학대의 유형을 넓게 정의하고 있다.

아동학대에 대한 정의가 비교적 광의로 이루어지고 있지만, 구체적인 개입이나 조치 등은 협의의 아동학대인 심각한 아동학대, 즉 신체 및 성 학대에 대한 것으로 좁혀지는 경향이 있다. 또 아동학대 사례의 판정을 위한 구체적인 정의, 이를 위해 필요한 사정도구 등은 사회와 시대의 문화에 민감해야 하기에 지속적으로 수정해야 한다. 예를 들어, 소셜미디어에서 아동을 출연시켜 조회수를 높이기 위해 선정적이고 위험한 상황에 노출시키는 행위는 아동학대의 가능성이 높다는 점에서 시대 변화에 따라 아동학대의 정의는 항상 민감하게 대응해야 함을 보여 준다.

2) 아동학대의 유형

아동학대는 신체학대, 정서학대, 성학대, 방임으로 유형을 구분할 수 있다. 유형의 구분은 우리나라와 미국 등의 법적 · 제도적 관련 규정에서 동일한 내용으로 이루어진 바 있으며, 학대의 내용을 중심으로 구분되어 있어 그 증후와 개입 등을 개별화 · 전문화하는 데 활용되고 있다.

(1) 신체학대

신체학대는 일반적으로 '보호자에 의하여 가하게 되는 비우발적인 상해'로 정의되어 왔다(Pecora, Whittaker, & Maluccio, 1992: 143-144). 신체학대란 정당한 이유 없이, 또는 이유가 분명하다고 하여도 지나치게 감정적으로 아동을 때리거나 벌하는 것으로서 회초리나 손 이외의 도구를 사용하거나 손바닥, 종아리, 엉덩이 등 이외의 다른 부위를 때리는 모든 행위를 의미한다. 그 외의 잔학한 처벌 또는 벌한 결과 신체적인 상해를 주는 것을 포함하여, 심지어는 과도한 일을 시키는 것까지를 모두 포함하여 신체학대라고 할 수 있다(허남순, 1993: 27).

신체학대는 주요 신체학대(major physical injuries)와 2차적인 신체학대(minor physical injuries)로 구분되기도 한다(Pecora et al., 1992: 96). 주요 신체학대에는 골절, 두개골 훼손, 심한 화상 등이 포함되고, 2차적인 신체학대에는 작은 멍, 약한 화상 등이 포함된다. 신체학대는 드러난 신체적인 상처 외에도 심리적인 문제를 남긴다.

(2) 정서학대

정서학대는 아동의 자아존중감과 정서를 손상시키는 행위로서 직접적인 학대와 간접적인 학대로 나눌 수 있다(허남순, 1993: 27). 직접적인 학대는 아동에게 습관적으로 소리를 지르거나 무시하는 행동, 폭언 및 계속해서 의식적으로 또는 무의식적으로 아동을 거부하는 행동이나 표정과 언어, 또는 아동의 특별한 정서적인 문제에 대하여 적절한 전문가의 도움을 구하지 않거나 적절히 반응하지 못하는 것 등을 말한다. 간접적인 학대는 아동에게 직접적으로 행하는 것은 아니지만 가족 간, 특히 부부간의 불화에 따른 구타, 폭언 등이 일어나는 상황에 노출시켜 아동에게 정신적인 손상을 가하는 행위를 의미한다.

정서학대행위는 아동학대의 한 유형임은 분명하나 그 적용에 있어 논란이 존재한다. 우리나라의 경우 교원단체를 중심으로 정서학대 행위를 금지 행위로 규정하는 「아동복지법」 제17조 제5호가 모호하고 포괄적이어서 교사들을 아동학대행위자로 무고하는 수단이 되고 있다면서 위헌법률심판을 신청하고 있다.

과거 2010년 중반 「아동복지법」상 정서학대행위 금지 조항은 3차례에 걸쳐 합헌 결정이 내려진 바 있다. 어린이집 보육교사가 '아동의 정신건강 및 발달에 해를 끼치는'이라는 법 문구의 모호성 때문에 죄형법정주의 명확성 원칙에 위배된다는 이유로 헌법소원을 낸 바 있다. 하지만 헌법재판소는 **정서학대행위**란 유기 또는 방임과 같은 정도의 행위를 의미한다면서 죄형법정주의의 명확성 원칙에 위배되지 않으며, 추상적 부분은 판례를 통해 구체화할 수 있다면서 합헌 결정을 내렸다.

다만 학교 현장에서의 정서학대행위를 둘러싼 논란이 거세지면서 「유아교육법」과 「초 · 중등교육법」에 따른 교원의 정당한 교육활동과 학생생활지도는 아동학대로 보지 아니한다는 **「아동학대범죄의 처벌 등에 관한 특례법」** 개정이 2023년 12월에 이루어졌다.

(3) 성학대

성학대는 아동에 대한 성적 부당행위, 가해행위로서 아동학대 중 일반 성인들의 인식이 가장 부정적이고 민감한 유형이다. 스그로이(Sgroi, 1982)는 아동성폭력을 정서적 · 신체적 · 인지적 발달이 미흡한 아동에게 강요된 성적인 행위로 정의하였다. 이용교(1993)는 성학대를 성인이 아동에게 가하는 모든 성적 추행으로 정의하였다.

성학대는 다른 사람의 성적 만족을 위하여 아동을 이용하는 성적 착취, 아동을 성적 도구로 이용하는 성적 폭행, 아동을 성적으로 자극하거나 혐오감을 갖게 하는 환경에 처하도록 내버려두는 성적 노출 등으로 구분되기도 한다(허남순, 1993). **성적 착취**란 외설적인 행위를 시키기 위해 아동을 고용하거나, 외설적인 물건을 배포하거나, 상업용 포르노 필름 등을 제작하기 위하여 아동에게 자세를 취하도록 하는 데 고의로 협조 · 조장하거나 설득 · 강압하는 것, 또는 그런 필름을 고의로 현상 · 복제 · 인쇄 및 교환하는 것까지를 포함한다. **성적 폭행**은 아동을 상대로 강간, 윤간, 근친상간, 남색, 외설적이거나 음란한 행동 및 아동을 지분거리는 행위를 의미한다. **성적 노출**은 아동에게 성적 비디오나 그림 및 성관계를 갖는 장면을 보게 하는 행위 등을 포함한다.

(4) 방임

방임은 아동에게 책임이 있는 양육자가 고의로 또는 방심하여 아동이 피할 수도 있는 고통을 겪게 하거나 아동의 신체적 · 지적 능력을 발달시키는 데 필요한 요소들을 제공하지 못하는 상태로 볼 수 있다(정진영, 1992: 26). 방임은 신체적 방임, 의료적 방임, 교육적 방임으로 구분할 수 있다. **신체적 방임**은 위험한 것을 가지고 놀아도 상관하지 않는 것, 더러운 옷을 입고 있거나 추운 방에서 지내도록 방치하는 것, 늦은 귀가에도 신경 쓰지 않는 것 등이다. **의료적 방임**은 몸이 아프다고 해도 그대로 방치하는 행위가 포함된다. **교육적 방임**은 학교 준비물을 챙겨 주지 않거나 학교 숙제를 해 가는지 신경을 쓰지 않는 양육 부재 상황이 해당된다.

3) 문화와 아동학대의 판단

최근에는 아동학대가 아동에게 심각한 문제를 야기하고 사회적으로 그 영향이 확대된다는 인식에서 아동학대가 중요한 사회문제라는 데 대부분 동의하고 있다. 그러나 아동학대는 시대나 사회마다 그 정의가 다를 수 있다. 또 문화적 차이에 따라 아동학대의 개념은 그 수준과 범위 등에서 달라질 수 있다.

특히 학대를 구분하는 구체적인 판단 기준은 사회나 시대에 따라 달리 설정된다. 문화의 영향을 고려하지 않는 아동학대의 기준은 개입의 대상과 방향 등에 오류를 가져올 수밖에 없으며, 사회적 합의 기반을 마련하는 데에도 어려움을 겪게 된다. 사회문제에 대한 대응은 현실성이 뒷받침되어야 하기 때문이다.

시대에 따라 아동학대에 대한 인식이 변화되는 것은 아동학대의 역사가 이미 분명하게 보여 주고 있다. 미국의 경우만 보아도 한때는 게으른 아이를 심하게 때려 버릇을 고쳐 주는 것이 부모의 책임이라고 생각한 적도 있다. 그러나 현재 미국사회복지사협회(National Association of Social Workers: NASW)에서는 모든 신체적인 훈육은 아동에게 해롭다고 규정하고, 이를 금지하는 데 목표를 둔 전국적 캠페인에 적극 참여하고 있다(노혜련, 1992: 114).

각 사회의 문화가 아동학대에 대한 이해에 영향을 준다는 것은 몇 가지 다른 예도 찾아볼 수 있다. 캄보디아의 경우 미국 내 어떤 다른 민족보다 비교적 아동학대에 대해 강력한 문화적 기준을 갖고 있다. 다른 문화권에서 훈육으로 받아들이는 행위도 아동학대로 받아들이는 경향이 강하다. 캄보디아는 불교 중 테라와다(Theravada)의 전통을 따르고 있어 각 개인의 타고난 운명을 존중하는 인생관을 가지고 있다. 부모라도 고유의 운명을 바꿀 힘을 가지지 못한다고 믿는다. 따라서 체벌은 훈육방법으로 무용지물로 바라본다.

또 미국 내에 거주하는 한국인 노인이 귀엽다고 남자아이의 성기를 만져 성학대로 고소당하는 경우가 있었다(노혜련, 1992: 115-123). 미국 내에서도 아동의 학교결석을 교육적 방임으로 보는 주도 있지만, 그렇지 않은 주가 있으며, 신체학대의 경우도 주마다 그 기준이 다소 다르다(Pecora et al., 1992: 144). 이렇듯 동일 국가 내에서도 문화적 차이가 나타날 수 있다.

우리나라는 유교적 전통이 강한 아시아 문화권에 속한다. 부모들이 자녀를 자기 자신의 일부로 보는 경향이 있어 아동의 독립된 권리를 인정하는 수준이 높지 않다. 부모는 자신이 자녀를 위해 무엇이 최선의 길인가를 알고 있다고 생각하기 때문에 당연히 자식이 부모에게 순종하고 부모를 존경할 것을 기대한다. 일반적으로 체벌은 아이들이 규칙에 순종하고 따르는 것을 원하는 문화에서 좀 더 많이 사용되는 경향이 있다. 따라서 유교적 전통이 강한 문화에서는 체벌이 부당한 학대로 인정될 가능성이 상대적으로 낮다.

유교적 전통은 아동에 대한 교육적인 체벌이나 훈육을 위한 폭언 등을 용납하고 오히려 장려하는 문화를 만들어 내었다. '달군 쇠와 아이는 때려야 한다.' '미운 아이는 떡 하나 더 주고, 귀여운 아이한테는 매를 준다.' '사랑의 매'와 같은 문구는 훈육을 위한 체벌을 용인하는 것을 당연하게 만든다. 오히려 체벌을 자식에 대한 부모의 사랑으로 해석하게 한다.

이와 관련해 그동안 우리나라 「민법」 제915조는 친권자가 자녀를 보호, 교양하기 위해 필요한 징계를 할 수 있다고 규정해 왔다. 이 규정은 오랫동안 폭력과 학대의 핑계 수단이 되어 왔다. 하지만 2021년 1월 「민법」상 징계권 조항이 폐지되어 자녀에 대한 체벌과 폭력이 금지되었다.

문화적인 차이가 있음을 인정하는 것은 꼭 모든 문화의 상이한 태도를 수용해야 한다는 의미와는 다르다. 다른 문화의 아동 양육방식에 대한 오해로 건전한 관계를 부적절한 것으로 간주해 개입하거나 또는 낙인을 찍지 않도록 유의할 필요가 있으므로 문화적 차이에 대한 고려가 필요하다는 뜻이다. 하지만 아동의 건강한 성장에 부정적인 영향을 주는 양육문화가 확인된다면 이러한 문화에 대한 사회적인 변화 노력을 주도하는 것도 필요하다. 아동학대와 훈육방법 간의 구별을 분명히 하는 것도 역시 중요한 문제로, 학대의 성격이 강한 훈육방법 대신 부모-자녀관계와 아동의 성장에 긍정적인 것만을 훈육으로 받아들이는 인식 전환이 필요하다.

2. 아동학대의 결과

아동학대가 심각한 사회문제로 간주되는 것은 아동학대가 초래하는 부정적인 결과에서 비롯된다. 아동학대가 아동에게 미치는 영향은 매우 다면적이며 또한 오래 지속된다. 아동학대는 그 영향이 아동과 그 가족에게 미칠 뿐 아니라 학대를 경험한 아동이 건전한 사회인으로 성장하는 데 많은 어려움을 겪으면서 전체 사회로 확대되기조차 한다.

아동학대가 아동에게 미치는 영향에 대해 분석한 연구들은 아동학대가 학대 피해아동에게 신체적, 정서적으로 직접적인 피해를 주는 것 외에도 다양한 부작용을 초래하는 것으로 보고한다.

학대를 당한 아동들은 우선 공격적이거나 철회적인 행동 양상을 보이는 특징을 갖는다. 공격적인 행동을 보이는 아동들은 성인의 세계와 사회에 대하여 적대감을 나타내며, 지역사회를 위협하는 비행을 저지르기도 한다. 그들은 말로 자신의 의사를 나타내기보다는 공격적이고 파괴적인 행동을 나타내게 된다. 다른 청소년이나 부모를 살해하는 아동 중 대부분이 오랫동안 가정에서 학대를 받은 아동이며, 또한 아동기에 학대를 경험하면서 성장한 사람은 그렇지 않은 사람보다 자녀를 더 학대하기 쉽다고 보고된 바 있다. 철회적인 행동을 하는 아동들은 자신이나 가족에 대하여 위협적인 행동을 하는 경향이 있다. 그들은 자살을 기도하거나 여러 형태의 자학행위를 저지르기도 한다. 아동학대는 가출하려는 동기를 강화시켜 아동과 많은 문제를 잇는 연결고리가 되기도 한다. 가출아동의 경우 일반아동보다 신체학대를 받은 경험이 많았다고 보고된다(신영화, 1986).

또 학대를 당한 아동들은 불안과 악몽, 공포 등의 정신적인 장애를 나타내며, 특히 성학대를 받은 아동에게서 더 많이 나타난다. 어린 시절의 성학대 경험은 낮은 자아존중감, 죄책감, 불안, 우울, 신체증상, 대인관계에서의 문제, 성문제, 약물남용 등의 다양한 정신병리 증상과 관련이 있다는 연구결과들이 발표되고 있다. 성학대 피해자가 입는 피해의 정도에 영향을 미치는 요소는 많은데, 특히 행위자가 통제력을 사용하면서 폭력이 수반되었는가, 성학대 사실을 알게 된 가족의 반응이 어떠하였는가에 따라 그 상흔의 정도가 달라진다. 피해아동이 무력감(helplessness)을 갖는 정도는 행위자가 폭력을 행사했을수록 더욱 심각해진다. 성학대 피해아동이 함정에 빠진 느낌을 갖는 순간 무력감은 증대되며, 학대에 대해 조금이라도 본인이 통제력을 행사할 수 있는 상황일수록 무력감은 적다고 보고되었다(Finkelhor, 1979: 183). 가족이나 주변 인물이 무엇인가 부정적인 측면에서 아동에게 죄의식 또는 수치심을 연결시켜 의사소통을 행하게 되면 아동이 학대로 인하여 받는 상흔은 더 강하게 된다.

학대 피해아동은 학대로부터의 직접적인 피해뿐만 아니라 30~50%가 후유증으로 정신지체의 현상을 보이게 되고, 그 중 1/3이 언어지체 현상을 보이는 것으로 보고되었다(Kempe, 1976). 학대받은 거의 모든 아동은 자신이 가지고 있는 능력을 발휘하지 못하게 된다. 특히 취학 전의 아동은 언어발달이 늦고, 학령기 아동은 학습에 문제를 갖게 된다(홍강의, 1987). 지적 발달의 지연뿐만 아니라 집중력 장애, 불안, 과잉행동 등의 문제를 가지게 된다.

아동학대의 경험은 행위자와 피해아동 모두에게 씻기 어려운 부정적인 경험이며, 그 영향은 오랫동안 당사자들을 괴롭히며 남게 된다. 이러한 이유로 아동학대는 예방이 가장 중요하다. 사후 대응의 경우에도 피해아동에 대한 신체적 · 정신적 · 심리적 치료를 위한 다각적인 개입을 통해 아동학대의 영향을 최소화하고 건강한 사회 구성원으로 성장할 수 있도록 지원하는 것이 무엇보다 중요하다.

3. 아동학대의 원인

아동학대의 원인은 크게 아동과 부모, 가족, 사회적 요인에서 찾는 것이 일반적이다. 아동 자신의 발달적 특성에서 기인하여 학대가 발생한다고 보는 발달론적 관점, 학대부모들을 비롯한 행위자들의 정신적인 결함, 이상심리적 특성에서 학대의 원인을 찾는 정신병리학적 관점, 가족 배경, 부모의 양육 태도, 경제 수준 등 가정환경의 측면을 강조하는 사회심리학적 관점, 아동과 가정을 둘러싼 환경에서 원인을 찾는 사회문화적 관점, 학대 피해아동과 가족을 둘러싼 체계 간의 관계에서 원인을 찾는 생태학적 관점이 아동학대의 원인을 설명하는 대표적인 접근이다.

1) 아동 자신의 발달적 특성에 대한 발달론적 관점

이 관점은 아동학대의 주 원인을 학대 피해아동의 특성에서 찾는다. 발달론적 관점은 아동의 신체적 · 행동적 특성을 통하여 아동이 자신의 학대를 유발시킬 수 있다고 설명한다(Picton & Boss, 1981: 127). 문화에 따라 다를 수 있으나, 학대 피해아동은 대개 미숙아, 지적장애아동, 장기질환아동, 지체아, 기형아, 심히 고집스럽게 울거나 밤에 잠을 자지 않고 보채는 아기 등 양육의 부담이 크고 보호자에게 심리적인 문제를 초래하는 특성을 갖고 있다고 본다(곽영숙, 홍강의, 1987: 37-52).

이 관점에서는 아동학대가 성별을 불문하고 모든 발달단계에서 일어나고, 발달단계별로 그 양상이 다르다고 본다. 즉, 유아기나 걸음마기에는 양육자와의 애착 형성 실패, 학령전기에는 자신감 결여, 적대적 행위, 충동적이고 둔감한 반응, 사회적 요구에 대한 거부, 오이디푸스콤플렉스에 의한 부모와의 갈등 등으로 부모와 역기능적 상호작용을 하여 학대가 유발된다. 이 관점은 아동의 특성에서 아동학대의 원인을 설명하고 있지만, 아동과 가족을 둘러싼 사회환경의 영향과 애착

관계의 형성이 무관하지 않아 사회심리학적 관점과도 연결되는 부분이 있다.

주의해야 할 점은 피해아동의 특성이 남다른 점이 있다고 해서 아동학대 행위의 잘못이 피해아동에게 있다고 여겨서는 안 된다는 것이다. 피해아동의 특성은 보호받고 치료받아야 할 요소일 뿐이다. 아동학대의 책임은 전적으로 행위자에게 물어야 하기 때문이다.

2) 학대부모에 대한 정신병리학적 관점

초창기 전문가들이었던 의사들과 정신의학자들은 아동에 대한 각종 부당 행위 사례들을 행위자의 이상성격에 초점을 맞추어 설명하였다(Burgess, 1979; Finkelhor, 1979; Newberger & Newberger, 1981). 이 관점은 학대부모는 공격성, 세상에 대한 잠재적 혐오성, 충동성, 온정 결핍, 합리성 부족, 의존성, 신체적 무능력, 경제적 부양능력 결여, 정신과적 문제 등의 소인을 가졌음을 가정한다.

예를 들면, 행위자들에게 정신적 문제가 있거나 공격적 충동을 억제하지 못하는 성격장애가 있으며, 이러한 문제들이 권리를 침해당했던 아동기를 경험한 성인들에게서 자주 일어난다고 해석하기도 한다. 학대하는 부모들 중 아동기에 학대받은 경험이 있으면 그것이 성격 형성에 부정적인 영향을 미친 것으로 설명될 수 있다. 이 관점에서 보면 사회경제적 · 인구학적 특성은 학대 행위 촉진요인일 뿐 직접적인 요인은 아니다.

정신병리학적 접근은 행위자 개인의 성향에 대하여 이해를 하고 행위자들에 대한 임상 분석이나 진단, 치료 프로그램의 실시, 법적 체계의 구성도 이끌어 낼 수 있게 해 주었다. 그러나 행위자의 외부 변인들을 설명하는 데에는 제한적이라는 한계를 가지고 있다.

3) 가정환경에 대한 사회심리학적 관점

사회심리학적 관점은 아동학대의 중요한 원인을 가정환경, 부모의 양육 태도,

경제 수준 등의 특성에서 설명한다. 가정환경적 특성으로는 부모의 양육에 대한 지식 부족, 부모의 자녀양육 거부 및 포기,[1] 정서적 · 심리적 불안, 자녀양육능력 부족,[2] 부부갈등 혹은 별거, 이혼, 부모의 사회적 고립, 대인관계 결함 등을 예로 들 수 있다. 부모의 양육 태도가 적대적 · 통제적 · 비합리적이고 안일한 경우에 아동학대가 자주 발생하며, 가정이 폐쇄적 분위기, 갈등적 분위기, 전제적 분위기에 있을 때 아동학대가 많이 발생한다는 설명(표갑수, 1993: 163)도 이러한 관점에 근거하고 있다.

가정경제적 특성에는 낮은 경제 수준, 무직, 실직 상태와 그로 인한 무력감, 실패로 인한 좌절감, 스트레스가 관련된다. 이러한 설명은 저소득계층의 부모가 학대를 할 가능성이 높다는 것을 말해 준다(Picton & Boss, 1981: 125-126). 하지만 최근 들어 빈곤과 아동학대를 혼돈해서는 안 되며, 저소득계층의 아동이 방임을 많이 경험하는 것은 사회경제적 구조에 기인한 것으로 보아야 한다는 목소리가 커져 가고 있다. 아동학대 대응체계의 실무자가 자칫 저소득계층에 대한 편견을 가지고 아동학대로 판단해 처벌적 제재를 앞세워서는 안 된다는 취지 때문이다.

4) 환경에 대한 사회문화적 관점

사회문화적 관점은 아동과 그 가족이 속한 환경에서 학대의 원인을 찾는다. 지역사회에서 이웃과의 관계, 폭력에 대한 용납 수준, 아동에 대한 태도 등이 아동학대에 영향을 준다고 설명한다.

고립과 같은 사회구조적인 스트레스가 아동학대를 유발하는 요인이 될 수 있다. 실업 상태에서 아동학대가 증가하고, 아동학대가 일어난 가정이 공식적 · 비공식적 지지체계로부터 소외되어 있다는 연구들은 이러한 설명을 뒷받침해 왔다. 또 사회적 분위기가 체벌이나 물리적 힘을 사용하는 것을 허용하는 태도를 갖고

1) 부부관계의 갈등, 별거 혹은 이혼, 원하지 않은 임신, 불법적인 관계에서의 임신 등의 경우가 포함된다.
2) 부모 자신의 장기질환, 정신질환, 신체장애 등이 포함된다.

있다면 아동학대를 유발하거나 묵인할 수 있다. 아동을 부모의 소유물로 보는 인식도 아동학대에 영향을 준다. 아동을 독립된 인격체로 보기보다는 부모의 소유로 보는 태도는 자녀를 부모가 마음대로 해도 좋다는 자의적인 판단과 행위를 허용하게 만든다. 아동 살해 후 부모 자살과 같은 사례가 이러한 태도의 극단적 예라고 할 수 있다.

5) 사회체계에 대한 생태학적 관점

생태학적 관점은 아동학대의 원인을 설명하는 다양한 관점을 체계적으로 통합하고 있다. 이 관점에 따르면, 사회체계는 가족, 지역사회, 사회문화적 사회체계로 구성되어 있다. 생태학적 관점에서 아동학대는 가족체계, 이웃의 지지체계, 지역사회와 같은 체계 등 체계 간의 상호작용 혹은 조건의 결핍에 의해 발생한다고 본다.

아동에 대한 신체학대에 영향을 미치는 요인으로 가족 수준에서는 가족의 가치와 아동 양육 상황, 지역사회 수준에서는 보건, 복지, 긴급전화, 아동보육 프로그램, 하위 규범이나 유동 인구율, 범죄율, 사회적 수준에서는 폭력을 허용하는 문화나 아동에 대한 태도 등이 있다. 이 관점은 아동학대에 관련된 광범위한 요소들을 설명할 수 있으나 가설과 진술에 대한 보다 충분한 경험적 근거를 필요로 한다.

4. 아동학대의 실태

아동학대의 현황을 파악하고 설명하는 데 유병률(prevalence)과 발생률(incidence)의 두 가지 용어를 사용할 수 있다. **유병률**은 일생에서 아동학대나 방임을 한 번 이상 경험한 사람의 수를 기준으로 한다. **발생률**은 매년 아동학대예방센터와 같은 아동보호기관에서 아동학대로 판정받은 사례 수를 일컫는다. 즉, 발생률은 아동이 학대 또는 방임된 실제 사례 수를 말하는 것이 아니라 학대나 방임으로 보고된 수를 말하는 것이다(김승권 외, 2003: 61). 우리나라에서 아동학대는 학대 대응체계의 적극적인 활동과 노력으로 찾아내야 한다는 의미에서 **발견율**이라는 용어로 사용하고 있다.

아동학대 유병률이나 발생률을 파악하는 데는 한계가 있다. 아동학대는 실제 일어나더라도 신고 및 고발 등이 없어 담당기관이 인지하지 못하거나, 인지하더라도 증거가 부족해 증거불충분으로 끝나는 **암수범죄**(dark figure of crime)의 대표적인 유형에 속한다. 아동학대를 행하는 부모의 경우 학대 행위가 알려지기를 피하고, 아동학대 피해아동은 학대에 대한 인식이 부족하거나, 외부에 피해 사실을 알리기에는 자기보호능력이 취약하기 때문이다. 따라서 아동학대의 실태를 정확하게 파악하는 것은 어렵고, 발견된 사례도 빙산의 일각에 불과하다고 추정된다. 단지 실태조사나 신고건수 등을 기초로 가능한 수준에서 아동학대를 미루어 짐작하는 실정이다.

아동학대 신고 건수는 과거에 비하여 계속 증가하고 있다. 아동학대가 본격적인 사회문제로 대두되기 전인 1990년대의 아동학대 신고건수는 1997년 807건, 1998년 1,238건, 1999년 2,155건 등에 불과하였다(김승권 외, 2003). 이후 전국적으로 아동학대예방센터[3)]가 증설되고, 아동학대 신고전화 '1391'을 운영하면서 신고접수건수는 2003년 4,983건, 2004년 6,998건, 2006년 8,903건, 2010년 9,199건으로 증가하였다(보건복지부, 각 연도).

이후 2014년 **「아동학대범죄의 처벌 등에 관한 특례법」**(약칭: 「아동학대처벌법」)이 제정되고 아동학대에 대한 사회적 인식이 향상되면서 아동학대 신고건수는 급속도로 증가되었다. 특히 **양천구 입양아동학대 사망사건**이 발생한 2021년 아동학대 신고건수는 53,932건으로 최고치를 기록했고, 2023년 아동학대 신고건수는 48,522건으로 보고되었다.

3) 아동권리에 대한 사회적 관심 증대와 더불어 아동권리보호사업이 확대되고 있는 추세이므로 행정상 혼란을 예방하는 차원에서 2006년 4월 1일부터 '중앙아동학대예방센터'가 「아동복지법」상 명칭인 '중앙아동보호전문기관'으로 변경되었다. 현재는 아동권리보장원으로 통합되었다.

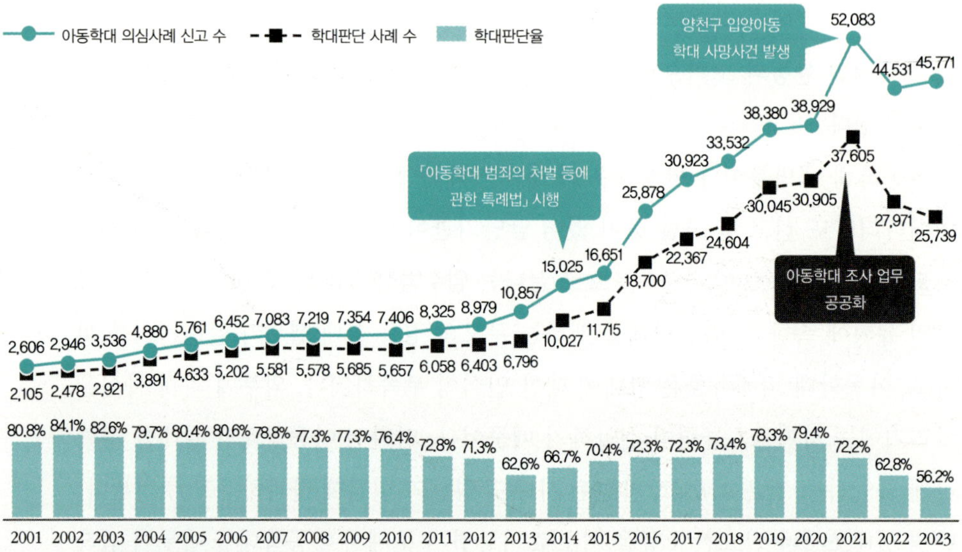

그림 13-1 아동학대 의심사례 신고 수 및 학대판정 사례 수(2001~2023년)

출처: 보건복지부(각 연도). 아동학대 주요 통계에 기반해 재구성.

신고접수된 모든 사례에 대해 **아동학대전담공무원**이 출동해 조사를 수행하지는 않는다. **아동학대 의심사례**로 판단된 사례에 대해 조사를 수행해 학대 사례로 판단한다. 아동학대 의심사례는 2001년 2,606건이었으나, 2010년 7,406건으로 늘어났고, 2021년 52,083건으로 증가하였다가 2023년 기준 45,771건으로 보고되었다.

아동학대 조사 및 판단 업무를 민간법인이 위탁운영하는 **아동보호전문기관**의 상담원이 수행하던 2020년까지 아동학대 의심사례에서 아동학대로 판단된 비율은 70%대로 나타났다. 2020년 10월부터 시작된 아동학대 조사판단 업무가 지방자치단체의 아동학대전담공무원으로 이관되면서 아동학대 사례판단율은 2021년 72.2%, 2022년 62.8%, 2023년 56.2%로 낮아지고 있다. 아동학대 사례판단율의 감소는 민간기관이 수행하던 시기와 비교할 때 **아동학대 조사공공화**에 따른 신중함의 결과로 보인다. 다만 일각에서는 소극적인 판단활동의 결과로 비판하기도 한다.

아동학대 사례발견율은 아동 1,000명당 아동학대 피해아동 수로 정의된다. 미국

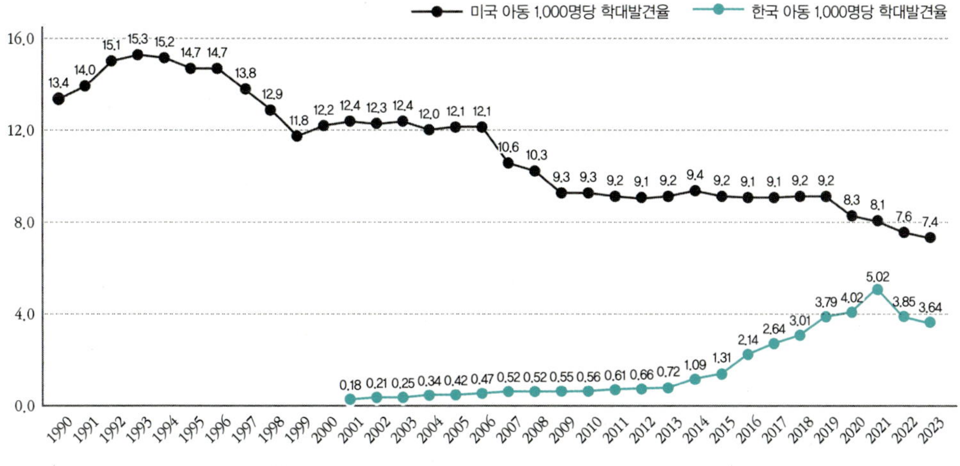

그림 13-2 한국과 미국의 아동학대 발견율(1990~2023년)

출처: U.S. Department of Health and Human Services, Administration for Children and Families, Administration on Children, Youth and Families, Children's Bureau. (2025); 보건복지부(각 연도). 아동학대 주요 통계에 기반해 재구성.

의 경우 1990년대의 15.3의 높은 아동학대 발견율을 기록하였다가 점차 감소 추세를 보였고, 코로나19 팬데믹 이후인 2020년에는 8.3, 2023년에는 7.4의 수준으로 낮아지고 있다. 우리나라는 2001년 0.18의 낮은 발견율에서 시작해 점차 증가추세를 보였고, 2021년에는 아동 1,000명당 5.02로 가장 높았고 2023년에서는 3.64로 다소 낮아졌다.

학대 유형별로 구분하여 보면, 2021년 기준 총 37,605건 중 중복학대가 16,026건, 42.6%로 가장 많았다. 중복학대를 제외하고는 정서학대가 12,351건으로, 전체 학대 중 32.8%를 차지하여 그 비율이 가장 높으며, 신체학대 5,780건(15.4%), 방임 2,793건(7.4%), 성학대 655건(1.7%)으로 나타났다. 2023년 기준 총 25,739건 중 정서학대가 11,094건(43.1%)으로 가장 높았고, 신체학대 4,698건(18.3%), 방임 1,979건(7.7%), 성학대 585건(2.3%)으로 나타났다.

2023년 기준 만 12세 이하의 아동이 **피해아동**인 비율이 60.3%를 차지하고 있고, **행위자**가 부모인 사례가 전체 사례의 85.9%를 차지하였다. 이는 아동학대의 상당 부분이 드러나지 않은 채 진행될 수 있음을 암시한다. 타인의 접근이 어려운 가정

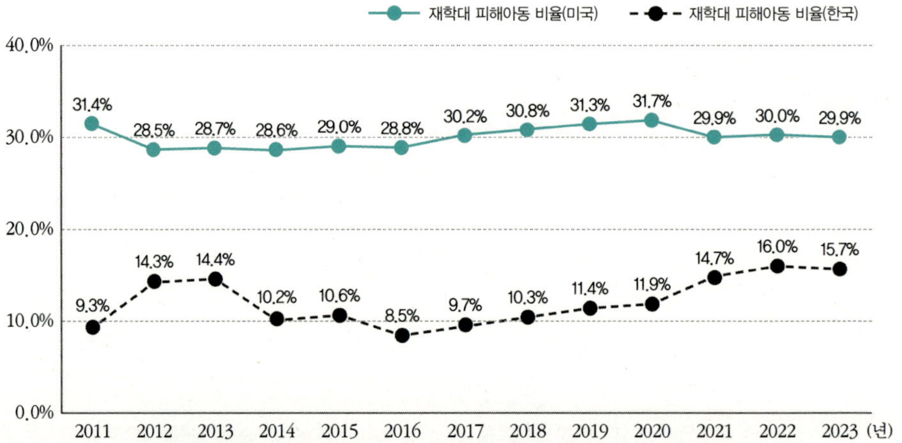

그림 13-3 한국과 미국의 재학대 피해아동 비율(2011~2023년)

출처: U.S. Department of Health and Human Services, Administration for Children and Families, Administration on Children, Youth and Families, Children's Bureau. (2025): 보건복지부(각 연도). 아동학대 주요 통계에 기반해 재구성.

안에서 부모에 의해 이루어지고, 직접 신고를 하기에는 어린 아동에게 학대가 이루어질 경우 아동학대를 찾아내는 사회적 노력은 대단히 어려운 일일 수 있다.

아동학대는 1번의 피해로 끝나지 않는다. 반복해서 재학대를 경험하는 피해아동의 경우 아동학대의 상처와 피해를 치유하기 힘들고, 아동학대 피해를 제대로 막아내지 못한 책임은 아동학대 대응체계와 사회에 있다고 볼 수 있다. 미국과 우리나라의 **재학대 피해아동 비율**을 살펴보면 미국의 경우 30% 내외의 재학대 피해아동 비율을 보고하였다. 우리나라의 경우 최근 5년간 신고 접수된 사례 중 아동학대로 판단된 사례가 다시 기준 연도에 신고 접수되어 아동학대로 판단된 사례로 재학대 사례를 정의 내린다.

재학대 사례 비율은 2011년 9.3%에서 2013년 14.4%로 증가하였고, 2021년 14.7%, 2022년 16.0%, 2023년 15.7%로 보고되었다. 한 해에 발생한 아동학대 피해아동 100명 가운데 15~16명이 재학대 피해아동이라는 점은 아동학대가 일어난 가족과 아동에 대한 사례관리 및 서비스의 강화가 매우 중요함을 시사한다.

아동학대 발견은 아동과 밀접하게 접촉하고 상호작용이 일어나는 주변인과 전문가의 노력을 필요로 한다. 이에 우리나라는 **아동학대 신고의무자제도**를 시행하고 있다. 하지만 신고의무자가 전체 신고자 중 차지하는 비율이 높지 않다. 이는 아동학대 신고의무제를 실시하는 미국과 비교할 때 두드러진 차이를 보인다. 미국의 경우, 교육기관 종사자, 사법경찰인력, 의료기관 종사자가 차지하는 비중이 51.4%에 달한다. 이에 반해 우리나라는 교육기관 종사자는 11.6%, 의료기관 종

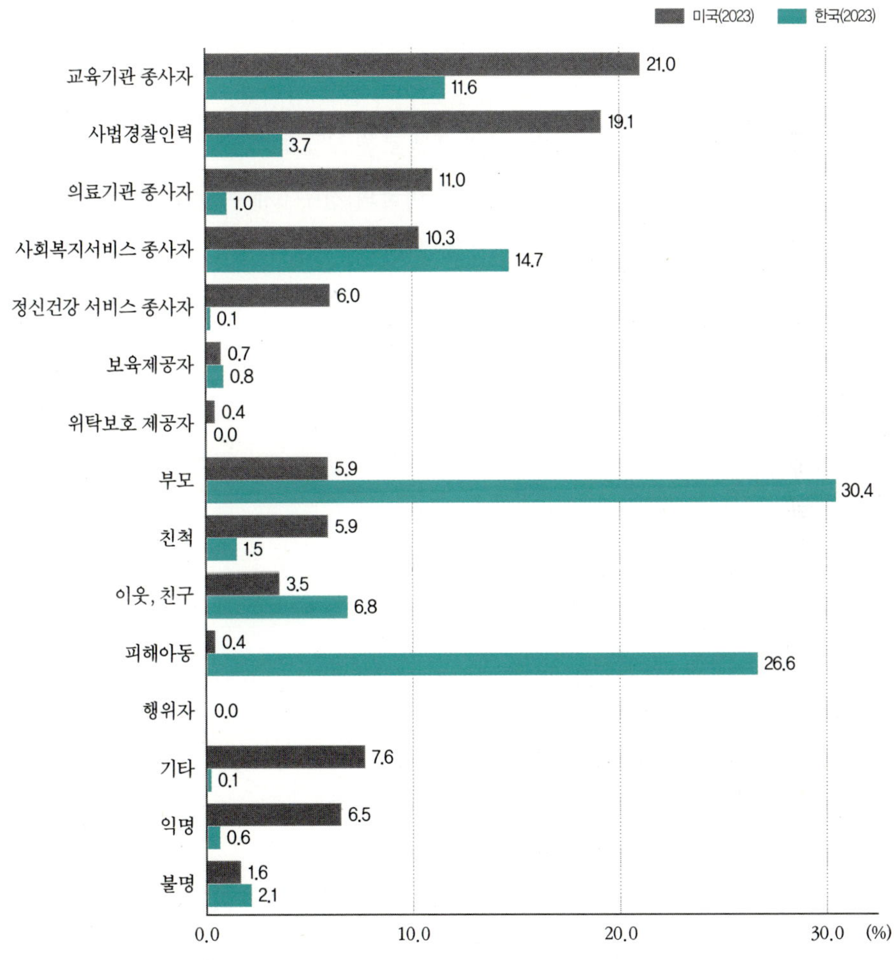

그림 13-4 한국과 미국의 신고자 유형(2023년 기준)

출처: U.S. Department of Health & Human Services, Administration for Children and Families, Administration on Children, Youth and Families, Children's Bureau. (2025): 보건복지부(2024). 2023 아동학대 주요 통계에 기반해 재구성.

사자는 미국의 1/10에 해당하는 1.0%에 불과하다. 사법경찰인력은 우리나라의 경우 신고의무자에 해당되지 않는다. 반면, 사회복지서비스 종사자는 다소 높은 14.7%를 나타난다.

신고의무자제도를 운영하는 미국과 비교할 때, 부모, 피해아동 본인이 신고하는 비율이 우리나라의 경우 압도적으로 높다. 특히 피해아동 본인이 신고하는 비율이 미국의 경우 0.4%에 불과한데, 우리나라는 26.6%로 매우 높다. 아동이 아동학대에 대한 인식 수준이 높다는 점에서는 긍정적이지만, 아동학대를 신고할 수 있는 연령대의 신고 비율이 높다는 점은 눈여겨 볼 지점이다.

아동학대 대응체계는 아동학대로부터 스스로를 보호하기 어려운 미취학 영유아를 아동학대 피해로부터 막아 내야 한다. 미국의 경우 6세 이하의 미취학 영유아의 아동학대 발견율은 전체 아동학대 발견율보다 높은 수준을 보인다. 1세 미만 영아의 아동학대 발견율은 21.2로 가장 높고, 1~3세 유아의 아동학대 발견율은 9.0, 4~6세 아동의 아동학대 발견율은 7.9로 보고되었다.

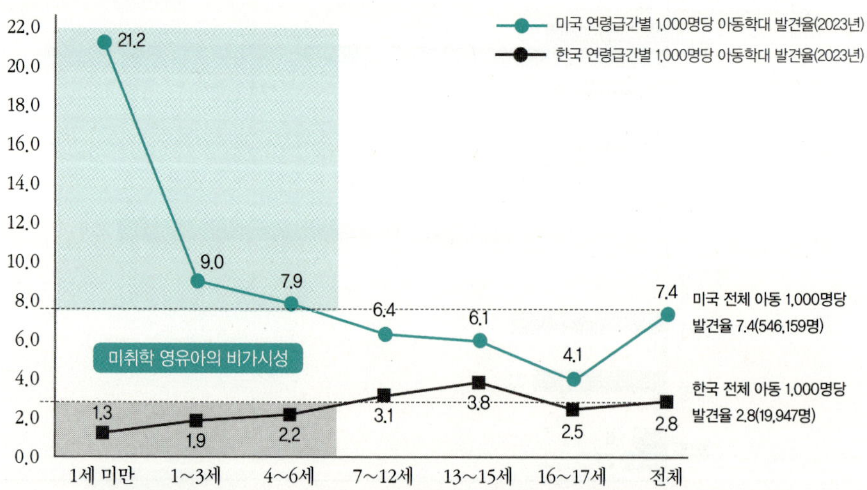

그림 13-5 **한국과 미국의 연령급간별 아동학대 발견율(2023년 기준)**

출처: U.S. Department of Health & Human Services, Administration for Children and Families, Administration on Children, Youth and Families, Children's Bureau. (2025): 보건복지부(2024). 2023 아동학대 주요 통계에 기반해 재구성.

반면, 우리나라의 경우 1세 미만 영아의 발견율은 1.3으로 가장 낮고, 1~3세 유아의 아동학대 발견율은 1.9, 4~6세 아동의 발견율은 2.2로, 전체 아동학대 발견율 아동 1,000명당 2.8명에 비해 낮은 수준이다. 아동학대 대응체계와 신고의무자들이 중점적으로 발견해야 할 대상은 미취학 저연령 아동임을 의미한다.

5. 학대아동에 대한 보호 현황

1) 아동학대 관련 법과 제도

아동학대에 대한 법적 대응은 1981년 「아동복지법」에서 시작되었다고 볼 수 있다. 동법 제17조 금지행위에 아동학대에 대한 규정을 담고 있다. 법의 내용상 관계공무원, 아동복지전담공무원, 아동위원 등이 금지행위를 위반한 자를 조사할 수 있으나, 위험에 처한 아동의 긴급 분리, 학대행위자에 대한 조치 등 적극적이고 전문적인 개입을 위한 제도적 장치는 마련되어 있지 않았다(이배근, 1997).

이후 아동학대와 관련된 법적 · 제도적 개선은 주로 민간 비영리단체의 활동과 노력에 힘입어 이루어졌다. 1993년 한국아동학대예방협회에서 「아동학대방지법」의 시안을 발표하고 난 후, 1996년 보건복지부의 관련 소위원회 구성과 개정안 마련 작업이 있었고, 1999년 12월 국회에서 아동학대 관련 개정안이 통과되기까지 관련 학회와 단체 등의 적극적인 운동이 뒷받침되었다.

2000년에 개정된 「아동복지법」이 공포되면서 동년 7월에 발효되었다. 개정된 「아동복지법」은 아동을 학대로부터 보호하기 위한 체계를 확립하는 데 초점을 두고 있으며, 아동학대 관련 조항이 11개로 증 · 개설되었다. 동법에서는 아동학대를 광의의 개념으로 정의하고, 아동학대 신고의무자를 규정하여 신고를 의무화하였다. 신고의무자는 교사, 의료인, 사회복지시설 종사자 및 아동복지 관련 공무원으로 하고, 일반인도 아동학대를 신고할 수 있도록 하였다. 또 24시간 운영하는 긴급전화의 설치를 규정하고, 아동보호전문기관을 지정하여 아동학대의 접수와 개입을 위한 제도적 기반을 마련하도록 하였다.

「아동복지법」 외에 아동학대 관련법으로는 「아동 · 청소년의 성보호에 관한 법률」이 있다. 이 법은 2012년 12월에 개정되어 2013년 6월부터 시행되고 있으며, 보호대상이 되는 아동 및 청소년의 범위를 19세 미만으로 하고 있다.

아동학대와 관련한 주요한 법안은 2014년에 제정된 「**아동학대범죄의 처벌 등에 관한 특례법**」(이하 「아동학대처벌법」)이다. 「아동학대처벌법」의 제정을 통해 아동학대 행위에 대한 처벌을 가중하고, 적절한 긴급조치 및 보호장치를 마련할 수 있게 되었다. 「아동학대처벌법」은 아동학대는 범죄라는 인식을 명확하게 하고, 아동학대 신고 시 현장에 사법경찰과 아동보호전문기관이 동행하여 출동하도록 규정하고 있다. 법적 권한의 근거가 취약해 아동학대 현장 조사 시 어려움이 많았던 부분을 사법경찰과의 동행 조사를 통해 상당 부분 해결할 수 있게 되었다.

또한 심각한 아동학대를 당한 피해아동을 위한 옹호를 강화하고, 필요한 경우 부모의 친권을 제한하거나 정지할 수 있게 되었다. 검찰과 법원이 특례법에 근거한 임시 조치를 청구하고 결정하는 데 명확한 법률 규정을 둠으로써 신속하게 피해아동을 보호할 수 있게 되었다. **학대행위자**에 대한 처벌을 포함해 교육, 상담, 치료에 대한 법적 강제가 가능해져서 학대행위자에 대한 아동보호체계의 접근이 수월해졌다. 의료진, 교사, 사회복지사, 아동돌보미, 학원강사 등 아동학대 신고의무자의 범위를 확대하고 신고의무 미행에 대한 벌금을 강화해 사각지대에 놓인 피해아동을 최소화하도록 하였다.

현재 우리나라 법률과 제도에서 규정하는 아동학대 관련 유형과 용어를 정리하면 다음과 같다(보건복지부, 2024. 아동학대 주요통계).

표 13-1 아동학대 관련 주요 용어의 개념

용어	개념	관련 법률
보호자	• 친권자, 후견인, 아동을 보호 및 양육하거나 그러한 의무가 있는 자 또는 업무 고용 등의 관계로 사실상 아동을 보호감독하는 자	「아동복지법」 제3조 제3호 「아동학대처벌법」 제2조 제2호
피해아동	• 아동학대로 인하여 피해를 입은 아동 • 아동학대 범죄로 인하여 직접적으로 피해를 입은 아동	「아동복지법」 제3조 제8호 「아동학대처벌법」 제2조 제6호
피해아동 등	• 피해아동, 피해아동의 형제자매인 아동 및 피해아동과 동거하는 아동 • 응급조치, 긴급임시조치, 임시조치, 임시 후견인 선임의 경우 적용	「아동학대처벌법」 제12조 제1항
아동학대 행위자	• 아동학대 범죄를 범한 사람 및 그 공범	「아동학대처벌법」 제2조 제5호
아동학대	• 보호자를 포함한 성인이 아동의 건강 또는 복지를 해치거나 정상적인 발달을 저해할 수 있는 신체적 · 정신적 · 성적 폭력이나 가혹행위를 하는 것과 아동의 보호자가 아동을 유기하거나 방임하는 것 • 다만 「유아교육법」과 「초 · 중등교육법」에 따른 교원의 정당한 교육활동과 학생생활지도는 아동학대로 보지 않음	「아동복지법」 제3조 제7호 「아동학대처벌법」 제2조 제3호
아동학대 범죄	• 보호자에 의한 아동학대로, 「아동학대처벌법」 제2조 제4호의 각 목의 어느 하나에 해당하는 죄	「아동학대처벌법」 제2조 제4호
신체학대	• 아동의 건강복지를 해치거나 정상적 발달을 저해할 수 있는 신체적 폭력 또는 가혹행위로서 아동의 신체에 손상을 주거나 신체의 건강 및 발달을 해치는 행위	「아동복지법」 제3조 제7호, 제17조 제3호
정서학대	• 아동의 건강복지를 해치거나 정상적 발달을 저해할 수 있는 정신적 폭력 또는 가혹행위로서 아동의 정신건강 및 발달에 해를 끼치는 정서적 학대 행위 • 「가정폭력범죄의 처벌등에 관한 특례법」 제2조 제1호에 따른 가정폭력에 아동을 노출시키는 행위로 인한 경우를 포함	「아동복지법」 제3조 제7호, 제17조 제5호

성학대	• 아동의 건강복지를 해치거나 정상적 발달을 저해할 수 있는 성적 폭력 또는 성적 가혹행위로서 아동에게 음란한 행위를 시키거나 이를 매개하는 행위 또는 아동에게 성적 수치심을 주는 성희롱 등의 행위	「아동복지법」 제3조 제7호, 제17조 제2호
유기	• 자신의 보호 · 감독을 받는 아동을 보호를 받지 못하는 상태로 두는 행위	「아동복지법」 제17조 제6호
방임	• 자신의 보호 · 감독을 받는 아동을 의식주를 포함한 기본적 보호 · 양육 · 치료 및 교육을 소홀히 하는 행위	「아동복지법」 제17조 제6호
아동학대전담 공무원	• 시 · 도지사 또는 시장 · 군수 · 구청장이 아동학대 신고 접수, 현장 조사 및 응급보호, 피해아동, 피해아동의 가족 및 아동학대 행위자에 대한 상담 · 조사, 그 밖에 대통령령으로 정하는 아동학대 관련업무를 수행하기 위하여 시 · 군 · 구 단위에 배치한 공무원	「아동복지법」 제22조 제3항, 제4항
아동보호 전문기관	• 아동복지시설로서 지방자치단체가 학대받은 아동의 치료, 아동학대 재발 방지 등 사례관리 및 아동학대 예방을 담당하도록 설치한 기관	「아동복지법」 제45조 제2항
친권	• 친권자인 부모가 미성년자인 자녀를 보호 · 교양하고, 거소를 지정하며, 그 법률 행위를 대리하고 재산을 관리하는 권리와 의무. 친권자는 미성년의 자의 '법정 대리인'이 됨. • 여권을 만들 수 있는 권리, 전학을 시킬 수 있는 권리, 주민등록 이전을 할 수 있는 권리 등이 포함됨.	「민법」 제913조, 제914조, 제916조, 제920조
양육권	• 미성년의 자녀를 부모의 보호하에서 보호 · 교양할 권리로서 직접 자녀를 곁에 두고 같이 생활하며 보호하고 키울 수 있는 권리 • 친권과 양육권은 함께 존재하나 이혼 등으로 분리될 수 있음.	「민법」 제837조
즉각분리	• 아동학대 전담공무원이 아동학대 조사 중 학대 피해가 강하게 의심되고 재학대 발생 우려가 있는 등 피해아동의 보호가 필요한 경우 보호조치 결정 시까지 아동일시보호시설, 학대피해아동쉼터 등에 아동을 입소시키거나 적합한 위탁가정 또는 적당하다고 인정하는 자에게 일시위탁하는 제도	「아동복지법」 제15조 제6항
보호조치	• 응급조치 또는 즉각분리 후 아동의 중장기적 보호가 필요한 경우 사례결정위원회를 통해 아동의 특성, 상황 등을 고려하여 친인척, 가정위탁, 아동복지시설 등에 보호하는 것	「아동복지법」 제15조 제1항

출처: 보건복지부(각 연도). 아동학대 주요통계.

2) 아동학대 관련 서비스

2000년 「아동복지법」의 개정으로 학대받는 아동을 위한 보호체계 설치가 의무화된 후 전국적으로 아동을 위한 서비스체계가 변화되었다. 2000년 10월부터 전국에 17개 아동학대예방센터가 아동보호전문기관으로 설치되었으며, 2005년에는 39개소, 2017년에는 60개소, 2023년 기준 총 91개소로 확대되었다. 그동안 아동학대 예방을 위하여 활동하였던 민간기관이 정부로부터 아동보호전문기관으로 지정받아 아동보호를 수행하고 있는 것이다. 아동보호전문기관은 지방자치단체에서 직접 운영하거나 민간법인이 위탁운영할 수 있다. 2023년 기준 서울특별시와 부산광역시가 4개소의 아동보호전문기관을 직접 운영하고 있다.

2000년 「아동복지법」에 따른 아동학대 대응체계가 운영된 이후 2020년까지 민간법인이 운영하는 아동보호전문기관에서 신고 접수, 조사, 학대 판단, 사례관리 업무를 모두 수행하였다. 그러다가 2020년 10월부터 아동학대전담공무원을 시 · 군 · 구에 배치하면서 아동학대 조사 판단 업무를 공공화하였다. 2021년 기준 전국 229개 시 · 군 · 구에 아동학대전담공무원을 모두 배치 완료하였다. 현재 우리나라는 아동학대 조사를 아동학대전담공무원이 담당하고 있고, 학대로 판단된 피해아동과 가족에 대한 사례관리는 아동보호전문기관이 수행하는 체계로 운영되

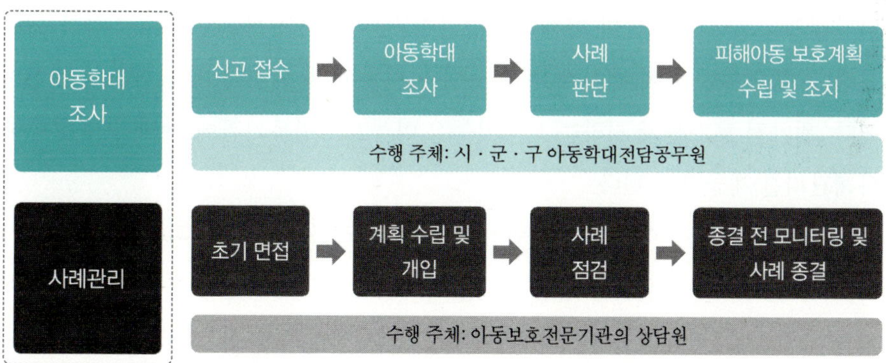

그림 13-6 우리나라의 아동학대 업무 흐름도

출처: 아동권리보장원(2024b).

고 있다.

아동학대 대응체계 업무 절차의 흐름도는 [그림 13-7]과 같다. 아동학대와 관련된 신고는 112번을 통해 경찰에 직접 하거나 24시간 운영되는 시·군·구 아동학대신고 긴급전화 등을 이용하여 할 수 있다. 접수된 사례는 경찰, 아동보호전문기관 상담원, 아동학대전담공무원이 동행 출동 또는 단독 출동하여 조사한다.

신고를 접수한 경찰이나 아동학대전담공무원이 아동학대 현장을 발견한 경우, 학대현장 이외의 장소에서 학대 피해가 확인되고 재학대의 위험이 급박, 현저한 경우 피해아동, 피해아동의 형제자매인 아동, 피해아동과 동거하는 아동의 보호를 위해 보호시설 또는 의료기관으로 인도하는 **응급조치**를 취할 수 있다(「아동학대범죄의 처벌 등에 관한 특례법」 제12조). 다만, 검사가 **임시조치**를 청구한 경우 법원의 임시 조치 결정 시까지 기간이 연장되지만, 그렇지 않은 경우 72시간이 한도이며, 주말 또는 공휴일 포함 시 48시간까지 연장 가능하다.

응급조치 후 보호 공백이 발생하였거나 재학대 우려가 강하여 조사가 필요한 경우에는 지방자치단체의 보호조치 결정이 있을 때까지 피해아동을 분리하여 학대피해아동쉼터 등에서 일시보호하는 **즉각분리**를 취할 수 있다(「아동복지법」 제15조 제6항). 이러한 조사활동 이후 아동학대 사례로 판단되면 아동학대전담공무원은 피해아동 보호계획을 수립하고 통보한다.

조치 결과 보호체계를 변경해야 하는 사례의 경우에는 **사례결정위원회**를 통해 원가정으로부터 분리되어 피해아동쉼터 또는 아동복지시설로 보호조치가 이루어진다. 행위자는 조치 결과에 따라 사법 처리를 받게 되거나 지속 관찰의 대상이 된다. 원가정 보호를 유지하는 피해아동은 아동보호전문기관에 사례 연계를 통해 사례관리를 제공받게 된다.

사례 연계를 통해 아동보호전문기관이 **사례관리**를 제공하는 피해아동과 그 가족에 대해서 초기면접 및 사정을 실시한다. 초기면접 및 사정을 통해 사례관리 계획을 수립하고, 피해아동과 그 가족에게 필요한 서비스를 제공하고, 정기적인 사례 점검을 수행하면서 계획한 목표가 달성된 경우 사례관리를 종결하게 된다. 사례관리 종결은 아동학대전담공무원과 아동보호전문기관의 관장, 상담원이 함께

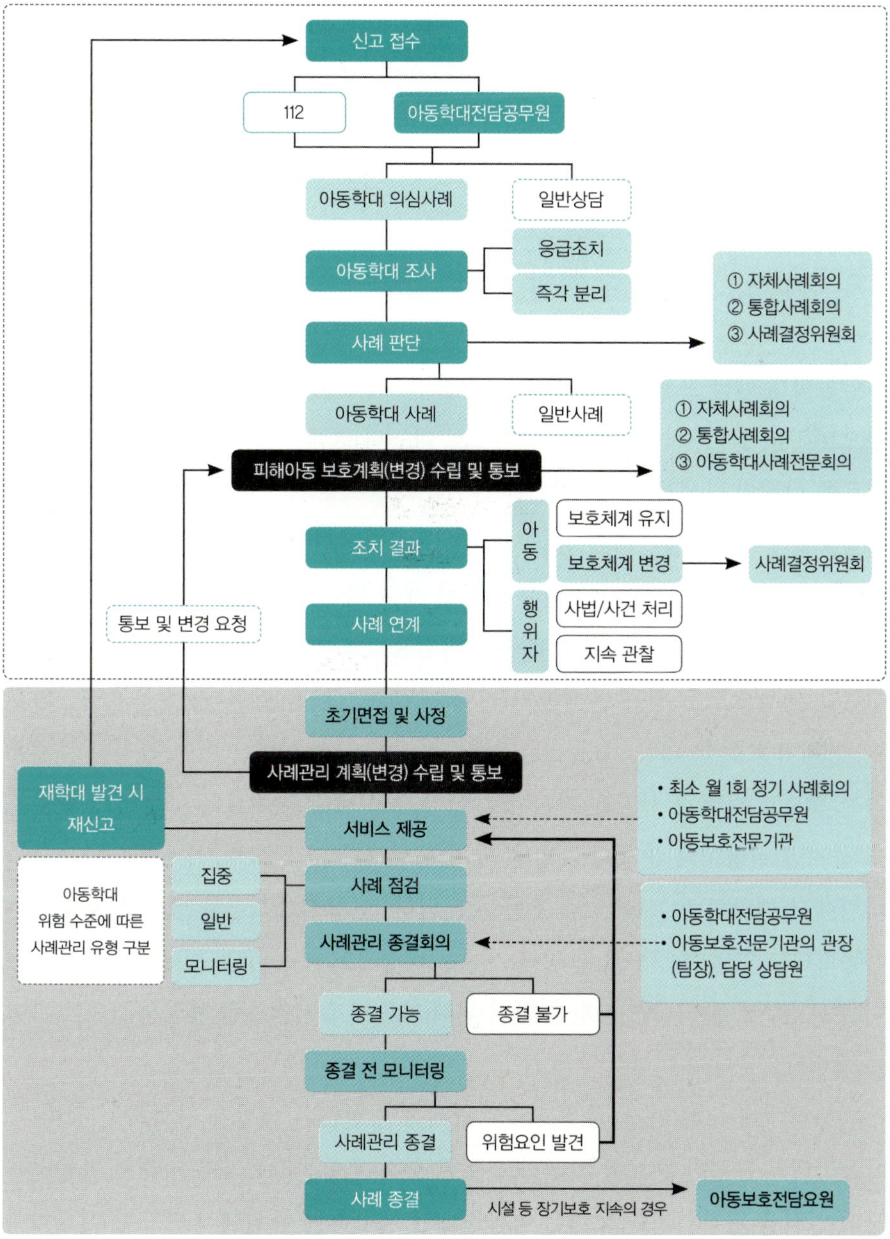

그림 13-7 아동학대 대응체계의 절차 흐름도

출처: 보건복지부(2025a).

* 상단 영역은 아동학대 조사 판단 공공화에 따른 시 · 군 · 구 아동학대전담공무원의 대응 업무이며, 하단 영역은 아동보호전문기관의 사례관리 업무임.

하는 종결회의를 통해 이루어진다. 사례가 종결된 이후에도 시설 등 장기보호가 지속될 필요가 있다고 판단되는 경우에는 아동보호전담요원이 사례관리를 맡게 된다.

6. 아동학대 예방을 위한 노력 강화

아동학대 예방 프로그램은 목적과 대상, 그리고 서비스 전달 시기에 따라 일반적으로 1차, 2차, 3차 예방 프로그램으로 나뉜다(공계순, 2000: 4-5). **1차 예방**이란 새로운 사례의 발생을 막기 위해 전 인구를 대상으로 하는 전략을 말하는 것으로, 위험요소나 고위험집단에 초점을 맞추는 것은 아니며 어떤 문제의 징후가 이미 나타나기 전에 시행된다. 초산임산부에 대한 예방 프로그램이 그 예라고 할 수 있다.

2차 예방이란 특정한 문제와 관련된 위험요소를 가지고 있다고 확인된 고위험 집단을 대상으로 문제가 발생하기 전에 개입하는 것을 말한다. 예를 들면, 미혼모, 장애아동 등에 대한 예방 프로그램들이 있다. **3차 예방**은 이미 특정한 문제를 가진 것으로 밝혀진 사람을 대상으로 한다. 3차 예방은 치료와 구분하기 힘들기도 하지만 질병이나 문제의 재발을 막거나 상태가 더 심각해지는 것을 막는다는 의미에서 예방의 한 전략으로 포함하고 있다. 아동학대의 3차 예방 프로그램은 아동학대가 있었던 것으로 판명된 가족을 대상으로 아동학대가 재발하거나 아동이 부모로부터 분리되는 상황을 막기 위해 가족에게 서비스를 제공하는 프로그램을 말한다.

아동학대에 대한 가장 적극적이고 경제적인 접근은 예방을 강화하는 것이다. 아동학대와 관련한 홍보를 확대하고 이를 통하여 아동양육자와 미래의 아동양육자의 인식을 변화시키는 노력은 아동학대를 예방하는 차원에서 반드시 이루어져야 할 것이다. 또한 아동을 대상으로 하는 아동학대 예방교육도 강화하여 아동이 아동학대의 위험으로부터 자신을 지키고 또한 피할 수 있도록 하는 노력도 병행되어야 할 것이다.

아동학대의 예방에서 **가정방문**이 강조된다. 가정방문을 통한 아동학대의 예방은 그 효과성에 있어 뛰어난 것으로 평가되고 있다. 여러 종류의 아동학대 예방 프로그램을 조사한 연구에서 가정방문을 주 요소로 하는 프로그램들만이 효과적인 것으로 나타났기 때문이다(공계순, 2000). 가정방문은 비자발적인 클라이언트에게 접근할 수 있으며, 가족을 총체적으로 이해하고 개별 가족의 욕구에 맞는 서비스를 제공할 수 있어 아동학대문제에 대한 적절한 접근으로 지적되고 있다. 가정방문은 고위험가정에 대하여 그리고 이미 아동학대의 경험이 있는 가정을 대상으로 이루어져야 할 것이다.

아동학대 예방을 위해서는 최일선에서 활동하는 전문인력의 확보가 필요하다. 특히 아동학대 관련 인력을 적정 규모로 확보하고, 인력의 전문성을 높일 필요가 있다. 현재 아동학대와 관련하여 활동하는 전문가의 수는 매우 적으며, 아동보호전문기관의 상담원은 아동학대문제에 임상적인 개입을 하기에는 충분한 전문성을 가지지 못하는 것으로 평가된다. 또한 아동학대 사례의 조사 및 판단을 담당하는 아동학대전담공무원은 순환근무제 방식으로 인해 전문성을 충분하게 축적하지 못하고 있다. 따라서 아동학대 대응체계에서 활동하는 인력의 전문성을 높이기 위한 노력이 강화되어야 한다. 이를 위해 아동학대문제에 대한 이해와 개입 기술의 수준을 높일 수 있는 전문 교육 프로그램을 개발 및 보급해야 한다. 미국과 같이 **아동복지 산학연계장학제도**(child welfare stipend program)를 통해 일정 기간 동안 아동학대 대응기관에서 근무하는 조건으로 학부 및 대학원생에게 장학금과 교육과정을 제공하는 방안도 고려할 필요가 있다.

연구문제

1. 주변에서 발생한 아동학대를 알게 된 경우, 사회복지사로서 취할 행동에 대하여 생각해 봅시다.
2. 경기 변동과 아동학대의 발생은 어떠한 관계가 있을까요?
3. 아동학대와 관련해 아동학대전담공무원과 아동보호전문기관의 상담원이 협력해야 하는 시설이나 기관 또는 조직에 대하여 알아봅시다.
4. 학대 피해아동이 처음으로 사회복지사를 만나게 되었을 때 아동의 반응은 어떠할지, 사회복지사는 아동에게 어떠한 자세를 가져야 하는지에 대하여 생각해 봅시다.
5. 아동학대행위자와 상담하게 된 상황을 상상하고, 학대행위자에 대한 자신의 감정 변화를 살펴봅시다. 사회복지사로서 바람직한 접근은 어떠해야 하는지 생각해 봅시다.

제14장 아동시설보호

1. 아동보호체계
2. 시설보호의 이해
3. 자립준비청년

… 연구문제

제 14 장

아동시설보호

시설보호는 우리나라 아동복지 역사에서 가장 먼저 등장한 영역이다. 아동권리나 아동복지에 대한 인식이 낮았던 시절, 그 무엇보다 생존이 중요했던 시절부터 아동보호의 역할을 담당해 왔다. 그러나 이제는 시대가 바뀌었고, '아동권리' '아동 행복' '아동 삶의 질' '아동 중심'이 무엇보다 중요한 시기가 되었다. 이러한 세상의 변화와 함께 우리의 오래된 아동복지서비스인 시설보호도 달라져야 한다.

이 장에서는 2020년 이후 아동보호체계의 변화, 그 안에서 시설보호의 특징과 과제를 살펴본다. 마지막으로, 보호 이후 자립을 일궈 가는 자립준비청년을 이해하고 지원하기 위한 방안을 제시한다.

1. 아동보호체계

보호자가 없거나 보호자로부터 이탈된 아동 또는 보호자가 아동을 학대하는 경우 등 보호자가 아동을 양육하기에 적당하지 아니하거나 양육할 능력이 없는 경우의 아동, 즉 보호대상아동과 가족을 누가 어떻게 지원할 것인지, 아동의 이익을 위해 보호자로부터 분리된 보호아동을 누가, 어디에서 보호할지, 보호조치 이후의 양육 상황을 누가 어떻게 확인할지, 보호를 언제 시작하고 언제 종결할 것인지 등의 조치를 포함하여 아동보호와 관련된 모든 것(인력, 전달체계 등)을 통칭하여 아동보호체계라고 부를 수 있다.

2020년 10월 1일, 아동보호체계는 큰 변화를 맞았다. 2020년 전에는 보호아동에 대한 국가, 정확히 말하면 지방자치단체의 책임이 명확하지 않아 보호조치, 보호종료 등이 사실상 민간 아동복지시설 시설장의 판단에 따라 이루어졌고, 지방자치단체와 같은 공공은 민간의 판단을 용인하는 구조였다. 보호조치 이후, 보호아동이 보호조치의 목적에 맞게 생활하고 있는지에 대한 점검도 전혀 없었다.

2020년의 아동보호체계의 변화는 아동보호체계의 공공화라는 특징을 갖는다. 2016년 「아동복지법」의 개정으로 보호아동에 대한 책임이 지방자치단체의 장에게 주어졌지만, 실제 그 책임을 이행할 인력이 없어 유명무실했다. 그러다가 2020년 10월부터 지방자치단체(시 · 군 · 구 · 도)에 아동보호전담요원이 배치되면서 보호조치 전반에서 공공의 책임이 강화, 실현되었다.

일반적으로 아동보호전담요원은 아동보호서비스의 원칙에 따라 보호대상아동과 보호자(가족)를 만나서 상담하고 사정하며, 분리 보호가 필요하다고 판단되는 경우에는 개별 보호 · 관리 계획을 수립하며, 분리 후 어떤 보호조치를 할 것인가를 사례결정위원회 심의를 통해 결정한다. 보호조치가 이루어진 후에는 양육 상황 점검을 통해 보호의 목적이 달성되고 있는지, 원가정복귀를 포함하여 보호조치 변경이 필요한지 등을 확인한다. 원가정복귀, 연령 도래 등으로 보호가 종료된 이후에는 사후관리를 통해 아동의 보호종료 이후 변화된 생활에 잘 적응할 수 있도록 지원한다. 이상의 과정을 그림으로 표현하면 [그림 14-1]과 같다. 이 모든 과정은 아동의 이익을 최우선적으로 고려, 원가정 보호를 위해 최대한 노력, 가정형 보호 우선 원칙, 아동과 보호자의 참여 활성화, 예방적 접근(통합적 서비스 제공), 수요자의 편의를 최대한 고려 등과 같은 아동보호서비스 기본 원칙에 따라 이루어져야 한다.

이 중에서 가정형 보호 우선 원칙은 “아동을 불가피하게 분리 보호하는 경우, 아동의 개별 특성과 상황을 고려하여 아동의 권리와 자유를 최소한으로 제한하는 순으로 대안양육 유형을 결정하여야 함. 즉, 분리 보호 형태를 결정함에 있어서 아동이 가정과 유사한 환경에서 성장할 수 있도록 입양과 가정위탁을 우선적으로 고려하여야 하며, 시설형 보호가 필요한 경우에는 공동생활가정을 우선적으로 고

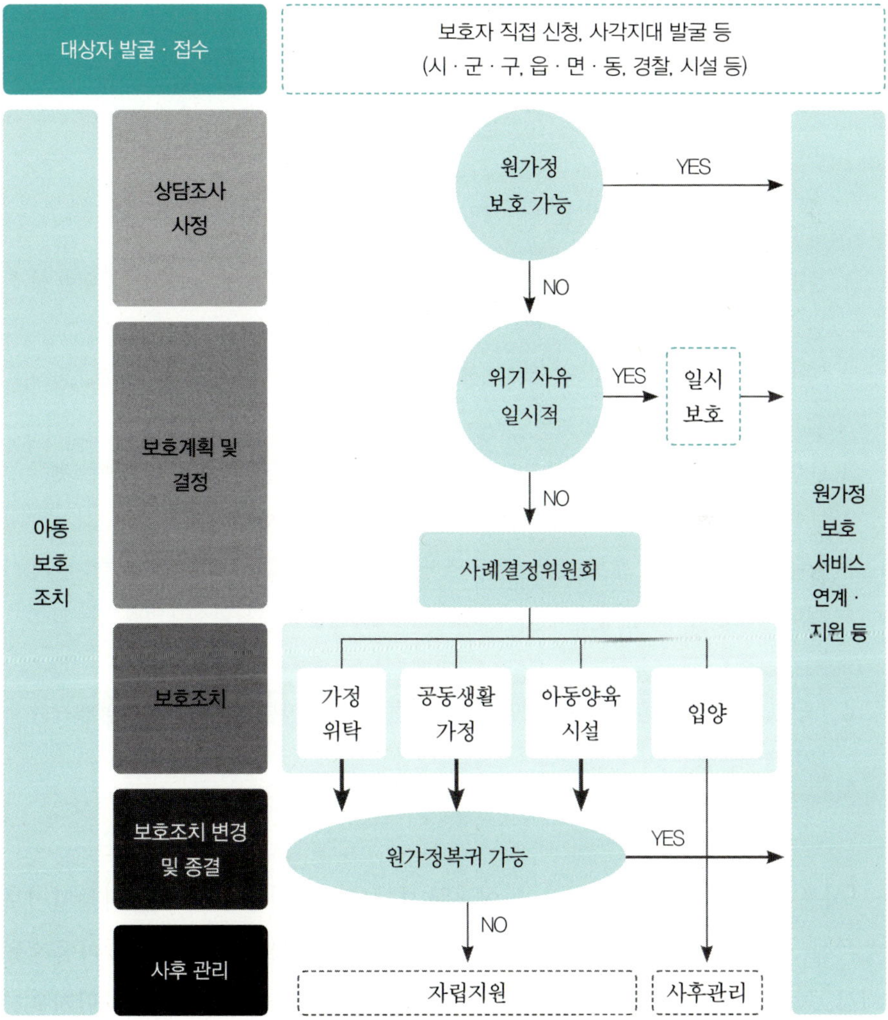

※ 보호조치 시 원가정 보호 및 가정형 보호(가정위탁, 입양)를 먼저 충분히 고려해야 하며, 시설형 보호를 하는 경우에도 양육 상황 점검 등을 통해 가정형 보호로 보호조치 변경 노력

그림 14-1 아동보호 업무 흐름도

출처: 보건복지부, 아동권리보장원(2025).

려하여야 함."(보건복지부, 아동권리보장원, 2025)을 뜻한다. 이에 따르면, 대안양육 유형 가운데 시설보호는 가장 마지막에 고려하는 대안이다. 보호대상아동에 대한 보호 책임이 있는 시·도지사 또는 시장·군수·구청장은 「아동복지법」 제15조(보호조치)에 따라 여섯 가지 정도의 보호조치를 할 수 있는데, 여섯 가지 보호조치 중 일반적으로 3~6호의 보호조치가 대안양육 유형에 해당한다. 보통 제15조 1항 4호의 보호조치를 시설보호라고 부른다.

「아동복지법」 제15조(보호조치)

1. 전담공무원, 민간전문인력 또는 아동위원에게 보호대상아동 또는 그 보호자에 대한 상담·지도를 수행하게 하는 것
2. 「민법」 제777조 제1호 및 제2호에 따른 친족에 해당하는 사람의 가정에서 보호·양육할 수 있도록 조치하는 것
3. 보호대상아동을 적합한 유형의 가정에 위탁하여 보호·양육할 수 있도록 조치하는 것
4. 보호대상아동을 그 보호조치에 적합한 아동복지시설에 입소시키는 것
5. 약물 및 알코올 중독, 정서·행동·발달 장애, 성폭력·아동학대 피해 등으로 특수한 치료나 요양 등의 보호를 필요로 하는 아동을 전문치료기관 또는 요양소에 입원 또는 입소시키는 것
6. 「국내입양에 관한 특례법」 및 「국제입양에 관한 법률」에 따른 입양과 관련하여 필요한 조치를 하는 것

「아동복지법」 제52조에 의하면, 아동복지시설에는 아동양육시설, 아동일시보호시설, 아동보호치료시설, 공동생활가정, 자립지원시설, 아동상담소, 아동전용시설, 지역아동센터, 아동보호전문기관, 가정위탁지원센터, 보장원, 자립지원전담기관, 학대피해아동쉼터 등이 있는데, 「아동복지법」 제15조(보호조치) 1항 4호는 아동양육시설, 아동일시보호시설, 아동보호치료시설, 공동생활가정, 즉 생활시설(거주시설)에서 지내는 것과 관련된다. 이 장은 특히 아동양육시설을 중심으

로 보호아동의 시설보호에 대해 알아보겠다.

2. 시설보호의 이해

1) 현황

「아동복지법」에 의하면, 아동양육시설은 보호대상아동을 입소시켜 보호, 양육 및 취업훈련, 자립지원 서비스 등을 제공하는 것을 목적으로 하는 시설이다. 2023년 12월 31일 기준, 전국 243개 아동양육시설에서 8,991명이 생활하고 있다. 450개 아동복지시설(아동양육시설, 아동보호치료시설, 자립지원시설, 아동일시보호시설, 학대피해아동쉼터, 아동상담소, 아동전용시설)에 10,228명의 보호아동이 생활 중임을 고려할 때 아동양육시설은 전체 아동복지시설의 54%를 차지하고, 아동복지시설 보호아동 중의 87.7%가 아동양육시설에서 생활하고 있다. 우리나라에서 가장 대표적인 시설보호 유형은 아동양육시설 보호이다.

가정위탁, 공동생활가정, 아동양육시설을 중심으로 전체 아동인구 수에서 보호아동이 차지하는 비율을 살펴보면 2012년 이후 줄곧 0.3% 정도임을 알 수 있다. 아동 수가 줄어든 만큼 보호아동의 수도 감소했지만 그 비율은 일정하다. 한편, 전체 보호아동(B+C+D)을 기준으로 아동양육시설에서 생활하는 아동의 비율은 2023년 말 기준 42.6%로, 2012년 46%에 비해 4%p 감소했다.

표 14-1 보호아동 현황

(단위: 명, %)

	2012	2013	2014	2015	2016	2017	2018	2019	2020	2021	2022	2023
0~17세 아동(A)	9,691,876	9,431,699	9,186,841	8,961,805	8,736,051	8,480,447	8,176,335	7,928,907	7,710,946	7,483,944	7,271,460	7,077,206
아동양육 시설(B)	14,700	14,038	13,437	12,821	12,448	11,665	11,100	10,585	10,352	10,072	9,439	8,991
공동생활 가정(C)	2,438	2,481	2,588	2,636	2,758	2,811	2,872	2,949	3,126	3,105	2,669	2,578
가정위탁 (D)	14,502	14,596	14,385	13,728	12,896	11,983	11,141	10,384	9,923	9,535	9,330	9,526
보호아동 (B+C+D)	31,640	31,115	30,410	29,185	28,102	26,459	25,113	23,918	23,401	22,712	21,438	21,095
(B+C+D)/A	0.003265	0.003299	0.00331	0.003257	0.003217	0.00312	0.003071	0.003017	0.003035	0.003035	0.002948	0.00298
B/(B+C+D)	0.4646	0.4512	0.4419	0.4393	0.4430	0.4409	0.4420	0.4426	0.4424	0.4435	0.4403	0.4262

* 설명: 0~17세 아동인구수는 e나라지표 자료를 활용하였고, 아동양육시설, 공동생활가정, 가정위탁 보호아동 수는 각 연도마다 보건복지부에서 발표하는 아동복지시설 현황, 공동생활가정 현황, 가정위탁 현황 자료를 활용하였음. 아동양육시설, 공동생활가정, 가정위탁 이외의 아동복지시설에서 생활하는 아동은 제외된 한계가 있음. 학대피해아동쉼터에서 생활하는 아동의 경우 2022년부터 공동생활가정 현황에서 분리되었고, 그 결과 2022년 이후 공동생활가정 아동 수의 변화가 발생했음에 유의해야 함.

* 출처: 보건복지부(각 연도) 아동복지시설 현황; 보건복지부(각 연도) 공동생활가정 현황; 보건복지부(각 연도) 가정위탁 현황.

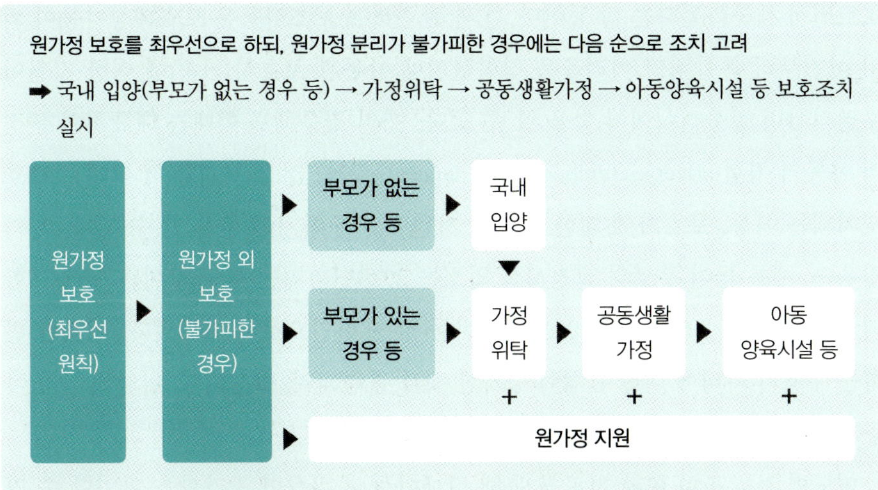

그림 14-2 원가정 보호 원칙과 가정형 보호 우선 원칙

출처: 보건복지부, 아동권리보장원(2025).

앞에서 살펴보았듯이, 아동보호서비스 기본 원칙 중 원가정 보호 원칙과 가정형 보호 우선 원칙([그림 14-2] 참조)에 따르면 아동양육시설은 대안양육 유형 중에서 가장 마지막에 고려해야 하는 보호 유형이다. 이러한 순서에 따르면 가정위탁에서 보호를 받는 보호아동이 압도적으로 많아야 하지만, 전체 보호아동 중 아동양육시설에서 생활하는 아동의 비율이 42.6%(2023년 말 기준)나 된다. 이를 통해 원칙이 현실에서 작동하지 않음을 알 수 있다. 이와 관련한 사항을 다음에서 좀 더 알아보자.

다음의 〈표 14-2〉는 당해 연도 1월 1일~12월 31일 동안 신규로 발생한 보호대상아동에 대한 보호조치 현황 자료를 시 · 도별로 취합한 것이다. 국가 승인통계('보호대상아동 현황 보고')로 제공되는 이 자료를 통해 보호대상아동의 발생 원인, 장애 여부, 보호대상아동에 대한 조치 내용 등을 확인할 수 있다.

보호대상아동의 발생 원인에서 눈여겨볼 사항은, ① 보호대상아동의 경우 보호가 필요한 상황이 단일한 요인이 아니라 여러 원인이 작용한 결과라는 점, ② 발생 원인에서 학대가 차지하는 비중이 높다는(증가한다는) 점, ③ 발생 원인이 세월이 흐르면서 세분화된다는 점 등이다. ①과 관련하여 보호아동은 보호대상아동이 되기 이전부터 복합적인 어려움을 경험했기에 아동과 보호자(가족)에 대한 지원이 포괄적이며 집중적이어야 함을 알 수 있다. ②의 경우에도 학대는 대표적인 부정적 아동기 경험(adverse childhood experiences)이라는 점을 고려할 때 학대로 보호조치되는 아동, 보호자에 대한 충분한 지원이 이루어져야 함을 알 수 있다. ③의 경우는, 예를 들어 부모의 교정시설 입소는 2019년까지는 부모의 이혼 등에 포함되어 있었는데, 2020년부터 보호대상아동 발생 원인으로 추가되었다. 이러한 변화는 수용자 자녀에 대한 관심이 증가한 것과 관련되며, 발생의 주 원인에 따라 아동과 보호자(가족)에 대한 지원이 달라져야 함을 뜻한다.

연도별 보호조치 현황 자료를 통해 장애아동의 비율이 증가함을 확인할 수 있다. 장애와 관련하여, 장애진단을 받지 않은 아동, 장애, 비장애의 경계에 있는 경계선 지능 아동까지 고려하면 특별한 치료와 지원이 필요한 아동이 공식 통계상의 장애아동 수보다 더 많음을 예상할 수 있다.

보호대상아동의 조치 내용을 보면(〈표 14-2〉 참조), 2023년에 보호조치된 아동 2,054명[보호대상아동 발생 수(2,796명)−귀가 및 연고자 인도(742명)] 중 1,746명(85%)이 일시보호가 아닌 중장기 보호조치되었음을 알 수 있다. 1,746명 중에 801명, 45.9%가 중장기 보호 형태로 시설보호조치되었다. 이것은 2023년 한 해 발생한 보호아동에 대한 보호조치 결과이며, 전체 보호아동이 현재 어디에서 생활하고 있는지를 살펴보면 2021년 말 기준 총 22,712명의 보호아동 중 아동양육시설에서 10,072명(44.3%), 공동생활가정에서 3,105명(13.7%), 가정위탁에서 9,535명(42%)이 생활하고 있다. 아동복지시설 중 가장 대표적인 대규모 집단시설인 아동양육시설에서 생활하는 보호아동이 가장 많다. 한 해 발생한 아동을 기준으로 했을 때, 그리고 전체 보호아동을 기준으로 했을 때에도 가정형 보호로의 우선 원칙이 잘 지켜지고 있다고 볼 수 없으며, 아동양육시설과 같은 대규모 집단 생활시설에서 생활하는 아동이 가장 많다는 점은 아동의 이익을 최우선적으로 고려, 가정형 보호 우선 원칙 등과는 거리가 먼 현실이다.

한편, 보호 기간 또한 중장기 보호가 대부분이다. 2021년에 이루어진 아동복지

표 14-2 2023년 보호대상아동 현황 보고

보호대상 아동 발생 수	귀가 및 연고자 인도	보호대상아동의 발생 원인												
소계	소계	소계	남	여	유기	미혼 부모, 혼외자	미아	비행, 가출, 부랑	학대	부모 빈곤, 실직	부모 사망	부모 질병	부모 교정시설 입소	부모 이혼 등
소계	소계	소계	소계	소계	소계	소계	소계	소계	소계	소계	소계	소계	소계	소계
소계	소계	소계	소계	소계	소계	소계	소계	소계	소계	소계	소계	소계	소계	소계
2,796	742	2,054	1,087	967	88	259	1	14	785	169	270	89	147	232

일시보호 조치 내용						
소계	남	여	시설보호		가정형 보호	
소계	소계	소계	비장애	장애	비장애	장애
소계	소계	소계	소계	소계	소계	소계
308	164	144	250	16	42	0

장애 여부			보호대상아동의 조치 내용																				
소계	비장애	장애	소계	시설입소													가정보호						
소계	소계	소계	소계	소계	남	여	양육시설		자립지원 시설		보호치료 시설		공동생활 가정		기타		소계	남	여	입양 대상		가정위탁	
소계	소계	소계	소계	소계	소계	소계	비장애	장애	비장애	장애	비장애	장애	비장애	장애	비장애	장애	소계	소계	소계	비장애	장애	비장애	장애
2,054	1,951	103	1,746	801	415	386	494	30	0	0	13	0	209	13	34	8	945	508	437	161	1	748	35

출처: 통계청(2023).

생활시설(아동양육시설, 공동생활가정) 보호아동 실태조사(아동권리보장원, 2021)를 살펴보면, 현 시설에서의 거주 기간이 11년 이상인 아동이 24.3%로 가장 많았고, 2~4년(23.6%), 8~10년(21.9%), 5~7년(20.0%)순이었다. 1년 이하는 10.2%에 불과해서 90% 이상의 보호아동이 1년 넘게 보호자로부터 분리되어 중장기 보호 중임을 알 수 있다. 2021년 12월 말에는 만 24세까지 조건 없이 아동의 의사로 보호를 연장할 수 있도록 개정되어(아동복지법」 제16조의3) 보호기간은 더 늘어날 것으로 예상된다.

마지막으로, 보호조치 현황 보고(〈표 14-2〉 참조)에서 눈여겨볼 것은 '귀가 및 연고자 인도'이다. 이것은 보호대상아동을 분리 보호하지 않는 것으로, 「아동복지법」 제15조(보호조치) 1항 1~2호에 해당한다. 아동보호체계의 공공화(2020년 10월) 이후 '귀가 및 연고자 인도'가 늘었는데, 이는 원가정 보호와 지역사회 보호의 증가, 즉 공공화 성과로 해석이 가능하다. 다만 '귀가 및 연고자 인도' 이후 아동의 삶에 대한 관심과 지원이 강화되어야 한다.

2) 시설보호 서비스

아동양육시설을 비롯하여 아동복지시설이 보호아동에게 제공하는 대표적인 서비스로 자립지원, 치료재활지원사업, 경계선지능아동 맞춤형 사례관리 서비스 등이 있다.

자립지원의 경우, 보호아동(보호 중 아동)에 대한 자립지원은 아동복지시설(인력: 자립지원전담요원)에서 제공하고, 보호 종료 후의 자립지원은 자립지원전담기관(인력: 자립지원전담인력)에서 맡는다. 여기서는 아동양육시설에서 보호 중에 제공하는 자립지원에 대해 알아보겠다.

보호아동은 15세부터 보호종료 이후를 대비하여 매년 개인별 자립기술평가를 실시하고 자립지원계획서를 작성하게 된다. 이렇게 수립된 자립지원계획에 기초하여 '자립지원표준화 프로그램'을 진행하거나 보호아동에게 별도 공간(1인실) 또는 지역별 자립체험관 등을 활용하여 자립체험 프로그램이 운영된다(보건복지부,

2025a). '자립지원표준화 프로그램'은 미취학부터 보호종료 전까지 연령별 · 수준별로 표준화된 자립교육(일상생활기술, 지역사회자원활용기술, 자기관리기술, 사회적 기술, 자산관리기술, 진로탐색기술, 직업생활기술, 사회진출기술 등 8대 프로그램으로 구성)을 제공하기 위해 제작된 표준 매뉴얼이다.

다음으로, 아동복지시설 보호아동의 심리적 · 정서적 안정 지원을 위해 치료재활지원, 경계선지능아동 지원 등도 실시 중이다. 치료재활지원은 보호아동 중에서 지원이 필요하다고 판단되는 아동을 선정하여 상담 · 치료 서비스 제공에 필요한 치료비 등을 지원하는 사업이다. 경계선지능아동 맞춤형 사례관리 서비스는 경계선지능아동(종합심리검사 결과 경계선지능으로 진단받은 보호아동 중에서 심사를 거쳐 최종 선정) 대상 맞춤형 사례관리 서비스를 제공하는 것, 경계선지능아동지도사 양성, 심화 · 보수 교육을 통해 전문인력을 양성하는 것 등으로 이루어졌다.

이 밖에 보호아동(아동복지시설 보호아동, 가정위탁 보호아동 포함)을 비롯한 취약계층 아동(기초생활수급가구 아동)의 사회진출 시 학자금, 취업, 창업, 주거 마련 등에 소요되는 초기 비용 마련을 위한 자산 형성을 지원할 목적으로 2007년부터 시행 중인 '아동발달지원계좌(child development account)(디딤씨앗통장)'가 있다.

3) 과제

유엔에서 채택한 '아동의 권리에 관한 협약'('유엔아동권리협약') 제9조 제1항에서는 원가정으로부터의 분리가 아동 최선의 이익을 위해 필요하다고 결정된 경우를 제외하고는, 아동이 그의 의사에 반하여 부모로부터 분리되지 아니하도록 보장하여야 함을 명시하고 있다(김상원 외, 2023). 국가보고서 심의 이후 유엔아동권리위원회의 아동양육시설 관련 권고에서도 양육의 배치부터 전 과정에 이르기까지 아동 최선의 이익 원칙에 따라, 그리고 아동의 견해를 존중할 것을 지적하였다(김상원 외, 2023). 그러나 우리의 현실은 원가족 분리와 시설 입소 과정에서 아동의 청취권 보장도 미흡하며(노혜련 외, 2021), 아동의 보호조치, 양육상황 점검 등을 담당하는 아동보호전담요원이 업무에 참고하는 '아동보호서비스 매뉴얼'에도 아동 당사자의 참여를 어떻게 실현할 것인지를 충분히 안내하고 있지 않다(노충래 외, 2024).

'유엔 아동 대안양육에 관한 지침'에서도 가정에서 아동을 분리하는 것은 가장 최후의 수단이어야 하며, 가능한 한 일시적이고 단기적으로 이루어질 것(제14조), 시설로 배치되더라도 그 시설의 규모는 작고 아동의 권리와 욕구에 기반을 두어 설립된 곳이어야 하며, 가족 또는 소집단에 가장 가까워야 함을 권장하였다(김상원 외, 2023). 그러나 우리나라는 앞서 살펴본 바와 같이, '중장기 보호조치, 대규모 집단시설 보호조치'를 특징으로 한다.

2023년 4월 정부가 발표한 아동정책에 "보호아동 가정형 거주로의 전환 로드맵" 수립이 담겼다. 10년 이상의 중장기 관점에서, 보호대상아동이 인권을 존중받으며 가정과 유사한 환경에서 성장할 수 있도록 아동보호체계를 재정비하겠다는 것이다. 양육시설 기능전환, 소규모 및 가정형 보호 활성화를 위한 지원 확대도 포함되었다. '가정과 유사한 환경'에서 보호하겠다는 발표가 새롭지는 않지만, 중장기 관점에서 아동보호체계의 변화를 염두에 두었다는 점은 긍정적이다.

향후 '보호아동 가정형 거주로의 전환 로드맵'에는 보호대상아동 발생을 막기 위한 분리보호조치 이전의 예방적 개입, 그리고 일시적 · 단기적으로 분리 보호가 된 이후에 다시 원가정으로 복귀할 수 있는 토대를 마련하기 위한 노력 또한 크게 강조되어야 한다.

보건복지부 공모사업으로 선정된 인천시는 2025년 8월부터 '원가정복귀지원체계 구축 시범사업'을 시행한다고 발표하였다(인천광역시 보도자료, 2025). 사실 인천시는 2025년 6월 '보호대상아동 초기보호체계 구축 시범사업' 실시 지역으로 선정(보건복지부 보도자료, 2025)되었는데, 두 달만에 이름을 바꿔 '원가정복귀지원체계 구축 시범사업'을 진행하게 된 셈이다. '원가정복귀지원체계 구축 시범사업'에서 원가정복귀프로그램, 아동에 대한 치료서비스를 담당하는 기관은 원가정복귀지원센터로 불린다.

성공적인 원가정복귀에 도움이 되는 실천적 요소는 ① 원가정복귀를 위한 충분한 준비와 이에 필요한 시간 확보, ② 아동과 가족에게 전문적인 서비스의 충분한 제공, ③ 원가정외 보호기관(아동복지시설, 가정위탁지원센터 등)의 실무자가 행하는 가족중심실천(family centered practice), ④ 원가정복귀 이후에도 필요한 도움 계속 제공 등(정선욱 외, 2020)이다. 또한 원가정복귀의 실패와 관련된 요인은 ① 아동 요인: 연령, 행동 및 정서 문제, ② 부모 요인: 알코올 혹은 약물 문제, ③ 서비스 요인: 불충분한 사정, 허술한 계획, 불충분한 서비스(예: 조기종결) 등(정선욱 외, 2020)이다. 아동과 가족에게 도움이 되는 방향으로 원가정복귀가 이루어지기 위해서는 제대로 준비하고 계획하는 것, 전문적인 서비스를 충분히 제공하는 것, 가족중심실천을 행하는 것 등이 중요하다.

특히 가족중심실천이 중요하다. 가족중심실천은 강점, 임파워먼트, 파트너십 관계 등을 지향하며, 가족의 참여를 강조한다. 실무자가 가족을 역기능적이며 동기가 없고 아동에게 애정이 없다는 식으로 바라보는 부정적 편견은 가족 참여를 어렵게 만든다. 부모를 존중하는 의사소통, 부모의 관심사를 경청하고 그것을 다루는 것, 강점에 초점을 두는 것, 방문과 전화로 아동과 정서적으로 연결되도록 돕는 것 등이 가족 참여에 도움이 된다(Petr & Entriken, 1995). '원가정복귀지원체계 구축 시범사업'은 이러한 점에 유의해야 한다.

한편, 최근 보호아동 중에 장애가 있는 아동, 발달이 늦은 아동 등 특별한 지원이 필요한 아동이 증가하고 있다. 정부는 이러한 아동을 특수욕구아동이라고 부른다. 특수욕구아동에 대한 보호와 지원 또한 아동 중심에서, 아동 최선의 이익이라는 관점에서 계획되고 진행되어야 한다. 아울러 특수욕구를 가진 아동 또한 보호아동이다. 보호아동은 비보호아동에 비해 자아정체감과 영구성(permanence)의 욕구가 강하다. 자아정체감과 관련하여 보호아동은 자기 삶의 과거, 현재, 미래가 단절 없이 연결됨을 이해해야 하며, 자기 존재의 뿌리를 알 수 있어야 한다. 영구성과 관련하여 안전하고 안정된 환경에서 소속감을 느끼면서 사랑하고 사랑을 받으며 성장하는 것, 그래서 오랜 시간 안정적이고 친밀한 관계를 맺도록 지원하는 것이 중요하다. 특수욕구를 가진 아동도 이러한 기본적인 욕구를 중심으로 치료·재활 지원이 이루어져야 한다.

마지막으로, '가정과 유사한 환경'은 어떤 곳인가? 유사하다는 표현에서 가정은 아님을 알 수 있다. '가정과 유사한 환경'을 판단할 때는 아동의 자율적 결정과 자유로운 생활을 최대한 보장할 수 있는 환경을 제공해야 한다는 원칙, 즉 최소 제한 대안(the least restrictive alternative)의 원칙을 중요하게 고려해야 한다. 또한 양육자가 바뀌지 않는 것이 중요하다. 52시간 교대근무제로의 변화가 생활지도원(보육사)과 보호 아동 간의 관계, 아동의 삶에 미치는 부정적 영향을 고려할 때, 특히 그러하다.

3. 자립준비청년

1) 현황

자립준비청년은 아동양육시설, 공동생활가정, 위탁가정 등과 같은 가정외 보호체계(대안양육)로부터 「아동복지법」상 보호종료 연령인 18세가 되어 보호를 종료한 사람을 뜻한다. 이전에는 보호종료아동으로 명명하였으나, 18세 이후 보호종료된 청년에게 '보호' 또는 '지원'의 대상이라는 수동적 의미가 내포된 아동이라는 명칭이 부적절함을 인정하고 능동적 의미를 강조하는 '자립준비청년'으로 당사자의 의견을 수렴하여 용어를 변경하였다(관계부처합동, 2021a).

표 14-3 연도별 보호유형별 자립준비청년 수 (단위: 명)

보호시설	연도별 보호종료 인원*(2019~2023년)					
	합계	2019년	2020년	2021년	2022년	2023년
계	9,970	2,587	2,368	2,102	1,740	1,173
아동양육시설	3,843	992	827	726	717	581
공동생활가정	767	172	168	157	124	146
가정위탁	5,360	1,423	1,373	1,219	899	446

* 보호종료 당시 소재지 기준, 해당 연도에 보호종료된 자립준비청년 인원

출처: 아동권리보장원(2024a).

매년 대략 2,000여 명(2023년은 1,173명)의 자립준비청년이 18세를 기점으로 보호종료하고 있으며, 「아동복지법」 제38조에 따라 국가와 지방자치단체의 자립지원 대상이 되는 보호종료 5년 이내에 해당하는 전체 자립준비청년은 연간 약 1만여 명이다(이상정 외, 2023a).

가장 최근에 이루어진 자립지원 실태조사(「아동복지법」에 근거하여 3년마다 실시) 결과(이상정 외, 2023a)를 살펴보면, 자립준비청년의 50.4%는 보호연장 없이 18세 연령 도래로 보호종료하였으며, 49.6%는 보호기간을 연장한 후 보호종료하였다. 자립준비청년의 삶의 만족도는 전체 청년보다 낮은 수준이며, 자립준비청년 중 18.3%는 최근 1년 동안 심각하게 죽고 싶다는 생각을 해 본 경험이 있는 것으로 나타났는데, 이 또한 전체 청년에 비해 매우 높은 수준이다.

주거에서도 전체 청년에 비해 거리 노숙, 비숙박용 다중이용업소, 쪽방, 고시원 등의 이용 비율이 약 5배 정도 높았고, 가족과 함께 살고 있는 자립준비청년 5명 중 1명(20.8%) 정도가 가족돌봄청년에 해당하는 것으로 나타나 동일 기준 전체 청년 중 가족돌봄청년에 해당하는 비율(0.8%)보다 매우 높았다. 실업률도 20~29세 청년 실업률(5.3%)보다 높은 15.8%를 보였다. 이러한 결과는 자립준비청년으로 자립을 일궈 가는 삶이 여전히 많이 힘들다는 것을 보여 준다.

2) 자립지원서비스

보호종료아동(자립준비청년) 지원 강화방안(관계부처합동, 2021a)과 자립준비청년 지원 보완 대책(관계부처합동, 2022) 등 두 차례에 걸친 정부 대책을 토대로 보호기간 연장 자율화, 자립지원체계 구축, 자립수당 대상과 기간 · 금액 확대, 자립정착금 인상, 의료비 지원, 고용 · 취업 지원 확대가 이루어졌다.

특히 2019년 도입한 자립수당은 보호종료 3년 이내에서 5년 이내로 대상자와 기간을 확대했고, 지원 금액도 월 30만 원에서 2024년부터 50만 원으로 높아졌다. 2019년 7개 지역에서 시범사업을 시작한 주거지원통합서비스는 전국 17개 시 · 도 자립지원전담기관의 자립지원통합서비스(자립지원 사례관리)로 개선, 확대되었다.

주거지원은 건설임대(LH가 건설하여 공급, 운영하는 주택), 매입임대(LH가 기존의 주택을 매입하여 공급, 운영하는 주택), 전세임대(대상자가 거주를 원하는 주택을 물색하면 LH가 전세계약을 체결 후 재임대하는 주택) 등을 통해 제공된다.

3) 과제

자립준비청년이 자립과정에서 경험하는 여러 어려움은 보호아동으로 아동복지시설, 위탁가정 등에서 살았던 시간, 시간을 좀 더 거슬러 올라가면 분리 보호조치 이전의 삶과 관련된다. 분리 보호가 이전의 어려움을 치유하고 회복하는 기간이 아니라 오히려 어려움을 배가하는 시간이었다면, 자립준비청년이 보호 종료 이후 경험하는 어려움은 몇 배가 될 것이다. 자립준비청년에 대한 지원을 강화하는 것이 매우 필요하지만, 그것이 소 잃고 외양간 고치기식의 사후 대책이 되지 않기 위해서는 아동이 아동보호체계를 접하는 순간, 즉 취약계층가정의 아동이었을 때부터 아동과 가족에 대한 지원을 통해 어려움이 누적되지 않게 하는 것이 무엇보다 중요하다.

스코틀랜드는 자국의 아동보호체계를 검토한 후 발표한 보고서에서 보호 중의 위험에 주목하였는데, 그 위험은 안정적이고 장기적인 친밀한 사랑의 관계를 갖지 못하는 위험이라고 보았다(정선욱 외, 2024). 또한 영국은 보호종료 예정인 청년에 대해 종료 이전에 최소한 2명 이상의 안정적이고 친밀한 관계를 만들겠다는 보호 목표를 설정하였다(MacAlister, 2022). 이는 자립준비청년에 대한 지원에서 관계의 중요성을 강조한 것이며, 자립의 반대가 의존이 아니며, 자립은 상호 의존임을 보여 준다. 우리나라의 경우에도 자립준비청년의 관계, 참여, 활동, 상호 의존에 가치를 둔 자립지원을 더욱 강화해야 할 것이다.

한편, 자립준비청년에 대한 자립지원의 또 다른 과제로 '중간퇴소' '보호체계 별 자립지원에서의 차이' 등이 있다. 「아동복지법」 제38조 제4호는 중간퇴소 자립준비청년을 "18세에 달하기 전에 보호종료된 자로서 보건복지부장관이 자립지원이 필요하다고 인정하는 사람"으로 규정하고 있다(이상정 외, 2024). 이렇게 법이 개정

(2023년 8월)되고 시행(2024년 2월)되기 이전에는 18세가 되기 이전에 보호종료되면 자립지원을 받을 수 없었다. 개정된 「아동복지법」의 시행으로 18세 이전에 보호종료된 경우 자립지원 대상이 될 수 있지만 전부는 아니다. 예외적인 경우를 제외하면, 중간퇴소 자립준비청년은 15세 이상의 연령으로 「아동복지법」상의 시설, 가정위탁으로부터 보호를 종료하여 타 법률상 지원법의 시설(「청소년복지 지원법」의 청소년쉼터, 청소년회복지원시설, 「보호소년 등의 처우에 관한 법률」의 청소년자립생활관, 「성폭력방지 및 피해자보호 등에 관한 법률」의 성폭력피해자보호시설, 「장애인복지법」의 장애인 거주시설 등)로 전원되어 18세의 연령에 도달한 사람이다(이상정 외, 2024). 따라서 15세 전에 종료했어도 18세 이전이 될 때까지 원칙적으로 자립지원을 받을 수 없고, 15세 이상이어도 원가정으로 복귀한 아동·청소년은 원칙적으로 제외되는 제도의 사각지대가 존재한다. 이러한 사각지대를 최소화하기 위한 대안이 마련되어야 한다.

위기 아동에 관해 앞서 제10장에서 살펴본 것과 같이, 아동, 청소년, 소년보호체계에 따른 차이는 자립지원에서도 반복된다. 어려움에 처한 아동은 청소년, 소년보호체계를 넘나드는 경우가 많다. 소위 이중지위 아동·청소년이다. 이중지위 아동·청소년은 가정 외 보호 아동·청소년이 비행을 저지르거나 우범소년이 되어서 통고 등으로 소년사법에 유입되는 경우이다(박선영, 2024). 누가 더 어렵다고 할 수 없을 만큼 이들 보호체계에 있었던 아동, 청소년, 소년의 삶은 힘들다. 보호체계에 따른 자립지원에서의 차이를 제거하기 위한 정책 개선이 필요하다.

연구문제

1. 가정형 보호가 아닌 양육시설로 보호조치되는 아동이 많은 이유와 가정형 보호를 확대하기 위한 방안을 찾아봅시다.
2. 다음 사례에서 아동보호서비스의 주요 원칙 중 하나인 '아동 이익 최우선 고려' 원칙을 실천에 구현하기 위해 어떤 노력을 기울여야 하는지 논의해 봅시다.

> • 미혼모. 자녀가 9세가 될 때까지 홀로 양육함. 확대가족 등과 교류가 전혀 없음.
> • (호소하는 어려움) 직장 생활과 양육 양립의 어려움을 호소함. 빚을 갚아야 해서 일을 쉴 수 없다고 함. 현재의 일터가 너무 멀고, 근무시간도 일정하지 않으며, 야근도 많아 자녀를 키우는 데 부담이 크다고 함. 현재의 일자리는 오래 해서 일이 익숙하고 월급이 괜찮다고 함. 자녀가 커 가면서 거짓말이 늘고, 말을 듣지 않아 양육의 어려움이 더 크다고 함. 자녀가 친구와 어울리는 시간이 많이 늘었다고 함.
> • (바라는 점) 생활이 안정될 때까지 한 2년 정도만 너무 멀지 않은 곳에 아동을 가정위탁하고 싶다고 요청함. 너무 멀면 만나기 어려우니 가까운 곳으로 갔으면 좋겠다고 함. 자녀에게 힘들 때마다 어디 보내 버리겠다는 이야기를 몇 번 한 적이 있다고 함.

3. 유엔아동권리위원회는 제5~6차 국가보고서 심의 이후, 가정환경을 상실한 아동에 대한 국가의 역할에서 "가능한 한 모든 아동의 가정 기반 양육을 지원 및 촉진하고, 가족과 함께 지낼 수 없는 아동을 위한 가정위탁의 질을 향상하고 확대하기 위한 적절한 인적·재정적·기술적 자원을 할당하며, 구체적인 탈시설계획을 통해 시설보호를 단계적으로 폐지할 것"을 권고하였다. 이와 관련하여 국가의 역할 및 책임에 대해 고민해 봅시다.
4. 유엔아동권리위원회는 제5~6차 국가보고서 심의 이후, 종교단체가 운영하면서 익명으로 아동유기를 허용하는 '베이비박스'를 금지할 것을 우리나라에 촉구하였다. 유엔아동권리위원회의 이러한 최종 견해가 갖는 의미에 대해 알아봅시다.

제15장 가정위탁과 입양

1. 가정위탁
2. 입양
3. 가정형 보호의 실천과정

… 연구문제

제 15 장

가정위탁과 입양

아동은 가능하면 가정이라는 건전하고 자연적인 환경 속에서 성장 · 발달해야 한다는 것이 아동복지의 기본적인 원칙이다. 그러나 부모의 사망, 이혼, 가출, 경제적 이유 등으로 가족이 해체되거나 가족 기능이 약화되면 아동이 원가정에서 보호받을 수 없는 경우가 발생하게 된다. 이때 원가정의 대리 서비스로서 제공되는 아동복지서비스가 가정위탁과 입양서비스이다. 이 장에서는 가정위탁과 입양사업에 대한 기초적 이해를 돕기 위해 각 서비스의 역사와 정의, 대상과 유형, 제공 절차, 현황, 그리고 주요 쟁점 및 개선방안에 대해 검토하고자 한다.

1. 가정위탁

개개의 아동은 자기가 태어난 가정에서 가족과 함께 성장 및 발달해야 한다. 그러나 가정이 아동양육에 적합하지 않거나, 그의 부모가 아동을 보살필 능력이 없거나, 부모의 이혼, 유기, 사망 등으로 가정이 해체되어 있거나, 양육자가 알코올, 마약과 같은 약물문제나 아동학대 가해자로 신고되어 양육자로서의 기능과 역할을 수행할 수 없다고 판단되는 경우에는 부득이하게 대리가정을 마련해 줄 수밖에 없다. 가정위탁은 원가정에서 일시적으로 또는 장기적으로 보호받을 수 없는 아동을 보호가 필요한 기간 동안 위탁하여 보호하고 양육하는 아동복지서비스이다. 이는 아동의 최선 이익의 관점에서 시설보호에 비해 가정환경이 아동의 정서 안정과 사회적 발달을 도모할 수 있다는 점에서 그 중요성이 더욱 강조되고 있다.

1) 가정위탁의 역사

우리나라에서 현대적 의미의 가정위탁제도는 1950년대 이후부터 추진되어 왔다. 1965년 홀트아동복지회와 대한사회복지회, 1972년 동방아동복지회, 1990년 한국사회봉사회의 4개 민간기관에서 입양대상아동을 입양 전에 보호하는 가정위탁사업을 실시하여 왔다. 정부에서는 가정위탁을 활성화하기 위하여 1985년부터 인천과 광주에서 시범사업을 실시하였으나, 소기의 목적을 달성하지 못하여 중단한 채 기본 방침만 세워 두고 있었다.

1990년대 후반에 들어서는 소년소녀가장제도와 시설보호사업에 대한 비판이 일어나면서, 정부는 요보호아동 보호방식을 시설보호나 소년소녀가장세대 보호형태에서 그룹홈이나 가정위탁보호 형태로 전환하는 방향으로 추진하였다. 그 결과, 1999년 가정위탁보호에 대한 법적 근거를 마련하였고, 2002년 소년소녀가장보호제도를 보완하면서 친인척과 동거하는 소년소녀가장들을 친인척 위탁가정보호로 분류하여 지원하게 되었다. 그리고 2003년에는 전국 16개 시 · 도에 총 17개 가정위탁지원센터를 설치하여 위탁가정을 지원하고 있다.

2005년에 「아동복지법」을 개정하여 가정위탁보호의 법적 근거를 규정하였고, 2012년 8월 「아동복지법」 개정에서는 시 · 군 · 구 단위의 가정위탁지원센터 설치 근거와 가정위탁보호아동의 자립지원을 위한 법적 기반을 마련하였다. 이후 2016년의 「아동복지법」 개정에서는 가정위탁지원센터를 아동복지시설에 포함하게 되었고, 2019년에 아동권리보장원이 출범하게 되면서 다음 해에 중앙가정위탁지원센터의 업무가 아동권리보장원으로 이관됨에 따라 가정위탁보호사업의 정책적 통합성과 전문성이 한층 강화되었다. 또한 2022년 7월 정부는 보호아동의 가정형 보호 강화를 국정 과제에 포함시켜서 국가 차원의 체계적인 아동보호 전달체계 구축을 본격화하였다. 이와 같이 가정위탁보호제도는 탈시설화 정책의 하나로서 아동복지의 중요한 대안적 보호방식으로 자리 잡고 있으며, 정책적 강조와 함께 다양한 노력이 전개되고 있다. 그러나 여전히 위탁가정의 대부분이 친인척 중심의 보호에 머무르고 있다는 한계가 있다.

2) 가정위탁의 정의와 유형

(1) 가정위탁보호의 정의

국제 아동복지연맹(Child Welfare League of America: CWLA)에서 출판한 『가정위탁보호서비스 표준(Standards of Excellence for Family Foster Care Services)』에 의하면, 가정위탁보호란 아동복지서비스의 하나로서 원가정에서는 일시적으로 또는 장기적으로 보호될 수 없는 아동에게 계획된 기간 동안 주어지는 대리가정에 의한 보호이다.

이와 같이 일반적으로 가정위탁은 비영구적(temporary or non-permanent) 보호조치로 정의되지만, 일부 가정위탁은 장기적 혹은 영구적 조치로 운영되고 있다. 일시석(temporary) 가정위탁은 단기적 보호조치로, 친가정복귀(reunification) 또는 입양 등의 영구적 보호 방안을 모색하는 기간 동안 아동을 보호하는 형태이다. 대부분의 국가에서 가정위탁의 기본 개념은 비영구적인 보호이며, 친가정복귀를 최우선 목표로 삼는다. 그러나 일부 국가에서는 친가정복귀가 어려운 아동에게 장기적 혹은 영구적 위탁(foster-to-permanency 또는 long-term foster care)을 제공하기도 한다. 이는 입양과는 구별되지만, 사실상 동일한 보호자가 지속적인 양육 책임을 지는 방식이다.

미국에서는 친가정복귀나 입양이 어려운 일부 아동을 위한 '영구적 가정위탁 보호(permanent foster care)' 가 있다. 또한 '법적 후견(legal guardianship)'이라는 형태로, 위탁부모가 아동을 장기적으로 보호하면서 법적 결정을 내릴 수 있는 권한을 부여받기도 한다. 후견인은 '부모의 권한을 위임받은 제2의 법적 보호자'라고 할 수 있다면 영구(장기) 위탁부모는 '국가가 임명한 장기 돌봄 담당자'라고 할 수 있다.

영국이나 호주에서도 '장기 가정위탁(long-term foster care)'이 제도적으로 인정되며, 법적으로 특정 위탁가정에서 아동이 지속적으로 거주하도록 결정될 수 있다. 이는 입양보다는 덜 영구적이지만, 보호자의 지속성을 보장하는 조치로서 아동의 입장에서는 정서적으로 '가족'에 가까운 관계 형성이 가능하다.

우리나라의 가정위탁보호의 정의는 「아동복지법」 제3조에서 찾아볼 수 있다. 가정위탁이란 보호대상아동의 보호를 위하여 성범죄, 가정폭력, 아동학대, 정신질환 등의 전력이 없고 보건복지부령으로 정하는 기준에 적합한 가정에 보호대상아동을 일정 기간 위탁하는 것이라고 규정되어 있다. 보호 및 양육을 희망하는 가정에서 교육을 받고 요보호아동을 위탁 양육함으로써 가정적인 분위기에서 건전한 사회인으로의 성장을 돕는 데 그 목적이 있으며, 특히 2세 미만의 요보호아동의 경우 가정위탁으로 우선 배치하도록 하고 있다. 가정형 보호라는 점에서 아동에게 정서적 안정, 일상생활의 지속성, 가족관계 형성 등 가정의 기능을 한다.

한국의 가정위탁제도는 비영구적 조치를 원칙으로 했지만, 2021년 신설된 「아동복지법」 제16조의3에서 보호대상아동이 자립능력이 부족하여 보호기간 연장이 필요한 경우, 대통령령으로 정하는 경우에는 심의를 거쳐 연장할 수 있음을 명문화하여 '장기위탁'의 가능성을 제도적으로 열어 두고 있다.

이와 같이 한국에서는 다른 국가보다 영구적 위탁 개념이 활성화되지 않았지만 현실적으로는 다수가 조부모나 친인척에 의한 위탁이므로 이들 대부분이 장기적 · 영구적인 위탁으로 이루어지고 있다고 해도 과언이 아니다.

입양은 법적으로 친자 관계가 성립되며, 생물학적 부모의 모든 권리와 의무가 단절된다. 한편, 장기 가정위탁은 위탁부모와 아동 간에 법적 친자 관계는 성립되지 않지만, 지속적으로 동일한 위탁가정에서 보호될 수 있으며, 친부모와의 관계가 단절되지 않는다는 점이 가장 큰 차이점이다. 유엔아동권리협약과 '아동의 대안적 보호 지침(United Nation General Assembly, 2010)'에 따르면, 친가정에서의 보호가 불가능할 경우 대안적 보호를 제공할 필요가 있으며, 이 과정에서 장기위탁이 하나의 선택지로 제시된다. 무엇보다 우선적으로 원가족과의 재결합이 추진되어야 하지만, 친가정 복귀가 불가능한 경우 안정적인 대체 가족환경으로 장기 가정위탁을 검토할 수 있음을 명시하고 있다.

(2) 가정위탁보호 유형

기존의 가정위탁보호 유형은 아동을 위탁하는 부모가 누구인지에 중점을 두어 친인척, 대리양육, 그리고 일반위탁으로 분류를 해 왔다. 이는 아동 개개인의 보호 필요와 특성을 충분히 반영하지 못한다는 한계가 있었기에 2021년 「아동복지법 시행령」의 개정을 통해 일반가정위탁, 전문가정위탁, 일시가정위탁으로 재분류되었다. 즉, 아동의 권리를 중심으로 하여 아동의 다양한 보호 필요에 대응하고, 위탁가정의 역할과 지원을 명확하게 하기 위한 분류라고 하겠다.

① 일반가정위탁

전문가정위탁보호에 해당하지 않는 보호대상아동을 보호 · 양육하는 것을 목적으로 하는 가정위탁보호이다. 대상아동은 부모의 사망, 이혼, 별거, 질병 등으로 인해 보호가 어려운 경우나 경제적인 어려움, 수감, 미혼부모 자녀 등으로 양육이 일시적으로 곤란한 아동을 포함한다. 그리고 장기적으로 원가정복귀 또는 자립을 준비하는 아동이 보호대상이다. 일반가정위탁은 혈연이나 친족 관계가 없는 일반가정뿐 아니라 조부모 및 친인척 가정도 해당하며, 아동에게 친숙한 인물이나 환경에서 양육이 이루어질 수 있도록 한다.

② 전문가정위탁

특별한 보호가 필요한 보호대상아동을 전문적으로 보호 · 양육하는 것을 목적으로 하는 가정위탁보호이다. 대상자에는 학대피해아동, 2세 이하(26개월 미만)의 아동, 장애아동, 경계선지능아동(종합심리검사 결과 경계선지능으로 진단받은 아동) 등이 있다. 가정 내에서 신체적 · 정서적 · 성적 학대를 경험한 아동은 심리적 안정이 우선시되는 만큼 전문적인 보호체계가 필요하다. 그리고 생후 26개월 이하의 영아는 민감한 발달 시기에 있으므로 세심한 보호와 안정된 애착 형성이 필요하고, 장애를 지닌 아동은 특수한 돌봄과 의학적 · 교육적 지지가 요구되며, 공격성이나 주의력결핍, 품행장애 등의 문제행동이 있는 아동이라면 숙련된 양육환경이 갖춰져야 한다. 특수한 요구와 욕구에 적절하게 대응할 수 있는 전문적 역량을 가진 가정보호 유형이 전문가정위탁이다.

③ 일시가정위탁

보호대상아동을 일시 위탁하여 보호 · 양육하는 것을 목적으로 하는 가정위탁보호이다. 즉각분리 또는 응급조치에 따라 원가정에서 분리된 0~6세의 학대피해아동을 전문위탁 자격을 갖춘 가정에서 일시 보호하는 '위기아동 가정보호 사업(즉각분리)'을 포함하며, 기본 3개월에서 최대 6개월까지 위탁이 이루어진다. 긴급분리 조치가 필요한 학대피해아동 및 경제적 위기로 보호가 어려운 가정의 아동, 부모의 갑작스러운 입원이나 사고 등으로 가정 내에 양육 공백이 생겼을 때 시설이 아닌 가정환경에서 안전하게 보호받을 수 있도록 하며, 특히 위기 상황에서의 즉각적인 보호와 아동의 정서적 안정을 우선으로 한다.

3) 가정위탁 현황

(1) 국내 가정위탁 현황

가정위탁을 통해 보호받은 아동을 살펴보면, 전체 위탁아동은 2010년 16,359명, 2017년 11,983명, 2023년 9,526명으로서 지속적인 감소세로 나타났다(보건복지부, 2024). 이러한 가정위탁보호아동 수의 감소는 아동인구 및 요보호아동의 감소세에 따른 것이라고 볼 수 있다. 그럼에도 아동복지 원칙에 반한다는 비판을 받은 소년소녀가정보호를 대체하였고, 시설보호보다는 가정형 보호를 강조하는 정책 흐름 속에서 가정위탁보호는 보호대상아동의 주요한 보호조치로 자리 잡고 있다.

표 15-1 연도별 가정위탁보호 아동 수

연도	총계	대리양육		친인척		일반	
		인원	비율	인원	비율	인원	비율
2010	16,359	10,865	66.4	4,371	26.7	1,123	6.9
2011	15,486	10,202	65.9	4,260	27.5	1,021	6.6
2012	14,502	9,732	67.1	3,831	26.4	939	6.5
2013	14,596	9,776	67.0	3,843	26.3	977	6.7
2014	14,385	9,550	66.4	3,816	26.5	1,019	7.1
2015	13,728	9,127	66.5	3,556	25.9	1,045	7.6
2016	12,896	8,578	66.5	3,348	26.0	970	7.5
2017	11,983	7,950	66.3	3,100	25.9	933	7.8
2018	11,141	7,426	66.5	2,801	25.1	914	8.2
2019	10,384	6,905	66.5	2,572	24.8	907	8.7
2020	9,923	6,542	65.9	2,447	24.7	934	9.4
2021	9,535	6,107	64.0	2,344	24.6	1,084	11.4
연도	총계	일반가정위탁		전문가정위탁		일시가정위탁	
		인원	비율	인원	비율	인원	비율
2022	9,330	9,075	97.3	237	2.5	18	0.2
2023	9,526	9,201	96.6	312	3.3	13	0.1

출처: 보건복지부(2024. 12.). 보건복지통계연보.

(2) 국외 가정위탁 현황

각국은 사회적 · 역사적 맥락 속에서 시설보호 중심의 체계에서 벗어나 점차 가정형 보호 중심으로의 전환을 추진해 왔다. 미국은 20세기 초 시설보호가 일반적이었으나, 1935년 「사회보장법」의 제정 이후 연방 차원의 가정위탁지원이 시작되었다. 1980년에는 「입양지원 및 아동복지법」 제정으로 가정위탁의 질적 관리가 강화되었고, 1997년 「입양 및 안전가족법」을 통해 아동의 안전과 영구적인 가정 마련이 정책목표로 자리 잡았다. 2021년 기준 미국 내 가정위탁보호를 받는 아동은 391,098명으로, 이 중 약 32%는 친인척 위탁, 46%는 비혈연 위탁가정에서 보호를 받고 있다(U.S. Department of Health and Human Services, Administration for Children and Families, Administration on Children, Youth and Families, Children's Bureau, 2022).

영국의 경우, 1948년 「아동법」의 제정으로 지방정부가 아동보호의 책임을 지게 되었고, 이후 1989년 「아동법」의 개정을 통해 아동의 복지를 중심에 둔 보호체계가 확립되었다. 2019년 기준 약 78,150명의 영국 아동이 보호조치를 받고 있으며, 이 중 약 72%에 해당하는 아동은 가정위탁보호를 받고 있다(UK Department for Education, 2019). 위탁가정은 친인척과 일반가정이 병행되며, 지방정부가 위탁부모 선발 · 교육 · 평가 · 외부 감사 등을 수행하고 있다.

일본은 전후 시기에 전쟁고아를 중심으로 한 시설보호체계를 유지해 왔으며, 1980년대에 가정위탁제도가 도입되었으나 보편화되지는 못했다. 전환점은 2016년 「아동복지법」 개정으로, '가정형 양육 우선 원칙'을 명시하여 일반 및 전문 가정위탁의 확대를 위한 법적 근거가 마련되었다. 2019년 기준 약 4만 4,000여 명의 보호아동 중 위탁가정(패밀리 홈 포함)에서 생활하는 아동은 5,424명으로, 전체 인원 중 14%에 해당한다(강민호, 2019. 12. 23.). 그 외의 아동은 유아원, 아동양호시설, 아동자립지원시설, 모자생활지원시설 등에서 보호를 받고 있어 시설보호에 의존하는 비율이 높은 편이다. 정부는 위탁부모의 자격 기준을 강화하고 정기적 교육을 제공하면서 가정형 보호를 점진적으로 확대하고 있다.

이처럼 세계 주요 국가들은 역사적 사건과 사회정책의 흐름에 따라 가정위탁보호제도를 점차 강화해 왔으며, 아동의 안정적 성장과 정서적 발달을 위해 가정형 보호 중심의 정책을 지속적으로 확장하고 있다.

4) 가정위탁보호의 쟁점 및 과제

(1) 위탁가정에 대한 인식 제고

아동복지의 기본 전제로서 아동은 가정의 환경에서 건전하게 양육받아야 한다는 원칙에 따라 가정위탁보호사업은 선진 각국에서 널리 권장되고 활용되어 왔다. 그러나 우리나라에서는 가정위탁보호사업에 대한 국민들의 인식이 매우 낮은 실정이며, 위탁가정 발굴에 어려움을 겪고 있다. 근본적으로 위탁가정이 양적으로 확대되지 않는다면 가정형 보호의 확산 또한 이룰 수 없는 구조이다. 2022년 기준으로 가정외 보호아동 22,635명 중 12,981명(57.3%)은 여전히 시설보호를 받고 있고, 신규 보호대상아동 역시 56.5%가 시설에서 보호되고 있기 때문에 가정위탁제도에 대한 홍보와 캠페인 등으로 가정위탁의 필요성을 알리고 위탁가정 모집을 확대해야 한다(이주연, 2024).

(2) 위탁가정의 양육자 변경

보호대상아동 중 위탁가정으로 보호조치가 이루어진 아동은 원가정에서 위탁가정으로 이동할 때 한 차례의 양육자 변경을 겪는다. 또한 일시위탁가정에서 단기보호를 받던 아동이 일시위탁 기간 중 최선의 이익 등을 고려했을 때 원가정 복귀보다 위탁가정이나 시설에서의 장기보호가 필요하다고 판단되면, 두 차례의 양육자 변경이 이뤄진다. 양육자 변경은 입양대상아동이 위탁보호를 받는 경우에도 필연적으로 나타난다. 입양대상아동의 보호 실태를 확인할 수 있는 행정데이터에 따르면(박현선, 안재진, 이경숙, 2022), 입양대상아동 중 가정위탁보호를 받은 아동 313명의 16.3%(51명)는 양육자 변경을 경험한 것으로 나타났나. 가정위탁보호를 제공받은 입양대상아동 100명 중 16명은 1회 이상의 위탁보호가정의 변경을 경험하고 있다. 잦은 양육자 변경은 아동에게 정서적 불안정, 애착 형성의 장애, 신뢰관계 형성의 어려움 등을 초래할 수 있으며, 가정위탁의 효과성과 안정성을 저해하는 주요 요인 중 하나로 지적되고 있다. 이에 양육자 변경이 초래할 수 있는 부정적 영향을 최소화하고 안정적 보호가 이루어질 수 있는 보호체계 구조를 갖춰야 하고, 새로운 환경의 적응을 돕기 위한 배치 적응 프로그램의 개발과 적용이 필요하다.

(3) 위탁부모의 양육 노동에 대한 적정 지원

현행 위탁가정에 제공되는 양육보조금은 지역별로 다르게 책정되며, 전문위탁부모에게만 아동 1인당 100만 원 이상이 부모의 양육 노동에 대한 지원비로 추가 지급된다. 일시위탁부모에게는 일별 지원금 지급이 권고되지만 필수가 아닌 권고 사항이며, 지방이양비이기 때문에 지방자치단체마다 다를 수 있다. 물론 아동용품 구입비 및 심리검사 · 치료비 등이 지급되는데, 아동을 양육하기 위한 양육비는 기본적으로 30만 원에서 50만 원 선으로, 아동의 복합적인 발달 욕구를 충족시키기에는 재정적으로 제약이 크다는 지적이 지속되고 있다. 보호대상아동의 가정형 보호가 확대되기 위해서는 현실화된 양육비와 위탁부모의 양육 노동에 대한 지원이 적정화되어야 할 것이다.

2. 입양

1) 입양의 역사[1)]

(1) 한국의 역사

우리나라에서 현대적 의미의 입양이 이루어진 것은 한국전쟁으로 인하여 발생한 전쟁고아와 혼혈아를 국외로 입양시키기 시작한 1950년대 중반부터라고 할 수 있다. 이 시기에는 입양에 관한 법적 규정이 없었기 때문에 위탁 형식의 국내입양이 이루어졌고, 자녀가 없는 친척의 입양이 국내입양의 한 방법으로 이루어졌다.

1954년 정부가 사회부 산하에 혼혈 전쟁고아들의 국외입양을 위한 전담기관을 두었고, 법적 근거를 마련하기 위해 1961년 「고아입양특례법」을 제정하였다. 입양이 국가의 허가를 받은 입양알선기관에 의해서만 가능하도록 하는 규제를 중심으로 1966년에 개정되었다.

1970년대에 들어 국외입양에 대한 우려의 목소리가 높아지는 가운데 정부는 북유럽 국가들에 대한 입양을 중단하였으며, 국내입양을 활성화하기 위해서 1976년

1) 이 절은 노혜련(1997: 297-298)의 입양 역사 관련 내용을 일부 요약함.

에 「입양특례법」을 제정 · 공포하였고, 1985년에 국외입양 전면 중단계획을 수립하였다. 또한 국내입양을 활성화하기 위해 입양기관과 상담기관을 설치해 입양을 담당하도록 하고, 국외입양에 대한 쿼터제를 적용하여 국내입양의 실적에 따라 국외입양을 할당해 주는 방식을 도입하기도 했다. 그러나 이러한 방법이 국내입양활성화나 국외입양 감소에 기여하지 못했고, 오히려 1980년대에 들어 이민확대와 민간외교 활성화를 위하여 국외입양을 전면 개방하기에 이르렀다. 그러나 1988년 서울올림픽 당시 우리나라의 국외입양에 대한 비판 여론이 대두되자, 정부는 다시 1989년에 '입양사업 개선 지침'을 마련하여 국내입양을 활성화하는 방향으로 입양정책을 전환하였다. 또한 국외입양을 연차적으로 감축하여 장애아동과 혼혈아동의 입양을 제외한 국외입양을 전면 중단할 계획을 재수립하였다. 그러나 국내입양이 활성화되지 못하면서 1994년에 국외입양의 중단정책을 철회하였다. 1994년에는 국내입양의 활성화를 위해 「입양특례법」이 「입양촉진 및 절차에 관한 특례법」으로 전면 개정되어 1996년 1월부터 시행되었다.

이와 같이 한국전쟁 이후 전쟁고아문제로 시작된 국외입양제도는 그 후로도 수십 년간 아동복지에 대한 국가 책임이 부재함에 따라 국외입양에 대한 정부 입장이 일관성 없게 지속되었다. 입양대상아동의 결정, 예비입양부모와 친생부모의 교육 및 결연, 입양 후 사후관리 등 모든 절차는 민간기관에 의해 주도되었으며, 입양과정에서 국가의 역할은 형식적이고 제한적이었다. 이에 유엔 아동권리위원회는 아동의 최선의 이익을 보장하기 위해 입양 절차가 국가 또는 공적 기관의 책임하에 이루어져야 하며, 이를 보장하는 '절차적 안전망'을 마련할 것을 한국 정부에 권고하였다(이경은, 2017).

이러한 국제적 요구와 국내의 자성의 목소리를 반영하여 2012년 「입양특례법」은 입양 절차에 대한 국가 개입 확대, 국내입양 우선 원칙, 입양아동에 대한 사후서비스 제공 등을 명시하며 법적 기반을 강화하였다(김선숙 외, 2021). 그러나 법 개정 이후에도 주요 입양 결정 권한은 민간 입양기관에 집중되어 있었으며, 국가의 역할은 가정법원 중심의 허가 절차로 한정되는 구조적 한계를 여전히 드러냈다. 우리나라는 2013년에 헤이그국제아동입양협약(Hague Convention on the

Protection of Children and Co-operation in Respect of Intercountry Adoption)에 서명하였으나, 협약의 비준은 현재까지 이루어지지 못하고 있다. 협약 비준을 위해서는 무엇보다도 입양 절차의 공공성과 투명성을 보장하기 위한 국가적 역할을 구체적으로 규정한 이행 법률이 필요하다.

이에 우리나라는 2023년에 「입양특례법」을 전부 개정하여 「국내입양에 관한 특별법」과 「국제입양에 관한 법률」을 제정하였다. 개정된 법은 입양 절차의 공공성을 강화하고, 아동의 최선의 이익을 보장하기 위해 국가의 책임을 명확히 하고 있다. 특히 국내입양 절차의 중심적 역할을 수행할 입양정책위원회는 국무총리 산하 아동정책조정위원회의 특별위원회로 설치되며, 입양 적격성 심의, 결연 심사, 국내 입양 활성화 기본계획 수립 및 평가 등 실질적 직무를 수행하도록 규정하고 있다(법제처, 2023a, 2023b). 아울러 입양 절차의 투명성과 전문성을 높이기 위해 입양기관의 역할과 책임이 명확히 규정되고, 입양 관련 정보의 공개 절차가 강화되었다. 또한 입양인의 권익 보호를 위해 입양 후 사후 서비스 제공 절차 등이 마련되었다.

(2) 외국의 역사

입양에 대한 제도적 규정은 근대에 들어서면서 본격적으로 등장하였다. 미국에서는 1851년 매사추세츠주에서 세계 최초로 아동의 복지를 고려한 아동 입양법인 「양자법」을 제정하였다. 이 법은 입양제도의 절차를 명시하고 있으며, 법원이 양부모의 입양 자격을 심사하는 제도를 도입했다(전홍기혜, 이경은, 제인 정 트렌카, 2019). 이후 스위스와 스웨덴은 1907년에 「양자법」을 제정하였으며, 영국은 1926년에 「입양법」을, 그리고 프랑스는 1928년에 「양자법」을 제정하면서 법적 입양제도를 도입하였다.

입양이 전문적인 사회복지서비스 분야로 발전한 계기는 제2차 세계대전 이후이다. 전쟁고아의 발생은 입양서비스에 대한 사회적 수요를 증가시켰으며, 입양서비스를 제공하기 위해서는 특수한 훈련과 준비를 갖춘 전문가가 필요하다는 인식이 생기기 시작하여 일부 아동복지기관들은 입양서비스를 자신들의 책임으로 인식하기 시작하였다.

21세기에 들어서면서 입양은 단순한 아동보호의 차원을 넘어 아동의 권리와 정체성, 다문화 감수성, 출생에 대한 알 권리 등을 포함하는 복합적이고 윤리적인 이슈로 확대되었다. 특히 국제입양에 대한 관심과 논의가 활발해지면서 국제사회는 1993년 '국제입양에 관한 헤이그협약'을 채택하여 입양 과정에서 아동의 권리를 보호하고, 입양 절차의 투명성과 책임성을 강화하고자 하였다(Hague Conference on Private International Law, 1993).

2) 입양의 법적 체계

(1) 국내입양에 관한 법률

우리나라에서 국내입양과 관련된 법으로는 「민법」과 2025년 7월 19일부터 시행되고 있는 「국내입양에 관한 특별법」이 있다. 「민법」이 규정하고 있는 입양은, ① 친생부모와 아동의 부모자녀 관계를 단절시키지 않는 '일반입양', ② 친생부모와 아동의 부모자녀 관계를 단절시키는 '친양자입양'으로 나누어진다. 「국내입양에 관한 특별법」은 입양기관을 통해 보호대상아동을 입양하는 경우에 적용되며, 「국내입양에 관한 특별법」에 따른 입양의 효력은 「민법」상 친양자입양과 동일하다.

「국내입양에 관한 특별법」은 아동 최선의 이익 원칙에 따라 보호대상아동의 국내입양을 활성화하는 것을 목적으로 개정되었다. 아동의 연령과 성숙 정도를 고려하여 아동의 의견을 청취하여야 하는 아동 의견 청취 보장(제4조), 입양과 관련하여 어떤 기관이나 개인도 이법에 따른 입양으로 인하여 부당한 재정적 이득을 취득해서는 안 된다는 비영리 운영의 원칙(제5조)를 추가했고, 국가 등의 책무(제6조)를 대폭 강화했다. 이러한 국가의 책무에는 국가가 아동이 태어난 가정에서 건강하게 자랄 수 있도록 지원하는 원가정 원칙을 우선적으로 강조하고, 아동에 대한 보호의무와 책임을 이행하기 위해 국외입양을 줄여 나가도록 노력해야 한다는 점과 5년마다 국내입양의 활성화를 위해 기본계획의 수립과 시행을 정하고 있다. 또한 기존의 민간기관 중심의 입양 절차를 국가와 지방자치단체 중심의 공적 입양체계로 전면 개편하였다.

입양이 결정되는 과정에서의 공공성뿐만 아니라 입양 후 국가 책임도 강화했다. 입양이 성립된 후 1년 동안 양부모와 양자의 상호 적응을 위하여 보건복지부령으로 정하는 바에 따라 정기적인 상담과 필요한 복지서비스를 지원하고, 아동적응보고서를 작성하도록 하고, 양부모와 양자의 요구가 있는 경우 등에는 그 기간을 연장할 수 있도록 사후 서비스 제공을 강화했다. 또한 입양아동이 건강하게 자랄 수 있도록 양육수당, 의료비, 아동교육지원비, 그 밖에 필요한 양육보조금을 지급할 수 있도록 하였다.

(2) 국제입양에 관한 법률

2025년 7월 19일부터 시행되고 있는 「국제입양에 관한 법률」은 대한민국의 국제입양 절차를 헤이그국제아동입양협약의 기준에 맞추어 전면 개편한 법률이다. 이 법은 국제입양의 공공성 강화, 아동의 권익 보호, 국가의 책임 명확화를 주요 목표로 한다. 특히 국제입양 절차 전반에 국가와 지방자치단체의 책임과 관리·감독을 강화하여, 아동의 최선의 이익을 보장하고자 하는 의도를 담고 있다.

이 법에 의하면, 첫째, 보건복지부가 국제입양의 중앙당국으로 지정되어 입양절차 전반을 관리·감독한다. 둘째, 입양정책위원회의 운영을 규정하고 있다. 기존에 민간 입양기관에서 담당하던 양부모 적격성 심사와 결연 업무 같은 핵심절차를 보건복지부 장관을 위원장으로 하는 입양정책위원회가 심의하고 결정한다. 국제입양은 국내에서 양부모를 찾지 못한 경우에만 허용되며, 아동의 최선의 이익을 최우선으로 고려하도록 했고, 입양 후 최소 1년간 사후 서비스를 제공함으로써 국외로 입양되는 자국 아동들에 대한 국가 책임을 강화했다.

3) 입양의 정의와 유형

(1) 입양의 정의

입양이란 생물학적 과정이 아닌 법적인 그리고 사회적인 과정을 통하여 친권관계를 창조하는 행위라고 볼 수 있다(Kadushin, 1980). 입양은 친부모가 아동을 돌볼 수 없거나 원치 않을 때 또는 법적으로 어떤 관계에서 벗어나게 될 때 그 아동을 위한 영원한 대리적 보호를 마련해 주는 것이다. 입양이 될 때는 아동의 친부모가 지닌 현재나 미래의 권리나 의무가 종식되며, 아동과 혈연관계를 갖지 않는 부부에게 이러한 권리와 의무가 행정적 · 법적으로 이전된다. 성인의 관점에서 입양은 다른 아동을 법적 절차를 밟아서 자녀로 삼는 것을 의미하며, 입양되는 아동의 입장에서 입양은 친생부모와 동등한 친자의 관계를 맺는 것을 의미한다. 미국의 『사회사업백과사전』에서 "입양이란 부모가 되는 사회적이고 법적인 과정이며, 입양 후에 부모와 아동은 그들이 생물학적으로 관련되는 것과 똑같은 상호 권리와 의무를 갖는다."라고 정의하고 있다.

(2) 입양의 유형

입양의 유형은 혈연관계 유무, 친족관계 단절 여부, 국가 간 이동 유무나 입양 사실의 공개 여부 등에 따라 다양한 유형으로 분류될 수 있다.

① 친족입양과 비친족입양

카두신과 마틴(Kadushin & Martin, 1988)에 따르면, 친속입양(related adoption)은 아동이 계부모나 큰아버지 등 혈연관계 또는 부나 모의 재혼으로 인해 가족관계를 이루고 있는 사람에 의해 입양되는 경우를 말하며, 비친족입양(nonrelated adoption)은 아동이 전혀 가족관계를 갖고 있지 않은 사람에 의해 입양되는 것을 말한다.

국내에서는 친인척에 의한 입양이나 재혼으로 인한 전혼 자녀 입양 등은 「민법」의 규정에 따른 입양으로 이루어진다. 비혈연관계에 있는 요보호아동의 입양, 즉 가정 내 보호가 필요한 아동에게 영구적인 가정을 제공한다는 아동복지적 차원의 입양은 「국내입양에 관한 특별법」에서 규정하고 있다(김유경 외, 2010; 아동권리보장원, 2025).

② 일반입양과 친양자입양

양자와 친생부모와의 친족관계 단절 여부에 따라 일반입양과 친양자입양으로 구분된다. 친생부모와 친족관계가 단절되는 친양자입양의 경우 성인입양이든 아동입양이든 간에 모두 가정법원의 허가를 거쳐야 한다. 「국내입양에 관한 특별법」에 의한 요보호아동의 입양은 모두 친양자입양으로 이루어지는 반면, 「민법」상 입양은 '일반입양'과 '친양자입양'을 나누어 규정하고 있다. 2008년 1월 1일 친양자입양제도가 시행되면서부터 친양자입양 절차에서 반드시 가정법원의 허가를 받도록 하였고, 2013년 7월 1일부터는 미성년 아동의 경우에는 「민법」상 일반입양 시에도 가정법원의 허가를 받도록 하는 규정이 시행되어 모든 18세 미만의 아동을 입양할 시에는 일반입양, 친양자입양 모두 가정법원의 허가를 필수화했다.

③ 국내입양과 국제입양

입양의 유형은 아동의 국가 간 이동 유무에 따라 국내입양(domestic adoption)과 국제입양(intercountry adoption)으로 구분되며, 국제입양은 다시 외국 국적을 가진 아동이 국내로 입양되는 인바운드 입양과 국내아동이 해외 국가로 입양을 가는 아웃바운드 입양으로 구분된다. 이는 아동의 입장에서 어디로 입양되는지에 초점이 맞춰져 있다. 국제입양은 헤이그국제아동입양협약의 적용을 받는 입양과 협약의 적용을 받지 않는 입양으로 나누어져 있는데(협약 체약국이 아닌 국가와의 사이에서 이루어지는 입양), 입양 절차에 다소 차이는 있으나 협약의 적용을 받지 않는 입양의 경우에도 아동보호를 위하여 입양서비스 제공자는 입양국이 정하는 표준을 준수하여 입양 관련 업무를 수행하도록 하고 있다.

④ 개방입양과 비개방입양, 공개입양

친생부모와의 접촉 여부나 입양 사실의 공개 여부에 따라 개방입양(open adoption)과 비개방입양(confidential adoption), 공개입양(disclosed adoption)으로 구분된다. 개방입양은 입양 이후 친생부모와 양부모, 아동 간에 일정한 연락이나 교류가 지속되는 형태를 말한다. 편지, 전화, 이메일, 사진 교환, 정기적인 만남 등 다양한 방식의 상호작용이 이루어질 수 있고, 당사자 간의 협의를 통해 그 수준과 빈도를 조율할 수 있다. 개방입양은 자신의 출생 배경과 가족의 역사에 대한 정보를 얻음으로써 정체성 형성과 자아존중감 향상에 긍정적일 수 있다(Hoopes, 1990).

폐쇄적인 비밀입양으로 지칭하는 비개방입양은 입양 이후 친생부모와의 모든 연락이 단절되며, 상호 간의 신원 정보가 공유되지 않는 형태로 새로운 가족관계의 형성을 방해하는 외부 요인이 제거됨으로써 양부모와 친생부모 모두에게 사생활 보호의 이점을 제공하나, 아동이 자신의 출생 배경에 대한 정보를 알지 못하여 정체성 혼란이나 심리사회적 어려움을 겪을 수 있다.

한편, 공개입양은 입양 사실 자체를 아동 본인이나 가족, 친척, 지역사회 등 주변인들에게 숨기지 않고 공개하는 것을 의미하지만(백경숙, 변미희, 2001), 친생부모는 배제된다(최유정, 홍나미, 정익중, 2024). 공개입양을 선택하는 입양부모는 입양자녀가 자신의 정체성과 뿌리를 찾을 가능성을 염두에 두고 있으며, 국가에서도 혈연 중심의 가족문화와 비밀입양 위주의 입양문화 개선을 위한 방안으로 공개입양을 장려하고 있다.

4) 입양의 현황

우리나라의 입양 현황을 살펴보면, 1958년부터 2005년 사이에 공식적으로 국내외에 입양된 아동은 총 224,752명이다. 이 중 국내입양은 67,607명이고, 국외입양은 157,145명으로 국내입양 비율은 평균 30.1%로서 국외입양의 1/3 수준에도 미치지 못하고 있다. 최근 15년 동안의 국내외 입양 현황은 〈표 15-2〉와 같다.

표 15-2 국내외 입양 현황

	2017	2018	2019	2020	2021	2022	2023
국외	398	303	317	232	189	142	79
국내	465	378	387	260	226	182	150
계	863	681	704	492	415	324	229

출처: 보건복지부 아동정책과(2025. 05. 12.).

출신국으로서 국내 아동을 국외로 보내는 입양이 국내입양을 압도적으로 앞서다가, 1990년대 이후 국내외를 막론하고 입양이 급격히 감소하는 추세를 보였으며, 2007년 이후부터는 국외입양이 국내입양보다 더 적은 수를 보이고 있다. 그러나 이는 국내입양이 증가한 것이 아니라 국내입양 우선추진제도를 시행함으로써 국외입양이 감소한 것에 따른 결과로서 국내입양 활성화 정책의 효과로 해석하기에는 한계가 있다.

국내입양이 부진한 이유로는 여전히 우리 사회에 깊이 뿌리박힌 혈통을 중시하는 유교적 가족관, 부모 중심의 입양, 건강한 영유아 선호 경향, 국내 입양전문기관의 부족, 입양알선기관의 국외입양에 대한 선호 등을 들 수 있다.

국제입양은 국적이 다른 나라 간의 입양으로, 입양 과정과 절차에서 국제법인 헤이그국제아동입양협약이 적용된다. 국외입양이 자국에서 태어난 아동이 외국 가정에 입양되는 출신국의 행위에 초점을 맞췄다면, 국제입양은 입양의 법적·제도적 요건과 국제 기준에 초점을 맞춘다.

헤이그국제아동입양협약은 국제입양과정에서 아동의 권익을 보호하고, 유괴 및 인신매매를 방지하기 위해서 1993년 5월 헤이그국제사법회의에서 채택된 다자간의 협약이다. 현재 105개국이 당사국으로 참여하고 있으며, 대한민국도 2013년 5월에 협약에 서명했고, 2025년 7월 19일부터 「국제입양에 관한 법률」이 시행됨에 따라 헤이그협약 비준 절차도 이루어질 것으로 기대하고 있다. 이를 통해 아동 최선의 이익을 위한 국제입양이 이루어질 수 있도록 국가 책임하에 신중하게 관리될 것이며, 출신국으로서의 지위보다 입양국으로서의 지위가 우세해지리라 보고 있다. 또한 국제입양아동의 정보 접근권을 공고히 함으로써 이들의 뿌리 찾기와 알권리를 국가 간의 공적 시스템 내에서 보다 충실히 보장할 수 있을 것이다.

5) 입양 관련 쟁점 및 과제

(1) 불필요한 지연 대 신중한 입양

보호대상아동의 최선의 이익이 보장되기 위해서는 가정형 보호 배치 시 불필요한 지연을 예방해야 한다. 아울러 입양의 단계와 절차마다 신중을 기하여 아동 최선의 이익이 반영될 수 있도록 보호조치를 결정하는 것 또한 매우 중요하다. 그러나 기존에 많은 입양 관련자는 이러한 신중한 절차가 불필요한 지연을 초래하고, 아동과 예비양육자 간의 애착 형성을 저해한다는 우려를 해 왔다. 그러나 실제 입양정보에 대한 행정 데이터 분석 결과에서는, 대부분의 지연이 민간입양기관 내에서 비롯되고, 민간입양기관 간의 연계 부족으로 인해 부모의 대기 기간이 길어지는 것으로 나타났다. 우려와 달리, 대부분의 영유아는 만 1세 이전에 결연이 완료되어 가정에 배치되는 것으로 나타났다(박현선 외, 2021). 즉, 아동의 입장에서 보면 우리나라의 영유아 입양은 세계 어느 나라보다 신속하게 이루어지고 있음을 알 수 있다. 아동 최선의 이익을 위한 신중한 입양은 아무리 강조해도 지나치지 않다.

(2) 국내보호 대 국외입양

과거 한국전쟁과 빈곤으로 인해 국제입양은 아동보호를 위한 현실적인 선택으로 여겨져 왔다. 2000년대 이후로는 국내 아동복지체계의 확충과 사회적 인식 변화, 입양의 공공성 강화 요구 등에 힘입어 국내보호의 필요성이 강조되기 시작했다. 특히 입양이 민간기관 중심에서 국가 중심의 공공시스템으로 재편되어야 한다는 목소리와 함께 아동을 자국 내에서 보호하고 양육하는 것이 진정한 복지국가의 핵심이라는 인식이 생겨났다. 이러한 변화 속에서 국내보호는 단지 국내입양에 국한되지 않고, 요보호대상 아동을 위한 위탁가정, 그룹홈 등 다양한 질 높은 가정의 보호를 포괄하는 개념으로 확장할 수 있다.

실제 영국, 노르웨이 등 선진적인 아동보호체계를 구축하고 있는 국가들에서는 자국 아동의 국외입양을 전면 금지하거나, 부모의 일방 혹은 보호자가 국외에 있는 경우 등 국가 간 이동이 아동 최선의 이익에 부합함을 분명하게 확인할 수 있는 사례에 한해서 매우 신중하게 허가하고 있는 것으로 나타났다.

아동이 보호받는다는 것은 단순히 입양과 보호를 국내에서 하느냐 마느냐의 관점을 넘어서 아동의 삶의 질, 자아정체성 형성, 심리적 안정, 사회적 관계망 유지,

아동권리 보장의 측면을 종합적으로 고려해야 한다. 국외입양이 국내에서 보호받는 것보다 아동에게 이로울 것인지, 만약 그렇다면 어떠한 조건에서 그러한지, 국외입양의 결과는 국내입양의 결과와 어떻게 다른지(이봉주, 2015) 등의 실증적 근거를 축적할 필요도 있다. 즉, 입양과 보호는 아동권리에 기반을 두고 신중히 다루어야 한다. 원가정 보호 원칙과 가정형 보호 우선 원칙을 고려하면서도 아동의 특성과 상황에 따라 최선의 이익이 무엇일지를 충분히 판단하여 아동보호조치 및 개별보호, 관리 계획을 수립해야 한다(보건복지부, 아동권리보장원, 2024).

(3) 특수욕구아동의 국외입양

그동안 입양 관련 논쟁에서 빠지지 않는 주장은 장애나 의료적인 문제가 심각한 아동들은 국내입양이 어렵고, 이러한 아동들을 국내 시설에 보호하기보다는 아동 최선의 이익을 위해 국외입양을 보내야 한다는 주장이다.

특수욕구아동은 건강 이상이나 장애 등의 사유와 조건으로 인해 영구적인 가정에 결연하기 어려운 아동으로(McKenzie, 1993), 일반적인 입양 대상보다 보호의 필요성이 높지만 입양 가능성은 낮은 아동군으로 여긴다. 지난 20여 년간 특수욕구아동의 비중은 증가하는 추세를 보이고 있는데, 2001년 18%에서 2020년 25%로 상승하였다. 단, 2008년과 2009년 사이에만 5~6%대로 낮았는데, 이는 2007년 국내입양 우선추진원칙 실시와 2008년 국외입양 쿼터제 적용에 따른 일시적 현상으로 해석된다(김준, 2017).

우리나라에서 입양이 되는 아동들은 유독 영유아기에 집중되어 있다(박현선 외, 2022). 입양아동의 연령대가 주로 영유아기라고 함은 그 특성상 유전자 이상 등의 특별한 경우를 제외하고는 장애나 질병 진단 등의 판정을 내리기에 신중한 시기이며, 현재 건강하다고 해도 향후 발달과정에서 어떠한 건강문제가 생길지 모른다는 의미이기도 하다. 완벽한 건강은 양육자의 경우에도 마찬가지로 장담할 수 없다. 그럼에도 불구하고 우리나라에서는 입양과정에서 유독 아동의 건강문제에 민감한 양육자들이 많다. 아동 중심적 입양은 국가의 아동보호적 책무와 밀접한 관련이 있다. 국내에 특수욕구아동을 위한 제도나 의료적 기술이 부족하거나, 전쟁 등 특별한 상황이 아닌 이상 아동에게 건강 이상과 관련한 특수욕구가 있다고 해서 국가 간 입양이 보다 적절한 대안이 될 수는 없다. 이들을 위한 국내 보호의 다양한 가정보호 유형이 제도화되어야 하며, 전문적 사례관리와 사후 양육지원이 요구된다. 국내에서도 특수욕구아동을 적극적으로 입양하고 보호할 수 있는 정책 기반의 강화와 실직적인 지원체계 구축이 병행되어야 할 것이다.

3. 가정형 보호의 실천과정

1) 가정조사

영구적인 입양이든 일정 기간 또는 장기적인 가정위탁이든, 보호대상아동을 보호할 양육자가 보호자로서 적합한지를 판단하기 위한 가정조사(home study)가 필요하다. 가정조사는 양육자 스크리닝 과정이며, 아동을 보호하고자 하는 가정의 양육환경, 예비양육자의 정서적 안전성, 경제적 여건, 가족관계, 자녀 양육 태도 등을 종합적으로 평가한다. 즉, 가정조사는 단순히 양육자의 신원을 확인하는 것을 넘어서 아동의 신체적 안전과 정서적 안정, 발달환경, 원가정 양육 불가 시 아동의 장기적 보호 가능성 등을 총체적으로 고려하는 보호조치 결정의 핵심적 과정이라고 할 수 있다.

2) 아동 결연과 배치

아동이 예비입양부모와 결연을 하거나, 위탁가정에 배치되어 새로운 양육자를 만나게 될 때 아동은 정서적 · 심리적으로 큰 변화를 맞이하게 된다. 결연 및 배치 과정은 단순한 물리적인 이동이 아닌 심리적 변화와 함께 이루어지므로, 이러한 상황에서 아동과 양육자의 적응을 돕기 위한 세심한 준비와 지원이 병행되어야 한다. 아동을 중심으로 고려할 사항은 다음과 같다.

첫째, 아동의 눈높이에서 설명하는 것이다. 보호조치에 대한 아동의 의견 듣기, 원가정과의 분리 경험으로부터 발생하는 다양한 감정 이해하기, 아동이 주체적으로 긍정적 적응방법을 탐색할 수 있도록 돕기를 할 수 있다.

둘째, 새로운 양육자와의 단계적 만남이다. 새롭게 만나는 양육자와의 관계 형성에 있어 불안, 낯섦, 거부감 등 다양한 정서 반응을 보일 수 있다. 초기에는 짧은 시간 동안 비공식적 만남을 통해 서로에 대한 감각을 익히고, 이후 상호작용 시간을 늘려 가면서 여러 차례의 만남을 가지며 심리적 적응을 돕는다.

셋째, 비공식적 만남을 가질 때 전문가가 함께 배치 적응 과정에 참여한다. 전문가의 도움으로 상호작용이 촉진될 수 있고, 아동의 행동관찰을 통한 발달적 상황 스크리닝이 가능하며, 양육자에게는 아동과의 적절한 의사소통방법을 안내할 수도 있다.

양육자를 중심으로 고려할 사항은, 첫째, 아동에 대한 정보 및 공식적 자료를 제공하는 것이다. 아동의 일반적 사항에 대한 정보, 건강 상태, 성격, 습관, 행동, 정서, 건강상 문제가 있는지 여부 등에 대한 정보를 제공함으로써 아동 양육에 대한 사전 준비가 가능하도록 돕는다. 둘째, 양육자에 대한 사전교육과 상담지원이다. 양육자 역시 아동과의 관계 형성 과정에서 혼란이나 심리적 부담을 경험할 수 있으므로 양육 관련 교육이 제공되어야 하고, 개별상담을 통해 심리적 준비 상태를 점검하고 정서적 지지를 제공해야 한다.

3) 양육 상황 점검과 사례관리

입양대상아동이든 위탁보호대상 아동이든, 위탁가정에서 보호하고 있는 경우에는 아동의 적응상태 및 아동의 보호상태를 파악하기 위해 정기적인 면담과 양육상황 점검을 수행한다. 양육상황 점검 시에는 애착 및 적응, 신체, 인지, 언어, 식사, 수면, 배변과 같은 아동발달 점검 내용과 안전, 위생, 학대 등의 양육상황 점검 내용, 양육자와의 상담 및 조치사항, 모니터링 사진 등을 첨부하여 양육의 질과 안정성에 대한 종합적인 정보를 기록한다. 만약 아동학대가 의심되는 경우에는 지체 없이 신고하고, 입양대상아동 학대사례 개입 및 보고 절차에 따라서 필요한 조치를 즉각적으로 취해야 한다. 또는 발달지연이 의심되는 경우라면 전문적인 진단 검사와 조기개입을 통해 아동에게 필요한 치료나 재활 서비스를 적절히 제공할 수 있어야 한다.

4) 사후관리

위탁가정 종료 후나 입양이 성립되고 나서는 사후관리가 1년간은 의무적으로 이행될 필요가 있다. 원가정으로의 복귀든 새로운 양육환경으로 배치든 아동에게는 스트레스원이므로, 가능한 한 가정방문을 하여 양육환경을 점검할 필요가 있다. 첫 번째 가정방문에서는 서류와 실제 상황을 면밀히 검토해야 하고, 특수한 욕구를 지닌 아동의 경우에는 더욱 세심한 관찰이 요구된다. 이때 사후 서비스와 모니터링 차원에서 아동의 발달사항과 양육환경 관련 사항, 그 밖의 사항을 확인하고, 필요한 경우 상담, 치료, 지역사회 서비스 등 필요한 지원을 연계할 수 있다.

또한 입양사후관리는 당사자가 친생부모에 대한 정보와 가족 찾기를 요구할 때 공적인 절차를 통해서 적절한 정보를 제공하는 것을 의미하기도 한다. 특히 국외 입양의 경우 입양 당사자가 성장하면서 모국의 문화를 체험하고, 모국어를 배울 수 있도록 기회를 제공하며, 친가족을 찾는 정보를 제공하는 등의 사후 서비스를 제공한다.

한편, 가정위탁에서의 사후관리란 위탁가정에서 원가정으로 복귀했거나 연령 초과로 보호가 종료된 아동을 대상으로 모니터링하는 것을 의미한다. 전자의 경우에는 시 · 군 · 구의 아동보호전담요원과 가정위탁지원센터에서 원가정복귀 후 일주일 이내에 가정방문을 포함한 사후관리를 1년간 4회 실시한다. 후자의 경우에는 시 · 도 자립지원전담기관에서 보호 종료 후 5년 이내에 연 1회 이상 자립 수준을 평가하고 생활, 주거, 진로, 취업 등의 전 분야에 걸쳐 자립지원을 하게 된다. 이와 같이 사후관리는 아동이 입양 또는 위탁한 이후에도 지속적으로 보호받고, 자립적인 삶을 준비할 수 있도록 지원하는 필수적인 과정이라고 할 수 있다.

연구문제

1. 가정위탁과 입양의 공통점과 차이점을 비교하여 분석해 봅시다.
2. 가정위탁과 국내입양을 활성화하기 위한 방안을 토론해 보고, 인식 개선 캠페인 프로젝트를 기획해 봅시다.
3. 입양의 정의를 설명하고, 국내입양, 국제입양, 공개입양, 비공개입양의 주요 특징을 비교해 봅시다.
4. 유엔아동권리협약의 제21조에서는 입양에 대해 어떤 기준과 원칙을 제시하고 있는지 알아봅시다. 이를 기반으로 국제입양이 어떤 조건에서 정당화될 수 있는지 토론해 봅시다.
5. 입양인의 출생 정보에 대한 접근권(right to access origin)과 개인의 사생활 보호권에 대해서 토론해 봅시다.

참고문헌

강명희, 김종임, 이은애, 전현옥, 조원교(2016). 특수아동 · 청소년 미술심리치료 사례분석. 한국청소년예술치료연구소.

강문희, 장연집, 문미옥, 최석란, 조은진(2003). **아동학의 이해**. 양서원.

강민호(2019. 12. 23.). 시설보호에서 가정보호로, 가정위탁제도. 복지타임즈.

강지원 외(2021). 보육 · 돌봄 체계 중장기 개편방안 연구. 한국보건사회연구원.

검찰(2024). 2024 범죄분석.

공계순(2000). 아동학대 예방을 위한 가정방문 프로그램의 개발에 관한 서설적 연구. **사회복지연구**, 15, 1-18.

과학기술정보통신부, 한국지능정보사회진흥원(2024). 2023년 스마트폰 과의존 실태조사.

관계부처합동(2018). 발달장애인 생애주기별 종합대책.

관계부처합동(2020). 제2차 아동복지 기본계획.

관계부처합동(2021a). 보호종료아동(자립준비청년) 자립지원강화방안.

관계부처합동(2021b). 장애아동 지원 종합대책(안): 취학 전 아동을 중심으로.

관계부처합동(2022a). 제1차 어린이안전 종합계획(2022-2026).

관계부처합동(2022b). 부모의 마음으로, 따뜻한 동행. '자립준비청년지원 보완대책'.

관계부처합동(2023a). 제6차 장애인정책종합계획(2023-2027).

관계부처합동(2023b). 제7차 청소년정책기본계획(2023-2027).

관계부처합동(2024). 학생 마음건강은 키우고, 교사 마음부담은 줄이는 「학생 맞춤형 마음건강 통합지원방안」.

곽영숙, 홍강의(1987). 아동학대의 개념과 원인. **한양대 정신건강연구**, 6, 37-52.

교육부(2018). 온종일 돌봄체계 구축 운영 현황 및 계획.

교육부(2022). 모든 학생의 교육결손 해소를 위한 '교육회복 종합방안' 안내자료.

교육부(2023). 제6차 특수교육발전 5개년 계획(2023-2027).

교육부(2024). 세계 최고 영유아교육 보육을 위한 유보통합 실행계획(안).

교육부(2025). 늘봄학교 시행방안.

교육부, 국가교육평생진흥원(2024). 이주문화(다문화)학생 통계. https://www.edu4mc.or.kr/guide/typeStat.html

국가인권위원회 보도자료(2021. 09. 30.). 우범소년 규정 삭제 등 소년사법제도 전면적 개선 필요: 소년의 사회복귀와 권리보장에 충실한 제도로 개선해야.

국가인권위원회 보도자료(2022. 10. 26.). 형사미성년자 · 촉법소년 연령 하향, 바람직하지 않아. 국회의장과 법무부장관에 의견 표명.

국립정신건강센터(2024a). 2022년 정신건강실태조사 보고서(소아 · 청소년).

국립정신건강센터(2024b). 2024 전국 정신건강관련 기관현황집(상반기).

권영례, 이재연(2006). **아동환경**. 한국방송통신대학교출판부.

권은선, 구인회(2010). 빈곤이 아동의 건강에 미치는 영향. **한국사회복지학, 62**(4), 129-148.

권해수, 강호성(2020). 보호관찰청소년의 탈비행 과정에서 사회적 자본과 개인 주체성의 종단적 관계: 자기회귀 교차지연 모형의 적용. **형사정책연구, 31**(2), 183-206.

권해수, 윤일홍(2015). 청소년 탈비행 과정에 관한 고찰: Sampson과 Laub의 생애과정이론을 중심으로. **형사정책연구, 26**(4), 185-212.

김붕년, 조윤경, 정윤경, 임지원, 안동현, 강민성(2015). 한국형 영유아 발달선별검사(K-DST)의 개발. **소아청소년정신의학, 26**(2), 89-101.

김상균 외(2001). **사회복지개론**. 나남출판사.

김상원, 김진석, 김희진, 엄문설(2023). 아동양육시설 보호아동 인권 실태조사. 경기도.

김선숙, 김시아, 김경희, 김진숙, 홍나미, 김영우(2021). 아동중심 사회재난관리 가이드라인. 아동권리보장원.

김성은(2016). 소년의 책임능력과 형사책임: 책임능력의 평가문제를 중심으로. **형사정책연구, 27**(3), 27-51.

김승권, 이재연, 김형모, 김혜영, 이호균, 장화정, 송수진, 이경혜, 윤영아(2003). **아동학대사정척도개발 연구**. 한국보건사회연구원.

김승권, 조애저(1998). 한국 가정폭력의 개념정립과 실태에 관한 연구. 한국보건사회연구원.

김승연, 장동열(2017). 서울시 발달장애인 생애주기별 욕구와 정책과제. 서울연구원.

김연정, 정선영(2022). 가정위탁아동의 자립준비경험에 관한 질적사례연구. **한국사회복지질적연구, 16**(1), 93-120.

김유경, 변미희, 임성은(2010). 국내입양실태와 정책방안 연구. 한국보건사회연구원.

김유숙, 최지원, 김사라(2015). **가족놀이치료**. 학지사.

김정래(2020). 증보 아동권리 향연. 동문사.

김종현(2016). 특수아동의 이해와 지도를 위한 특수교육학개론. 창지사.

김주연, 문연주(2015). 공공생활가정 입소아동의 친가정 복귀를 위한 가족중심실천에 관한 근거이론 연구. 한국가족복지학, 47, 83-111.

김준(2017). 「입양특례법」의 입법영향분석. 국회입법조사처.

김지홍(2022). 생애주기 아동 · 청소년 건강증진사업. 미래 세대 보호를 위한 아동 건강권 보장강화. 아동을 권리 주체로 존중하는 사회를 위한 기본법 제정 릴레이 아동권리포럼 2회 자료집의 발제문.

김진(2013). 콜버그의 도덕발달. UUP.

김진, 강정은, 김상원, 김희진, 엄문설, 정선욱, 조소연, 홍혜인(2024). 아동 · 청소년 국제인권 기준의 국내이행 현황조사. 국가인권위원회.

김진숙(2013). 장기실종아동 부모의 경험에 대한 현상학적 연구. 가족복지학, 18(4), 557-577.

김춘경 외(2002). 아동학개론. 학지사.

김효진(2008) 빈곤이 아동에게 주는 영향 분석. 보건복지포럼, 제139호, 33-42.

나경희(2024). 열다섯 살 아이 휴대폰에서 열리는 '손 안의 카지노'. 시사IN, 872.

남미자, 김범주, 김병준, 김시연, 마한얼, 배경내, 정용림, 정찬송, 황혜신(2023). 가정 밖 청소년 주거권 등 인권상황 실태조사. 국가인원위원회.

노경은(2025). 하생맞춤통합지원법 제정의 의의와 향후 과제 복지동향, 제317호, 23-30.

노충래, 김현진, 최서경, 정선욱, 임선영(2024). 아동보호서비스에서의 아동청문권 보장방안. 한국아동복지학, 73(1), 29-55.

노혜련(1992). 아동훈련과 아동학대의 구분: 문화적 배경의 영향. 한국사회복지학, 19, 113-137.

노혜련, 김경희, 소라미, 김유나, 강정은, 김희진(2021). 서대문구 시설보호아동 최선의 이익 보장을 위한 기초지자체의 역할과 과제: 아동의 지지체계를 중심으로. 서대문구청, 초록우산 어린이재단.

노혜련, 김미원, 조소연(2021). 아동복지론(2판). 학지사.

류정희(2021). UN아동권리협약 정부이행 추진경과와 과제: 제5-6차 최종견해를 중심으로. 동광, 116, 46-78.

류정희, 이상정, 김지연, 김지민(2021). 보호대상 아동 · 청소년 지원 강화방안 연구. 교육부, 한국보건사회연구원.

마경희(2010). 돌봄의 정치적 윤리: 돌봄과 정의의 이원론을 넘어. 한국사회정책, 17(3), 319-348.

문혁준, 김정민, 김태은, 양성은, 이진숙, 이희선(2014). **아동상담**. 창지사.

문혁준, 서소정, 김정희, 김혜연, 김태은, 이종신(2022). **아동과 환경**. 창지사.

민소영, 김시아, 오세현, 이정애, 장희선, 류정희, 안재진, 이혜진, 정선욱, 조소연, 최창용(2024). 제3차 아동정책기본계획 수립연구. 보건복지부, 아동권리보장원.

박계신, 박현옥, 이효신(2015). **자폐스펙트럼장애 유아교육의 이론과 실제**. (주)시그마프레스.

박선영(2022년 10월 26일 방송). 한세대 경찰행정학과 교수 인터뷰(TBS 신장식의 신장개업). "형사 처벌의 나이 낮춰 범죄 예방할 수 있다? 근거 없어… 미국과 캐나다는 오히려 역효과 발생해 연령 올리는 추세." https://tbs.seoul.kr/news/newsView.do?seq_800=20474155&typ_800=6

박선영(2022). 촉법소년 연령기준의 비교법적 검토와 시사점. 촉법소년 문제, 연령기준 하향이 답인가? 보다 종합적이고 예방적인 접근을 위하여. 한국아동복지학회, 한국청소년복지학회 공동 주최.

박선영(2024). 아동양육시설 중도퇴소 비행청소년에 대한 처우와 지언: 이중지위 청소년. **교정담론**, 18(2), 1-41.

박정호(2001). **사회복지정책론**. 학지사.

박진우, 허민숙(2021). 아동 · 청소년의 정신건강 현황, 지원제도 및 개선방안. 현안분석. 국회입법조사처.

박찬선(2020). **경계선 지능과 부모**. 한국학술정보(주).

박창현, 김근진, 김경희, 정유나(2021). 장애아동 관련 실태조사 및 종합적 지원체계 구축방안 연구. 교육부 · 육아정책연구소.

박현선, 김민정, 박유선, 신미란, 김서인, 유진선, 이아영, 최미숙(2024). **사회복지사를 위한 아동 중심 실천 가이드북**. 세이브더칠드런, 세종대학교 산학협력단.

박현선, 안소영, 정익중, 권지성, 이상균, 이경숙(2021). 예비입양부모 상담 및 가정조사 절차 표준화 방안 연구. 보건복지부, 아동권리보장원, 세종대학교 산학협력단.

박현선, 안재진, 이경숙(2022). 입양대상아동 위탁가정보호 매뉴얼개발. 보건복지부, 세종대학교산학협력단.

박현선, 이채원, 좌현숙, 정수정, 박신애(2023). 지역아동센터 아동을 위한 아동권리 기반 문화적 다양성 프로그램 개발. **한국사회복지학**, 75(3), 259-283.

방송통신위원회, 한국지능정보사회진흥원(2023). 2022 사이버폭력 실태조사.

백경숙, 변미희(2001). 공개입양부모를 위한 사전 · 사후 서비스 프로그램 개발을 위한 기초조사연구. **아동과 권리**, 5(2), 81-95.

백순근, 이솔비, 장지현, 양현경(2019). 맞벌이 가정 자녀의 초등돌봄교실 참여에 따른 사교육 간과 비용 및 일-양육 양립에 대한 인식 차이. **육아정책연구**, 13(1), 55-74.
법무부(2022). 법무부에서 알려드립니다. 소년범죄 종합대책 마련. https://www.moj.go.kr/moj/228/subview.do?enc=Zm5jdDF8QEB8JTJGYmJzJTJGbW9qJTJGMTg5JTJGNTY0MTg1JTJGYXJ0Y2xWaWV3LmRvJTNGcGFzc3dvcmQlM0QlMjZyZ3NCZ25kZVN0ciUzRCUyNmJic0NsU2VxJTNEJTI2cmdzRW5kZGVTdHIlM0QlMjZpc1ZpZXdNaW5lJTNEZmFsc2UlMjZwYWdlJTNEMSUyNmJic09wZW5XcmRTZXElM0QlMjZzcmNoQ29sdW1uJTNEJTI2c3JjaFdyZCUzRCUyNg%3D%3D
법무부 보도자료(2022. 10. 26.). 소년범죄 종합대책 마련.
법무부 보도자료(2021. 03. 11.). 소년 보호관찰대상자 상담지원 강화, 소년보호기관 인권친화적 시설개선, 소년보호시설 생활실 소규모화, 소년원 입원 청소년 정신건강 전수 조사 권고. 소년보호혁신위원회 제7차 권고 발표.
법무연수원(2024). 2023 범죄백서.
법제처(2023a). 국내입양에 관한 특별법 개정 이유서.
법제처(2023b). 국제입양에 관한 법률 제정 이유서.
변진경(2020). 먹어도 먹는 게 아닌 '아동 혼밥 보고서'. 시사IN, 647. https://www.sisain.co.kr/news/articleView.html?idxno=41225
변진경(2023). 민식이법과 스쿨존을 넘어서야 도로 위 아이들이 안전하다. 시사IN, 800.
보건복지부(2016. 05. 02.). 아동권리헌장 제정.
보건복지부(2024a). 2023 보건복지 통계연보.
보건복지부(2024b). 2023년 국내외 입양통계.
보건복지부(2024c). 2024 입양실무매뉴얼. 보건복지부, 아동권리보장원.
보건복지부(2024d). 보호대상아동 현황보고. 지표누리 e-나라지표 https://www.index.go.kr/unity/potal/main/EachDtlPageDetail.do?idx_cd=1421
보건복지부(2024. 12.). 2024 보건복지통계연보.
보건복지부(2025a). 2025 아동복지 사업 안내.
보건복지부(2025b). 2025년 다함께돌봄센터 운영지침.
보건복지부(2025c). 2025년 지역아동센터 운영지침.
보건복지부(2025d). 2025년도 결식 아동 급식(지방이양) 업무 표준매뉴얼.
보건복지부(2025e). 장애아동가족지원사업안내.
보건복지부(각 연도). 아동복지시설 현황.
보건복지부(각 연도). 아동학대 주요통계.
보건복지부(각 연도). 공동생활가정 현황.

보건복지부(각 연도). 가정위탁 현황.

보건복지부 보도자료(2022. 02. 14.) 가족을 돌보는 청년, 국가가 함께 돌보겠습니다.

보건복지부 보도자료(2023. 04. 26.). 가족돌봄청년, 주당 21.6시간 가족 돌본다.

보건복지부 보도자료(2024 .05. 02.). 소아 · 청소년 16.1% 정신장애 경험, 소아 · 청소년의 7.1%는 전문가 도움 시급: 전국 단위 소아 · 청소년 대상 정신건강 실태조사 최초 실시.

보건복지부 보도자료(2024. 05. 24.). 제18회 실종아동의 날(5.24) 기념식 개최: 실종아동 등을 조기에 발견할 수 있도록 사회적 책임과 관심 필요.

보건복지부 보도자료(2024. 07. 18.). 출생통보제와 위기임신 지원 제도로 어려운 상황의 임산부와 아동 보호.

보건복지부 보도자료(2025. 06. 18.). 보호대상아동 초기보호체계 시범사업 인천광역시 선정.

보건복지부 보도 참고자료(2025). 정책 사각지대에 있던 위기아동 · 청년에 대한 최초의 공적 전담지원체계 마련 추진: 「가족돌봄 등 위기아동 · 청년 지원에 관한 법률」 국회 본회의 통과.

보건복지부 아동복지정책과(2025. 05. 12). 국내 입양아 수 및 입양 비율 [보고통계: 국가승인통계 제117070호]. 지표누리.

보건복지부, 국제아동인권센터(2020). 유엔아동권리위원회 제5-6차 최종견해 자료집.

보건복지부, 아동권리보장원(2022). 2021 가정위탁보호 현황보고서.

보건복지부, 아동권리보장원(2022). 2021 아동자립지원 통계현황보고서.

보건복지부, 아동권리보장원(2023). 제5 · 6차 유엔아동권리협약 권고사항 이행상황 분석 연구.

보건복지부, 아동권리보장원(2024). 2024 아동보호서비스 업무매뉴얼.

보건복지부, 아동권리보장원(2024). 2024 입양실무매뉴얼.

보건복지부, 아동권리보장원(2025). 아동보호서비스 업무매뉴얼.

빈곤 · 불평등연구실(2024). 빈곤통계연보. 한국보건사회연구원.

성영혜, 김연진(1997). **아동복지**. 동문사.

세이브더칠드런(2024). 제5, 6차 유엔아동권리협약 권고사항 이행상황. **국내 아동권리동향 모니터링**, 2024-07호.

세이브더칠드런(2025). (제3차 아동정책기본계획 아동정책 제안서) 다르게 온, 다시 올 재난에 대한 664명의 아동 목소리.

송길연, 김수정, 이지연, 양돈규 역(2001). **발달심리학**. 시그마프레스. D. R. Schffer

(1999). (5th ed.). Brooks/Cole.
신영화(1986). 한국 아동학대의 사회, 인구 및 가정 환경적 특성에 관한 연구. 서울대학교 대학원 석사학위논문.
아동권리보장원(2021). 2021년 아동복지 생활시설 보호아동 실태조사.
아동권리보장원(2022). 1923-2022 대한민국아동권리 100년사.
아동권리보장원(2024a). 2023년 자립준비청년 현황. file:///C:/Users/swjeong/Downloads/ %E2%98%85%202023%EB%85%84%20%EC%9E%90%EB%A6%BD%EC%A4%80%EB%B9%84%EC%B2%AD%EB%85%84%20%ED%98%84%ED%99%A9.pdf
아동권리보장원(2024b). 아동학대업무 흐름도. https://www.ncrc.or.kr/ncrc/cm/cntnts/cntntsView.do?mi=1030&cntntsId=1033
아동권리보장원(2025). 입양 정책 및 절차.
아동권리보장원(2025. 03. 29.). 2023년 12월 기준 아동자산형성 디딤씨앗통장 현황보고.
아동권리보장원 아동참여지원부(2024). '24년 1~5월 유엔아동권리협약 이행 점검 이슈 리포트.
양지원(2016). 처음 시작하는 미술치료. 소울메이트.
여성가족부(2021). 청소년 사회안전망을 토대로 위기청소년 지원체계를 더욱 강화한다. http://www.mogef.go.kr/nw/enw/nw_enw_s001d.do?mid=mda700&bbtSn=709656
여성가족부(2023). 2022 청소년 매체이용 유해환경 실태조사.
여성가족부(2024). 다문화가족통계. https://www.mogef.go.kr/mp/pcd/mp_pcd_s001d.do?mid=plc503&bbtSn=705003
여성가족부(2025). 2025년 청소년방과후아카데미 운영지침.
여성가족부 보도자료(2024. 05. 28.). 2024 청소년 통계.
여성가족부 보도자료(2025. 04. 29.). 위기청소년 은둔 · 위기경험 감소했으나 3명 중 1명 우울감 경험, 여성가족부 심리지원 강화. https://www.mogef.go.kr/nw/enw/nw_enw_s001d.do?mid=mda700&bbtSn=712615
오경자, 강지현, 김현수, 배주미, 송현주, 양윤란, 이주영, 장혜인, 조아라, 최지영(2019). 아동 · 청소년을 위한 근거기반 심리치료. 시그마프레스.
오욱찬(2018). 장애로 인한 추가비용 지출 실태와 정책적 함의. 보건복지 이슈와 포커스, 356, 1-8.
원혜욱, 강정은, 마한얼, 김재희(2022). 장애아동 학대대응체계 연구. 세이브더칠드런, 인하대학교 산학협력단.

유니세프 한국위원회(2024). 유니세프아동친화도시 인증 평가지표 고도화 연구.

유엔아동권리위원회(2019). 대한민국 제5-6차 국가보고서에 대한 최종견해.

유엔아동권리위원회(2023). 기후변화에 중점을 둔 아동권리와 환경. 일반논평 제26호.

유조안, 이봉주, 김선숙, 안재진, 유민상, 오수미, 이신혜, 김병수, 김푸른솔(2024). 지표를 통해 본 한국 아동의 삶의 질 VI. Save the Children. 서울대학교 사회복지연구소.

육아정책연구소(2024). 2023 영유아주요통계.

윤진영, 최해훈, 이순행, 박혜근, 최은실, 이은진, 김지연(2019). **놀이치료 2: 임상적 적용편.** 학지사.

윤홍식(2011). 보편주의를 둘러싼 주요 쟁점. **한국사회복지학, 63**(2), 57-79.

이경숙, 홍민아, 박진하, 반건호(2021). **DC: 0-5: 영유아기 정신건강 및 발달장애 진단분류.** 세원프레스.

이경은(2017). 국제입양에 있어서 아동권리의 국제법적 보호. 서울대학교 박사학위논문.

이민경, 김성희, 오욱찬, 오미애, 김진희, 황주희, 조휘래, 이한나, 강동욱, 권선진, 백은령, 윤상용, 이선우(2023). 2023년 장애인 실태조사. 보건복지부, 한국보건사회연구원.

이봉주 외(2023). **사회복지개론.** 학지사.

이봉주(2015). 한국의 입양: 현재의 상황과 미래 전망(유진월 역). 캐슬린 자숙 버퀴스트 외 엮음, **한국해외입양: 초국가적 아동 양육 실험과 분투하는 입양 서사 50년**(pp. 75-83). 뿌리의 집.

이배근(1997). 아동학대의 문제와 대책 방안. **보건복지포럼, 8,** 29-36.

이상균, 정선욱, 강지영, 이세원(2024). 아동사망검토제도 도입방안 연구. 세이브더칠드런.

이상균, 정선욱, 송미령, 윤수경(2022). 드림스타트 사례관리 모델개발연구. 아동권리보장원.

이상정 외(2019). 보호종료 아동 자립수당 · 주거지원통합서비스 도입방안 및 효과성 연구. 한국보건사회연구원.

이상정, 김수진, 이주연, 임성은, 함선유, 김지선, 김지연, 주영선, 하태정, 주하나(2023a). 자립지원 실태조사. 보건복지부, 한국보건사회연구원.

이상정, 이주연, 전진아, 김수진, 임성은, 신영규, 류정희, 하태정, 권영지, 김시아, 김지현, 유민상(2023b). 2023 아동종합실태조사. 보건복지부, 한국보건사회연구원.

이상정, 이주연, 주보혜, 김무현, 백혜정, 주하나(2024). 중간퇴소 자립준비청년 통합적 자립지원 방안 연구. 한국보건사회연구원.

이성희, 조선미, 장지은(2020). 초등돌봄교실 정책 효과 분석: 실재론적 평가. 한국교육개발원.

이세훈(2024. 07. 15.). 허영 의원 급식 품질 향상 '아동복지법' 대표 발의. 강원도민일보. https://www.kado.net/news/articleView.html?idxno=1254944

이승현(2021). 「소년법」에서의 우범소년 규정에 관한 비판적 고찰. 소년보호연구, 34(1), 283-306.

이용교(1993). 성적으로 학대받는 아동을 어떻게 도울 것인가?. 한국청소년연구, 4(1), 157-171.

이은영, 강윤지(2024). 국내 발달장애인 현황과 민영보험의 역할. 보험연구원.

이재은(2022). 2022년 아동정책영향평가 재난관리 정책 전문영향평가. 아동권리보장원, 충북대학교.

이종복, 이권일, 김화순, 오은경(2007). 사례관리의 이론과 실천. 창지사.

이주연(2024). 보호대상아동의 가정보호 활성화 쟁점과 정책과제(Challenges and policy implications for expanding family-based care for children in out-of-home care). 보건복지포럼, 331, 20-35.

이주연, 전진아, 김수진, 임성은, 신영규, 류정희, 하태정, 권영지, 김시아, 김지현, 유민상(2023). 2023 아동종합실태조사. 보건복지부, 한국보건사회연구원.

이준우, 최희철(2019). 사례관리론(2판). 신정.

이현주, 김진, John Hudson, Stefan Kühner, 전지현(2018). 현금지원과 현물지원 정책의 구성과 효과. 한국보건사회연구원.

이형수, 김윤환, 김양래, 박정서, 이동률, 이연섭(2023). 장애아동의 이해. 학지사메디컬.

이혜원(2006). 아동권리와 아동복지. 집문당.

이희연(2004). 청소년기 탈비행화 과정에 관한 연구. 연세대학교 박사학위논문.

인천광역시 보도자료(2025. 08. 05.). (기획) 보호대상아동 원가정복귀 지원사업, 8월 인천서 첫 시행 -일시보호 단계부터 광역시도 단위의 책임체계 도입-.

임성은(2024). 실종아동 · 장애인 보호 및 지원 체계의 주요 쟁점과 개선방안. 보건복지 ISSUE & FOCUS, 446호

임세희, 민기채, 신영규, 아쓰시, 이하나, 임밝네(2021). 재난대응 아동보호매뉴얼 개발을 위한 기초연구. 아동권리보장원.

임한결(2023). 경계선 지능과 느린 학습자: 제도 밖에 놓인 사람들. 참여연대. https://www.peoplepower21.org/welfarenow/1939582

임희진(2022). 미래 세대 보호를 위한 아동 건강권 보장 강화. 아동을 권리 주체로 존중하는 사회를 위한 기본법 제정 릴레이 아동권리포럼 2회 자료집의 토론문.

장수정(2020). 초등돌봄서비스에 대한 분석: 돌봄 민주주의 관점을 중심으로. 한국가족복

지학, 61(1), 125-152.

장애아동인권네트워크(2023). [성명서] 미디어는 장애학생의 존엄성과 권리를 보장하여야 한다. https://duroo.org/bbs/view.php?seqno=5347&m_seqno=15&board_code1=&board_code2=&p_* part=&p_item=&page=1

장영인(2021). 코로나19 상황에서의 시설보호아동의 권리 현황과 과제. **아동과권리**, 25(4), 459-489.

장인협, 오정수(2001). **아동 · 청소년복지론**. 서울대학교출판부.

저출산고령사회위원회 관계부처합동(2024). 저출생 추세 반전을 위한 대책.

전홍기혜, 이경은, 제인 정 트렌카(2019). **아이들 파는 나라: 한국의 국제입양 실태에 관한 보고서**. 오월의봄.

정선욱, 강지영, 김진숙, 정선영(2020). 원가정복귀 표준 프로세스 정립 및 지원 프로그램 개발 연구. 보건복지부 · 덕성여자대학교 산학협력단.

정선욱, 김은영(2020). 아동양육시설종사자의 가족중심실천 중요도 및 실행도에 관한 연구. **한국아동복지학**, 69(2), 1-29.

정선욱, 노충래, 김현진, 임선영(2022). 아동 의견을 어떻게 들어야 하는가?—아동보호관련 기관 종사자의 의견 청취 현실과 과제—. **한국아동복지학**, 71(3), 27-60.

정선욱, 정익중, 김진숙, 강희주, 윤은영, 주휘진(2024). 양육시설의 소규모화를 시도한 시범사업에서 무엇을 배울 것인가?. **사회복지연구**, 55(2), 165-193.

정선재(2024). 청소년건강행태조사 정신건강 지표 추이 및 정책제언. 청소년건강행태조사 20주년 기념 및 2024년 결과 발표회 자료집.

정선화(2022). **교사와 상담사희 현장적용을 위한 문제행동지도의 이론과 실제**. 공동체.

정설미, 문희원, 정동욱(2021). 돌봄과 교육의 혼합체(hybrid)로서 초등돌봄교실의 효과와 쟁점 연구. **교육행정학연구**, 39(5), 85-114.

정연(2024). 국가법정계획을 통해 살펴본 아동 · 청소년 건강정책 현황과 과제. **보건복지포럼**, 8월, 65-81.

정익중, 이수진, 강희주(2020). 코로나19로 인한 아동 일상 변화와 정서 상태. **한국아동복지학**, 69(4), 59-90.

정정호(2012). 아동이 있는 빈곤 가구의 식품 미보장 경험에 대한 질적 연구. **사회복지연구**, 43(2), 31-60.

정진영(1992). **아동학대의 실태와 영향**. 한국형사정책연구원.

정현주(2018). **인간행동과 음악: 음악은 왜 치료적인가**. 학지사.

조소연, 유지희(2023). 아동복지종사자 통합교육을 위한 역량모델 개발. **한국아동복지학**,

72(1), 131-165.
조윤정, 박휴용(2020). 코로나 19와 교육: 교사전문성에 주는 시사점. 경기도교육연구원.
조정숙(2015). **정서행동문제 아동을 위한 통합치료의 이론과 실제**. 신아사.
주영희(1984). 가출아동을 통한 학대에 대한 조사연구. **사회복지, 80**, 71-133.
차유림, 민소영, 장혜림(2022). 자립준비청년의 자립경험. **청소년복지연구, 24**(4), 79-77.
천성문, 송재홍, 윤치현, 윤호열, 이영순, 박천식, 김경일, 하영자, 김상희, 원요한 역 (2001). **아동상담의 이론과 실제**. 시그마프레스. C. L. Thompson & L. B. Rudolph (2000). Brooks/Cole.
최순종(2021). 가정 밖 청소년 보호 및 지원에 관한 법률 입안을 위한 기반 연구.
최유정, 홍나미, 정익중(2024). 공개입양 결정 이후 입양부모의 경험에 관한 질적 사례연구. **한국사회복지학, 76**(1), 341-367.
최효미 외(2018). 사회보장제도 영유아, 아동, 청소년 돌봄 분야 기본평가연구. 육아정책연구소.
최호철(2020). 하인리히는 이렇게 말했다. 1:29:300 법칙과 도미노 이론, 소방안전플러스 16호. https://www.kfsi.or.kr/contents/webzine/202009/sub02-05.html (2025년 5월 5일 인출
통계개발원(2022). 아동 · 청소년 삶의 질.
통계청(2023). 보호대상아동 현황보고
통계청(2024). 인구동향조사. KOSIS국가통계포털. https://kosis.kr/statHtml/statHtml.do?orgId=101&tblId=INH_1B8000F_01&conn_path=I2
통계청(2025). 2024년 혼인이혼통계.
통계청 보도자료(2024. 10. 04.). 2023년 사망원인통계 결과.
표갑수(1993). 아동학대의 원인론과 대처방안. **한국아동복지학 창간호**, 156-177.
한은희, 박규범, 최보근, 안유정, 김솔(2022). e아동행복지원시스템 중장기 발전방안 마련을 위한 기반 연구. 한국사회보장정보원.
함선유(2023). 가족돌봄청(소)년 현황과 정책 과제. **보건복지포럼, 5월호**. 34-46.
함선유, 하은솔, 김문길, 안수란, 김성아, 신유미, 구민지(2022). 가족돌봄청(소)년 실태조사 및 지원방안 연구. 보건복지부, 한국보건사회연구원.
행정안전부(2025). 주민등록 인구통계. https://jumin.mois.go.kr/etcStatChYouth.do
허남순(1993). 아동학대의 실태 및 대책. **한국아동복지학 창간호**, 23-45.
허민숙(2024). 가정 밖 청소년이 쉼터에 입소하지 못하는 이유: 청소년쉼터 입소 절차 입법개선 시급. 국회입법조사처 제329호 현안분석. 국회입법조사처.

현대환, 최은영(2022). 지난 25년, 우리가 사는 집에는 어떤 변화가 있었나?. KOSTAT 통계플러스, 2022년 겨울호, 18-35.

홍강의(1987). 아동구타의 대책과 예방. 김광일 편저. 가정폭력: 그 실상과 대책. 탐구당.

홍인기(2023. 11. 29.). 정서행동위기학생 지원법을 제안한다. 경향신문. https://www.khan.co.kr/article/202311292024005

황여정, 임희진, 정은주, 유설희, 정윤미(2022). 위기청소년 지원기관 이용자 생활실태조사. 여성가족부.

황주희(2022). 장애아동과 그 가족을 위한 지역장애아동지원센터 설치 시 고려사항과 핵심 기능. 보건복지포럼(2022. 11), 76-95.

황혜정, 김경희, 이혜경, 어주경, 나유미(2003). 아동과 환경. 학지사.

e-나라지표. 실종아동등 신고접수 및 처리현황(2025. 07. 05. 검색)

SGIS 통계지리정보서비스(2025). 인구추계피라미드(합계출산율 및 기대수명 중위 기준). https://sgis.kostat.go.kr/jsp/pyramid/pyramid1.jsp

Administration for Children and Families. (2013). *Title IV-E Guardianship Assistance Program (GAP) guidance manual*. U.S. department of health and human services.

Aazami, A., Valek, R., Ponre, A. N., & Zare, H. (2023). Risk and protective factors and interventions for reducing juvenile delinquency: A systematic review. *Social Sciences, 12,* 474. https://doi.org/10.3390/ socsci12090474

Bell, M. (2011). *Promoting children's rights in social work and social care: A guide to participatory practice*. Jessica Kingsley Publishers.

Bijleveld, G. G. V., Bunders-Aelen, J., & Dedding, C. (2020). Exploring the essence of enabling child participation within child protection services. *Child & Family Social Work, 25*, 286-293.

Bijleveld, G. G., Dedding, C. W. M., & Bunders-Aelen, J. F. (2013). Children and young people's participation within in child welfare and child protection services: A state-of-the-art review. *Child and Family Social Work*, *20,* 129-138.

Bowlby, J. (1969). *Attachment and loss: Vol. 1. Attachment*. Basic Books.

Bronfenbrenner, U. (1995). The biological model from a life course perspective: Reflections of a participant observer. In P. Moen, G. H. Elder, Jr., & K. Luscher (Eds.), *Examining lives in context*. American Psychology Association.

Burgess, R. L. (1979). Project interact: A study of patterns of interaction in abusive, neglectful and control families. *Child Abuse and Neglect, 3*, 781-791.

Casas, F., González-Carrasco, M., Oriol, X., & Malo, S. (2022). Economic and children's subjective well-being indicators at the national level in 35 countries. *Child Indicators Research, 15*, 1539-1563.

Child Rights Connect. (2024). *UN Committee on the Rights of the Child EW: Dialogue Structure*. 국제아동인권센터 역, 유엔아동권리협약의 새로운 심의 구조.

Child Welfare Information Gateway. (2018). What is child welfare? A guide for health-care professionals. Department of Health and Human Services, Children's Bureau.

Child Welfare Information Gateway. (2021a). *Guardianship as a permanency option*. U.S. Department of Health and Human Services, Children's Bureau.

Child Welfare Information Gateway. (2021b). *Exploring the pathways to adoption*. U.S. Department of Health and Human Services, Administration for Children and Families, Children's Bureau. 4-5.

Cohen, C. P. (2002). United nations convention on the rights of the child: Developing international norms to create a new world for children. In K. Alaimo & B. Klug (Eds.), *Children equals: Exploring the rights of the child* (pp. 49-72). University of America Press, Inc.

Committee on the Rights of the Child. (2009). The rights of the child to be heard (General comment No. 12).

Committee on the Rights of the Child. (2015). *Treaty-specific guidelines regarding the form and content of periodic reports to be submitted by States parties under article 44, paragraph 1 (b), of the Convention on the Rights of the Child*

Consortium for Children. (2005). *Structured Analysis Family Evaluation (SAFE)*.

Department for Children, Schools and Families. (2006). Integrated children's system: The common assessment framework and contact point-An overview. HMSO.

Department for Education. (2019). *Children looked after in England* (including adoption). UK Government.

Equit, C., & Purtell, J. (2023). Participation of children and young people in alternative care-introduction. In C. Equit & J. Purtell (Eds), *Children's right to participate in out-of-home-care: International social work context*. Routledge.

Erikson, E. H. (1968). *Identity: Youth and crisis*. W.W. Norton & Company.

Evan B. Donaldson Adoption Institute. (2006). *Openness in adoption: What we know*

So Far.

Finkelhor, D. (1979). *Sexually victimized children*. The Free Press.

Fontana, V. (1973). *Somewhere a child is crying: Maltreatment-causes and prevention*. Macmillan.

Frederickson, H., & Mulligan, R. A. (1972). *The child and his welfare*. W. H. Freeman and Company.

Gaudelli, W., & Fernekes, W. R. (2004). Teaching about global human rights for global citizenship. *The Social Studies*, *96*(1), 16-26.

Gesell, A. (1946). The ontogenesis of infant behavior. In L. Carmichael (Ed.), *Manual of child psychology* (295-331pp). John Wiley & Sons, Inc. https://doi.org/10.1037/10756-006

Gil, D. G. (1970). *Violence against children: Physical child abuse in the United States*. Harvard University Press.

Hague Conference on Private International Law. (1993). *Hague convention on protection of children and co-operation in respect of intercountry adoption.*

Hoopes, J. (1990). *Adoption and identity formation.* In D. Brodzinsky & M. Schechter (Eds.), *The psychology of adoption* (pp. 144-166). Oxford Univ. Press.

ILO & UNICEF. (2021). Child labour: Global estimates 2020-Trend and the road forward. International Labour Office and United Nations Children's Fund.

ILO. (2017). Global estimates of child labour: Results and trends, 2012~2016. International Labour Office.

Izard, C. E. (2009). Emotion theory and research: Highlights, unanswered questions, and emerging issues. *Annual review of psychology, 60*(1), 1-25.

Jerome, L., Emerson, L., Lundy, L., & Orr, K. (2015). *Teaching and learning about child rights: A study of implementation in 26 countries.* UNICEF.

Kadushin, A., & Martin, J. A. (1988). *Child welfare services* (4th ed.). Macmillan Publishing.

Kennan, D., Brady, B., & Forkan, C. (2019). Space, voice, audience and influence: The Lundy model of participation (2007) in child welfare. *Practice. Social Work in Action, 31*(3), 205-218.

Kempe, R. (1976). Arresting or freezing the developmental process. In R. E. Helfer & C. H. Kempe (Eds.), *Child abuse and neglect, the family and community*. Ballinger.

Key, E. (1909). *The century of the child*. G. P. Putnam's Sons.

Kosher, H., Ben-Arieh, A., & Hendelsman, Y. (2016). *Children's rights and social work*. Springer.

Laird, S., & Williams, C. (2023). An applied model of cultural competence in child protection practice. *Journal of Social Work, 23*(4), 721-740.

Linsey, D.(2005). *The welfare of children*. Oxford University Press.

Lorenz, K. (1937). The companion in the bird's world. *The Auk, 54*(3), 245-273. https://doi.org/10.2307/4078077

Lorenz, K. (1970). *Studies in animal and human behaviour*. Trans. R. Martin. Harvard University Press. https://doi.org/10.4159/harvard.9780674430389

Lundy, L. (2007). "Voice is not enough: Conceptualising article 12 of the United Nations convention on the rights of the child". *British Educational Research Journal, 33*(6), 927-942.

MacAlister, J. (2022). The independent review of children's social care. Department of Health and Social Care.

McCafferty, P., & Garcia, E. M. (2024). Children's participation in child welfare: A systematic review of systematic reviews. *British Journal of Social Work*, *54*, 1092-1108.

McKenzie, J. K. (1993). Adoption of children with special needs. *The Future of Children, 3*(1), 62-76.

NASW. (1965). *Encyclopedia of social work*. NASW Press.

NASW. (2015). *Standards and indicators for cultural competence in social work practice*. Retrieved from https://www.socialworkers.org/Practice/NASW-Practice-Standards-Guidelines (2025.05)

National Conference of State Legislatures. (2020). *Placement and permanency options for children in foster care*. Retrieved from https://www.ncsl.org/human-services/placement-and-permanency-options.aspx

Newberger, C. M., & Newberger, E. H. (1981). The etiology of child abuse. In N. S. Ellerstein (Ed.), *Child abuse and neglect: A medical reference*. John Wiley & Sons.

OECD. (2025). OECD Data Explorer,

Pecora, P. J., Whittaker, J. K., & Maluccio, A. N. (1992). *The child welfare challenge: Policy, practice, and research*. Aldine de Gruyter.

Petr, C. G. (2003). *Social work with children and their families: Pragmatic foundations* (2nd ed.). Oxford University Press.

Petr, C. G. & Entriken, C. (1995). Service System Barriers to Reunification. Families in Society. *The Journal of Contemporary Human Services, 56*, 523-533.

Picton, C., & Boss, P. (1981). Child welfare in Australia: An introduction. Harcount Brace Iovanich Group (Australia).

Popple, P., & Vecchiolla, F. (2007). *Child welfare social work: An introduction*. Pearson Education Inc.

Santrock, J. W. (2014). **영유아발달***(Children)*. 이경민, 이경선, 한석실, 이정화, 박호철, 조부월, 이수련, 이승은, 이세나, 박정언, 조은미, 최윤정, 전재선, 이은주 역. 문예미디어.(원저는 2010년에 출판).

Save the Children. (2019). *Practice standards in children's participation*.

Scottish Public Health Network(ScotPHN). (2016). 'Polishing the diamonds': Addressing adverse childhood experience in scotland.

Sgroi, S. M. (Ed.). (1982). *Handbook of clinical intervention in child sexual abuse*. Lexington Books.

Thomas, A., & Chess, S. (1977). *Temperament and development*. Brunner/Mazel.

Tone Jørgensen, Sissel Seim & Berit Marie Njøs (2024). How children and young people understand and experience individual participation in social services for children and young people: a synthesis of qualitative studies, *European Journal of Social Work, 27*, 3, 546-559.

Toros, K. (2021). Children's participation in decision making from child welfare workers' perspectives: A systematic review. *Research on Social Work Practice*, *31*, 367-374.

U.K. Department for Education. (2019). Children looked after in England (including adoption), year ending 31 March 2019. https://www.gov.uk/government/statistics/children-looked-after-in-england-including-adoption-2018-to-2019

U.S. Department of Health and Human Services, Administration for Children and Families, Administration on Children, Youth and Families, Children's Bureau. (2025). Child Maltreatment 2023.

U.S. Department of Health and Human Services, Administration for Children and Families, Administration on Children, Youth and Families, Children's Bureau.

(2022). The AFCARS report: Preliminary FY 2021 estimates as of June 28, 2022 (No. 29).

UN Department of Economics and Social Affairs Population Division. (2024). World Population Prospects 2024. http://population.un.org/wpp/

UNICEF. (2014). *Child rights education toolkit: Rooting child rights in early childhood education, primary and secondary schools*. UNICEF Private Fundraising and Partnerships Division.

UNICEF. (2018). *Children's participation in the work of NHRIs*. Switzerland.

Wall, J. (2017). *Children's rights : Today's global challenge*. The Rowman & Littlefield Publishing Group, Inc.

WHO. (2022). *International Classification of Diseases, 11th Revision (ICD-11)*. World Health Organization.

Zuckerman, E. (1983). *Child welfare*. The Free Press.

https://data-explorer.oecd.org/vis?fs[0]=Topic%2C1%7CSociety%23SOC%23%7CSocial%20policy%23SOC_PRO%23&pg=0&fc=Topic&bp=true&snb=12&df[ds]=dsDisseminateFinalDMZ&df[id]=DSD_SOCX_AGG%40DF_SOCX_AGG&df[ag]=OECD.ELS.SPD&df[vs]=1.0&dq=.A..PT_B1GQ.ES10._T.TP51%2B_T.&pd=2010%2C&to[TIME_PERIOD]=false&vw=ov

OECD Income Database (IDD). http://stats.oecd.org/Index.aspx?DataSetCode=IDD.

OECD Social Expenditure Database. oecd.org/en/data/datasets/social-expenditure-database-socx.html

UN Department of Economic and Social Affairs.

법무부 범죄예방정책국 홈페이지. http://www.cppb.go.kr/cppb/578/subview.do

아동친화도시 홈페이지. https://childfriendlycities.kr

유니세프 홈페이지. https://www.unicef.or.kr/what-we-do/news/136956/

장애아동비율. 장애통계데이터포털 https://koddi.or.kr/stat/html/user/dsst/stsm/dspltyStatsSrvcDtlSttbl.do

찾아보기

인명

내용

저자 소개

공계순(Kong, Gye Soon)

서울대학교 사회복지학과 졸업

서울대학교 사회복지학과 석사

미국 The Ohio State University 사회사업대학 박사(Ph.D)

현 호서대학교 사회복지학부 교수

〈주요 저서〉

사회복지실천론(공저, 학지사, 2023)

사회복지실천기술론(공저, 학지사, 2022)

박현선(Park Hyunsun)

이화여자대학교 사회복지학과 졸업

서울대학교 사회복지학과 석사, 박사

현 세종대학교 공공정책대학원 사회복지학과 교수

〈주요 저서 및 논문〉

사회복지실천론(공저, 학지사, 2023)

사회복지실천기술론(공저, 학지사, 2022)

아동권리기반 문화적 다양성 프로그램 개발(공저, 아동권리보장원, 2022)

오승환(Oh Seunghwan)

서울대학교 사회복지학과 졸업

서울대학교 사회복지학과 석사, 박사

현 울산대학교 사회복지 전공 교수

전 한국아동복지학회장

한국사회복지사협회장

아동권리보장원 비상임이사

〈주요 저서〉

사회복지사 윤리강령의 이해와 활용(공저, 양서원, 2023)

아동청소년 방과후 서비스의 현황과 과제(공저, 공동체, 2009)

한국의 학대아동보호정책 (나눔의 집, 2009)

이상균(Lee Sang-Gyun)

서울대학교 사회복지학과 졸업

서울대학교 대학원 사회복지학 석사, 박사

현 가톨릭대학교 사회복지학과 교수

전 국무총리소속 아동정책조정위원회 민간위원(2023~2025)

아동권리보장원 비상임이사(2019~2021)

〈주요 역서 및 논문〉

근거이론의 구성(공역, 학지사, 2013)

사회복지 면접의 길잡이(공역, 나눔의집, 2002)

입양아동통합정보시스템 행정데이터를 이용한 국내입양 소요기간 분석(2023)

아동학대 재발생 정의에 따른 재학대율 비교(2023)

드림스타트 아동통합사례관리사들의 사례관리 종결경험에 대한 질적 연구(2023)

학교에서의 또래폭력에 영향을 미치는 요인(1999)

이현주(Lee, Hyonjoo)

서울대학교 사회복지학과 졸업

서울대학교 대학원 사회복지학 석사, 박사

현 한국보건사회연구원 선임연구위원

〈주요 저서 및 논문〉

한국의 사회적 불안과 사회보장의 과제(한국보건사회연구원, 2023)

한국의 가난(한울아카데미, 2022)

2020년 빈곤통계연보(한국보건사회연구원, 2020)

현금지원과 현물지원 정책의 구성과 효과(한국보건사회연구원, 2018)

정선욱(Jung Sunwook)

서울대학교 사회복지학과 졸업

서울대학교 대학원 사회복지학 석사, 박사

현 덕성여자대학교 사회복지학 전공 교수

전 한국아동복지학회장

〈주요 저서 및 역서〉

질적연구방법론(4판, 공저, 학지사, 2021)

사회복지실천 기법과 지침(3판, 공역, 나남, 2020)

시설보호 청년의 적응(집문당, 2014)

아동복지론

Child Welfare

2025년 9월 15일 1판 1쇄 인쇄
2025년 9월 20일 1판 1쇄 발행

지은이 • 공계순 · 박현선 · 오승환 · 이상균 · 이현주 · 정선욱

펴낸이 • 김진환
펴낸곳 • ㈜학지사
04031 서울특별시 마포구 양화로 15길 20 마인드월드빌딩
대표전화 • 02-330-5114 팩스 • 02-324-2345
등록번호 • 제313-2006-000265호

홈페이지 • http://www.hakjisa.co.kr
인스타그램 • https://www.instagram.com/hakjisabook

ISBN 978-89-997-3510-3 93330

정가 25,000원